파이썬을 이용한

비트코인 자동매매

유대표 · 조대표 공저

파이썬을 이용한
비트코인 자동매매
실시간 자동매매 시스템 개발 입문 개정판

지은이 유대표, 조대표 공저
펴낸이 박시후   엮은이 박시후   디자인 SUJI
펴낸곳 파이스탁
주소 경기도 김포시 풍무로 35, 208동 1301호
가격 27,000   페이지 424   책규격 188 x 240
초판 발행 2019년 2월 18일
2쇄 발행 2019년 12월 16일
개정판 발행 2021년 3월 22일
개정 3쇄 발행 2022년 11월 7일
ISBN 979-11-966088-1-1 (13000)
등록번호 제409-2018-000051   등록일자 2018년 11월 29일
홈페이지 www.pystock.co.kr   전자우편 support@pystock.co.kr

이 책의 한국어판 저작권은 저작권자와 독점 계약으로 파이스탁이 소유합니다.
신저작권법에 의해 한국 내에서 보호를 받는 저작물이므로 무단 전재와 복제를 금합니다.

차례

1. 파이썬 문법-1 13

1.1. 파이썬 시작하기 14
- 1.1.1. 수업 소개 14
- 1.1.2. 파이썬 16
- 1.1.3. 왜 파이썬인가? 17
- 1.1.4. 파이썬 설치하기 19
- 1.1.5. Spyder 사용하기 25
- 1.1.6. 연습 문제 25

1.2. 변수와 문자열 26
- 1.2.1. 파이썬 계산기 26
- 1.2.2. 변수(Variable) 28
- 1.2.3. 변수 이름 짓기 30
- 1.2.4. 파이썬 문자열 30
- 1.2.5. 변수와 문자열 31
- 1.2.6. 문자열 인덱싱 32
- 1.2.7. 문자열 슬라이싱 33
- 1.2.8. 음수 인덱싱/슬라이싱 34
- 1.2.9. 문자열 합치기 35
- 1.2.10. 문자열의 길이 36
- 1.2.11. 연습 문제 37

1.3. 파이썬 자료구조 38
- 1.3.1. 자료구조란? 38
- 1.3.2. 리스트(list) 38
- 1.3.3. 리스트 인덱싱 39
- 1.3.4. 리스트 수정 40

차례

1.3.5. 리스트 슬라이싱	40
1.3.6. 리스트 삽입	41
1.3.7. 리스트 데이터 삭제	42
1.3.8. 최댓값/최솟값/평균값	42
1.3.9. 파이썬 튜플 (tuple)	44
1.3.10. 튜플 생성	44
1.3.11. 튜플 인덱싱과 슬라이싱	45
1.3.12. 튜플 추가/삭제	45
1.3.13. 딕셔너리(dict)	46
1.3.14. 딕셔너리 생성	47
1.3.15. 딕셔너리 인덱싱	48
1.3.16. 딕셔너리에 데이터 추가하기	49
1.3.17. 딕셔너리 데이터 수정	49
1.3.18. 딕셔너리에서 데이터 삭제	50
1.3.19. 딕셔너리에서 key 값만 얻기	50
1.3.20. 딕셔너리로부터 value 얻기	51
1.3.21. 연습 문제	52

2. 파이썬 문법-2   53

2.1. 파이썬 조건문	**54**
2.1.1 Spyder Editor 사용하기	54
2.1.2 if 문	55
2.1.3 if/else	56
2.1.4 if/elif/else	58
2.1.5 비교연산자와 논리연산자	59
2.1.6 연습문제	62

2.2. 반복문 63

    2.2.1 for 문   63

    2.2.2 for와 range   65

    2.2.3 for와 딕셔너리   66

    2.2.4 반복문과 if   68

    2.2.5 while 문   68

    2.2.6 연습문제   71

2.3. 함수 72

    2.3.1 파이썬 함수 정의하기   72

    2.3.2 함수는 이름표   78

    2.3.3 함수 호출 이해하기   80

    2.3.4 연습 문제   83

2.4. 모듈 84

    2.4.1 모듈이란 ?   84

    2.4.2 모듈 만들기   84

    2.4.3 모듈을 import 하는 방법   86

    2.4.4 datetime 모듈   87

    2.4.5 requests 모듈   89

    2.4.6 연습문제   90

3. 클래스와 PyQt 91

3.1. 클래스(1) 92

    3.1.1. 절차적 프로그래밍 vs. 객체 지향 프로그래밍   92

    3.1.2. 클래스 정의 및 객체 생성   96

차례

3.1.3. 클래스에 메서드 추가하기	98
3.1.4. 붕어빵에 앙꼬 넣기	99
3.1.5. 생성자	102
3.1.6. 연습문제	104

3.2. 클래스(2) — 105
3.2.1. 클래스 상속	106
3.2.2. 클래스 속성 참조 순서	108

3.3. PyCharm
3.3.1 PyCharm 소개	110
3.3.2. PyCharm 설치	110
3.3.3. PyCharm 실행하기	110
3.3.4. PyCharm 단축키 설정	117

3.4. PyQt 기초 — 119
3.4.1. PyQt 소개	119
3.4.2. 클래스 복습	120
3.4.3. PyQt 기초	122
3.4.4. 위젯과 윈도우	127
3.4.5. 나만의 윈도우 클래스	127

3.5. PyQt 윈도우 꾸미기 — 131
3.5.1. 윈도우 크기 조절	131
3.5.2. 윈도우 타이틀바 변경하기	132
3.5.3. 버튼 추가하기	133
3.5.4. 버튼에 클릭 이벤트 추가하기	135

3.6. Qt Designer   137
  3.6.1. Qt Designer 사용하기   137
  3.6.2. UI 파일 사용하기   140
  3.6.3. 이벤트 추가하기   142
  3.6.4. 코빗 시세 조회기 만들기   145
  3.6.5. QTimer   149

3.7. PyQt 시그널 슬롯   155
  3.7.1. PyQt 사용자 정의 시그널/슬롯   155
  3.7.2. 시그널로 데이터 보내기   158

4. 웹스크래핑과 판다스   162

4.1. 웹스크래핑(1)   162
  4.1.1. 웹 크롤링과 웹 스크래핑   162
  4.1.2. IP주소   162
  4.1.3. 웹의 3요소   165
  4.1.4. HTML   165
  4.1.5. CSS 및CSS Select   170
  4.1.6. 연습문제   174

4.2. 웹스크래핑(2)   175
  4.2.1. HTML 문서 다운로드 및 파싱   175
  4.2.2. ID가 없는 태그에 대한 스크래핑   181
  4.2.3. RestfulAPI   185
  4.2.4. JSON   187

차례

4.3. Pandas Series	**189**
4.3.1. 판다스(Pandas)란?	189
4.3.2. Series 생성	189
4.3.3. Series 생성할 때 인덱스를 지정하기	190
4.3.4. Series 인덱싱/슬라이싱	192
4.3.5. Series 추가/삭제	194
4.3.6. Series의 연산	195
4.4. Pandas DataFrame	**197**
4.4.1. DataFrame 생성-1	197
4.4.2. DataFrame 생성-2	198
4.4.3. DataFrame 인덱싱/슬라이싱	202
4.4.4. DataFrame 추가하기	203
4.4.5. 칼럼 시프트	205
4.4.6. 연습문제	206

5. 상승장알리미　　　　　　　　　　　　207

5.1. pybithumb	**208**
5.1.1. pybithumb 모듈	208
5.1.2. 가상화폐 티커 목록 얻기	209
5.1.3. 현재가 얻기	210
5.1.4. 거래소 거래 정보	212
5.1.5. 호가	213
5.1.6. 여러 가상화폐에 대한 정보 한번에 얻기	218
5.1.7. 예외처리	220
5.1.8. 연습문제	222

5.2. 상승장 알리미(1) — 223
- 5.2.1. 이동평균을 사용한 상승장/하락장 구분 — 223
- 5.2.2. 거래소 과거시세 얻어오기 — 223
- 5.2.3. 이동평균 계산하기 — 225
- 5.2.4. 상승장/하락장 구분하는 함수 구현하기 — 226
- 5.2.5. 가상화폐별 상승장/하락장 판단하기 — 227

5.3. 상승장 알리미(2) — 230
- 5.3.1. QT Designer를 이용한 UI 만들기 — 230
- 5.3.2. UI 불러오기 — 231
- 5.3.3. 타이머 만들기 — 232
- 5.3.4. 가상화폐 이름 출력하기 — 233
- 5.3.5. 나머지 데이터 추가하기 — 236

5.4. 상승장 알리미(스레드버전) — 239
- 5.4.1. 스레드 기본코드 — 239
- 5.4.2. 스레드 적용하기 — 241

6. 변동성돌파전략구현 — 247

6.1. 빗썸Private API — 248
- 6.1.1. Bithumb API 신청하기 — 248
- 6.1.2. Bithumb 클래스샘성 — 251
- 6.1.3. 잔고조회 — 252
- 6.1.4. 매수 — 254
- 6.1.5. 매도 — 258
- 6.1.6. 주문취소 — 261

6.2. 변동성 돌파 전략 구현   263

    6.2.1. 변동성 돌파 전략   263

    6.2.2. 단계-1: 주기적으로 현재가 얻어오기   263

    6.2.3. 단계-2: 목표가 계산하기   264

    6.2.4. 단계-3: 자정에 목표가 갱신하기   266

    6.2.5. 단계-4: 매수시도   268

    6.2.6. 단계-5: 매도시도   272

    6.2.7. 단계-6: 보안및예외처리   273

6.3. 변동성 돌파 + 상승장 투자 전략 구현   276

    6.3.1. 이동평균   276

    6.3.2. 매수조건업데이트   277

7. 백테스팅   279

7.1. 백테스팅을 위한 데이터 준비하기   280

    7.1.1. 가상화폐 일봉 데이터 얻기   280

    7.1.2. DataFrame 객체를 엑셀로 저장하기   281

7.2. 변동성 돌파 전략 백테스팅   282

    7.2.1. 레인지 계산하기   282

    7.2.2. 목표가 계산하기   283

    7.2.3. 매수, 매도 그리고 수익률   284

    7.2.4. 수수료 및 슬리피지   288

    7.2.5. 가장 좋은 k값 구하기   289

    7.2.6. MDD(Maximum Draw Down) 계산하기   291

7.3. 변동성 돌파 + 상승장 전략 백테스팅   294

    7.3.1. 변동성 돌파+상승장 전략 백테스팅   294

    7.3.2. 2018년도 기간수익률이 높은 코인찾기   295

8. 가상화폐거래소   297

8.1. 업비트(Upbit)   298

    8.1.1. API 사용신청   298

    8.1.2. pyupbit 설치하기   301

    8.1.3. 티커 조회   302

    8.1.4. 현재가 조회   303

    8.1.5. 과거 데이터 조회   304

    8.1.6. 호가 조회   305

    8.1.7. 잔고 조회   306

    8.1.8. 매수/매도   307

    8.1.9. 주문취소   309

8.2. 코빗(Korbit)   311

    8.2.1. API 사용신청   311

    8.2.2. pykorbit 설치하기   313

    8.2.3. 티커 조회   313

    8.2.4. 현재가 조회   314

    8.2.5. 과거 데이터 조회   314

    8.2.6. 호가 조회   315

    8.2.7. 잔고조회   316

8.2.8. 매수/매도	317
8.2.9. 주문취소	319

8.3. 바이낸스(Binance) — 321

8.3.1. API 사용신청	321
8.3.2. ccxt 설치하기	322
8.3.3. 티커 조회	323
8.3.4. 현재가 조회	323
8.3.5. 과거 데이터 조회	324
8.3.6. 호가 조회	325
8.3.7. 잔고 조회	326
8.3.8. 매수/매도	327
8.3.9. 주문취소	329

9. 웹소켓을 이용한 실시간 시세 처리 — 331

9.1. 웹소켓 소개 — 332

9.2. asyncio 기초 — 333

9.2.1. 동기 호출과 비동기 호출 방식	333
9.2.2. 코루틴	336

9.3. 프로세스와 스레드 기초 — 340

9.3.1. 프로세스와 스레드	340
9.3.2. 스레드 스케줄링	341
9.3.3. multiprocessing 모듈	341

9.4. 빗썸 파이썬 웹소켓	**344**
9.4.1. websockets 모듈 설치	344
9.4.2. 웹소켓 클라이언트	345
9.4.3. 빗썸 거래소 웹소켓 구독하기	346
9.4.4. 실시간 데이터 출력	347
9.4.5. pybithumb을 이용한 실시간 데이터 출력	351
9.5. 코빗 파이썬 웹소켓	**352**
9.5.1. 웹소켓 연결	352
9.5.2. 채널 구독 요청	353
9.5.3. 실시간 데이터 출력	355
9.6. 업비트 파이썬 웹소켓	**357**
9.6.1. 채널 구독 요청	358
9.6.2. 실시간 데이터 출력	359
9.6.3. pyupbit 를 이용한 실시간 데이터 출력	361

10. 나만의 HTS 만들기　　　　　　　　363

10.1. 실시간 현재가 차트	**364**
10.1.1. UI 레이아웃 설정	366
10.1.2. 파이썬에서 기능 연결	369
10.2. 실시간 호가창	**378**
10.2.1. UI 레이아웃 설정	378
10.2.2. 파이썬에서 기능 연결	383

차례

10.3. 실시간 개요창   390
    10.3.1. UI 레이아웃 설정   390
    10.3.2. 파이썬에서 기능 연결   395

10.4. 통합 화면   401

연습 문제 풀이   420

파이썬을 이용한 **비트코인 자동매매**

01
파이썬 문법-1

01 파이썬 문법-1

1.1. 파이썬 시작하기

1.1.1. 수업 소개

안녕하세요. 반갑습니다. 첫 번째 시간이니 간단히 제 소개부터 드리겠습니다. 필자는 '파이썬으로 배우는 알고리즘 트레이딩'이라는 책을 집필했고, 네이버에서 '파이스탁' (http://cafe.naver.com/pystock)이라는 카페를 운영하고 있습니다. 필자는 시스템 트레이딩에 관심이 많지만 그렇다고 해서 주식 분야의 전문가는 아니고 그저 평범한 직장인으로 주식과 비트코인을 취미 삼아 공부하고 있습니다.

여러분이 이 책을 통해 배울 내용은 가상화폐 자동매매 프로그램의 개발입니다. 여기서 자동매매란 '컴퓨터가 정해진 방법에 따라 매매'하는 것을 의미합니다. 자동매매 프로그램은 실시간으로 시장을 감시하고 매수/매도를 기계적으로 진행하기 때문에 사람보다 더 정확하고 신속한 거래를 할 수 있으며 24시간 거래가 되는 가상화폐 시장에서도 쉬지 않고 거래할 수도 있습니다. 또한, 컴퓨터를 사용해서 이미 정의된 알고리즘(매매 조건)에 따라 매매하기 때문에 사람이 직접 투자하는 것과 달리 감정에 휘둘리는 투자에서 벗어날 수 있습니다. 다만 한가지 유의할 점은 컴퓨터로 가상화폐를 자동 매매한다고 해서 수익이 보장되는 것은 아니라는 점입니다. 수익은 매매 알고리즘에 따라 달라집니다.

우리가 만들어볼 자동매매 프로그램은 그림 1-1과 같습니다. 이 프로그램은 가상화폐의 실시간 시세를 조회하고 있다가 조건을 만족하는 경우 가상화폐를 일정 수량 매수합니다. 매도 역시 정해진 조건에 맞춰 자동으로 수행합니다. 참고로 그림 1-1의 자동매매 프로그램은 이 책의 5장과 6장에서 설명하는 래리 윌리엄스의 '변동성 돌파 전략'과 5일 이동평균을 이용한 모멘텀 전략을 사용합니다.

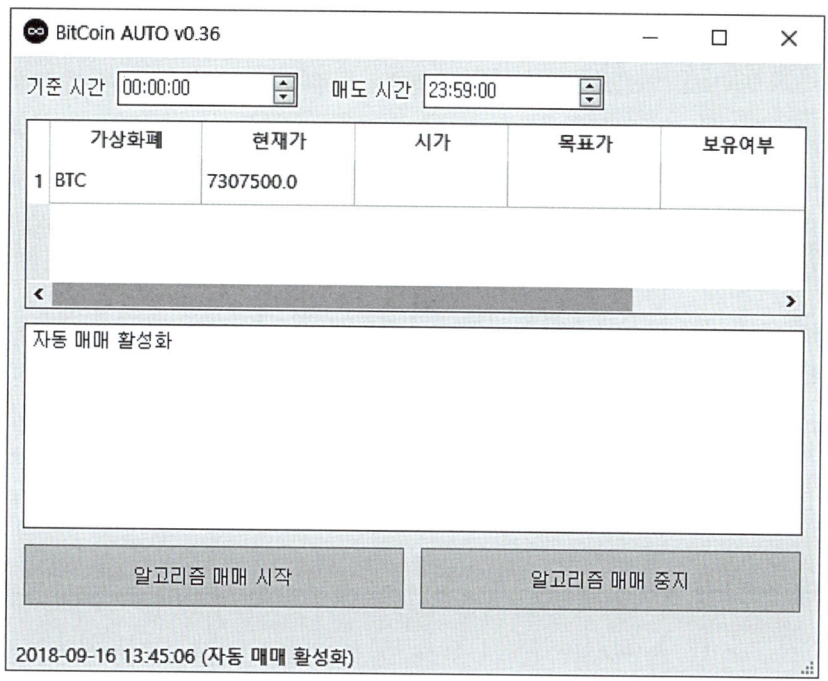

그림 1-1 비트코인 자동 매매 프로그램 (변동성 돌파 전략)

　앞서 필자는 재테크에 대해 취미로 공부하는 평범한 직장인이라고 했습니다. 여러분도 저와 별반 다르지 않을 겁니다. 필자는 경영학과를 나오지도 않았고 투자에 대해 꾸준히 공부한 것이 아닙니다. 그렇다면 저와 같은 평범한 사람들은 어떻게 좋은 전략을 찾고 이를 사용할 수 있을까요?

　필자는 주로 쉽게 써진 책들을 통해 공부합니다. 요즘은 강환국 저자님의 '할 수 있다 퀀트투자'와 '가즈아! 가상화폐 투자 마법 공식'과 같은 책을 통해 투자 전략을 공부하고 있습니다. 물론 기존에 책에 쓰여 있는 모든 전략을 그냥 가져다가 사용하는 것은 아닙니다. 당연히 그전에 선행되어야 하는 것이 바로 '백테스팅'입니다. 여기서 백테스팅이라는 것은 과거 데이터를 사용해서 알고리즘을 검증해 보는 겁니다. 예를 들어 강환국 저자님이 '변농성 돌파 전략'이라는 것을 소개했고 차트를 보여주면서 수익률 그래프를 보여주면, 프로그래밍을 통해 이 알고리즘이 지금도 수익이 나는지를 과거 데이터를 사용해서 직접 확인하는 겁니다.

우리가 앞으로 단계적으로 배울 내용은 다음과 같습니다.

1. 프로그래밍 언어 선정 (파이썬)
2. 프로그래밍 개발 환경 만들기
3. 프로그래밍 언어 배우기
4. 거래소 API 공부
5. 자동매매 프로그램 구현
6. 실전 투자
7. 백테스팅

백테스팅의 경우 실전 투자에 앞서 미리 해보는 것이 정석이지만 이미 다른 저자들을 통해 백테스팅된 전략의 경우 바로 실전 투자로 진행하기도 합니다. (필자가 게을러서 이렇습니다) 물론 초기 실전 투자를 하는 경우 소액으로 투자해서 일정 기간 알고리즘을 '운용'해보는 것이 중요합니다. 초기 실전 투자를 통해서 일정 기간 테스트 운용하는 것을 '전진 분석'이라고 합니다.

투자할 때 주의해야 하는 한 가지는 주변 사람을 너무 믿지 말라는 겁니다. 자신이 어렵게 번 돈을 사기꾼에게 투자하여 몽땅 날리는 일을 가끔 봅니다. 연수익률이 30~40%를 넘어서 100% 이상이라면 그런 분들이 무슨 이유로 여러분에게까지 투자를 권하겠습니까? 제가 연 100%씩 손실 없이 수익 낼 자신이 있다면, 은행에 가서 초저리 대출을 해서 투자를 하겠습니다. 조금만 생각해보면 누가 사기꾼인지 바로 알 수 있습니다.

1.1.2. 파이썬

파이썬은 1991년 프로그래머였던 귀도 반 로섬이 발표한 고급 프로그래밍 언어입니다. 인터넷에 따르면 파이썬은 귀도 반 로섬이 크리스마스에 연구소에 출근했다가 문이 닫혀 있어, 심심해서 만든 프로그래밍 언어라고 합니다. 귀도 반 로섬은 리눅스라는 운영체제를 개발한 '리누스 토발즈'와 더불어 컴퓨터 세계에서 3대 천재 중의 한 명입니다.

여러분이 파이썬을 배웠다고 하면 옆에서 물어볼 수 있으니 기억해두면 쏠쏠한 몇 가지 내용을 말씀드리겠습니다. 파이썬이라는 것을 구글에서 검색해보면 뱀 이미지가 많이 나오는데 이는 'python'이라는 영어 단어가 비단뱀을 의미하기 때문입니다. 그런데 사실은 파이썬의 개발자인 귀도 반 로섬은 '몬티 파이썬 비행 서커스(Monty Python's Flying Circus)라는 코미디 프로그램을 좋아해서 자신이 만든 프로그래밍 언어를 '파이썬'이라고 발표했습니다.

귀도 반 로섬은 60세가 넘었는데 여전히 현업 개발자로 드롭박스라는 회사에서 일하고 있습니다. 그전에는 우리가 잘 알고 있는 구글 (Google)에서도 근무를 했습니다. 우리나라는 40대에만 접어들어도 개발에서 손을 떼고 프로젝트 매니저를 해야 더 인정받는 경우가 많습니다. 잠깐 다른 이야기를 해보면 이런 사소한 부분에서부터 미국과 우리나라의 소프트웨어 개발 문화의 차이를 볼 수 있습니다.

여러분은 파이썬이라는 단어를 아마 처음 들어보셨을 겁니다. 왜냐하면 파이썬으로 개발된 소프트웨어가 많이 있기는 하지만 일반인들에게 널리 알려진 것은 많지 않기 때문입니다. 토렌트 파일을 받을 때 사용하는 비트토렌토나 최근 웹 페이지를 개발할 때 많이 사용하는 장고와 같은 웹 애플리케이션 프레임워크들이 파이썬으로 개발된 대표적인 오픈소스 소프트웨어입니다. 참고로 여기서 오픈소스라는 것은 개발된 소스 코드가 모두 공개되어 있다는 것을 의미합니다. 음식으로 치면 백종원 씨가 자신의 레시피를 누구나 따라 할 수 있도록 무료로 공개한 것과 같습니다. 소프트웨어 분야에서 오픈소스는 많은 사람이 좋은 기술을 공부할 수 있고 이를 통해 발전할 수 있도록 해줍니다.

파이썬으로 개발된 유명한 오픈소스는 잘 모르시더라도 파이썬을 사용하는 대표적인 회사들은 아마도 바로 아실 겁니다. 대표적으로 구글, 유튜브, 드롭박스, 넷플릭스, 훌루, NASA 등이 있습니다. 최근 들어서는 빅데이터와 딥러닝 분야가 급격히 뜨고 있어서 거의 모든 회사에서 파이썬을 사용하고 있다고 해도 과언이 아닙니다.

1.1.3. 왜 파이썬인가?

필자가 2010년경에 알고리즘 트레이딩을 시작할 때만 해도 많은 사람이 C나 C++이라는 언어를 추천했습니다. 그 이유는 바로 '실행 속도' 때문입니다. 그러나 그 당시에도 필자는 프로그래밍을 알고 있었지만, C나 C++ 언어를 통해 틈틈이 취미로 자동 매매 프로그램을 만드는 것은 정말 어려운 일이었습니다. 하물며 프로그래밍을 업으로 삼지 않고 있는 일반이라면 거의 불가능에 가깝습니다. HFT(High Frequency Trading)를 하는 것이 아니라면 일반인은 C/C++ 언어는 포기하는 게 맞습니다.

먼저 표 1-1의 영어 단어를 몇 개 살펴보겠습니다. 메인(main)이나 프린트(print)와 같은 단어는 우리 일상생활에서도 자주 사용되는 단어입니다.

표 1-1 영어 단어와 뜻

단어	뜻
include	포함하다.
main	주된 (메인)
print	인쇄하다
class	수업, 강의, 계층
static	정적인
integer	정수

영어 단어를 다 봤다면 1번 코드부터 살펴봅시다. 앞서 살펴본 영어 단어들 각각은 쉬워 보였지만 아래와 같이 프로그래밍 소스 코드에 사용된 것을 보니 선뜻 이해가 되지 않습니다.

```
// 1번 코드
#include <stdio.h>

int main(void) {
    printf("hello world");
}
```

2번 코드도 살펴봅시다. 2번에는 한술 더 떠서 ::와 <<와 같은 이상한 기호까지 있네요.

```
// 2번 코드
#include <iostream>

int main(void) {
    std::out << "hello world\n";
}
```

3번 코드도 봅시다. 각각의 영어 단어는 이해가 되지 않지만, 여전히 { 와 }와 같은 기호 때문에 쉽게 해석되지 않습니다.

```
// 3번 코드
using System;

class Hello
{
    static void Main()
    {
        Console.WriteLine("Hello World");
    }
}
```

마지막 4번 코드를 봅시다. { 와 } 또는 ; 와 같은 기호가 없이 영어 단어인 print만 있다 보니 상대적으로 읽기 좋은 것을 확인할 수 있습니다.

```
# 4번 코드
print("hello world")
```

첫 번째는 C 언어이고, 두 번째는 C++, 세 번째는 C# 그리고 마지막 네 번째가 바로 여러분이 배우게 될 파이썬입니다. 어떤가요? 아무리 주변에서 C/C++을 추천하더라도 당분간은 파이썬에 집중하는 것이 좋겠다고 생각이 들지요? 특히 일반인이라면 다른 언어를 배우는데 시간을 투자하기보다는 쉽고 빠르게 배울 수 있는 파이썬을 통해 프로그래밍에 입문하는 것을 강력히 권합니다.

여러분은 파이썬이라는 언어를 처음 들어보셨겠지만 파이썬은 수많은 프로그래밍 언어 중 3위에 랭크되어 있는 유명한 언어입니다. 최근 들어 딥러닝 분야에서 많이 사용해서 점점 더 유명해지고 있습니다. 그림 1-2를 참조하면 프로그래밍 언어 순위에서 1등은 안드로이드폰에서 사용하고 있는 자바라는 언어이고, 2등과 4등에 바로 앞서 살펴봤던 C언어와 C++이라는 언어임을 알 수 있습니다. 6등에는 C#이라는 언어가 있네요.

Sep 2018	Sep 2017	Change	Programming Language	Ratings	Change
1	1		Java	17.436%	+4.75%
2	2		C	15.447%	+8.06%
3	5	^	Python	7.653%	+4.67%
4	3	v	C++	7.394%	+1.83%
5	8	^	Visual Basic .NET	5.308%	+3.33%
6	4	v	C#	3.295%	-1.48%
7	6	v	PHP	2.775%	+0.57%
8	7	v	JavaScript	2.131%	+0.11%
9	-	⌃	SQL	2.062%	+2.06%
10	18	⌃	Objective-C	1.509%	+0.00%

그림 1-2 TIOBE 프로그래밍 언어 순위 (2018년 9월 기준)

1.1.4. 파이썬 설치하기

여러분이 자기소개서를 작성한다고 생각해봅시다. 자기소개서를 컴퓨터로 작성한다면 아마도 마이크로소프트의 워드나 한글과 컴퓨터의 한글이라는 프로그램을 사용할 겁니다. 이와 유사하게 파이썬이라는 프로그래밍 언어로 작성된 파일(소스 코드)을 실행하려면 파이썬 인터프리터라는 프로그램이 필요합니다. 이번에는 파이썬 인터프리터를 여러분의 PC에 설치해보겠습니다.

파이썬 (파이썬 인터프리터)을 설치하기에 앞서 먼저 파이썬 버전부터 결정해야 합니다. 파이썬은 현재 파이썬 2와 파이썬 3이 사용 가능합니다. 필자가 약 17년 전에 파이썬을 공부할 때에는 파이썬 1과 파이썬 2가 사용 가능했습니다. 그 시절을 생각해보면 많은 사람이 파이썬 1을 사용하기를 권장했습니다. 대표적인 이유가 파이썬 1과 파이썬 2가 호환되지 않았으며 파이썬 2가 아직은 시기상조니 파이썬 1을 사용하라고 했었습니다. 그런데 필자가 군대를 다녀오고 보니 파이썬 1은 사라지고 파이썬 2가 대세가 되었습니다.

지금은 파이썬 2와 파이썬 3이 사용되고 있는데 필자는 파이썬 3을 권합니다. 혹시 주변에서 파이

썬 2를 사용하고 있더라도 여러분은 파이썬 3을 사용하십시오. 몇 년 전까지는 파이썬 2가 호환성 덕
분에 더 많이 사용되었지만, 요즘은 파이썬 3을 사용하더라도 호환성 문제가 거의 발생하지 않습니다.

파이썬 3을 설치하기로 했다면 그다음으로 결정해야 하는 것은 "누가 만든 파이썬 파일을 사용할
것인가?"입니다. 파이썬 설치 파일에는 www.python.org에서 배포하고 있는 공식 설치 파일과 이를
가져다가 약간의 살을 붙여 놓은 '배포판'이 있습니다. 자동차로 예를 들면 공식 설치 파일은 엔진과 자
동차 바퀴만 달린 깡통차이고 배포판은 여기에 풀옵션을 달아오는 자동차라고 보면 됩니다. 사람마다
취향이 달라서 공식 설치 파일을 설치한 후 필요한 옵션을 추가로 설치하는 경우도 있지만, 초보자인
경우에는 아무래도 풀옵션을 한 번에 설치하는 편이 조금 더 편리합니다.

여러분도 공식 설치 파일이 아닌 'Continuum'이라는 곳에서 만든 '아나콘다'라는 배포판을 사용
하겠습니다. 아나콘다가 큰 뱀을 의미하는 것은 아시죠? 아마도 공식 설치 파일에 이것저것 살을 붙여
놨기 때문에 '아나콘다'라는 이름을 사용한 것 같네요. 일단 우리는 '아나콘다'라는 파이썬 배포판을 사
용한다는 것을 기억하시기 바랍니다.

파이썬 3을 설치할 것이고 아나콘다라는 배포판을 사용하기로 했습니다. 마지막으로 하나 더 결정
해야 합니다. 파이썬 3에는 32-bit 버전과 64-bit 버전의 설치 파일이 있습니다. 보통은 자신의 윈도
우 운영체제가 32-bit이면 32-bit 파이썬을 설치하면 되고 64-bit이면 32-bit 또는 64-bit 중 선택해
서 사용할 수 있습니다. 만약 자신의 운영체제가 몇 비트인지 모르신다면 그냥 32-bit를 설치하세요.

아나콘다 배포판을 다운로드하기 위해 먼저 다음 링크로 이동합니다. 파이썬 3.7 버전에서 64-bit
또는 32-bit 설치 파일을 클릭하여 다운로드합니다. 필자는 일단 32-bit 버전으로 설치를 해보도록 하
겠습니다. 참고로 녹색의 Download 버튼을 클릭하시면 64-bit 설치 파일이 다운로드 되므로 32-bit
설치 파일을 받고자 하는 경우 그림 1-3과 같이 32-bit 링크를 클릭하시기 바랍니다.

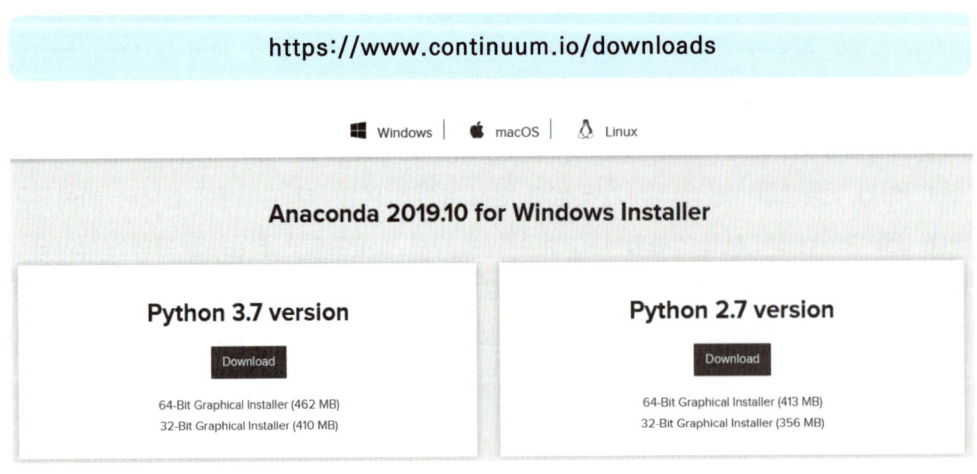

그림 1-3 아나콘다 다운로드 링크

설치 파일이 다운로드됐다면 다운로드한 마우스 오른쪽 버튼을 클릭한 후 '관리자 권한으로 실행' 버튼을 클릭합니다. 또는 그냥 더블 클릭해도 설치를 시작할 수 있습니다.

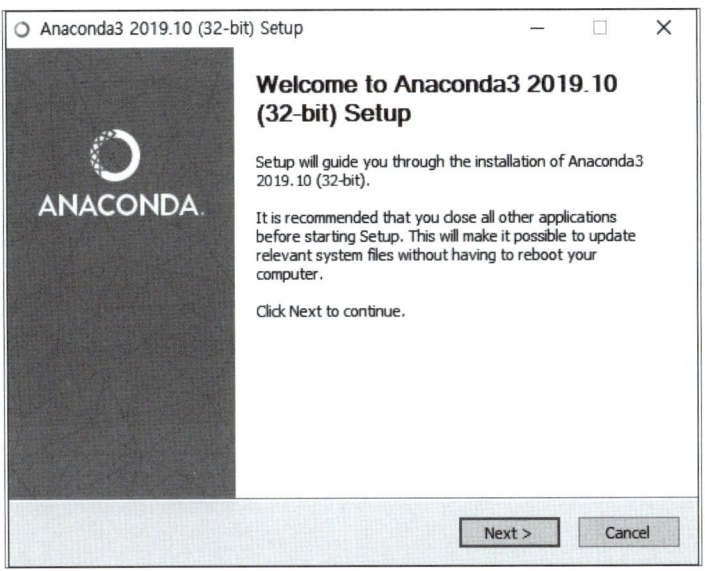

그림 1-4 아나콘다 설치 (1/8)

라이선스 화면에서 'I Agree' 버튼을 클릭합니다.

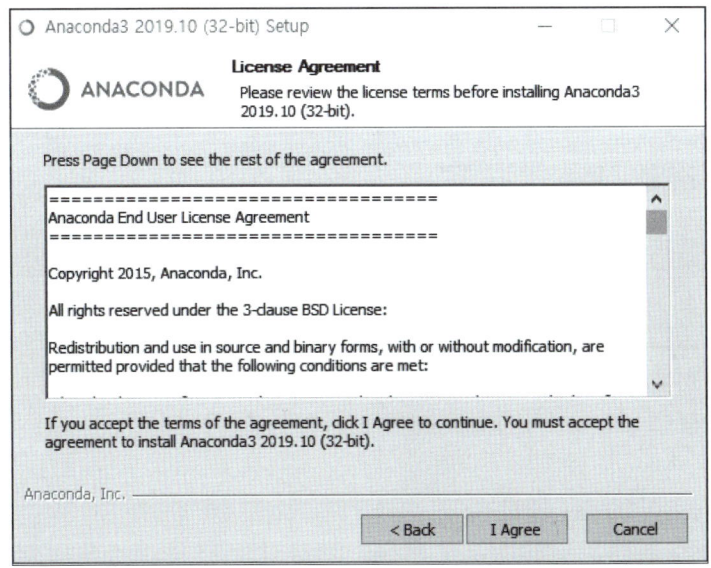

그림 1-5 아나콘다 설치 (2/8)

그림 1-6의 설치 타입 선택화면에서 All Users 항목을 선택한 후 'Next' 버튼을 클릭합니다.

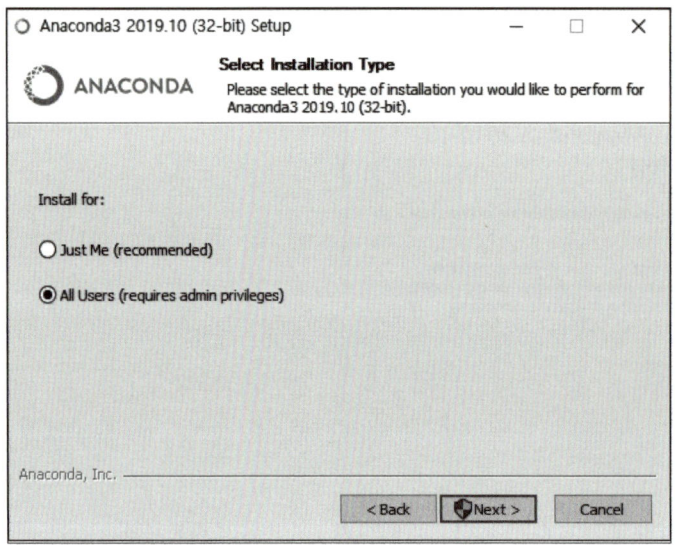

그림 1-6 아나콘다 설치 (3/8)

그림 1-7은 설치 경로를 설정하는 화면입니다. 기존의 설치 경로를 'C:\Anaconda3'으로 변경해 봅시다. 가끔 아나콘다가 설치된 디렉터리에 접근해야 하는 경우가 있는데 설치 경로가 복잡하면 찾아가기가 어렵습니다. 그래서 'C:\Anaconda3'로 경로를 변경하는 겁니다.

그림 1-7 아나콘다 설치 (4/8)

그림 1-8의 설치 옵션에서 두 개 모두 체크합니다. 첫 번째 옵션에 대해서는 추천하지 않는다고 쓰여 있지만 초보자인 경우 체크를 하는 편이 더 편리합니다. 'Install' 버튼을 눌러 설치를 시작합니다.

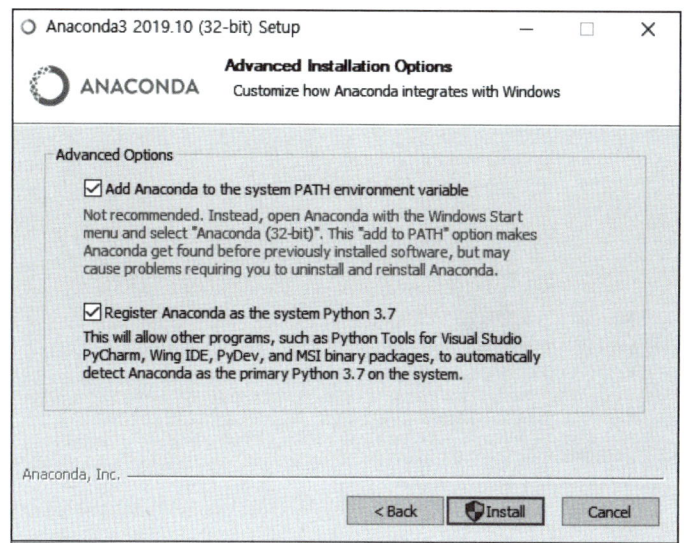

그림 1-8 아나콘다 설치 (5/8)

설치가 완료되면 'Next' 버튼을 클릭합니다.

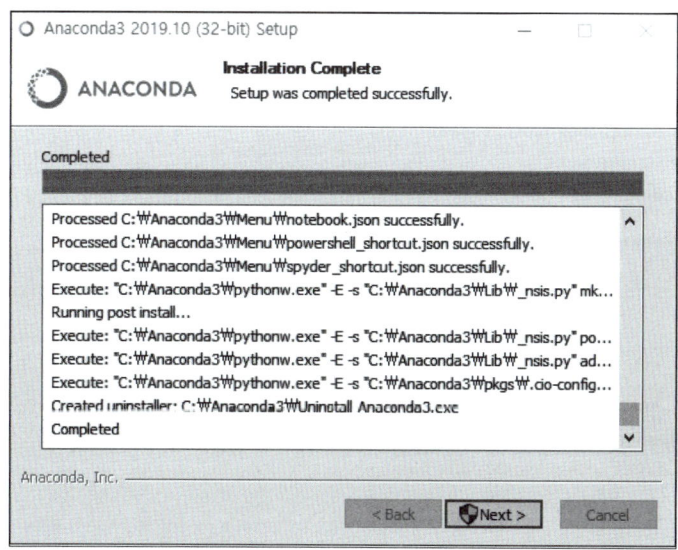

그림 1-9 아나콘다 설치 (6/8)

그림 1-10에서 'Next' 버튼을 클릭하여 다음 단계로 이동합니다.

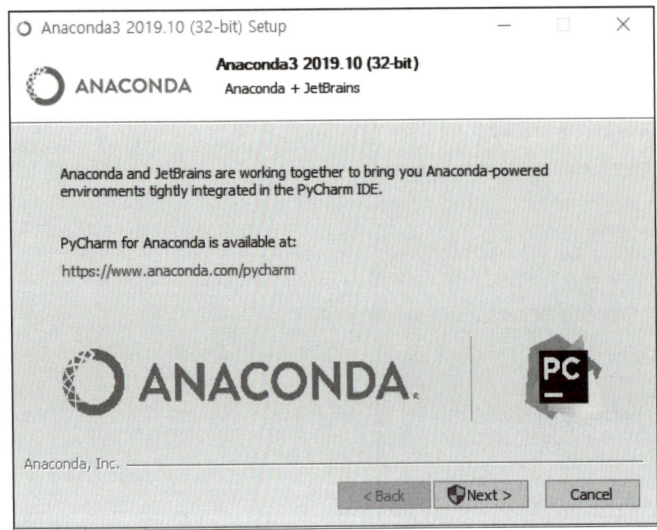

그림 1-10 아나콘다 설치 (7/8)

그림 1-11에서 'Finish' 버튼을 클릭하여 설치를 완료합니다

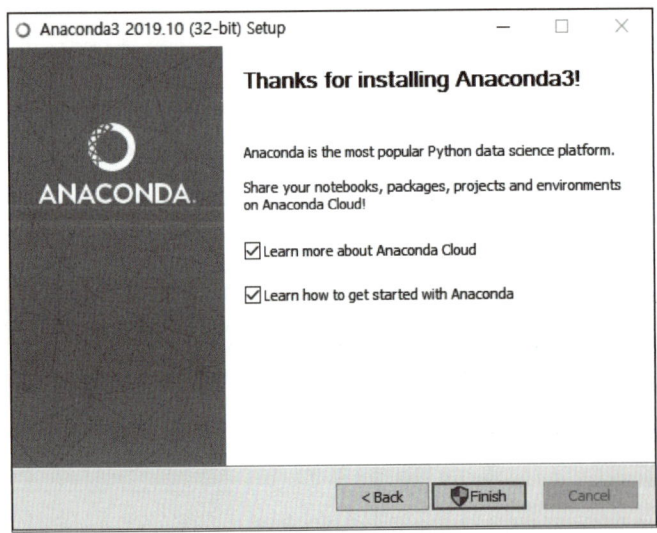

그림 1-11 아나콘다 설치 (8/8)

1.1.5. Spyder 사용하기

여러분들은 이 책의 초반부에서 Spyder라는 프로그램을 사용해서 파이썬 프로그램을 개발할 겁니다. Spyder프로그램을 실행하기 위해 윈도우의 시작 메뉴를 클릭한 후 그림 1-12와 같이 Anaconda3 항목의 'Spyder' 메뉴를 선택합니다.

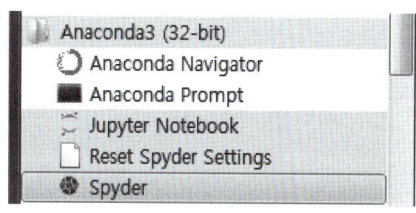

그림 1-12 Spyder 실행

Spyder는 IPython console, Text Editor, Exlorer 세 부분으로 구성됩니다. 오른쪽 아래 위치한 IPython console에 print("가즈아 비트코인~")이라고 입력한 후 엔터키를 눌러봅시다. 여러분이 입력한 print라는 것이 바로 파이썬 코드입니다. 그리고 IPython이 파이썬 인터프리터입니다. 파이썬 인터프리터는 파이썬 소스 코드를 읽어서 이를 실행해 주는 역할을 한다고 앞서 설명해 드렸지요? 여러분이 파이썬 소스 코드를 입력한 후 엔터키를 누르면 파이썬 인터프리터가 그 코드를 읽어 해석한 후 실행합니다. 그리고 그 결과를 보여주는 겁니다.

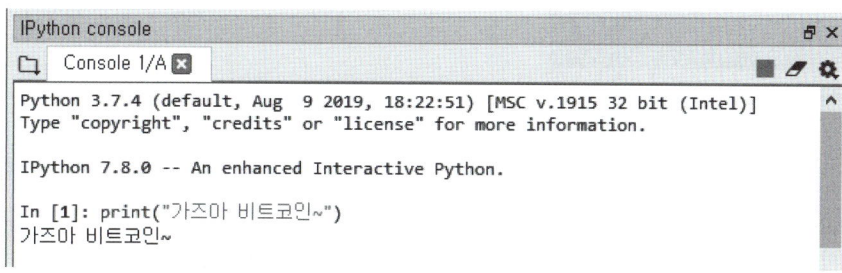

그림 1-13 IPython Console에 파이썬 소스 코드 입력

print( )라는 것은 앞으로 배울 함수라는 것인데 프로그래밍에서 함수란 "어떤 입력을 넣어주면 정해진 동작을 하는 놈"이라고 이해하시면 됩니다. print( )라는 함수에 "가즈아 비트코인~"이라는 글자를 입력해줬기 때문에 화면에 "가즈아 비트코인~"이라는 글자가 '출력'된 겁니다.

1.1.6. 연습 문제

1 Spyder의 IPython Console에서 'Hello World'를 출력해보세요.

2 파이썬에서 화면에서 어떤 값을 출력할 때 사용하는 함수는 무엇인가요?

1.2. 변수와 문자열

1.2.1. 파이썬 계산기

옛말에 시작이 반이라고 했는데 여러분은 힘든 1교시를 잘 통과하셨습니다. 앞으로 남은 2, 3교시도 졸지 마시고 잘 들어보시기 바랍니다. 비트코인 금액이 그림 1-14와 같을 때 여러분이 비트코인 3개를 보유하고 있다면 얼마가 될까요?

통화	현재가 (₩)	변동 (24시간)
비트코인	9,720,000	2.41% ▲
리플	709	1.14% ▲
이더리움	591,850	2.02% ▲
이더리움 클래식	20,590	0.10% ▲
비트코인 캐시	1,110,000	1.42% ▼
비트코인 골드	116,500	1.30% ▲

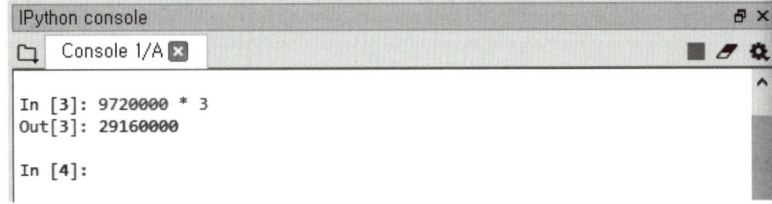

그림 1-14 가상화폐 시세 (코빗 거래소)

파이썬을 배우는 여러분들은 앞으로 위와 같은 숫자 계산이 나오면 암산을 하시거나 컴퓨터의 계산기를 사용하지 마시고 Spyder에 있는 IPython Console을 사용해야 합니다. 그림 1-15와 같이 숫자를 입력하고 곱하기 * 기호를 입력하면 됩니다. 엔터키를 누르면 바로 계산된 결괏값을 확인할 수 있습니다. 한가지 주의하실 점은 금융 업계 종사자들은 세 자리마다 콤마를 넣어서 표현하는데 파이썬과 같은 프로그래밍 언어에서는 콤마가 다른 의미로 사용되기 때문에 숫자 사이에 콤마를 넣으시면 안 됩니다.

```
IPython console
Console 1/A

In [3]: 9720000 * 3
Out[3]: 29160000

In [4]:
```

그림 1-15 IPython console을 사용한 정수 곱하기

비트코인 한 개가 9,720,000원이고 3개를 갖고 있다면 단순히 두 값을 곱하면 되겠지요? 수학에서 곱셈은 x 기호를 사용하지만, 컴퓨터에서 곱셈은 *를 사용합니다. (키보드에서 Shift 키를 누른 상태에

서 숫자 8을 입력하면 됩니다)

여러분이 비트코인을 9,720,000원에 샀는데 매수가 기준으로 3% 떨어지면 팔고 싶다고 가정해봅시다. 소위 이런 것을 '손절매' 또는 '스탑로스'라고 부릅니다. 3% 떨어질 때 팔려면 먼저 3%가 떨어진 금액이 얼마인지를 구해야겠지요? 파이썬을 사용하면 실수 곱셈도 쉽게 할 수 있습니다.

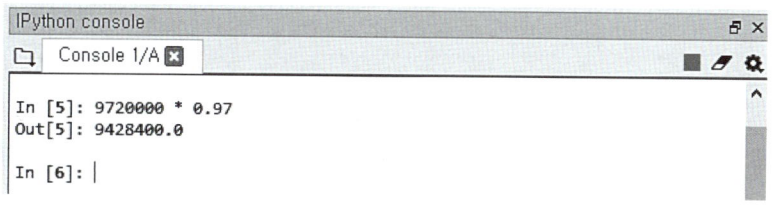

그림 1-16 IPython console을 사용한 실수 곱하기

파이썬을 사용해서 곱셈만 할 수 있는 건 아닙니다. 당연히 '사칙연산'이라고도 부르는 '덧셈', '뺄셈', '곱셈', '나눗셈'이 가능합니다. 그림 1-17과 같이 좋아하는 숫자 두 개에 대해서 서로 더해보고, 빼보고, 곱해보고, 나눠보세요. 결과를 확인해보면 여러분이 초등학교 때 배운 산수 실력 그대로 컴퓨터도 잘 계산하는 것을 확인할 수 있습니다.

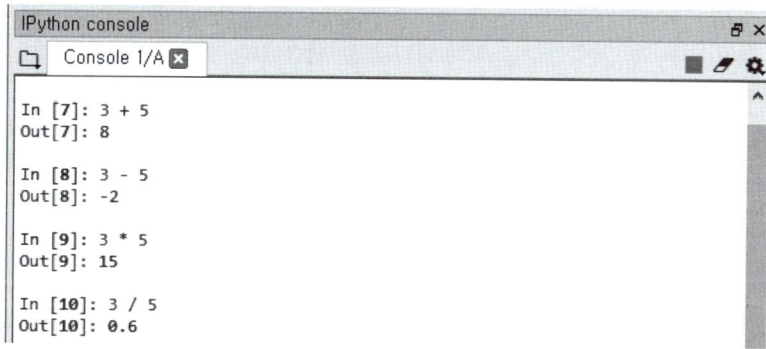

그림 1-17 파이썬을 이용한 사칙연산

컴퓨터로 사칙연산을 할 때 주의해야 할 점이 하나 있습니다. 엄밀히 말하면 이것은 컴퓨터와 관련 없고 수학과 관련된 내용입니다. '3+4*3'은 얼마인가요? 정답은 15입니다. 혹시 오래돼서 잘 기억이 안 나시는 분들을 위해서 설명해 드리면 덧셈, 뺄셈, 곱셈, 나눗셈이 있는 경우 곱셈과 나눗셈이 덧셈과 뺄셈에 우선합니다. 따라서 위에서 4*3을 먼저 계산한 후 그 결괏값에 3을 더해야 합니다.

IPython를 사용해서 계산해봅시다. 그림 1-18과 같이 입력할 수 있는데 첫 번째는 괄호를 사용하지 않고 입력했고 두 번째는 괄호를 사용했습니다. 어차피 곱셈이 덧셈에 우선하기 때문에 괄호가 있으나 없으나 결과는 같습니다. 그러나 괄호를 넣어주면 다른 사람이 아래의 수식을 볼 때 곱셈이 먼저 수행된다는 것을 연산자 우선순위를 모르더라도 쉽게 파악할 수 있습니다. 그래서 되도록 괄호를 적어 주는 게 좋습니다.

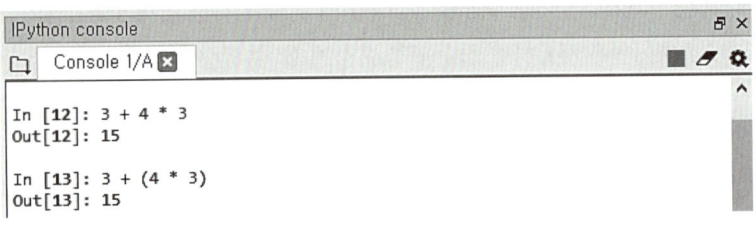

그림 1-18 사칙 연산에 괄호 사용

1.2.2. 변수 (Variable)

필자는 프로그래밍 언어를 몇 개 밖에 모르지만, 지금까지 배운 프로그래밍 언어에 변수라는 개념이 없는 언어는 보지 못했습니다. 사실 필자는 한자 세대가 아니라서 한자를 잘 모릅니다. 그래서 처음 변수라는 단어를 들었을 때 그 단어의 의미를 바로 알지는 못했습니다. 변수는 영어로 'variable'입니다. 영어 사전을 좀 찾아보면 '변하는 것'이 그 뜻임을 쉽게 알 수 있습니다.

프로그래밍 언어에서 변수는 어떤 값을 가리키는 용도로 사용됩니다. 1 비트코인이 9,751,500원이라고 할 때 우리는 이 값을 그림 1-19와 같이 변수를 통해 나타낼 수 있습니다. 비트코인의 현재가인 9,751,000원을 가리키는 용도로 'bitcoin'이라는 영어 단어를 사용했는데 이를 변수라고 부릅니다.

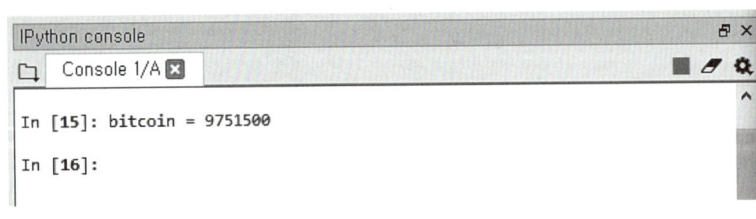

그림 1-19 파이썬 변수 사용

그렇다면 변수는 왜 사용할까요? 앞으로 여러분들이 프로그램을 작성할 때 어떤 값 (여기서는 비트코인 현재가)을 직접 기억하기보다는 어떤 이름을 통해서 해당 값을 가리키게 하려고 사용합니다. 앞의 예에서는 9,751,000원이라는 값을 직접 기억하기보다는 그 값을 'bitcoin'이라는 변수를 통해서 가리키게 한 후 값을 알고 싶으면 'bitcoin'이라는 변수를 통해서 값을 확인하는 겁니다.

다음 한 줄의 코드의 의미를 정확히 아는 것은 무척이나 중요합니다. 일단 파이썬에서 '=' 기호가 있으면 오른쪽을 먼저 해석하시기 바랍니다. 오른쪽에 9,751,000이라는 값이 위치합니다. 이 값은 여러분의 PC의 메모리의 어딘가에 위치하게 됩니다. 그리고 그 값은 메모리상에서 고유의 주소를 갖게 됩니다. 예를 들어 12억 번지에 9,751,000이라는 값이 저장되어 있다고 가정합시다.

```
1: bitcoin = 9751000
```

이제 '=' 기호의 왼쪽을 살펴보면 변수 이름이 'bitcoin'입니다. '='의 의미는 왼쪽에 있는 'bitcoin'이라는 변수가 12억 번지에 있는 9,751,000 값을 가리키는 겁니다. 파이썬에서는 이를 바인딩(binding)이라고 부릅니다.

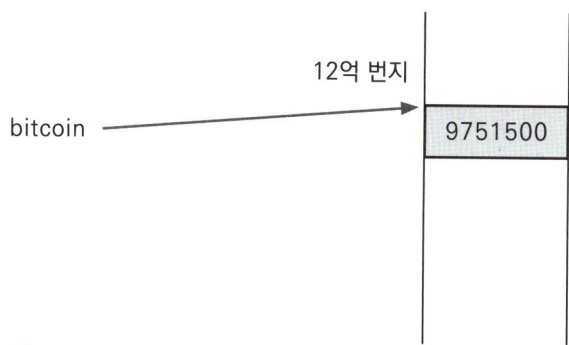

그림 1-20 파이썬 변수 바인딩

변수의 바인딩은 실제 메모리에 있는 값의 주소를 기억하고 있는 겁니다. 여러분이 편지를 보낼 때 주소를 적으면 주소를 통해서 실제로 위치하는 집을 찾을 수 있는 것과 같습니다. 실제 값은 메모리의 어딘가에 위치하는데 변수는 그 값이 존재하는 메모리의 위치를 기억하는 용도로 사용되는 겁니다.

IPython에서 다음 코드를 입력해 봅시다. 아래 코드의 의미는 9,751,000원 비트코인 3개에 대한 가격을 의미합니다.

```
1: 9751000 * 3
```

여러분은 앞서 비트코인의 가격을 bitcoin이라는 변수를 통해서 바인딩하고 있었지요? 변수를 사용하면 그 값을 직접 사용하지 않고 다음과 같이 표현할 수 있습니다.

```
1: bitcoin * 3
```

변수를 사용하니 코드의 의미를 더욱 쉽게 파악할 수 있는 것을 알 수 있습니다.

그림 1-21 파이썬 변수 사용하기

1.2.3. 변수 이름 짓기

프로그래머에게 가장 힘든 일 중 하나는 바로 변수 이름을 짓는 겁니다. 여러분들 중 자녀가 있으신 분들은 자녀 이름을 지을 때 쉽지 않았던 기억이 나실 겁니다. 프로그래밍에 있어서 어떤 값을 바인딩하는 변수의 이름을 잘 짓는 것은 매우 중요합니다. 파이썬에서 변수 이름은 다음 규칙을 따라야 합니다.

> 1) 변수 이름은 영문자 대/소문자, 숫자, 언더스코어(_)로 만들 수 있습니다.
> 2) 변수 이름은 숫자로 시작할 수 없습니다.
> 3) 변수 이름은 영문 대문자와 소문자를 다르게 구분합니다.
> 4) 파이썬 이미 사용하고 있는 키워드는 사용하지 않는 것이 좋습니다.

여러분이 학교에서 퀴즈나 시험을 볼 것이 아니라면 위의 규칙에 대해서 심각하게 생각할 필요는 없습니다. 그냥 파이썬에서 변수는 영어 소문자를 사용하면 된다고 기억하시면 됩니다. 다음과 같이 변수를 사용하면 안 된다는 것은 아시겠지요? (숫자로 시작하면 안 됩니다)

```
1: 1st = 10
2: 2nd = 20
```

1.2.4. 파이썬 문자열

보통 프로그래밍 언어에서는 문자와 문자열을 구분합니다. 여기서 문자라고 하는 것은 'a', 'b', 'c'와 같이 한 글자를 의미하고 문자열이라는 것은 'hello'와 같이 여러 글자를 의미합니다. 하지만 파이썬에서는 문자와 문자열을 구분하지 않고 모두 문자열이라고 부릅니다. 파이썬에서는 문자열은 작은 따옴표(' ')나 큰따옴표(" ")로 묶인 문자들의 모임입니다. (글자의 개수와 상관없습니다) 영어로는 스트링 (string)이라고 부릅니다.

파이썬에서 문자열을 만들고 싶으면 텍스트를 작은따옴표나 큰따옴표로 감싸주면 됩니다. 예를 들어 다음 네 가지 표현이 모두 문자열에 해당합니다.

```
1: 'hello world'
2: "hello world"
3: "I'd love to change the world"
4: "3"
```

라인 1: 작은따옴표로 감싸져 있습니다.

라인 2: 큰따옴표로 감싸져 있습니다.

라인 3: 중간에 작은따옴표가 있기 때문에 큰따옴표를 사용했습니다.

라인 4: 숫자지만 큰따옴표로 감싸져 있으므로 문자열입니다.

1.2.5. 변수와 문자열

앞서 숫자에 대해서는 변수를 통해 바인딩해봤습니다. 문자열 역시 변수를 통해서 바인딩할 수 있습니다. 아래 코드를 해석할 때 역시 기본 원리는 '=' 기호가 나오면 오른쪽을 먼저 해석한다는 겁니다. 첫 번째 줄 코드의 의미를 살펴봅시다. 먼저 'a'라는 문자열이 메모리에 할당되고 고유 주소를 가질 겁니다. 그 주소를 'mystr1'이라는 변수가 바인딩하는 겁니다.

```
1: mystr1 = 'a'
2: mystr2 = "a"
3: mystr3 = "abc"
```

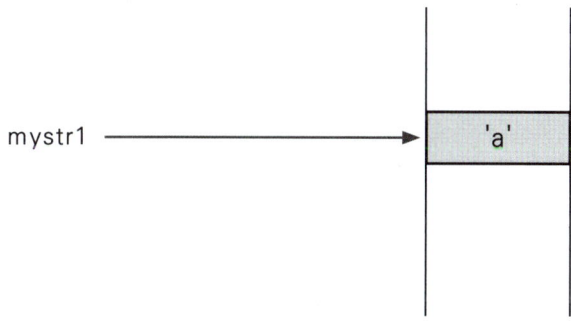

그림 1-22 변수로 문자열 바인딩

그림 1-22와 같이 mystr1이라는 변수가 문자열 'a'를 바인딩하고 있으므로 다음과 같이 문자열을 출력할 수 있습니다.

```
1: print(mystr1)
```

문자열이 중요한 이유는 여러분이 얻을 수 있는 많은 데이터가 문자열로 제공되기 때문입니다. 예를 들어 그림 1-23의 재무제표는 사람이 보기에는 숫자로 보이지만 파이썬은 이 값들을 모두 문자열로 인식합니다. 그래서 문자열을 잘 다루는 것이 매우 중요합니다.

기업실적분석   더보기▸

주요재무정보	최근 연간 실적				최근 분기 실적					
	2015.12	2016.12	2017.12	2018.12(E)	2017.06	2017.09	2017.12	2018.03	2018.06	2018.09(E)
	IFRS 연결	IFRS 연결	IFRS 연결	IFRS 연결	IFRS 연결	IFRS 연결	IFRS 연결	IFRS 연결	IFRS 연결	IFRS 연결
매출액(억원)	2,006,535	2,018,667	2,395,754	2,511,921	610,005	620,489	659,784	605,637	584,827	650,090
영업이익(억원)	264,134	292,407	536,450	651,503	140,665	145,332	151,470	156,422	148,690	172,976
당기순이익(억원)	190,601	227,261	421,867	491,068	110,539	111,934	122,551	116,885	110,434	131,112
영업이익률(%)	13.16	14.49	22.39	25.94	23.06	23.42	22.96	25.83	25.42	26.61
순이익률(%)	9.50	11.26	17.61	19.55	18.12	18.04	18.57	19.30	18.88	20.17
ROE(%)	11.16	12.48	21.01	21.32	16.04	19.24	21.01	22.79	21.77	
부채비율(%)	35.25	35.87	40.68		38.31	40.76	40.68	39.96	36.70	
당좌비율(%)	209.74	223.46	181.61		185.18	177.37	181.61	188.10	197.58	
유보율(%)	21,117.88	22,004.14	24,536.12		22,687.99	23,529.09	24,536.12	25,279.75	26,235.70	
EPS(원)	2,198	2,735	5,421	6,622	1,411	1,487	1,629	1,583	1,500	1,768
BPS(원)	23,715	26,636	30,427	36,500	28,093	29,716	30,427	31,782	33,223	39,880
주당배당금(원)	420	570	850	1,375						
시가배당률(%)	1.67	1.58	1.67							
배당성향(%)	16.42	17.81	14.09							

그림 1-23 삼성전자 재무제표 (출처: 네이버 금융)

1.2.6. 문자열 인덱싱

문자열 중에서 한 글자를 가져오는 것을 인덱싱 (indexing)이라고 합니다. 예를 들어, mycoin이라는 변수가 "Bitcoin"이라는 문자열을 바인딩하고 있을 때 알파벳 하나를 얻어오는 행위를 의미합니다. 그림 1-24와 같이 IPython에서 코딩해봅시다.

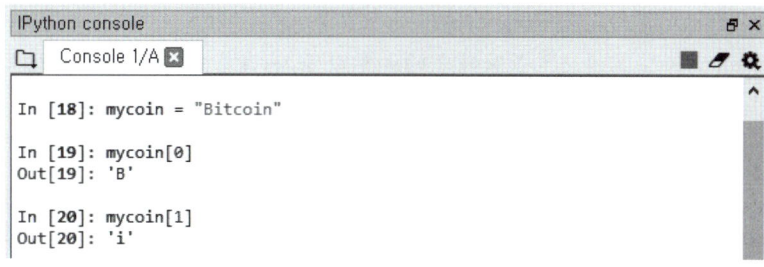

그림 1-24 문자열 인덱싱

인덱싱을 할 때는 [ ] 기호를 사용합니다. [ ] 사이에는 가져오고자 하는 글자가 위치하는 순서를 적어주면 됩니다. 예를 들어 "Bitcoin"이라는 문자열에서 첫 번째 글자인 "B"를 가져오기 위해서는 [0]을 사용하면 됩니다. 보통 프로그래밍 언어에서는 순서를 말할 때 1부터 시작하지 않고 0부터 시작합니다. 그래서 첫 번째 글자를 얻어올 때 1 대신 0을 사용한 겁니다.

"Bitcoin"이라는 문자열은 메모리에 다음과 같이 순서대로 저장됩니다. 양수를 사용해서 앞에서부터 인덱싱 하거나 음수를 사용해서 뒤에서부터 인덱싱할 수 있습니다.

표 1-2 문자열 인덱싱 (양수 및 음수)

0	1	2	3	4	5	6
B	i	t	c	o	i	n
-7	-6	-5	-4	-3	-2	-1

1.2.7. 문자열 슬라이싱

문자열에서 한 글자를 가져오는 행위를 인덱싱 (indexing)이라고 했지요? 문자열에서 한 글자 이상을 가져오는 것은 슬라이싱 (slicing)이라고 합니다. 슬라이싱을 할 때도 인덱싱과 마찬가지로 [ ] 기호를 사용합니다. 슬라이싱 할 때는 [0:4]와 같이 문자열에서 가져오고자 하는 부분의 시작과 끝 인덱스 값을 지정해주면 됩니다.

다음 코드를 살펴봅시다. greeting이라는 변수는 "hello minsu"라는 문자열을 바인딩하고 있습니다. 여기서 "hello"라는 글자를 가져오기 위해서 'greeting[0:5]'이라는 슬라이싱 표현을 사용했습니다.

```
1: greeting = "hello minsu"
2: greeting[0:5]
```

슬라이싱 표현에서 인덱스 값은 그림 1-25와 같이 문자 사이 사이에 숫자고 있다고 생각하는 것이 좋습니다. 인덱싱은 특정 위치의 글자를 가져오는 동작이기 때문에 각 글자 위에 인덱스 값이 위치한 다고 이해하면 됩니다. 이와 달리 슬라이싱은 범위를 지정해야 하므로 각 글자의 사이에 인덱스가 위치한다고 생각하면 됩니다. 그림 1-25를 참조하면 greeting[0:5]를 사용하면 "hello"라는 문자열을 슬라이싱 할 수 있음을 알 수 있습니다.

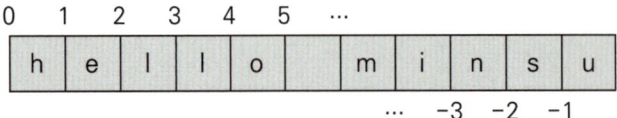

그림 1-25 문자열 슬라이싱

그림 1-26과 같이 슬라이싱의 시작 인덱스와 끝 인덱스를 생략할 수 있습니다. 파이썬 인터프리터는 시작 인덱스를 생략하면 처음부터, 끝 인덱스를 생략하면 끝까지 슬라이싱합니다.

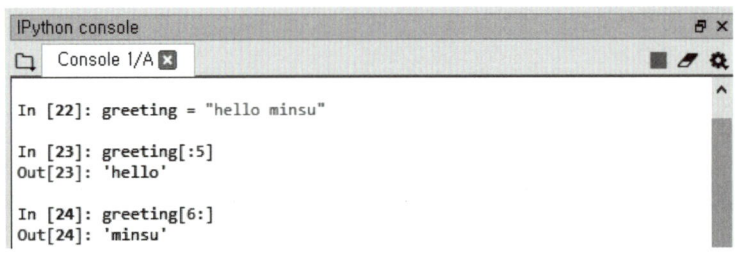

그림 1-26 문자열 슬라이싱 (시작과 끝 인덱스 생략)

정리해보면 문자열 슬라이싱은 다음과 같이 사용합니다.

> [시작인덱스:끝인덱스]
> 1) 시작 인덱스나 끝 인덱스는 생략할 수 있습니다.
> 2) 시작 인덱스를 생략하면 0으로 자동 인식합니다.
> 3) 끝 인덱스를 생략하면 문자열 끝을 자동으로 인식합니다.

1.2.8. 음수 인덱싱/슬라이싱

인덱싱이나 슬라이싱을 할 때 음수를 사용할 수 있었습니다. 그림 1-27은 음수 인덱스를 사용한 슬라이싱 예제 코드입니다. 그렇다면 언제 양수를 사용하고 언제는 음수를 사용하는 걸까요? 사실 여기에 딱히 규칙이 있는 것은 아닙니다. 뒤에서부터 세어 나가는 것이 더 빠르면 음수 인덱스를 사용하는 더 편리합니다. 예를 들어 "hello minsu"라는 문자열에서 "minsu"라는 문자열을 슬라이싱하고자 할 때 앞에서 세어서 나가는 것보다는 뒤에서 세는 것이 더 짧기 때문에 음수 인덱스를 사용한 것뿐입니다. 음수를 사용하든 양수를 사용하든 같은 결과를 얻습니다.

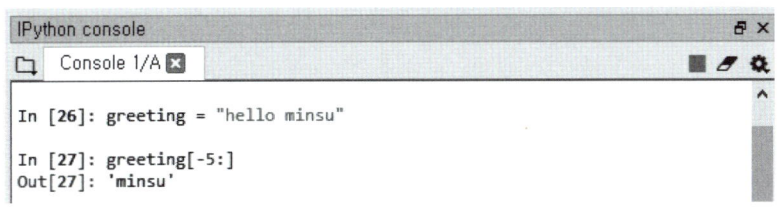

그림 1-27 음수를 사용한 문자열 슬라이싱

1.2.9. 문자열 합치기

3 + 3은 얼마일까요? 6이겠지요? 숫자 두 개에 대해 덧셈 연산을 하면 두 값을 더해줍니다. 그렇다면 문자열에 대해서 덧셈(+)을 하면 어떻게 될까요? 정답을 말씀드리면 문자열에 대해 덧셈 연산자를 사용하면 두 문자열이 더해진 새로운 문자열이 메모리에 생성됩니다.

```
1: coin1 = "bitcoin"
2: coin2 = "ripple"
3: coin3 = coin1 + coin2
```

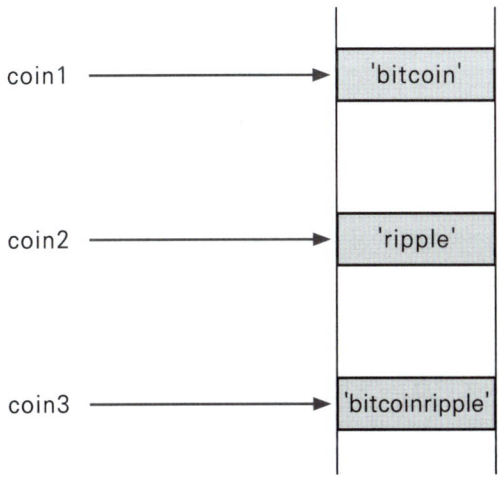

그림 1-28 문자열 덧셈의 결과

문자열 합치기는 여러 곳에서 사용되는데 특히 print( ) 함수에서 문자열을 합쳐서 화면에 출력하는 경우가 많습니다.

```
1: coin = "비트코인"
2: fmt = "내가 보유하고 있는 코인은" + coin + "입니다."
3: print(fmt)
```

라인 1: "비트코인"이라는 문자열을 coin이라는 변수가 바인딩합니다.

라인 2: "내가 보유하고 있는 코인은 비트코인입니다."라는 새로운 문자열이 메모리 생성되고 이를 fmt라는 변수가 바인딩합니다.

라인 3: fmt 변수가 바인딩하는 문자열을 화면에 출력합니다.

1.1.10. 문자열의 길이

문자열을 다루다 보면 아주 가끔 문자열의 길이를 알아야 하는 경우가 있습니다. 이때 사용할 수 있는 함수가 len( ) 입니다. 그림 1-29와 같이 IPython에 코딩해봅시다. "hello world"라는 문자열은 공백을 포함하여 총 11글자이지요? 출력된 값을 보면 정확히 11이 출력된 것을 확인할 수 있습니다.

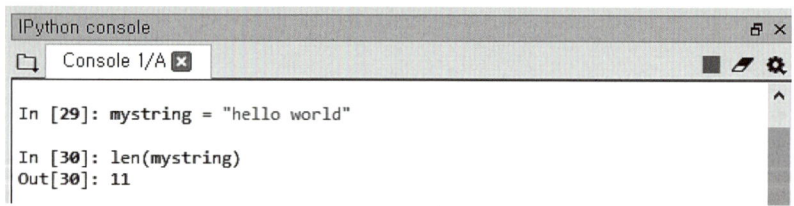

그림 1-29 파이썬 문자열 길이

이번 시간에 배운 내용을 복습해 보겠습니다. 파이썬에는 주로 사용하는 세 가지의 기본 데이터 타입이 있습니다. 1, 2, 3과 같은 숫자를 정수형 또는 integer 타입이라고 부릅니다. 3.141592와 같은 값은 실수 또는 float 타입이라고 합니다. 마지막으로 '3', "hello"와 같이 작은따옴표나 큰따옴표로 둘러싸인 것들을 문자열 또는 string 타입이라고 합니다. 여러분이 당분간 표현하고자 하는 모든 값들은 보통 정수거나 실수거나 또는 문자열 타입입니다. 따라서 어떤 값을 표현할 때 어떤 데이터 타입인지를 꼭 생각해보시기 바랍니다. 예를 들어 오늘 날짜를 파이썬에서 표현한다고 생각해 봅시다. "2018-07-15"를 정수나 실수로 표현할 수는 없겠지요? 당연히 문자열로 표현하는 것이 맞습니다.

1.1.11 연습 문제

1 비트코인과 리플의 현재가가 표 1-2와 같습니다. 비트코인 10개과 리플 430개를 갖고 있다면 총 평가 금액은 얼마일까요? 파이썬의 변수와 print( ) 함수를 사용해서 풀어보세요.

표 1-2 비트코인과 리플의 현재가

가상화폐	현재가 (원)
비트코인	9,744,000
리플	711

2 currency1 ~ currency3 이라는 변수에서 3글자로 된 가상화폐의 이름만 가져온 후 이를 출력해 보세요.

```
1: currency1 = "etc_krw"
2: currency2 = "eth_krw"
3: currency3 = "btc_krw"
```

1.3. 파이썬 자료구조

1.3.1. 자료구조란?

다음 파이썬 코드의 의미에 대해 해석해봅시다. 여러 번 설명해 드리지만 '='이 있으므로 오른쪽을 먼저 살펴보면 4라는 정수 타입의 값이 메모리에 할당되고 고유의 주소를 가질 겁니다. 이 주솟값을 a라는 변수가 바인딩합니다. 따라서 우리는 a라는 변수를 통해서 4라는 정숫값에 접근할 수 있습니다. 이처럼 어떤 값 하나를 바인딩할 때 변수를 사용합니다. 그런데 바인딩할 값이 한두 개가 아니고 여러 개라면 어떻게 해야 할까요? 이때 사용하는 것이 바로 '자료구조 (Data Structure)'입니다.

```
1:  a = 4
```

자료구조는 여러 값을 넣을 수 있는 바구니 또는 컨테이너와 같습니다. 앞서 파이썬 기본 데이터 타입에 정수형 (int), 실수형 (float), 문자열 (str) 타입이 있었던 것처럼 파이썬의 자료구조도 그 특성에 따라 리스트 (list), 튜플 (tuple), 딕셔너리 (dict)의 세 가지가 있습니다. 이번 시간을 통해 각각에 대해 공부해 보겠습니다.

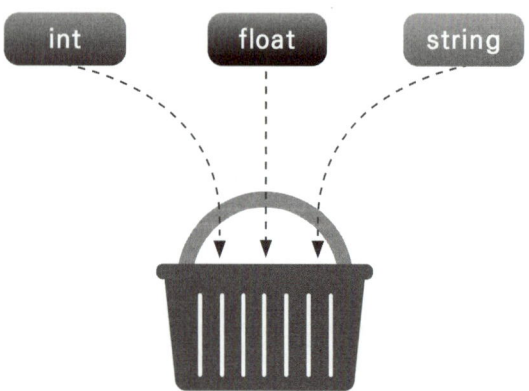

그림 1-30 자료구조의 개념

1.3.2. 리스트 (list)

여러분이 비트코인, 리플, 이더리움을 보유하고 있다고 가정해봅시다. 이를 파이썬으로 표현해 보겠습니다. 각 코인의 이름을 파이썬 문자열 타입으로 표현한 후 hold1, hold2, hold3이라는 변수로 바인덱싱했습니다. 코인의 이름은 정수도 아니고 실수도 아니기 때문에 파이썬 문자열 타입으로 표현해야 겠지요?

```
1: hold1 = "bitcoin"
2: hold2 = "ripple"
3: hold3 = "ethereum"
```

그런데 만약 여러분이 보유하고 있는 코인의 수가 많다면 어떻게 해야 할까요? 이때 사용할 수 있는 것이 바로 리스트 자료구조입니다. 파이썬 리스트는 마치 '기차 칸'이나 '컨테이너'와 같아서 어떤 데이터든지 타입과 상관없이 '순서대로' 값을 넣을 수 있습니다. 리스트에 사용하는 기호는 [ ] 입니다. [ ] 사이에 넣고자 하는 데이터를 넣어서 표현해주면 됩니다. IPython을 사용해서 그림 1-31과 같이 코딩해 봅시다. 앞서 [ ] 기호는 인덱싱이나 슬라이싱에도 사용했지만 파이썬 리스트를 표현할 때도 사용합니다. (처음에는 헷갈릴 수 있지만 파이썬에 조금 더 익숙해지면 알아서 구분이 됩니다)

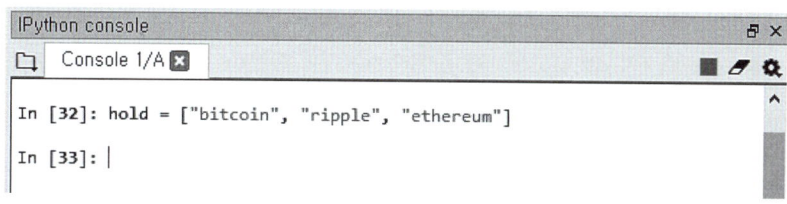

그림 1-31 여러 문자열을 리스트로 표현하기

리스트를 통해서 여러 데이터를 한 번에 넣어두면 변수를 여러 개를 만들 필요가 없습니다. 또한, 뒤에서 배우게 될 반복문을 통해서 리스트 안에 있는 여러 데이터에 대해서 반복적인 작업을 하는 데 효과적입니다. 그래서 우리는 여러 데이터를 저장할 때 되도록이면 자료구조를 사용하는 것이 좋습니다.

1.3.3. 리스트 인덱싱

파이썬 리스트는 순서가 있는 자료구조입니다. 따라서 문자열처럼 인덱싱할 수 있습니다. 만약 순서가 없다면 누가 0번이고 1번인지를 알 수 없기 때문에 정수로 '인덱싱' 할 수 없게 됩니다. 그래서 리스트 자료구조에 '순서가 있다는 것'은 매우 중요한 특징 중 하나입니다.

문자열에서 인덱싱이 글자 하나를 가져오는 것이었다면 리스트의 인덱싱은 리스트에서 어떤 위치의 값 하나를 가져오는 것을 의미합니다. 다음과 같이 hold라는 변수가 파이썬 리스트 타입을 바인딩하고 있을 때 인덱싱을 통해 리스트의 각 위치에 있는 값을 읽을 수 있습니다. 다음 코드를 실행하고 출력값을 확인해봅시다.

```
1: hold = ["btc_krw", "xrp_krw", "eth_krw"]
2: print(hold[0])
3: print(hold[1])
4: print(hold[2])
```

1.3.4. 리스트 수정

파이썬 리스트는 수정이 가능한 자료구조입니다. 기차 칸의 0번에 어떤 값이 저장되어 있었는데 이 값을 버리고 다른 값을 저장할 수 있는 겁니다. 리스트 수정에 앞서 다음과 같이 hold 리스트를 생성해 봅시다.

```
hold = ["btc_krw", "xrp_krw", "eth_krw"]
```

hold 리스트의 0번에는 "btc_krw"라는 문자열이 있는데 이를 "bch_krw"로 변경해 봅시다.

```
hold[0] = "bch_krw"
```

위 코드를 한 번 해석해 보겠습니다. 중간에 '=' 기호가 있기 때문에 먼저 우측부터 해석합니다. 우측에는 "bch_krw"라는 문자열 타입의 데이터가 있습니다. 따라서 메모리에 먼저 "bch_krw"라는 문자열을 할당합니다. 메모리에 할당된 이 값을 hold[0]이 바인딩하게 됩니다. 실제로 파이썬 리스트의 각 공간에 어떤 값이 직접 저장되는 것은 아니고 리스트의 각 공간이 메모리에 있는 어떤 값 (예: 문자열)을 바인딩하는 겁니다. (앞서 살펴봤던 변수와 동일하지요?)

1.3.5. 리스트 슬라이싱

순서가 있는 자료구조는 정수로 인덱싱 할 수 있고 슬라이싱도 할 수 있습니다. 파이썬 리스트는 문자열과 마찬가지로 순서가 있었지요? 그래서 슬라이싱도 가능합니다. 다음과 같이 포트폴리오 리스트를 먼저 구성해봅시다. 빗썸과 업비트와 같은 거래소에서는 원화로 살 수 있는 가상화폐의 종류가 30개가 넘습니다. 그래서 필자는 먼저 어떤 조건에 맞춰 포트폴리오 목록을 만든 후 이 목록에 있는 코인에 대해서만 거래를 합니다.

```
portfolio = ["BTC", "ETH", "XRP", "BCH", "DASH"]
```

현재 포트폴리오 리스트에는 5개의 코인에 대한 티커 (ticker)가 존재합니다. 리스트 자료구조이므로 순서가 있음을 기억해야 합니다. 포트폴리오 리스트에서 앞에서부터 3종목만 실제로 투자를 한다고 가정해 봅시다. 리스트에서 앞에서부터 3개의 코인만 얻어오려면 슬라이싱하면 되겠지요?

```
print(portfolio[0:3])
```

1.3.6. 리스트 삽입

리스트는 수정 가능한 자료구조이기 때문에 데이터를 넣고자 할 때 언제든지 리스트에 데이터를 넣을 수 있습니다. 리스트에 데이터를 넣는 방법은 크게 두 가지입니다.

> 1) 리스트의 마지막에 데이터를 '추가'하는 방법
> 2) 리스트의 특정 위치에 데이터를 '삽입'하는 방법

첫 번째 방식은 리스트의 마지막으로 추가할 데이터를 넣는 방식입니다. 먼저 비어 있는 리스트를 만든 후 해당 리스트에 "BTC", "ETH", "XRP"를 순서대로 추가해 보겠습니다.

```
1: portfolio = [ ]
2: portfolio.append("BTC")
3: portfolio.append("ETH")
4: portfolio.append("XRP")
```

기차에 아무도 없는 상태에서 "BTC", "ETH", "XRP" 데이터를 차례로 추가한 것으로 생각하시면 쉽습니다. 위 코드를 실행한 후 portfolio 리스트의 상태는 표 1-4와 같습니다.

표 1-4 portfolio 리스트의 상태

	1	2
"BTC"	"ETH"	"XRP"

portfolio 변수는 파이썬 리스트 객체를 바인딩하고 있습니다. 이처럼 변수가 어떤 파이썬 객체를 바인딩하고 있을 때 변수에 점 (.)을 찍으면 해당 파이썬 객체에 관련된 여러 함수들을 사용할 수 있습니다. 위 예제에서는 리스트에 데이터를 '추가'하는 함수인 append()를 사용한 겁니다.

이번에는 insert( ) 함수를 사용해서 리스트의 특정 위치에 데이터를 삽입해보겠습니다. 현재 리스

트의 1번에는 "ETH"가 들어 있습니다. 정확히 표현해보면 portfolio[1]이 "ETH"라는 문자열을 바인 딩하고 있지요. 이 상태에서 "DASH" 코인을 1번에 넣어보겠습니다.

```
1: portfolio.insert(1, "DASH")
2: print(portfolio)
```

위 코드를 살펴보면 라인 1에서 portfolio 변수에 점을 찍은 후 insert( ) 함수를 사용합니다. 이 함수는 두 개의 값을 입력받는데 첫 번째 입력값은 리스트에 데이터를 추가할 위치를 의미합니다. 두 번째 입력값은 추가하고자 하는 데이터입니다. 이 예제에서는 "DASH"를 리스트의 1번에 추가하라는 의미입니다.

insert( ) 함수를 사용해서 리스트 중간의 특정 위치에 데이터를 추가하는 경우 기존에 있던 데이터는 자동으로 위치가 하나씩 뒤로 밀리게 됩니다. 따라서 portfolio 리스트의 상태는 표 1-5와 같이 업데이트됩니다.

표 1-5 업데이트 된 portfolio 리스트

0	1	2	3
"BTC"	"DASH"	"ETH"	"XRP"

1.3.7. 리스트 데이터 삭제

파이썬 리스트는 수정이 가능한 자료구조이므로 데이터를 아무 때나 넣을 수도 있고 삭제할 수도 있습니다. 이번에는 리스트에 있는 데이터를 삭제해보겠습니다. 먼저 테스트에 사용할 리스트를 하나 만들어 보겠습니다.

```
portfolio = ["BTC", "XRP", "ETH"]
```

포트폴리오 목록에서 리플을 제거해야 하는 경우를 생각해봅시다. 파이썬 리스트에 데이터를 넣을 때는 append( )나 insert( ) 함수를 사용했는데 데이터를 지우는 것은 조금 표현식이 다릅니다. 리플이 portfolio의 1번에 위치하고 있을 때 이를 지우려면 다음과 같이 적어줍니다.

```
del portfolio[1]
```

삭제 전과 후의 리스트를 비교해보면 1번 위치에 있던 "XRP"가 리스트에서 삭제됐고 그 뒤에 있던 데이터가 앞으로 당겨지는 것을 확인할 수 있습니다. 리스트를 지울 때 portfolio.del(1)과 같이 사용하지 않음에 주의해야 합니다.

표 1-6 XRP 삭제 전 리스트 상태

0	1	2
"BTC"	"XRP"	"ETH"

표 1-7 XRP 삭제 후 리스트 상태

0	1
"BTC"	"ETH"

1.3.8. 최댓값/최솟값/평균값

파이썬 리스트에 어떤 값이 있을 때 그중 가장 큰 값과 가장 작은 값을 찾아야 하는 경우가 종종 발생합니다. 예를 들어, 리플의 5일 종가가 파이썬 리스트로 표현되어 있을 때 5일 종가 중 최고가와 최저가를 찾는 경우를 생각해 봅시다. 파이썬 리스트에 날짜 정보는 따로 저장되어 있지 않고 종가 정보만 저장되어 있습니다.

```
ripple_close = [503, 505, 508, 501, 530]
```

위 리스트에서 최댓값은 530이고 최솟값은 501입니다. 파이썬에는 최댓값과 최솟값을 찾는 내장 함수가 이미 준비되어 있습니다. 바로 max( )와 min( )입니다.

```
1: print(max(ripple_close))
2: print(min(ripple_close))
```

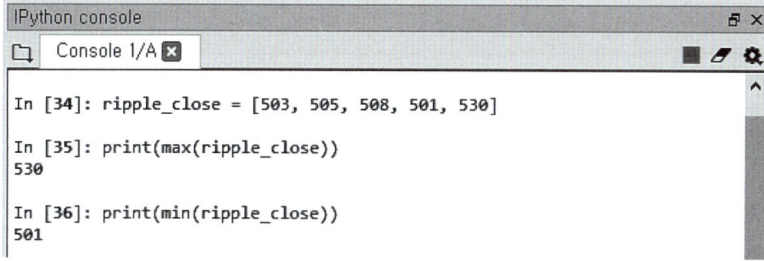

그림 1-32 리스트의 최댓값/최솟값 구하기

이번에는 평균값에 대해 계산해보겠습니다. 예를 들어 리플의 5일 종가의 평균(5일 이동평균) 값을 계산한 후 현재가가 5일 이동평균가보다 높으면 상승장으로 판단하고 투자하고 낮으면 하락장으로 판단하고 투자하지 않는 경우를 생각해봅시다. 이를 위해서는 먼저 5일 이동평균가를 계산해야 합니다. 아쉽게도 파이썬에는 평균값을 직접 계산해주는 함수는 없습니다. 하지만 sum( )이라는 내장 함수를 통해서 리스트에 있는 모든 값의 누적합을 구한 후 데이터의 개수로 나눠줌으로써 우리는 평균을 구할 수 있습니다.

```
1: a = [1, 2, 3, 4]
2: average = sum(a) / len(a)
3: print(average)
```

1.3.9. 파이썬 튜플 (tuple)

리스트와 튜플은 모두 순서가 있는 자료구조입니다. 그렇다면 이미 리스트가 있는데 왜 또 튜플이 필요한 걸까요? 리스트와 튜플의 차이는 '수정 가능 여부'입니다. 리스트는 언제든지 데이터를 넣고 뺄 수 있지만, 튜플은 한 번 데이터를 넣으면 데이터를 추가로 넣거나 삭제할 수 없습니다. 보통 데이터를 한 번 구성한 후 변경할 필요가 없을 때 튜플을 사용합니다. 튜플은 리스트보다 메모리를 더 적게 사용한다는 장점을 가집니다.

표 1-8 파이썬 리스트와 튜플 비교

비교 항목	리스트	튜플
기호	[ ]	( )
변경	mutable	immutable
인덱싱	지원	지원
슬라이싱	지원	지원
삭제	지원	지원하지 않음
순서	있음	있음

1.3.10. 튜플 생성

튜플은 리스트와 달리 ( ) 기호를 사용합니다. 먼저 코인의 티커로 구성된 튜플을 생성해 봅시다.

```
portfolio = ("ETC", "ETH", "BTC")
```

portfolio 변수는 튜플 타입의 객체를 바인딩하고 있습니다. 그림 1-33과 같이 type( ) 함수를 통해 portfolio 변수가 바인딩하는 객체의 타입을 확인해보면 튜플 (tuple) 타입임을 확인할 수 있습니다.

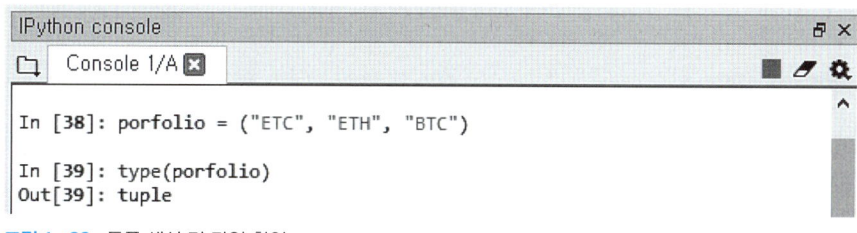

그림 1- 33 튜플 생성 및 타입 확인

1.3.11. 튜플 인덱싱과 슬라이싱

튜플은 수정할 수는 없지만 파이썬 리스트처럼 '순서'는 있습니다. 순서가 있다는 것은 정수로 인덱싱과 슬라이싱 할 수 있음을 의미합니다. portfolio 튜플의 0번에는 "ETC"라는 문자열이 있고 1번에는 "ETH"라는 문자열이 있습니다. 좀 더 정확히 표현하면 튜플의 0번이 "ETC"라는 문자열을 바인딩하고 있고, 1번은 "ETH"라는 문자열을 바인딩하고 있는 것이죠.

튜플의 기호는 ( ) 이지만 인덱싱을 할 때는 인덱싱 기호인 [ ]를 사용합니다. 다음과 같이 인덱싱 해봅시다.

```
1: print(portfolio[0])
2: print(portfolio[1])
```

이번에는 슬라이싱 해봅시다.

```
3: print(portfolio[0:2])
```

1.3.12. 튜플 추가/삭제

앞서 설명해 드린 것처럼 튜플은 수정할 수 없는 (immutable) 자료구조입니다. 따라서 리스트처럼 append( ) 메서드를 사용하거나 del을 사용해서 값을 지울 수 없습니다.

```
portfolio.append("XRP")
```

튜플 객체를 바인딩하고 있는 변수인 portfolio에 점(.)을 찍고 append( ) 메서드를 호출하면 그림 1-34와 같이 에러가 발생합니다. 에러의 내용을 잘 살펴보면 튜플 객체는 append라는 속성이 없다고 나옵니다. 이는 튜플은 append( ) 메서드를 지원하지 않음을 의미합니다.

```
In [40]: porfolio.append("XRP")
Traceback (most recent call last):

  File "<ipython-input-40-47fa21174bf4>", line 1, in <module>
    porfolio.append("XRP")

AttributeError: 'tuple' object has no attribute 'append'
```

그림 1- 34 튜플 append 메서드 사용 에러

이번에는 del을 사용해 봅시다. 튜플 객체의 0번을 지워봅시다.

```
del portfolio[0]
```

그림 1-35를 살펴보면 에러가 발생했고 튜플 객체는 아이템을 삭제하는 것을 지원하지 않는다는 것을 확인할 수 있습니다.

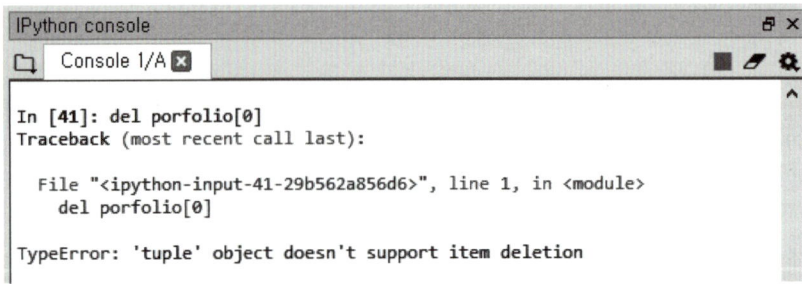

그림 1-35 튜플 원소 삭제 에러

1.3.13. 딕셔너리 (dict)

파이썬에서 많이 사용되는 데이터 타입에 정수형(int), 실수형(float), 문자열(str)이 있는 것처럼 자료구조에도 리스트, 튜플, 딕셔너리 삼총사가 있습니다. 리스트와 튜플은 순서가 있는 자료구조였는데 이번에 배울 딕셔너리는 순서가 없는 자료구조입니다. 리스트는 추가/삭제가 되기 때문에 사용하기 편리한 자료구조였습니다. 그런데 왜 딕셔너리라는 새로운 자료구조가 필요할까요?

필자는 아이스크림을 좋아하는데 메로나가 500원이고 구구콘이 1,000원이라고 합시다. 이런 정보를 어떻게 파이썬으로 표현할 수 있을까요? 리스트나 튜플로는 가격 정보 또는 아이스트림 이름 정보

각각은 쉽게 저장할 수 있지만 메로나가 500원이고 구구콘이 1,000원이라는 정보를 표현하기는 어렵습니다.

단순히 다음과 같이 아이스크림 가격만 저장해두면 icecream_price 리스트의 0번에 메로나의 가격이, 1번에 구구콘의 가격이 저장되었다는 것을 알 수 없습니다. (단순히 리스트의 0번에 500원, 1번에 1,000원이 저장되어 있는 겁니다) 이와 달리 이번에 배울 딕셔너리를 사용하면 이러한 문제를 해결할 수 있습니다. 딕셔너리는 '데이터에 레이블을 붙여 저장하는 자료구조'로 매우 활용도가 높으니 잘 공부해 두시기 바랍니다.

```
icecream_price = [500, 1000]
```

먼저 딕셔너리 기호부터 알아보겠습니다. 리스트가 [ ], 튜플이 ( ) 였는데 딕셔너리는 { } 기호를 사용합니다.

1.3.14. 딕셔너리 생성

딕셔너리는 두 값의 관계를 저장하는데 효과적인 자료구조입니다.

표 1-9 가상화폐의 현재가

가상화폐	현재가
비트코인 (BTC)	8,300,000
리플 (XRP)	514

비트코인과 리플의 현재가가 표 1-9와 같을 때 이를 파이썬 딕셔너리로 표현해 보겠습니다.

```
prices = {'BTC': 8300000, 'XRP': 514}
```

prices 변수는 딕셔너리 객체를 바인딩하는데 딕셔너리 객체에는 key, value 두 쌍이 존재합니다. 콜론 (:)의 앞에 위치하는 데이터를 key라고 하고 뒤에 있는 데이터를 value라고 합니다. 딕셔너리에는 비트코인의 대한 정보와 리플에 대한 정보가 저장되어 있으므로 이들 구분하기 위해 쉼표 (,)를 사용합니다.

'BTC': 8300000에서 key는 "BTC"라는 문자열 객체이고 value는 8300000이라는 int 타입 객체입니다. 마찬가지로 'XRP': 514에서 key는 "XRP"라는 문자열 객체이고 value는 514라는 int 타입 객체입니다. 딕셔너리에서 여러 값의 구분은 쉼표 (,) 한 값에서 key와 value의 구분은 콜론(:)을 사용함을 기억하세요.

리스트를 생성할 때 비어있는 (empty) 리스트 객체를 만든 후 append( )나 insert( ) 메서드(함수)로 아이템을 추가할 수 있었던 것처럼 딕셔너리 객체도 비어있는 딕셔너리를 만든 후 key, value 쌍을 나중에 추가할 수 있습니다.

```
1: prices = { }
2: prices['BTC'] = 8300000
3: prices['XRP'] = 514
4: print(prices)
```

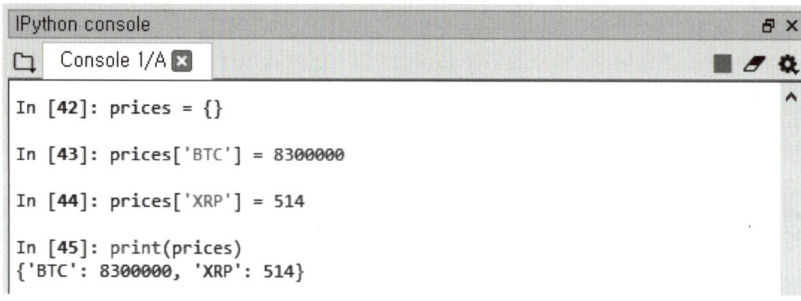

그림 1-36 비어있는 딕셔너리 생성 후 key, value 추가

1.3.15. 딕셔너리 인덱싱

딕셔너리는 순서가 없는 자료구조라고 했습니다. 따라서 0, 1, 2와 같은 정숫값을 사용해서 인덱싱할 수는 없습니다. 딕셔너리에 여러 key, value 쌍이 있을 때 오직 key 값을 통해서만 value 값에 접근(인덱싱)할 수 있습니다. 그림 1-37과 같이 prices라는 딕셔너리를 만든 후 [0] 으로 인덱싱하면 에러가 발생함을 확인할 수 있습니다.

```
In [47]: prices = {'BTC': 8300000, 'XRP': 514}

In [48]: prices[0]
Traceback (most recent call last):

  File "<ipython-input-48-fdc43499bb9c>", line 1, in <module>
    prices[0]

KeyError: 0
```

그림 1-37 딕셔너리 인덱싱 에러

그림 1-38과 같이 딕셔너리는 오직 key 값을 통해서 value 값에 접근할 수 있습니다. 여전히 인덱싱 기호인 [ ]를 사용하지만 정숫값을 사용하지 않고 key 값을 사용함을 기억하세요. 방에 들어갈 때 방문 열쇠를 갖고 방문을 열 수 있는 것처럼 기억해보면 어떨까요? 참고로 value 를 이용해서 반대로 key 값을 얻을 수는 없습니다. 오직 key를 통해서만 value에 접근할 수 있습니다.

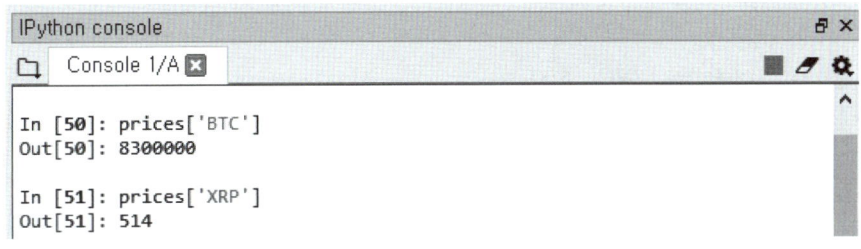

그림 1-38 Key 값을 통한 딕셔너리 인덱싱

1.3.16. 딕셔너리에 데이터 추가하기

딕셔너리는 수정 가능한 자료구조입니다. (튜플만 수정 불가능합니다) 다만 리스트와 달리 append()나 insert() 메서드를 지원하지는 않습니다. 앞서 비어있는 딕셔너리를 만든 후 데이터를 추가하는 예제에서 봤던 것처럼 딕셔너리에 값을 추가하기 위해서는 명시적으로 key와 value 값을 적어주면 됩니다.

```
1: prices = {'BTC': 8300000, 'XRP': 514}
2: prices['ETH'] = 600000
3: print(prices)
```

라인 1: 딕셔너리 객체를 생성합니다.

라인 2: 딕셔너리 객체에 'ETH' = 600000 이라는 관계를 추가합니다.

라인 3: prices라는 변수가 바인딩하는 딕셔너리 객체를 화면에 출력합니다.

1.3.17. 딕셔너리 데이터 수정

딕셔너리에 key, value 쌍을 저장한 상태에서 value 값을 변경할 수 있을까요? 예를 들어 앞에 예제처럼 딕셔너리 객체를 사용해서 가상화폐의 현재가를 저장해 두고 있는데 현재가는 계속해서 변하지요? 이럴 때 어떻게 업데이트된 값을 딕셔너리 객체에 반영할 수 있을까요? 그림 1-39와 같이 prices 딕셔너리 객체가 있을 때 'XRP'의 현재가 514원에서 513원으로 변경됐다면 prices['XRP'] = 513과 같이 적어줌으로써 값을 변경할 수 있습니다.

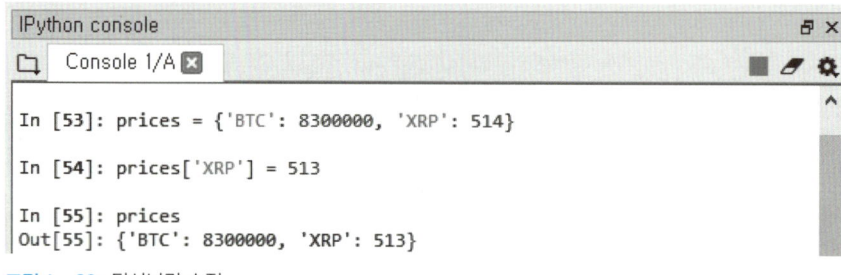

그림 1- 39 딕셔너리 수정

1.3.18. 딕셔너리에서 데이터 삭제

딕셔너리는 수정 가능한 자료구조이므로 데이터를 삭제할 수 있습니다. 가상화폐 자동매매를 위해 비트코인과 리플의 현재가를 계속 감시하고 있었는데 더 이상 리플은 현재가를 감시할 필요가 없는 경우를 생각해 봅시다. 이 경우 딕셔너리 객체에서 리플(XRP)이라는 key와 리플의 가격인 value를 지우면 되겠지요?

딕셔너리 객체에서 key, value 쌍을 지우는 것은 리스트와 유사합니다. del이라는 키워드를 적어준 후 지우고자 하는 딕셔너리의 key 값을 적어주면 됩니다.

```
1: prices = {'BTC': 8300000, 'XRP': 514}
2: del prices['XRP']
3: print(prices)
```

1.3.19. 딕셔너리에서 key 값만 얻기

다음과 같은 딕셔너리 객체(prices)가 있을 때 여기서 키 값은 문자열 타입의 가상화폐의 티커입니다. 딕셔너리에서 가상화폐의 티커들만 가져와야 할 때가 가끔 존재하는데 어떻게 하면 한 번에 key 값들만 얻을 수 있을까요? 앞서 리스트는 append( ), insert( ) 메서드 등이 있었지요? 딕셔너리도 이와 비슷하게 딕셔너리 객체를 효과적으로 사용하기 위한 몇 가지 메서드(함수)가 존재합니다.

파이썬 딕셔너리에서 key 값들을 얻어올 때 사용하는 메서드는 keys( )입니다. 다음과 같이 딕셔너리를 바인딩하는 변수 이름을 적고 점(.)을 찍은 후 keys( ) 메서드 이름을 적어주면 됩니다.

```
1: prices = {"BTC": 8300000, "XRP": 514, "ETH": 600000}
2: prices.keys()
```

결과값을 보면 dict_keys라는 우리가 배우지 않은 타입 (type)의 객체입니다. 우리가 배운 타입은 int, float, str, list, tuple, dict였지요? list 타입의 객체로 타입을 변경하고 싶으면 list( )라고 적어주면 됩니다. prices.keys( )의 결괏값 (리턴값)에 대해서 list( ) 함수를 호출하면 우리가 알고 있는 리스트 객체로 변경됨을 확인할 수 있습니다.

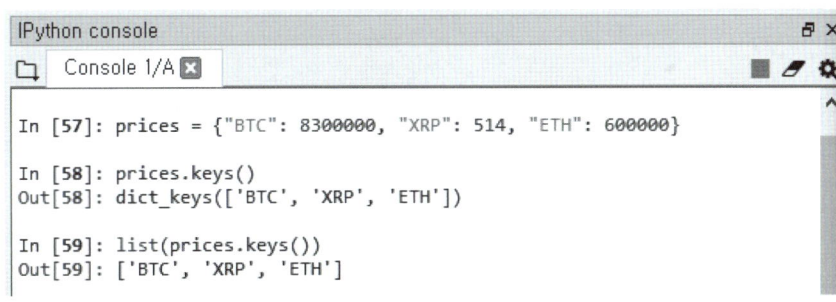

그림 1-40 딕셔너리 객체의 keys( ) 메서드 사용

1.3.20. 딕셔너리로부터 value 얻기

딕셔너리에서 key 목록을 keys( ) 메서드를 통해서 얻어온 것처럼 딕셔너리 객체에 있는 모든 value는 values( ) 메서드를 통해 얻을 수 있습니다. 예를 들어 가상화폐의 현재가들만 한 번에 얻어오려면 다음과 같이 하면 됩니다.

```
1: prices = {"BTC": 8300000, "XRP": 514, "ETH": 600000}
2: prices.values()
```

values( ) 메서드 역시 dict_values 타입의 객체를 리턴해줍니다. 따라서 list( )를 적어서 리스트 타입으로 변경해서 사용하면 됩니다.

```
list(prices.values())
```

1.3.21. 연습 문제

1 리플의 5일 종가가 표 1-10과 같을 때 리플 종가를 리스트로 저장해 봅시다. 리스트의 0번에는 과거 날짜의 리플 종가 (02/21일)를 저장하면 됩니다.

표 1-10 일자별 리플 종가

일자	리플 종가
02/21	800
02/22	900
02/23	950
02/24	970
02/25	980

2 1번 문제의 리플 종가표에 대해 딕셔너리를 사용해 저장해 봅시다. 이때 key는 날짜이며 문자열로 표현해 줍니다.

3 딕셔너리로 표현된 리플 종가를 사용해서 02/25일에 대한 5일 이동평균을 계산해 봅시다.

02
파이썬 문법-2

02 파이썬 문법-2

2.1. 파이썬 조건문

2.1.1. Spyder Editor 사용하기

파이썬 문법을 본격적으로 배우기 전에 Spyder 프로그램에 대해 조금 더 살펴보겠습니다. 여러분은 지금까지 Spyder의 우측 하단부에 위치한 IPython console에서 파이썬 코드를 실행했습니다. IPython console은 간단한 코드를 실행하고 그 결과를 바로 확인할 때 편리합니다. print() 함수를 사용하지 않고 변수 이름만 입력해도 변수가 바인딩하고 있는 값이 화면에 출력되기 때문에 결과를 빠르게 확인할 수 있었습니다.

이번에는 Spyder의 좌측에 위치한 Spyder Editor를 사용해 파이썬 소스 코드를 작성해 보겠습니다. 여러분이 한글이나 워드 프로세서를 사용해서 보고서를 작성하는 것처럼 파이썬 소스 코드도 편집기(Editor)를 사용해서 작성할 수 있습니다. Editor를 사용해서 파이썬 코드를 작성하면 작성한 파이썬 소스 코드를 컴퓨터에 파일로 저장해 두고 사용할 수 있습니다. 파일로 저장된 파이썬 소스코드를 Editor로 불러온 후 언제든지 수정하고 실행할 수 있는 겁니다.

그림 2-1과 같이 Spyder Editor에 print("hello world")라는 코드를 작성해 봅시다. IPython console과 달리 엔터키를 눌러도 입력한 코드가 실행되지 않습니다. 저장 후 메뉴바의 화살표 (▶) 또는 키보드의 F5키를 누르면 그제야 작성한 코드 (temp.py)가 실행됩니다.

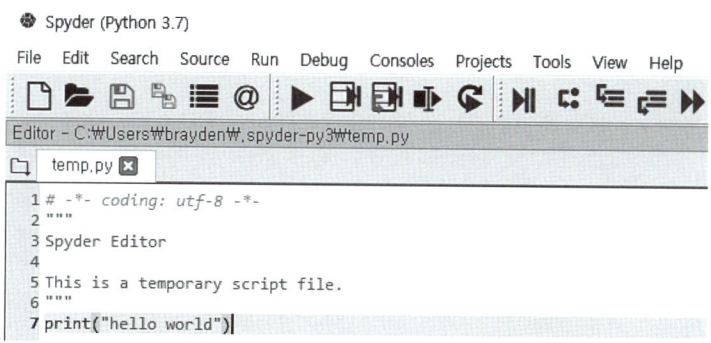

그림 2-1 Spyder Editor에 hello world 파이썬 코드 입력

Spyder Editor에 저장된 파이썬 코드는 누가 실행할까요? 워드 파일을 워드 프로세서 프로그램이 실행하는 것처럼 파이썬 코드는 파이썬 인터프리터가 실행합니다. 인터프리터는 Spyder Editor에 작성된 코드를 위에서부터 순차적으로 실행하고 그림 2-2와 같이 IPython console 창에 실행 결과를 출력합니다.

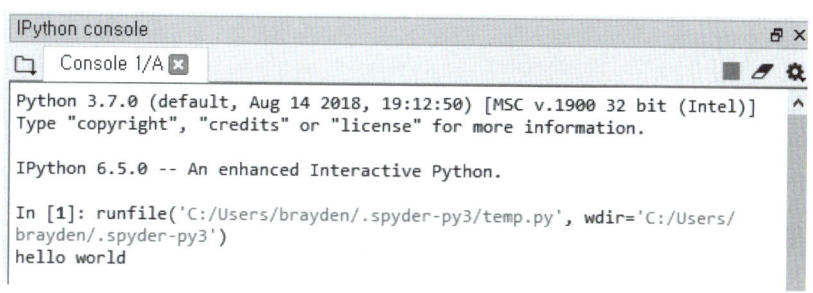

그림 2-2 hello world 실행 결과

여러분은 앞으로 IPython console 혹은 Editor에 자유롭게 코드를 작성하면 됩니다. 여러 줄의 코드를 작성하고 이를 저장할 필요가 있을 때는 Editor를 사용하고 즉시 결과를 확인하고 싶을 때는 console을 사용하면 되겠습니다.

2.1.2. if문

1장에서 값을 효과적으로 저장을 하는 방법으로 변수와 자료 구조에 대해 배웠습니다. 이번에는 변수 및 자료구조에 저장된 데이터를 제어하는 방법에 대해 알아보겠습니다. 프로그래밍에서는 보통 분기문을 사용해서 데이터를 제어하는데, 여기서 분기란 "조건에 따라 다른 동작(코드)을 실행하는 것"을 의미합니다.

파이썬에서 '분기'를 표현하고자 할 때 사용하는 파이썬 키워드는 if입니다. if라는 영어 단어가 '만일 ~ 이라면' 이라는 뜻을 갖고 있지요? 그래서 파이썬에서 분기문을 표현할 때는 다음과 같이 if 키워드 다음에 조건식을 적어주면 됩니다.

```
if 조건식:
    실행문
```

조건식을 다 적은 후에는 콜론(:)을 적어서 조건식이 끝났음을 파이썬 인터프리터에게 알려줘야 합니다. 조건을 만족했을 때 실행할 문장은 if 문 다음 라인에 작성하는데, 이때 탭 또는 스페이스로 들여 쓰기 후 적어주면 됩니다.

예를 들어 비트코인이 1,000만 원을 돌파하면 비트코인을 매수하기로 해봅시다. 매수 조건에 한글로 '...하면'이라는 표현이 있으므로 파이썬 분기문을 사용하면 되겠습니다. if 라는 키워드를 사용해서 다음과 같이 코딩해봅시다.

```
1: bitcoin = 8400000
2: if bitcoin > 10000000:
3:     print("bitcoin 매수")
```

라인 1: bitcoin이라는 변수가 8,400,000원을 바인딩합니다.

라인 2: bitcoin에 저장된 값이 10,000,000원 보다 큰지 비교합니다.

라인 3: 라인 2의 조건을 만족할 때 수행할 코드로 화면에 bitcoin 매수 문자열을 출력합니다.

bitcoin 변수는 8,400,000원을 바인딩하고 있습니다. 따라서 라인 2의 조건식을 만족하지 않아 화면에 아무런 문자열이 출력되지 않습니다.

2.1.3. if/else

조건이 참일 때는 '문장 1'을 수행하고 거짓일 때는 '문장 2'를 수행해야 하는 경우를 생각해봅시다. 예를 들어 비트코인이 매수가 대비 3% 이상 하락하면 손절매하고 그렇지 않으면 보유한다고 가정해봅시다. 이처럼 조건이 참일 때 수행되는 문장과 조건이 거짓일 때 수행되는 문장을 기술하고 싶다면 다음과 같이 if ~ else 키워드를 조합해서 사용하면 됩니다.

아래의 파이썬 코드는 조건이 참일 때는 문장 1이 수행되고 조건이 거짓일 때는 문장 2가 수행됩니다. 여기서 중요한 점은 조건이 참이거나 거짓일 때 수행되는 문장은 반드시 들여 쓰기가 되어 있어야 한다는 겁니다. 그리고 else 뒤에도 콜론이 있다는 것을 기억하세요.

```
if 조건:
    문장 1
else:
    문장 2
```

다음 코드를 눈으로 살펴보면서 어떤 실행 결과가 나올지 생각해 봅시다. 그리고 아래 코드를 Spyder Editor에 작성한 후 실행해서 결과를 살펴보세요. 여러분이 생각한 것과 같이 코드가 동작했나요?

```
1: bitcoin = 1000
2: if bitcoin >= 1000:
3:     print("bitcoin 1000 돌파")
4: else:
5:     print("bitcoin 1000 미만")
```

만약 조건이 참일 때 여러 문장이 수행되게 하려면 어떻게 해야 할까요? 다음과 같이 조건이 참일 때 수행되는 문장을 모두 들여 쓰기 해주면 됩니다. 조건이 참인 경우 문장 1과 문장 2가 순차적으로 실행됩니다.

```
if 조건:
    문장 1
    문장 2
else:
    문장 3
```

이번에는 조금 어려운 문제를 생각해 봅시다. 만약 아래의 코드 구조에서 조건이 참이라면 어떤 문장들이 수행될까요? 일단 조건이 참이라면 문장 1과 문장 2가 실행되고, 문장 3은 실행되지 않습니다. 어려운 부분은 문장 4입니다. 문장 4는 if ~ else 문에 속해 있지 않습니다. (들여 쓰기가 되어 있지 않기 때문입니다) 따라서 파이썬 코드가 위에서 아래로 수행될 때 if ~ else 문이 끝난 후 문장 4는 조건에 상관없이 항상 수행되게 되는 겁니다.

만약 조건이 거짓일 때는 누가 수행될까요? 문장 3이 수행되고 if ~ else 문이 끝난 후 문장 4가 수행됩니다.

```
if 조건:
    문장 1
    문장 2
```

```
else:
    문장 3
문장4
```

2.1.4. if/elif/else

if와 else를 사용하면 두 경우에 대한 조건을 기술할 수 있습니다. 그런데 만약 조건이 두 가지가 아니라 더 많으면 어떻게 해야 할까요? 이때는 if/elif/else 구문을 사용해야 합니다. 기본 구조는 아래와 같습니다.

```
if 조건 1:
    조건 1이 참일 때 수행할 문장
elif 조건 2:
    조건 2가 참일 때 수행할 문장
else:
    조건 1과 조건 2가 참이 아닐 때 수행할 문장
```

if/elif/else 구문은 위에서부터 하나씩 비교를 수행하는데, 참인 조건을 만나면 해당되는 코드를 실행하고 비교를 중지합니다. 간단한 예제를 통해서 if/elif/else 구문을 익혀봅시다. 만약 리플의 현재가 500원 미만이면 '리플이 쌉니다.'를 출력하고, 500원 이상 1,000원 미만이면 '리플이 보통이네요'를 출력하고 그렇지 않으면 (리플이 1,000원 이상이면) '리플이 비싸네요.'를 출력해 보세요.

그림 2-3은 리플 가격을 비교하는 코드의 실행 결과입니다. ripple의 값이 500원이기 때문에 if 문의 조건이 거짓이 되고 "리플이 쌉니다."는 화면에 출력되지 않습니다. 다음으로 elif의 조건을 비교하고 그 결과가 참이기 때문에 "리플이 보통이네요." 문자열을 화면에 출력합니다. elif의 조건이 참이므로 else 구문은 실행되지 않고 비교를 중지합니다. 위에서 순차적으로 조건을 비교해가며 내려가는 점을 눈여겨보세요.

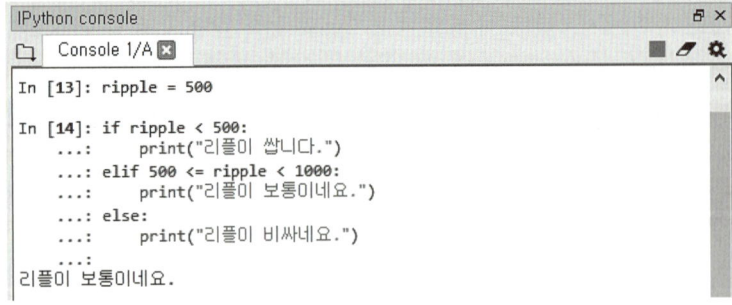

그림 2-3 리플의 가격 비교 예제

이번에는 빗썸에서 사용하는 티커를 사용해서 가상화폐의 한글명을 출력하는 코드를 작성해 보겠습니다. 빗썸에서 사용하는 티커와 가상화폐의 이름은 표 2-3과 같습니다.

표 2-1 티커와 가상화폐 이름

티커	가상화폐 이름
BTC	비트코인
BCH	비트코인 캐시
BTG	비트코인 골드
ETH	이더리움
XRP	리플

라인 1에서 ticker 변수에 문자열 "BTC"를 바인딩합니다. 라인 3부터 비교 연산을 수행하는데, 첫 번째 if 문이 참이기 때문에 비트코인을 화면에 출력하고 비교를 끝냅니다. 라인 1의 ticker를 다른 티커로 변경하고 코드를 실행해서 원하는 결과가 나오는지 확인해보세요.

```
01: ticker = "BTC"
02:
03: if ticker == "BTC":
04:     print("비트코인")
05: elif ticker == "BCH":
06:     print("비트코인 캐시")
07: elif ticker == "BTG":
08:     print("비트코인 골드")
09: elif ticker == "ETH":
10:     print("이더리움")
11: else:
12:     print("리플")
```

2.1.5. 비교연산자와 논리연산자

조건식을 작성할 때 비교 연산자와 논리 연사자를 사용합니다. 비교 연산자는 어떤 값들을 비교할 때 사용합니다. 앞서 비트코인이 1000만을 초과하는지를 확인하기 위해서 '>' 비교 연산자를 사용한 것을 기억하세요. 표 2-1은 파이썬에서 사용하는 비교 연산자입니다. 같은 것을 비교할 때 '='을 사용하는 것이 아니라 '=='을 사용하는 것에 주의하세요. 파이썬에서 '=' 기호는 대입 연산입니다.

표 2-2 비교 연산자

비교 연산자	의미
==	같다.
!=	같지 않다.
>	크다.
<	작다.
>=	크거나 같다.
<=	작거나 같다.

강환국 저의 "가상화폐 투자 마법 공식"을 보면 다음과 같은 문장이 나옵니다.

> 5일 이동평균으로 각 가상화폐의 상승장과 하락장을 구분하고,
> 상승장에 진입한 경우에만 변동성 돌파 전략을 사용하는 전략 …

위의 문장을 보면 비트코인이 상승장(현재가 > 5일 종가의 이동평균)이고 변동성 돌파 전략의 조건(현재가 > 목표가)을 만족할 때 매수합니다. 두 조건을 모두 만족해야 하는데, 이때 사용할 수 있는 논리 연산자가 바로 and입니다. 아래의 코드를 타이핑한 후 실행해 봅시다.

```
1: bitcoin_ma5 = 1900
2: bitcoin_price = 1935
3: bitcoin_target = 1937
4:
5: if bitcoin_price >= bitcoin_ma5 and bitcoin_price > bitcoin_target :
6:     print("매수 상승장이고 변동성 돌파 전략 조건 만족")
```

라인 1: 비트코인의 5일 이동평균을 bitcoin_ma5라는 변수로 바인딩합니다.

라인 2: 비트코인의 현재가를 bitcoin_price라는 변수로 바인딩합니다.

라인 3: 변동성 돌파 전략의 목표가를 bitcoin_target이라는 변수로 바인딩합니다.

라인 5: bitcoin_price 값이 bitcoin_ma5 값 이상이고 bitcoin_price 값이 bitcoin_target 값보다 큰지 확인하는 조건문입니다.

라인 6: 라인 5에서 기술한 조건을 만족할 때 수행될 문장입니다.

비교 연산의 코드가 읽기 어려워 혼란스럽다면 괄호를 적극적으로 사용하세요. and 연산자가 두 개의 괄호를 비교한다는 것을 한눈에 알 수 있습니다.

```
5: if (bitcoin_price >= bitcoin_ma5) and (bitcoin_price > bitcoin_target) :
6:     print("매수 상승장이고 변동성 돌파 전략 조건 만족")
```

표 2-2는 파이썬에서 사용할 수 있는 논리 연산자입니다. 보통 논리 연산자는 복잡한 조건을 표현할 때 사용합니다. and는 예제에서 본 것과 같이 연결한 모든 조건이 참일 때만 코드가 실행됩니다. or는 연결한 코드가 하나라도 참이라면 코드가 실행됩니다. not은 조건이 거짓일 때만 if문에 연결된 코드가 실행됩니다. and, or, not이라는 논리 연산자를 활용하면 말로 표현하는 전략들을 대부분 파이썬 코드로 옮길 수 있습니다.

표 2-3 논리 연산자

논리 연산자	의미
and	그리고
or	또는
not	~아닌

여러분들이 주식 책을 읽을 때 아래와 유사한 문구들을 많이 보셨을 겁니다.

> *비트코인이 1,937만 원 이상으로 상승하면 진입하는 것이다. 25일 하루 종일 비트코인이 1,937만 원 이상으로 상승하지 않으면, 즉, 돌파에 실패하면 그날은 매수하지 않는다.*

이제는 분기문을 배웠기 때문에 '비트코인이 1,937만 원 이상으로 상승하면'이라는 문구는 '파이썬 if 문으로 표현할 수 있겠구나.'라고 생각할 수 있어야 합니다. 지금까지 팔리고 있는 많은 주식 책들은 전략이 모호해서 계량 투자에 사용할 수 없는 경우가 많습니다. 매수 조건을 분기문과 논리 연산자로 표현할 수 있는지 책들을 한 번 살펴보세요. 차트의 모습을 보고 매매 여부를 결정하거나 두리뭉실하게 표현된 매매 전략은 절대로 프로그램 코드로 표현할 수 없습니다. 하나의 전략을 프로그램 코드로 구현하려고 보면 내가 지금까지 얼마나 전략에 대해서 구체적으로 이해하고 있는지에 대해 느끼시는 점이 많을 겁니다.

2.1.6. 연습 문제

1 num1이 10 num2가 30일 때 num1과 num2를 비교한 후 큰 값을 출력하는 프로그램을 작성해보세요.

2 score = 84일때 표 2-4를 참조하여 학점을 출력하는 프로그램을 작성하세요.
(if~elif~else 구문을 사용하세요)

표 2-4 학점표

점수	학점
90~100	A
80~89	B
70~79	C
60~69	D
50~59	E
나머지	F

2.2. 반복문

컴퓨터가 사람보다 빠르고 정확하게 잘하는 것 중 하나가 '반복'입니다. 사람은 반복적인 작업을 시키면 지루해하고 쉽게 피곤해하지만, 컴퓨터는 쉬지 않고 실수 없이 똑같은 일을 반복할 수 있습니다. 그렇다면 가상화폐 투자에서 반복적인 작업에는 무엇이 있을까요?

> 1) 빗썸에서 거래되는 모든 가상화폐에 대해서 상승장/하락장 파악하기
> 2) 빗썸에서 거래되는 모든 가상화폐에 대해서 변동성 돌파 조건 확인하기
> 3) 24시간 동안 1분마다 가상화폐 가격을 얻어오기

위 세 가지 사례를 보면 반복문이 무엇인지 이해가 가실 겁니다. 파이썬에서 반복문을 만들기 위해서는 for와 while이라는 두 가지 키워드를 사용할 수 있습니다. 각자 사용하는 목적이 조금 다른데 하나씩 사용법을 익혀보겠습니다.

2.2.1. for문

파이썬 반복문에서 for 문은 주로 자료구조와 같이 사용합니다. for 문을 사용하면 자료구조에 들어 있는 값을 하나씩 가져올 수 있습니다. for라는 영어 단어에는 다양한 뜻이 있지만 파이썬에서는 '~에 대해서'로 해석합니다. 다음 코드는 "자료구조 안에 (in) 있는 변수에 대해서 (for) 들여 쓰기 된 코드를 실행한다"라고 해석할 수 있습니다. 일반적으로 자료구조 자리에는 리스트/튜플/딕셔너리가 들어갈 수 있습니다. 주의할 점은 if 문과 동일하게 for문의 끝에 콜론(:)이 있어야 하며, for문에 영향을 받는 코드는 들여 쓰기가 돼 있어야 합니다.

```
for 변수 in 자료구조:
    코드
```

아래 예제를 통해 for 문이 동작하는 방법을 확인해 보겠습니다. 자료구조 자리에는 네 개의 값이 저장된 리스트가 위치합니다. for 문이 첫 번째 실행(라인 1)되면 value 변수가 '가' 값을 바인딩합니다. 다음으로 들여 쓰기 된 코드 (라인 2)가 실행되며 화면에는 '가'라는 값이 출력됩니다. for 문은 반복문이기 때문에 들여 쓰기 된 코드 (라인 2)의 실행이 끝나면 다시 for 문 (라인 1)으로 돌아오고, 이번에는 value에 '나' 값이 바인딩됩니다. 뒤이어 라인 2의 코드가 실행되며 value가 바인딩하는 '나'의

값이 화면에 출력됩니다. 라인 1과 라인 2가 반복 실행되면서 화면에는 '가', '나', '다', '라' 네 개의 값이 출력됩니다.

```
1: for value in ["가", "나", "다", "라"]:
2:     print(value)
```

이번에는 파이썬 리스트에 있는 리플의 최근 5일 종가를 for 문을 사용해 화면에 출력해봅시다.

```
1: ripple = [511, 516, 508, 505, 503]
2: for close in ripple:
3:     print(close)
```

> 라인 1: ripple이라는 변수가 파이썬 리스트를 바인딩합니다.
> 라인 2: close라는 변수는 ripple 변수가 바인딩하는 파이썬 리스트에 있는 값을 하나씩 순서대로 바인딩합니다.
> 라인 3: close라는 변수가 바인딩하는 값을 화면에 출력합니다.

파이썬 코드는 위에서 아래로 수행됩니다. 마치 물이 위에서 아래로 떨어지는 것과 유사합니다. 위 코드에는 세 줄의 코드가 있으므로 기본적으로 라인 1, 라인 2, 라인 3 순으로 코드가 실행된 후 더는 실행할 코드가 없으므로 실행이 종료됩니다. 그런데 라인 2에 반복문인 for가 있기 때문에 여기서 코드 (라인 2, 라인 3)가 반복적으로 수행되는 겁니다. 파이썬 리스트에 5개의 값이 있기 때문에 위 반복문은 표 2-5와 같은 순서로 코드가 실행됩니다.

표 2-5 반복문의 코드 실행 순서

수행 라인	close 변수가 바인딩하는 값
라인1	-
라인2	close=511
라인3	close=511
라인2	close=516
라인3	close=516
라인2	close=508
라인3	close=508
라인2	close=505
라인3	close=505
라인2	close=503
라인3	close=503

for 문이 이해하기 어렵다면 일상생활과 관련해서 생각하면 쉽습니다. 우리가 기차를 타면 역무원이 기차표를 확인하는데 이때 각 좌석에 앉아있는 승객의 좌표를 하나씩 확인하지요? for 문의 동작이 이와 같다고 생각하면 됩니다.

```
1: for 좌석 in ["좌석1", "좌석2", "좌석3", "좌석4", "좌석5", "좌석6"]:
2:     print(좌석, "표 확인")
```

이번에는 portfolio라는 변수가 바인딩하는 티커들에 대해서 for 문을 사용해서 출력해봅시다.

```
1: tickers = ["BTC", "BTG", "BCH", "XRP", "ETH", "DASH"]
2: for ticker in tickers:
3:     print(ticker)
```

> 라인 1: tickers라는 변수가 파이썬 리스트를 바인딩합니다. 파이썬 리스트에는 문자열로 된 티커들이 저장되어 있습니다.
> 라인 2: ticker라는 변수는 tickers라는 리스트에 있는 값 중 하나를 순서대로 바인딩합니다.
> 라인 3: ticker라는 변수가 바인딩하는 값을 화면에 출력합니다.

2.2.2. for와 range

for 문을 사용해서 화면에 1부터 10을 출력해 봅시다. 앞서 for 문은 자료구조와 같이 주로 사용된다고 했습니다. 따라서 1부터 10을 출력하려면 먼저 1부터 10까지의 값을 자료구조에 저장해야 합니다. 보통은 다음과 같이 리스트를 사용해서 코딩을 했을 겁니다. 참고로 num 은 변수이기 때문에 자유롭게 이름을 변경해서 사용해도 됩니다.

```
1: for num in [1, 2, 3, 4, 5, 6, 7, 8, 9, 10]:
2:     print(num)
```

만약 1~10이 아니라 1~100까지를 출력해야 한다면 어떻게 할까요? 앞서 했던 것처럼 파이썬 리스트를 사용해서 1~100 값을 미리 만들어야 할까요? 그렇게 할 수도 있지만 파이썬에서는 범위를 만들기 위해서 range( )라는 함수를 제공합니다. 예를 들어 1~10은 range(1, 11)이라고 적어주면 됩니다. 주의할 점은 range(시작, 끝)에서 끝의 값에서 1을 뺀 값까지 만들어 준다는 점입니다. range( ) 함수를 사용하면 위의 코드를 다음과 같이 간단히 변경할 수 있습니다.

```
1: for num in range(1, 11):
2:     print(num)
```

range( ) 함수는 시작과 끝 값에 추가로 오프셋 값을 입력받을 수 있습니다. 예를 들어 1, 4, 7, 10이라는 값을 보면 값이 이전 값에서 3씩 증가한 것을 알 수 있습니다. 따라서 range(1, 11, 3)을 통해서 1, 4, 7, 10이라는 값을 만들어 낼 수 있습니다.

range(시작 값, 끝 값, 오프셋)

2.2.3. for와 딕셔너리

파이썬 리스트나 튜플은 순서가 있는 자료구조입니다. 그리고 어떤 값들이 저장되어 있기 때문에 for 문을 사용해서 반복하게 되면 리스트나 튜플에 있는 값들에 접근할 수 있습니다. 이와 달리 파이썬 딕셔너리에는 key, value라는 쌍이 저장되어 있습니다. 따라서 기본적인 for 문을 사용하면 key 값들이 출력됩니다.

다음 코드를 실행해봅시다.

```
1: cur_price = {"BTC": 9010000, "XRP": 511, "DASH": 360000}
2: for ticker in cur_price:
3:     print(ticker)
```

> 라인 1: cur_price는 딕셔너리 객체를 바인딩합니다.
> 라인 2: ticker 변수는 딕셔너리의 key 중 하나를 바인딩합니다.
> 라인 3: ticker 변수가 바인딩하고 있는 값을 화면에 출력합니다.

위 코드를 실행하면 다음과 같이 cur_price 딕셔너리의 key 값들이 출력됩니다. 한 가지 주의할 점은 파이썬 3.6 이하 버전에서 딕셔너리는 순서가 없는 자료구조이기 때문에 출력되는 key 값의 순서가 아래와 다를 수 있습니다.

```
BTC
XRP
```

DASH

딕셔너리에 대해 반복을 수행할 때 key와 value에 동시에 접근하려면 다음과 같이 for 문에서 두 개의 변수를 사용해서 key, value 값을 바인딩하면 됩니다.

```
1: cur_price = {"BTC": 9010000, "XRP": 511, "DASH": 360000}
2: for ticker, price in cur_price.items():
3:     print(ticker, price)
```

> 라인 1: cur_price는 딕셔너리 객체를 바인딩합니다.
> 라인 2: ticker 변수는 하나의 key, value 쌍 중 key를 바인딩하고 price는 value를 바인딩합니다.
> 라인 3: ticker와 price 변수가 바인딩하는 값을 화면에 출력합니다.

위 코드를 실행하면 다음과 같이 딕셔너리에서 key, value 값이 출력되는 것을 확인할 수 있습니다.

```
BTC 9010000
XRP 511
DASH 360000
```

for 문에서 key, value를 출력하는 또 다른 방법을 배워봅시다. 앞서 for 문을 사용하면 기본적으로 딕셔너리에서 key 값에 접근할 수 있었습니다. 그런데 우리는 key 값을 알면 value 값에 접근할 수 있음을 1장 딕셔너리에서 배웠습니다. 따라서 다음과 같은 코드로도 key와 value 값에 접근할 수 있습니다.

```
1: cur_price = {"BTC": 9010000, "XRP": 511, "DASH": 360000}
2: for ticker in cur_price:
3:     print(ticker, cur_price[ticker])
```

> 라인 1: cur_price는 딕셔너리 객체를 바인딩합니다.
> 라인 2: ticker 변수는 딕셔너리의 key 값 중 하나를 바인딩합니다.
> 라인 3: ticker 변수가 바인딩하는 값과 cur_price 딕셔너리에서 ticker 변수가 바인딩하는 key에 대응되는 value 값을 화면에 출력합니다.

2.2.4. 반복문과 if

프로그래밍을 하다 보면 반복적인 작업을 수행하면서 조건을 판단해야 하는 경우가 있습니다. 예를 들어 리플의 종가가 510원 이상인 경우만 종가를 출력하는 프로그램을 만들어봅시다.

```
1: ripple = [511, 516, 508, 505, 503]
2: for close in ripple:
3:     if close >= 510:
4:         print(close)
```

> 라인 1: ripple 변수는 파이썬 리스트를 바인딩합니다.
> 라인 2: close는 파이썬 리스트의 값 중 하나를 바인딩합니다.
> 라인 3: close >= 510 인지 조건을 확인합니다.
> 라인 4: 라인 3에서 조건을 만족한 경우 close가 바인딩하는 값을 화면에 출력합니다.

앞서 for 문에서 반복적으로 수행되는 문장은 for 문 안쪽에서 들여 쓰기 했습니다. 위 코드를 살펴보면 for 문 안쪽에 if 문이 있고 if 문의 조건이 만족할 때 수행되는 문장은 다시 if 문으로부터 들여 쓰기 되어 있습니다.

반복문 안에 조건문이 있는 것은 우리 일상생활에서도 많이 있습니다. 예를 들어 사과를 크기에 따라 자동으로 분류하는 기계를 생각해 봅시다. 컨베이어 벨트를 통해 사과가 계속해서 들어오면 사과의 크기에 따라서 분류를 합니다. 여기서 사과가 컨베이어 벨트를 통해 계속 들어오는 것이 반복문에 해당하고 들어온 사과에 대해서 크기를 보고 분류하는 과정이 조건문에 해당합니다.

2.2.5. while 문

파이썬 for 문은 주로 자료구조와 같이 사용됩니다. 또는 반복할 횟수가 이미 정해져 있는 경우 (예: 10번 어떤 작업을 한다.)에 사용합니다. 이와 달리 파이썬 while 문은 계속해서 반복적인 작업을 수행해야 하거나 반복할 횟수가 명확하게 정해져 있지 않은 경우에 주로 사용합니다.

while문의 기본 구조는 다음과 같습니다. while이 영어로 '~동안' 이라는 뜻을 갖고 있습니다. 따라서 아래 코드는 조건문을 만족하는 동안 수행문 1, 수행문 2, 수행문 3을 반복해서 실행합니다.

```
while 조건문:
    수행문 1
```

수행문 2
수행문 3

다음 while 문의 실행 결과를 예측해 봅시다.

```
1: num = 1
2: while True:
3:     print(num)
4:     num = num + 1
```

라인 1: num 변수가 정수 값 1을 바인딩합니다.
라인 2: 조건식이 만족하는지 확인합니다. 조건식 위치에 'True'라는 코드가 기술돼 있는데, 이는 조건이 항상 참인 것을 의미합니다.
라인 3: num 변수가 바인딩하는 값을 출력합니다.
라인 4: num 변수는 num 변수가 바인딩하는 값에 1을 더한 값을 새로 바인딩합니다. 즉, num 값이 1 증가합니다.

while 문을 처음 공부할 때는 어려울 수 있습니다. 이 경우 표 2-6과 같이 정리해서 각 변수가 바인딩하는 값을 따져 보는 것이 매우 중요합니다. 파이썬 인터프리터가 라인 1을 수행하면 num은 1을 바인딩합니다. 라인 2에서 조건이 참 (True)이므로 들여 쓰기 된 문장인 라인 3, 라인 4가 순서대로 수행됩니다. 화면에 1이 출력되고 num 값은 2라는 값을 새로 바인딩합니다. 이어서 라인 2로 이동한 후 조건식을 다시 판단합니다. 조건은 참 (True) 이므로 들여 쓰기 된 라인 3과 라인 4가 수행됩니다. 이처럼 num 값을 화면에 출력하고 값을 1 증가시키는 일을 끝없이 반복하게 됩니다.

표 2-6 while문이 실행되는 과정

변수 num	조건판단	수행문장
1	참 (True)	print(1) num = 1 + 1
2	참 (True)	print(2) num = 2 + 1
3	참 (True)	print(3) num = 3 + 1
4	참 (True)	print(4) num = 4 + 1

while 문을 사용해서 코드를 반복 실행하다가 num이 100일 때 멈추고 싶을 수 있습니다. 'num==100'인 특정 조건에서 while 문의 수행을 중지할 때는 분기문과 break 구문을 사용합니다. 다음 코드의 라인 3에서는 num이 100과 같은지를 비교하고 100과 같다면 라인 4의 break을 실행합니다. 코드에 break이 없다면 라인 2로 가서 while 문을 끝없이 반복 실행하겠지만 break로 인해서 while 문을 종료합니다.

```
1: num = 1
2: while True:
3:     if num == 100 :
4:         break
5:     print(num)
6:     num = num + 1
```

num이 10보다 작을 때 숫자를 출력하고 싶지 않다면, 어떻게 해야 할까요? 앞에서 배운 분기문을 활용할 수 있습니다. 아래 코드의 라인 4에서 비교 조건이 참일 경우에만 들여 쓰기 된 라인 5의 print 함수가 실행됩니다. 따라서 10보다 작은 수는 출력되지 않고 10부터 1씩 증가하면서 화면에 숫자가 출력됩니다.

```
1: num = 1
2: while True:
3:     num = num + 1
4:     if num >= 10 :
5:         print(num)
```

continue 명령을 사용해서 위 코드와 같은 동작을 수행할 수 있습니다. continue는 파이썬 인터프리터에게 반복문의 시작 위치로 이동하라는 명령어입니다. 이때 continue 자신보다 아래에 위치한 코드를 실행하지 않습니다. 다음 코드의 라인 5에서 continue가 실행되면 라인 2로 이동하기 때문에 라인 5의 print 함수는 호출되지 않습니다. 이동 후에는 while 문의 조건을 다시 비교하고 조건식이 참이라면 들여 쓰기 된 코드를 실행하는 과정을 반복합니다. num이 10보다 작을 경우 continue가 실행되기 때문에 화면에 값이 출력되지 않고 num이 10보다 크거나 같은 경우만 화면에 값이 출력됩니다.

```
1: num = 1
2: while True:
3:     num = num + 1
4:     if num < 10 :
```

```
5:        continue
5:    print(num)
```

2.2.6 연습 문제

1 range( )를 사용해서 10~20의 값을 출력하세요.

2 range( )를 이용해서 2002년부터 2050년까지 중 월드컵이 개최되는 연도를 화면에 출력해보세요. 참고로 월드컵은 4년에 한 번 개최됩니다.

3 portfolio 변수가 바인딩하는 티커에서 _KRW라는 문자을 제외한 이름만 화면에 출력해 보세요.

```
portfolio = ["BTC_KRW", "BCH_KRW", "XRP_KRW", "DASH_KRW", "LTC_KRW"]
```

2.3. 함수

이번 시간에는 함수(function)에 대해 배워보겠습니다. 여러분은 앞서 print()와 같은 함수들을 이미 사용해봤습니다. 함수는 그림 2-4와 같이 어떤 입력을 받아 어떤 기능을 수행한 후 결괏값을 돌려주는 것을 의미합니다. print("hello")라는 코드에서 "hello"라는 문자열을 print() 라는 함수의 입력으로 넘겨주면 "hello"라는 문자열이 화면에 출력됐는데 이것이 바로 "hello"라는 함수의 기능입니다.

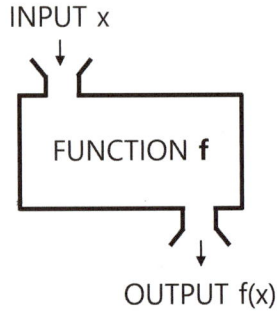

그림 2-4 함수의 개념

그렇다면 왜 우리는 함수를 사용할까요? 함수를 사용하는 이유는 프로그램 내에서 반복적으로 사용되는 코드에 대해 '이름표'를 붙여준 후 그 기능이 또 필요할 때 쉽게 사용할 수 있도록 하기 위함입니다.

중국집에 가면 밀가루 반죽을 면으로 만들어주는 제면기가 있습니다. 중국집에서는 면을 자주 뽑기 때문에 제면기를 사용하는 것이죠? 중국집 주방장은 제면기를 어떻게 만드는지는 모르지만, 단순히 반죽을 넣어주면 기계가 동작하면서 면이 나오는 것을 알고 있습니다. 또 다른 예로는 음식 포장 기계 등을 생각해 볼 수 있습니다. 역시 음식점에서는 음식을 자주 포장해야 하므로 포장 기계 등을 사용합니다. 포장 기계에 그릇을 넣으면 자동으로 비닐 포장이 됩니다. 음식점 주인은 포장 기계를 어떻게 만들지는 모르지만, 단순히 음식 포장 기계에 그릇을 넣어주면 자동으로 포장된다는 것만 알고 이를 사용하는 겁니다.

프로그래밍에서 함수도 마찬가지입니다. 이미 어떤 기능을 수행하는 함수가 제공되는 경우 여러분은 그 함수의 입력으로 어떤 값을 넘겨주면 그 함수의 출력으로 어떤 값이 나오는지만 알고 있다면 그 함수를 사용할 수 있습니다. 앞서 제면기나 음식 포장 기계의 예에서처럼 함수 자체를 어떻게 구현했는지에 대해서는 몰라도 됩니다. 아직 파이썬 함수에 대해서 잘 이해가 가지 않겠지만, '함수는 자주 사용하는 코드에 대한 이름표'라고 기억하시기 바랍니다.

2.3.1. 파이썬 함수 정의하기

앞서 함수는 자주 사용하는 코드에 대한 이름표라고 이야기했습니다. 이번에는 실제로 어떻게 코드에 이름표를 붙이는지에 대해 알아보겠습니다. 코드에 이름표를 붙이는 과정을 "함수를 정의한다"라고 말합니다. 파이썬에서 함수를 정의할 때 사용하는 키워드는 def입니다. 여기서 def는 define이라는 영어 단어의 약어입니다. def 키워드 다음에는 함수의 이름이 위치합니다. 함수 이름 다음의 ( ) 에는 함수의 입력값을 적어주면 됩니다. 함수가 호출될 때 수행되는 코드는 들여 쓰기한 후 적어주면 됩니다. 아래의 예에서는 문장 1과 문장 2가 함수가 호출될 때 수행되는 코드입니다. 마지막으로 return이라는 키워드를 통해서 함수 내의 값을 함수 외부로 전달할 수 있습니다.

```
def name(parameter):
    문장 1
    문장 2
    return
```

간단히 함수를 만들어 봅시다. 두 값을 입력받아 두 값을 더한 값을 출력하는 hap( )이라는 함수를 정의해 보겠습니다.

```
1: def hap(a, b):
2:     ret = a + b
3:     return ret
```

> 라인 1: 함수의 이름은 hap이고 함수는 a, b라는 두 개의 입력값을 입력받습니다.
> 라인 2: 입력받은 a, b를 더한 값을 ret라는 변수가 바인딩합니다.
> 라인 3: ret 변수가 바인딩하는 값을 함수 외부로 전달(리턴)합니다.

def 키워드를 통해 함수를 정의했다면 정의한 함수 이름을 통해 함수를 호출할 수 있습니다. 아래 코드에서 라인 1은 함수를 호출합니다. '='이 있으므로 오른쪽을 먼저 해석합니다. 오른쪽에는 'hap(3, 4)'라는 함수 이름과 ( )가 있습니다. 이는 정의된 함수를 호출하는 구문입니다. 현재 hap이라는 것은 앞서 정의한 코드를 바인딩하고 있습니다. 이때 (3, 4)라고 함수 이름 후에 적어주면 hap이 바인딩하는 코드를 수행할 때 함수의 인자로 3과 4의 값을 넘겨줍니다. 함수가 수행되면 '3+4'의 값이 리턴됩니다. 따라서 함수 호출 후에는 hap(3, 4) 위치에 7이라는 값이 위치합니다. 따라서 result라는 변수는 함수의 리턴 값인 7을 바인딩하게 되는 겁니다. 라인 2가 수행될 때 result라는 변수는 7이라는 값을 바인딩하므로 화면에는 7이 출력되는 겁니다.

```
1: result = hap(3, 4)
2: print(result)
```

함수는 한 번 정의해두면 두고두고 사용할 수 있습니다.

```
1: result1 = hap(5, 6)
2: print(result1)
3: result2 = hap(10, 20)
4: print(result2)
```

이번에는 시가, 고가, 저가, 종가를 입력받은 후 이를 출력하는 함수를 만들어 보겠습니다. 함수를 먼저 정의해야 하는데 이에 앞서 함수의 이름과 함수의 입력이 무엇이면 좋을지 생각해야 합니다. 다음과 같이 함수의 이름은 print_ohlc로 정했고 함수가 호출될 때 네 개의 값을 입력받도록 정의했습니다. 아직 함수의 기능은 생각해보지 않았기 때문에 pass라는 키워드를 적어줍니다.

```
def print_ohlc(open, high, low, close):
    pass
```

함수를 정의했다면 함수를 호출해 봅시다. 함수를 호출할 때는 함수의 이름을 적고 ( )를 적어주면 됩니다. 그리고 ( )에는 함수의 인자를 넘겨주면 됩니다. print_ohlc 함수의 인자로 네 개의 값을 넘겨줘야 합니다. print_ohlc 함수는 호출되더라도 함수 내부에 수행 코드가 없기 때문에 아무런 변화가 없습니다. (pass 구문은 아무것도 실행하지 않습니다)

```
print_ohlc(100, 120, 80, 90)
```

함수를 정의할 때 네 개의 입력을 받도록 했으므로 함수를 호출할 때도 네 개의 값을 넘겨줘야 합니다. 만약 다음과 같이 세 개의 값을 넘겨주면 그림 2-5와 같은 에러가 발생합니다.

```
print_ohlc(100, 120, 90)
```

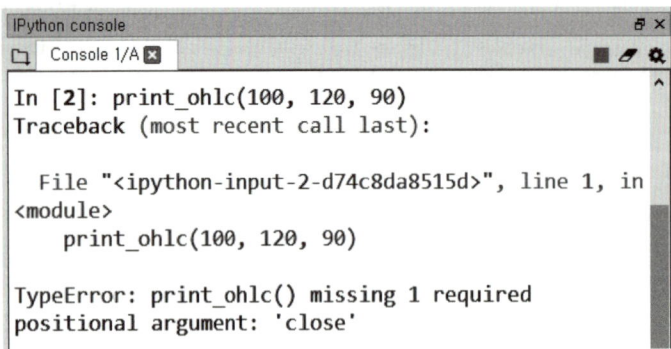

그림 2-5 함수 호출 에러

이번에는 함수의 기능을 구현해 보겠습니다. 함수의 입력으로 open, high, low, close가 입력되면 이를 화면에 출력하는 함수를 만들어 봅시다. 아래와 같이 기존의 함수를 수정해줍니다. pass를 지우고 print( ) 함수를 호출하면 됩니다.

```
1: def print_ohlc(open, high, low, close):
2:     print("시가: ", open)
3:     print("고가: ", high)
4:     print("저가: ", low)
5:     print("종가: ", close)
```

print_ohlc( ) 함수를 새로 정의했기 때문에 그림 2-6과 같이 다시 호출해 봅시다. 함수를 정의한 의도대로 시가, 고가, 저가, 종가가 화면에 출력되는 것을 확인할 수 있습니다.

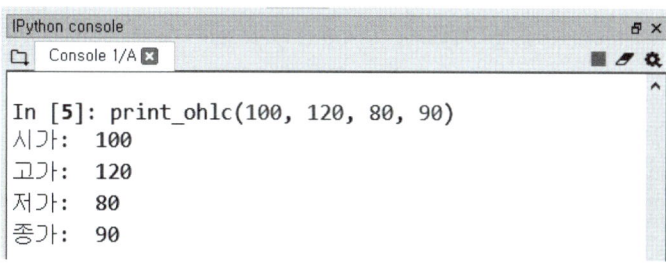

그림 2-6 네 개의 입력값을 출력하는 함수의 호출

이번에는 시가, 고가, 저가, 종가를 파이썬 리스트로 저장한 후 이를 함수의 인자로 전달해보도록 하겠습니다. 아래의 함수를 살펴보면 네 개의 값을 파이썬 리스트에 담은 후 파이썬 리스트를 전달할 것이기 때문에 함수의 인자는 하나만 존재합니다. 함수 내에서 들여 쓰기 된 코드에서는 ohlc라는 변수를 통해서 open, high, low, close에 접근한 후 이를 출력합니다.

```
1: def print_ohlc(ohlc):
2:     print("시가: ", ohlc[0])
3:     print("고가: ", ohlc[1])
4:     print("저가: ", ohlc[2])
5:     print("종가: ", ohlc[3])
```

print_ohlc 함수를 새로 정의했으므로 다시 호출해 봅시다. 새로 정의된 함수에서는 함수의 인자로 파이썬 리스트를 전달받습니다. 인자로 전달되는 파이썬 리스트의 0~3번에 open, high, low, close가 저장되어 있습니다.

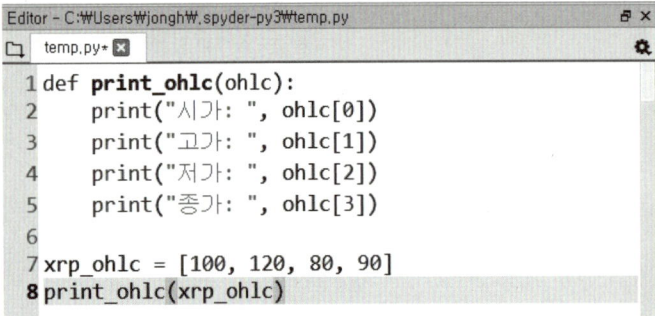

그림 2-7 리스트를 함수의 인자로 받는 예

그림 2-7은 리스트를 입력받는 함수의 호출 예제입니다. 함수의 실행 결과를 확인해보면 리플의 open, high, low, close가 출력되는 것을 확인할 수 있습니다. 이처럼 함수의 정의에 따라 함수의 호출부가 달라지게 됩니다. 숫자 네 개를 입력받는 것과 리스트를 입력받는 것의 함수 호출 결과는 동일합니다.

이번에는 빗썸에서 가상화폐를 주문할 때 주문 수량에 대한 최소 호가 수량을 리턴해주는 함수를 만들어 보겠습니다. 빗썸 거래소에서 가상화폐별 최소 주문 수량이 표 2-7과 같다고 가정해 봅시다.

표 2-7 가상화폐별 최소 주문 수량

가상화폐	최소 주문 수량
ETC	0.1
ETH	0.5
BTC	0.01
XRP	10
BCH	0.005

먼저 함수의 이름과 함수의 입/출력에 대해 생각해 봅시다. 함수의 이름은 get_min_order로 하겠습니다. get_min_order() 함수는 가상화폐의 티커를 입력으로 받은 후 티커에 대응되는 가상화폐의 최소 주문 수량을 리턴하면 됩니다.

```
1: def get_min_order(ticker):
2:     pass
```

> 라인 1: 함수 이름은 get_min_order이고 이 함수는 문자열로 된 티커를 입력받습니다. 티커를 바인딩
> 하는 변수는 ticker입니다.
>
> 라인 2: 아직 함수의 기능은 생각해보지 않았기 때문에 pass라고 적어줍니다.

함수를 정의했으므로 해당 함수를 호출해 보겠습니다. 함수를 정의한다는 것은 어떤 코드 (여기서는 pass)에 대해 이름표를 붙여둔 것뿐입니다. 따라서 함수 내의 코드가 실행되는 것은 아닙니다. 함수의 이름에 ( )를 붙여서 함수를 호출해줘야 실제 함수가 호출되는 겁니다. 그뿐만 아니라 함수를 호출할 때는 함수를 정의할 때의 입력 파라미터를 올바르게 전달해야 합니다. 예를 들어 동그란 그릇만 포장할 수 있는 음식 포장 기계에 사각형 모양의 그릇을 넣어주면 기계가 제대로 동작하지 않는 것과 같은 이치입니다.

get_min_order( ) 함수를 호출해 보겠습니다. 함수를 호출할 때 "BTC"라는 문자열로 된 티커를 함수 파라미터로 전달해봅시다. 인자를 전달해도 함수 내부의 수행 코드에 pass만 존재하기 때문에 의미 있는 결과를 볼 수는 없습니다.

```
get_min_order("BTC")
```

함수를 정의했고 함수의 입력으로 적당한 파라미터를 사용해서 함수를 호출해봤습니다. 물론 에러도 없었습니다. 이제 함수에서 들여 쓰기 된 본체 코드에 대해 코딩해 보겠습니다. 우리가 원하는 get_min_order( ) 함수의 동작은 가상화폐에 대한 최소 수량을 함수 외부로 리턴해주는 겁니다. 가상화폐가 많기 때문에 조건문을 통해서 원하는 가상화폐인지를 확인하는 것이 필요해 보입니다.

```
01: def get_min_order(ticker):
02:     min_order = None
03:     if ticker == "ETC":
04:         min_order = 0.1
05:     elif ticker == "ETH":
06:         min_order = 0.5
07:     elif ticker == "BTC":
08:         min_order = 0.01
09:     elif ticker == "XRP":
10:         min_order = 10
11:     else:
12:         min_order= 0.005
13:     return min_order
```

라인 1: 함수 이름은 get_min_order이고 함수 인자는 한 개로 ticker라는 변수가 바인딩합니다.

라인 2: min_order라는 변수는 아무 값도 없음을 의미하는 파이썬 타입인 None 타입 객체를 바인딩합니다.

라인 3: ticker라는 변수가 "ETC"라는 문자열을 바인딩하는지 확인합니다.

라인 4: min_order라는 변수가 0.1이라는 float 객체를 바인딩합니다.

라인 13: min_order 변수가 바인딩하는 값을 함수 외부로 출력(리턴)합니다.

함수를 새로 정의했으므로 함수를 다시 호출해 보겠습니다. get_min_order() 함수는 최소 매매수량을 함수를 호출한 곳으로 리턴해줍니다. 따라서 함수를 호출한 곳에서는 함수의 호출이 끝나면서 리턴되는 값을 바인딩해줘야 합니다. 아래 코드의 라인 1에는 '=' 이 있으므로 오른쪽으로 먼저 해석을 하면 되겠지요? 오른쪽에는 함수 이름이 있고 ( )가 있으므로 함수 호출을 의미합니다. 함수 호출이 완료되면 그 위치에 함수의 리턴 값이 자리 잡게 됩니다. 따라서 min_order라는 변수는 함수의 리턴 값을 바인딩하게 되는 겁니다.

```
1: min_order = get_min_order("BTC")
2: print(min_order)
```

위 코드에 대한 실행 결괏값을 확인해보면 화면 0.01이 출력된 것을 확인할 수 있습니다. 함수는 한 번 정의해두면 두고두고 호출할 수 있지요? 다른 코인에 대한 최소 주문 수량도 확인해 봅시다.

```
1: min_order = get_min_order("XRP")
2: print(min_order)
```

2.3.2. 함수는 이름표

프로그래밍을 처음 배우신다면 함수가 어렵게 느껴질 겁니다. 파이썬에서 함수는 단순히 어떤 코드에 대한 이름표라고 이해해도 좋습니다. 우리가 문서 작업을 할 때 자주 사용하는 기능에 대해서 단축키를 지정해 놓고 사용하는 것처럼 자주 사용하는 코드에 대해 이름을 붙여놓고 이를 호출해서 사용하는 겁니다.

다음과 같이 화면에 '*'를 출력하는 코드를 작성해 봅시다. 그런데 이 코드가 자주 사용되다 보니 코드 곳곳에서 사용됩니다. 이 경우 다음 두 줄의 코드를 복사 붙여넣기 하는 것보다 이름을 붙여놓고 사용하는 것이 좋겠지요?

```
1: print("*" * 40)
2: print("*" * 40)
```

파이썬에서 함수를 정의하는 키워드는 def입니다. 다음과 같이 함수 이름을 한글로 '별찍기'로 한 후 함수를 정의해봅시다.

```
def 별찍기():
    print("*" * 40)
    print("*" * 40)
```

별찍기라는 이름으로 함수를 정의하면 그림 2-8과 같은 작업이 내부적으로 수행됩니다. 함수가 호출될 때 수행되는 코드가 메모리에 올라가고 이를 '별찍기'라는 이름이 바인딩하는 겁니다. a = 3이라고 할 때 3이라는 값이 메모리에 있고 a라는 변수가 이를 바인딩하는 것과 동일합니다.

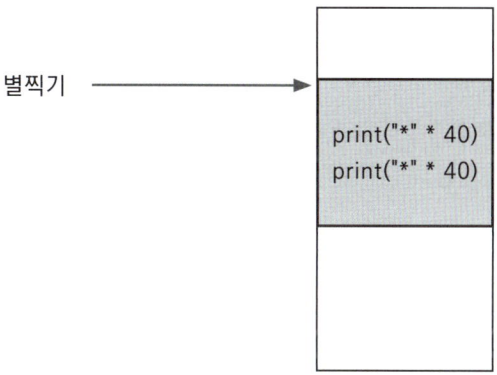

그림 2-8 함수 이름의 의미

함수를 정의했으니 이제 함수를 호출해보겠습니다. '별찍기'라는 함수의 이름은 단순히 메모리에 상에 함수 코드의 위치를 바인딩하고 있기 때문에 이름만 적어줘서는 함수가 호출되지 않습니다. 반드시 함수 이름을 적은 후 ( )를 같이 적어줘야 함수가 호출됩니다.

```
별찍기()
```

2.3.3. 함수 호출 이해하기

앞서 여러분은 함수를 정의해보고 이를 사용해봤습니다. 사실 이 정도로도 함수를 이해하고 사용할 수 있지만, 함수가 호출되는 과정의 메모리 상태 변화를 확인하면 더 함수를 정확히 이해할 수 있습니다.

일단 여러분이 기억해야 하는 점은 파이썬 코드는 기본적으로 항상 위에서 아래로 순차적으로 수행된다는 점입니다. 그리고 단순히 함수가 정의되어 있다면 함수의 이름이 코드를 바인딩하는 동작만 이뤄질 뿐 함수가 호출되는 것은 아니라는 것을 기억해야 합니다.

먼저 아래와 같이 mysum 함수를 정의해봅시다. Spyder에서 아래의 코드를 실행해보면 아무 일도 일어나지 않는 것을 알 수 있습니다. 왜냐하면 함수가 정의되어 있을 뿐 함수를 호출하지는 않았기 때문입니다.

```
1: def mysum(a, b):
2:     ret = a + b
3:     return ret
```

이번에는 라인 5와 같이 함수를 호출하는 코드를 추가해 보겠습니다. 파이썬 인터프리터는 라인 1부터 순차적으로 코드를 실행합니다. 이때 라인 1~3은 함수 정의이기 때문에 함수가 실행되지는 않습니다. 라인 4는 공백이므로 그냥 넘어갑니다. 라인 5를 살펴보니 '='이 있지요? 그러면 오른쪽을 먼저 해석하면 되지요? mysum(3, 4)라는 것은 함수를 호출하는 구문입니다. 함수를 호출한다는 것은 코드의 흐름이 함수로 이동함을 의미합니다.

```
1: def mysum(a, b):
2:     ret = a + b
3:     return ret
4:
5: ret = mysum(3, 4)
```

그림 2-9와 같이 위에서 아래로 수행되던 코드의 흐름이 'mysum(3, 4)'에서 함수가 호출되면서 함수가 정의된 곳으로 이동합니다. 함수의 호출이 끝나면 다시 my_sum 함수 호출 위치로 돌아와 ret 변수에 리턴 값을 바인딩합니다.

함수 호출 과정에 대해 조금 더 자세히 살펴봅시다.

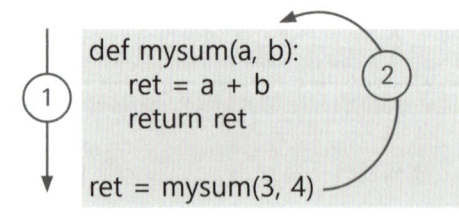

그림 2-9 함수 호출 과정

함수 호출 과정의 1 단계는 '입력값 바인딩'입니다. 그림 2-9에서 mysum( ) 함수를 호출할 때 함수를 호출하는 곳 (라인 5)에서는 3, 4라는 두 개의 값을 넘겨줬습니다. 함수가 정의된 곳 (라인 1)에는 이 두 값을 바인딩하는 변수 a, b가 있지요? 따라서 a, b 변수는 그림 2-10과 같이 함수가 호출되는 순간에 전달되는 값인 3과 4를 바인딩합니다.

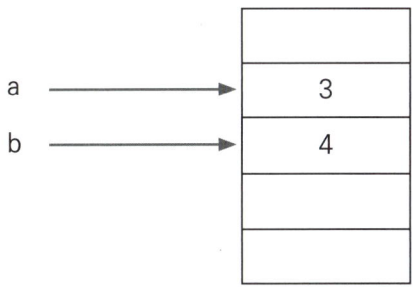

그림 2-10 mysum 함수가 호출 될 때의 변수 상태

함수 호출 과정의 2단계는 '함수 내 코드의 실행'입니다. 함수의 입력값을 모두 바인딩했다면 아래 코드에서 라인 2와 라인 3이 순차적으로 수행됩니다. 라인 2가 수행될 때 'a + b'의 값이 먼저 메모리에 할당되고 그 값을 ret라는 변수가 바인딩합니다.

```
1: def mysum(a, b):
2:     ret = a + b
3:     return ret
4:
5: ret = mysum(3, 4)
```

라인 2가 수행되고 나면 메모리 상태는 그림 2-11과 같습니다.

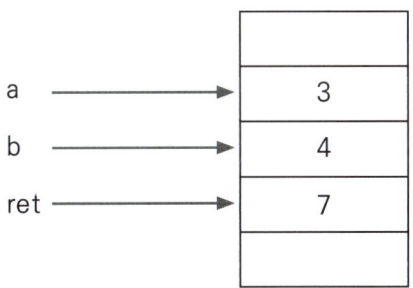

그림 2-11 mysum 함수 코드 실행 결과

함수 호출 과정의 3단계는 '결괏값 리턴'입니다. 함수 내에서 return이라는 키워드는 함수 내의 값

을 함수 외부로 돌려주면서 함수를 종료합니다. 함수가 종료될 때 함수 내에서 생성된 모든 변수는 소멸되고 바인딩되지 않는 객체 역시 모두 소멸됩니다. 그림을 통해 이해를 해보겠습니다. 앞서 라인 3에는 'return ret'라는 코드가 있습니다. 이 코드는 현재 ret라는 변수가 바인딩하는 값을 함수를 호출한 곳으로 리턴하라는 의미입니다. 앞서 mysum( ) 함수는 라인 5에서 'ret = mysum(3, 4)'라는 코드를 통해 호출했지요? 즉, mysum(3, 4) 위치에 함수 내부에서 리턴한 값인 7이 위치하게 됩니다. 따라서 라인 5는 'ret = 7'이 됩니다. 라인 5는 앞서 '='를 기준으로 오른쪽이 수행되고 있었지요? 이제 함수가 호출되고 리턴됐기 때문에 라인 5의 남은 부분을 실행할 수 있습니다. 따라서 ret라는 변수가 7을 바인딩합니다.

함수가 리턴될 때 중요한 또 다른 작업은 함수 내부에서 생성된 변수가 모두 소멸된다는 겁니다. mysum( ) 함수에서 선언된 변수는 a, b, ret가 있습니다. 이 변수들은 함수가 리턴될 때 모두 소멸됩니다. 따라서 해당 변수가 바인딩하고 있던 값인 3, 4, 7도 더 이상 변수가 자기 자신을 바인딩하지 않기 때문에 역시 소멸됩니다. 이때 7이라는 값은 함수 내부에서 선언된 변수인 ret는 소멸되지만 함수가 리턴되는 순간 함수 외부 (라인 5)에서 선언된 변수인 ret가 7이라는 값을 바인딩하고 있기 때문에 메모리에 있는 3, 4는 소멸되지만 7은 함수 호출이 끝나도 소멸되지 않게 됩니다.

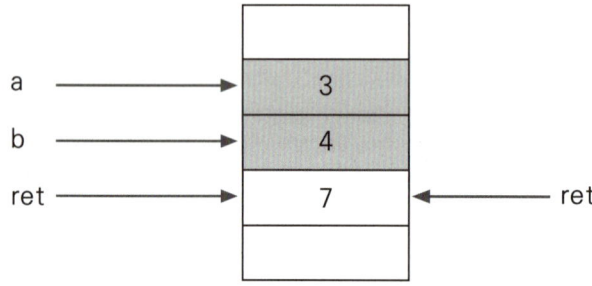

그림 2-12 musum 함수의 호출 후 메모리 상태

다음과 같이 ret라는 변수가 바인딩하는 값을 화면에 출력해 봅시다. 라인 5의 ret 변수는 함수가 리턴해준 값인 7을 바인딩하고 있기 때문에 화면에 7이 출력될 겁니다.

```
1: def mysum(a, b):
2:     ret = a + b
3:     return ret
4:
5: ret = mysum(3, 4)
6: print(ret)
```

2.3.4. 연습 문제

1 두 수를 입력받아서 곱셈 값을 리턴하는 함수를 작성하세요.

```
def mygop(a, b):
    pass
```

2 소문자로 된 ticker를 입력받은 후 이를 대문자로 변환된 ticker를 리턴하는 함수를 작성하세요.

```
def convert_ticker(ticker):
    pass
```

표 2-8 티커

함수 입력	함수 출력
btc	BTC
bch	BCH
xrp	XRP
eth	ETH
etc	ETC
ltc	LTC

3 함수로 인자로 리스트를 입력받은 후 해당 리스트에서 짝수만 모아서 리턴하는 pickup_even( ) 함수를 작성하세요.

```
def pickup_even(numbers):
    pass
```

2.4. 모듈

2.4.1. 모듈이란?

이번 시간에는 모듈에 대해 알아보도록 하겠습니다. 파이썬에서 모듈은 단순히 '파이썬 파일'을 의미합니다. 예를 들어 stock.py라는 파일에 주식과 관련된 함수들이 구현되어 있을 때 이를 stock 모듈이라고 부릅니다.

파이썬은 다른 프로그래밍 언어보다 다양한 모듈이 존재합니다. 따라서 여러분들은 프로그램을 구현할 때 이러한 모듈을 잘 활용하는 것이 중요합니다. 모듈은 이미 누군가가 어떤 기능을 구현해둔 코드이기 때문에 모듈만 잘 사용해도 쉽게 프로그램을 개발할 수 있습니다.

2.4.2. 모듈 만들기

대부분 모듈을 가져다가 사용하겠지만, 모듈의 동작 원리를 이해하기 위해 간단한 모듈을 만들어 보겠습니다. 다음과 같이 코드를 작성한 후 'C:\Anaconda\Lib'에 coin.py라는 이름으로 저장합니다. 파일 이름이 coin.py 이므로 coin 모듈이라고 부르면 됩니다.

```
01: ohlc = {
02:     "BTC":[100, 200, 300, 400],
03:     "ETH":[200, 300, 400, 500]
04: }
05:
06: def get_open_price(currency):
07:     return ohlc[currency][0]
08:
09: def get_close_price(currency):
10:     return ohlc[currency][3]
```

Spyder를 사용하는 경우 그림 2-13과 같이 파일 메뉴의 저장 (Save as)을 클릭하여 파일을 저장할 수 있습니다.

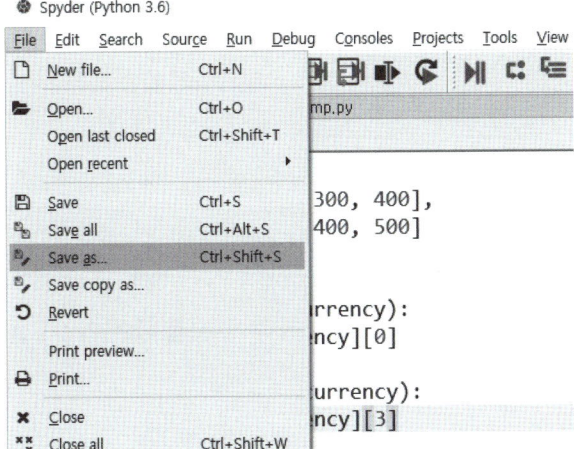

그림 2-13 파이썬 모듈 저장

저장이 완료되면 Spyder로 돌아와서 우측 하단의 IPython에 그림 2-14와 같이 import 명령을 입력해 보세요. import는 모듈을 사용하기에 앞서 Lib 폴더에서 모듈을 읽어 오는 명령입니다. 앞서 Lib 폴더에 코인 모듈(coin.py)을 저장했기 때문에 에러 없이 coin 모듈을 읽어 옵니다.

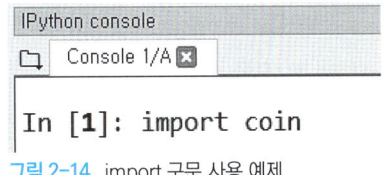

그림 2-14 import 구문 사용 예제

이번에는 coin 모듈 안의 함수들을 호출해 봅시다. coin 모듈 안에는 하나의 딕셔너리와 두 개의 함수가 있었습니다. 일반적인 함수의 호출과 다르게 모듈의 함수는 '모듈명.함수이름' 으로 호출합니다. coin.get_open_price( ) 명령은 coin.py 안에 있는 get_open_price( ) 함수를 호출하라는 뜻입니다. 동일하게 coin.get_close_price( ) 함수는 coin.py 안에 있는 get_close_price( ) 함수를 호출합니다.

coin 모듈을 주변 사람들에게 배포했다고 생각해보면, 전달받은 사람은 함수가 어떻게 구현되어 있는지 모르더라도 함수를 호출하는 것만으로 원하는 결과 (시가를 얻어 옴)를 얻어 낼 수 있습니다. 그림 2-15는 모듈 안의 함수를 호출한 결과입니다. 현재 단계에서는 시가 및 종가가 고정 값으로 출력되지만, 실 예제에서는 웹에서 데이터를 가져와 실시간 가격이 화면에 출력될 겁니다.

```
In [2]: coin.get_open_price("BTC")
Out[2]: 100

In [3]: coin.get_close_price("BTC")
Out[3]: 400
```

그림 2-15 모듈 안의 함수 호출 결과

2.4.3. 모듈을 import 하는 방법

파이썬에서 모듈을 임포트하는데 다음 네 가지 방식이 주로 사용됩니다.

```
import 모듈
import 모듈 as 새이름
from 모듈 import 함수
from 모듈 import *
```

첫 번째로 'import 모듈'은 앞서 사용해 봤습니다. 이러한 경우 import 후에 '모듈.함수'로 모듈 내의 함수에 접근할 수 있었습니다.

```
1: import coin
2: coin.get_open_price()
```

두 번째로 "import 모듈 as 새 이름" 형식으로 모듈을 가져올 수 있습니다. 이는 모듈 내의 함수를 호출할 때 모듈 이름 대신 새 이름으로 함수를 호출하겠다는 뜻입니다. 아래 사용 예제를 보면 모듈 이름인 coin 대신 newname을 사용해서 get_open_price() 함수를 호출하는 것을 확인할 수 있습니다. 때때로 모듈 이름이 길어서 함수를 호출할 때마다 코드로 작성하기 번거로울 때 유용합니다.

```
1: import coin as newname
2: newname.get_open_price()
```

세 번째 'from 모듈 import 함수' 구문을 사용하면 코드를 더욱 간결하게 작성할 수 있습니다. 함수를 호출할 때 모듈 이름을 지정하지 않고 바로 모듈 안의 함수를 호출할 수 있습니다. 단 다른 모듈에서 같은 함수 이름을 갖고 있는 경우 에러가 발생할 수 있습니다.

```
1: from coin import get_open_price
2: get_open_price()
```

동시에 여러 개의 함수를 import 할 수도 있습니다. import 이후에 함수 이름들을 차례로 나열하면 됩니다.

```
1: from coin import get_open_price, get_close_price
2: get_close_price()
```

네 번째는 모듈 안에 있는 모든 것 (*)을 임포트하는 방식입니다. 세 번째 방식과 비교하면 임포트하고자 하는 함수가 많을 때 이를 한 번에 임포트하고자 할 때 사용합니다.

```
1: from coin import *
2: get_close_price()
```

모듈을 import를 하는 다양한 방법에 대해서 알아봤습니다. 그렇다면 import 할 때 어떤 방법을 사용해야 할까요? 답은 정해져 있지 않지만, 모듈별로 많은 사람이 임포트하는 방식이 있는데 이를 따르는 것이 좋습니다.

2.4.4. datetime 모듈

아나콘다가 설치된 경로의 Lib 폴더에는 수많은 모듈 (.py) 파일이 저장된 것을 보셨을 겁니다. 프로그램을 개발할 때는 여러 모듈 중에 필요한 모듈을 가져다가 적재적소에 쓸 수 있어야 합니다. 시간을 다루는 datetime 모듈과 웹 데이터를 제어하는 requests 모듈을 사용해 보면서 모듈 사용법을 익혀보도록 하겠습니다. 앞에서 배운 두 가지를 잊지 마세요.

1) 모듈을 사용하기 위해서는 우선 import를 해야 합니다.
2) 기본적으로 "모듈명.함수명" 형태로 모듈 안에 있는 함수를 호출할 수 있습니다

프로그램을 작성하다 보면 시간을 다루는 일들이 빈번하게 발생합니다. 예를 들어 아침 9시에 보유 중인 코인을 매도하려는 경우, 파이썬에서 어떻게 시간을 판단할 수 있을까요? 시간을 구하는 함수를 직접 만들어야 할까요? 그렇지 않습니다. 파이썬에서는 날짜, 시간을 위한 datetime 모듈이 있습니다. (모듈 이름만 봐도 알 수 있지요?)

모듈을 사용하기 위해서는 우선 import를 해야 합니다.

```
1: import datetime
2: now = datetime.datetime.now()
3: print(now)
```

> 라인 1: datetime 모듈을 임포트합니다.
> 라인 2: datetime 모듈 안에 있는 datetime 클래스로부터 now( ) 함수를 호출합니다.(아직 클래스는 배우지 않았습니다)

datetime 모듈의 now( ) 함수를 호출하면 현재 시각을 얻을 수 있습니다. now( ) 함수의 결괏값을 print 해보면, 함수를 호출한 당시의 일자, 시간 정보가 화면에 출력됩니다.

```
2018-08-04 14:09:57.726189
```

datetime 모듈을 이용하면 시간 간의 덧셈 뺄셈을 쉽게 할 수 있습니다. 예를 들어 현재 시각으로부터 열 시간 뒤의 날짜를 어떻게 계산할까요? 모듈을 사용하지 않고 직접 계산을 할 수도 있지만 24시간이 지날 경우 일자를 올림 해야 하며, 월이 바뀔 경우, 윤달이 꼈을 경우, 등등 고려해야 할 사항이 많습니다. datetime.timedelta( ) 함수를 사용하면 now( ) 함수를 통해 얻은 현재 시각에 덧셈 및 뺄셈 연산을 적용할 수 있습니다.

```
1: print(now + datetime.timedelta(hours=10))
2: print(now - datetime.timedelta(minutes=30))
```

timedelta( ) 함수로 시간 (hours) 혹은 분 (minutes) 정보를 전달하는 것을 눈여겨보세요. 라인 1에는 현재 시간이 저장된 now 변수에 10시간을 더하는 코드입니다. 라인 2는 30분 이전의 시간을 계산하는 코드입니다.

```
2018-08-05 00:09:57.726189
2018-08-04 13:39:57.726189
```

datetime 모듈은 수많은 기능을 지원하는데, 모든 함수를 외우고 있을 수는 없습니다. 보통 모듈을 만든 개발자들은 모듈의 사용법에 대한 문서를 함께 제공합니다. 파이썬 datetime 공식 홈페이지 (https://docs.python.org/3/library/datetime.html)에 접속해보면 datetime이 지원하는 함수들의 사용 방법을 문서로 제공합니다. 그림 2-16은 공식 홈페이지에 기술된 timedelta 함수의 설명입니다. hours와 minutes만 사용해 봤는데, days, milliseconds 등등의 기능을 지원한다는 것을 알 수 있습니다.

8.1.2. timedelta Objects

A timedelta object represents a duration, the difference between two dates or times.

class datetime.timedelta(*days=0, seconds=0, microseconds=0, milliseconds=0, minutes=0, hours=0, weeks=0*)

All arguments are optional and default to 0. Arguments may be integers or floats, and may be positive or negative.

그림 2-16 timedelta 함수의 설명

2.4.5 requests 모듈

웹 페이지의 정보들을 파이썬 코드로 가져오는 행위를 웹 스크래핑 (web-scrapping)이라고 합니다. 참고로 웹 스크리핑은 4장에서 상세히 다룹니다. 여기에서는 간단하게 맛보기로 스크래핑과 관련된 모듈을 사용해 보겠습니다.

우선, 웹브라우저를 열고 빗썸 API 주소 (https://api.bithumb.com/public/ticker/BTC)에 접속해 보세요. 그림 2-17과 같이 비트코인 (BTC)의 실시간 거래 정보를 웹 브라우저에서 확인할 수 있습니다.

그림 2-17 빗썸의 ticker API 결괏값

웹 브라우저에서 확인할 결과를 requests 모듈을 사용해서 파이썬 코드로 가져와 보겠습니다.

```
1: import requests
2: resp = requests.get("https://api.bithumb.com/public/ticker/BTC")
3: print(resp)
```

> 라인 1: 모듈을 사용기 위해서 우선 import 합니다.
> 라인 2: requests의 get( ) 함수는 전달한 URL의 웹페이지를 가져옵니다.

get( ) 함수의 호출 결과 Response 200이 출력됩니다. 이는 웹페이지에서 정상적으로 값을 가져왔다는 의미입니다.

```
<Response [200]>
```

resp 안의 content라는 변수의 값을 출력해보면 웹페이지에서 봤던 내용을 콘솔에서 확인할 수 있습니다.

```
print(resp.content)
```

```
b'{"status":"0000","data":{"opening_price":"8485000","closing_
price":"8134000","min_price":"7930000","max_price":"8499000","average_
price":"8113602.4557","units_traded":"2845.12073409","volume_1day":"284
5.12073409","volume_7day":"13325.33762868","buy_price":"8127000","sell_
price":"8134000","24H_fluctate":-351000,"24H_fluctate_rate":"-
4.13","date":"1533467040100"}}'
```

웹 페이지의 값을 어떻게 가져오는지는 알지 못하지만, requests 모듈을 사용하는 방법을 배웠으니 어떤 웹 페이지에 있는 데이터도 가져올 수 있습니다. 이러한 점이 모듈을 사용하는 이유입니다. 주소를 변경해서 requests 모듈을 호출해 보세요.

2.4.6. 연습 문제

1 현재 시각으로부터 5시간 30분 뒤의 시각을 화면에 출력해보세요.

2 현재 시각으로부터 3일 이전의 시각을 화면에 출력해보세요.

파이썬을 이용한 **비트코인 자동매매**

03

클래스와 PyQt

03 클래스와 PyQt

3.1. 클래스(1)

3.1.1. 절차적 프로그래밍 vs. 객체 지향 프로그래밍

여러분은 지금까지 파이썬 기초 문법의 70% 정도를 배웠습니다. 지금까지 배운 반복문과 조건문 그리고 함수만으로도 프로그램 개발을 충분히 할 수 있습니다. 지금까지 작성해봤던 코드를 떠올려보면 그림 3-1과 같이 데이터와 이를 처리하기 위한 함수로 프로그램이 구성되었습니다. 이런 방식의 프로그래밍 개발을 '절차 지향 프로그래밍' 방식이라고 부릅니다.

절차 지향 프로그래밍과 달리 객체(Object)를 지향(선호)하는 방식의 프로그래밍 기법을 '객체 지향 프로그래밍'이라고 부릅니다. 객체 지향 프로그래밍을 제대로 배우려면 많은 시간과 경험이 필요합니다. 우리는 이번 장에서 핵심만 간단히 배워보도록 하겠습니다.

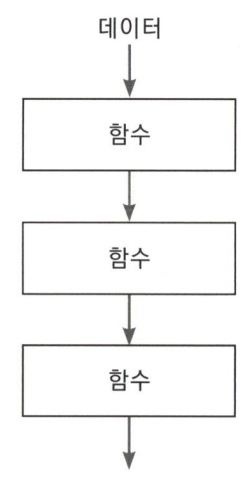

그림 3-1 절차 지향 프로그래밍 방식

여러분이 슈퍼 마리오 게임을 만든다고 생각해봅시다. 슈퍼 마리오 게임을 생각해보니 슈퍼 마리오의 위치를 저장할 필요가 있어 보입니다. 그리고 방향키를 눌렀을 때 이동하는 기능이 필요합니다. 이를 절차 지향 프로그래밍 방식으로 간단히 구현을 해 보겠습니다.

```
# ch03/03_01.py
1: pos = 0
2:
3: def forward(pos):
4:     return pos + 20
5:
6: pos = forward(pos)
7: print(pos)
```

> 라인 1: pos 변수는 슈퍼 마리오의 위치를 저장합니다.
>
> 라인 3: forward( ) 함수는 슈퍼 마리오의 현재 위치를 입력받은 후 20만큼 이동한 위치를 리턴합니다.
>
> 라인 6: forward( ) 함수를 호출하여 pos 값을 20 증가시킵니다.
>
> 라인 7: pos 변수가 바인딩하는 값을 출력합니다.

이번에는 아직 배우지는 않았지만 객체 지향 프로그래밍 방식으로 구현을 해보겠습니다. 문법은 배우지 않았기 때문에 문법보다는 프로그램의 흐름에 집중하시면 됩니다.

```
# ch03/03_02.py
1: class SuperMario:
2:     def __init__(self):
3:         self.pos = 0
4:     def forward(self):
5:         self.pos = self.pos + 20
6:
7: mario = SuperMario()
8: mario.forward()
9: print(mario.pos)
```

> 라인 1~5: class라는 키워드를 통해 슈퍼 마리오 타입을 선언합니다.
>
> 라인 7: 슈퍼 마리오 객체를 생성합니다.
>
> 라인 8: forward( ) 메서드(함수)를 호출합니다.
>
> 라인 9: 슈퍼 마리오의 현재 좌표를 출력합니다.

예제의 두 가지 슈퍼 마리오 코드의 기능은 동일합니다. 아무래도 객체 지향 프로그래밍 방식의 코드가 낯설어 어렵게 느껴질 수는 있습니다. 하지만 다음 세 줄의 코드만 본다면 기존의 절차 지향 방식보다 더 읽기 좋다는 것을 느낄 수 있습니다.

```
1: mario = SuperMario()
2: mario.forward()
3: print(mario.pos)
```

오락기에 동전을 넣으면 슈퍼 마리오가 생성되는 것처럼 라인 1에서는 SuperMario 타입의 객체를 생성합니다. 라인 2에서는 forward() 함수를 호출하여 생성된 슈퍼 마리오를 앞으로 이동합니다. 슈퍼 마리오에 관련된 모든 것이 mario라는 변수를 통해서 이뤄지며 우리는 슈퍼 마리오 내부에 있는 위치 값에 대해 신경 쓸 필요가 없습니다.

아직은 객체 지향 프로그래밍 방식이 더 좋은지 모르겠지요? 조금 더 이야기를 풀어보겠습니다. 여러분이 만들고 있는 게임을 두 명이 플레이해야 한다고 생각해봅시다. 보통 오락실에 있는 게임기는 두 명이 플레이할 수 있지요? 이 경우 각 슈퍼 마리오의 위치 정보는 서로 다른 변수에 저장되어야 할 겁니다. 따라서 기존의 절차 지향 프로그램은 다음과 같이 업데이트될 수 있겠습니다. 여기서 슈퍼 마리오가 앞으로 이동하는 함수인 forward()는 슈퍼 마리오의 수와 상관없이 재사용될 수 있습니다.

```
# ch03/03_03.py
1: p1_pos = 0
2: p2_pos = 0
3:
4: def forward(pos):
5:     return pos + 20
6:
7: p1_pos = forward(p1_pos)
8: p2_pos = forward(p2_pos)
```

이번에는 객체지향 프로그래밍 방식의 코드를 살펴보겠습니다. 슈퍼 마리오 두 명이 필요하면 다음 코드의 라인 7, 8처럼 단순히 슈퍼 마리오 객체를 두 번 생성하면 됩니다. 객체가 생성됐다면 해당 객체를 통해 앞으로 이동하는 함수인 forward()를 호출할 수 있습니다.

```
ch03/03_04.py
01: class SuperMario:
02:     def __init__(self):
03:         self.pos = 0
04:     def forward(self):
05:         self.pos = self.pos + 20
```

```
06:
07: mario_p1 = SuperMario()
08: mario_p2 = SuperMario()
09: mario_p1.forward()
10: mario_p2.forward()
```

class라는 키워드는 데이터와 이를 처리하는 함수를 하나의 이름 공간 안으로 정의할 수 있도록 해줍니다. 사실 프로그램이라는 것은 결국 본질적으로 데이터와 이를 처리하는 함수로 구성됩니다. 기존에는 데이터와 함수가 따로 분리되어 있었다면 객체 지향 프로그래밍 방식이라는 것은 그림 3-2와 같이 데이터와 함수를 묶어서 관리하는 것이 핵심입니다.

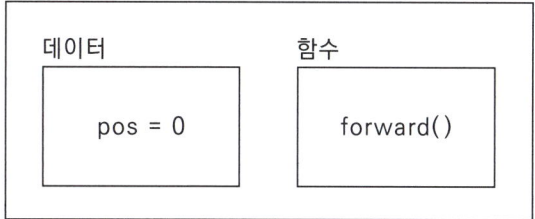

그림 3-2 클래스 (데이터+함수)

여러분은 클래스 그리고 객체 지향 프로그래밍 방식에 대해 지금 처음 배우고 있지만 파이썬에서 모든 것은 클래스로 되어 있습니다. 간단한 예를 통해서 클래스에 대해 조금 더 감을 잡아 봅시다.

```
1: a = 3
2: print(type(a))
3: print(a.bit_length())
```

라인 1: a라는 변수는 int 객체 3을 바인딩합니다.

라인 2: a 변수가 바인딩하는 객체의 타입을 화면에 출력됩니다. <class 'int'>가 출력됩니다.

라인 3: bit_length() 메서드를 호출하여 a 변수가 바인딩하는 값인 3에 대한 비트 길이를 화면에 출력합니다. 2가 출력됩니다.

우리가 배운 int, float, string 타입은 클래스로 구현되어 있습니다. 파이썬에서 정수를 잘 다루기 위해 'int' 타입(type)을 정의해뒀고 정수와 관련된 함수들을 int 클래스 안에 만들어 두었습니다. 그래서 우리는 라인 3에서 점(.)을 찍고 bit_length()와 같은 함수를 사용할 수 있는 겁니다.

이번에는 문자열(string) 타입에 대해서도 확인해 보겠습니다. b라는 변수에 'python'이라는 문자열을 바인딩할 때 타입을 출력해보면 〈class 'str'〉이 출력됩니다. 앞서 이야기한 것처럼 클래스는 데이터와 데이터를 처리하는 함수로 구성됩니다. 문자열이라는 데이터에 대해서 이를 효과적으로 처리하기 위한 여러 함수 upper( ), lower( ), count( )가 클래스 안에 정의되어 있습니다. 그래서 우리는 점(.)을 찍고 upper( )와 같이 쓸 수 있었던 겁니다.

아래의 b.upper( ) 코드와 앞의 mario.forward( )와 비교해 보기 바랍니다. b는 문자열을 타입의 객체를 바인딩하고 있기 때문에 문자열에 관련된 함수인 upper( )를 사용할 수 있는 것이며 mario라는 변수는 슈퍼 마리오 타입의 객체를 바인딩하고 있기 때문에 앞으로 이동하는 함수인 forward( )를 사용할 수 있는 겁니다. 물론 슈퍼 마리오 클래스는 여러분이 직접 만든 것이고 int, str, float 클래스는 파이썬에서 제공하는 클래스라는 점이 다릅니다.

```
1: b = "python"
2: print(type(b))
3: print(b.upper())
```

3.1.2. 클래스 정의 및 객체 생성

클래스의 필요성에 대해서 지금까지 설명했습니다. 파이썬에서 대부분이 클래스이기 때문에 중요합니다. 단지 여러분이 이를 알지 못해도 문제없이 프로그래밍을 할 수는 있습니다. 이번 절에서는 본격적으로 클래스에 대해서 배워보도록 하겠습니다. 함수를 정의한 후에 함수를 호출할 수 있었던 것처럼 클래스 역시 먼저 정의를 해야 합니다.

새로운 클래스를 만든다는 것은 데이터와 데이터를 효과적으로 처리하기 위한 함수를 하나로 묶어 새로운 타입으로 정의하는 것을 의미합니다. 클래스를 처음 만들어 보기 때문에 비어 있는 간단한 클래스를 정의해보겠습니다.

```
1: class MyClass:
2:     pass
```

단 두 줄의 코드로 여러분들만의 클래스를 정의했습니다. 클래스를 정의한다는 것은 어떤 타입을 생성하는 것과 같습니다. 'a = 3'이라고 할 때 3이라는 int 타입의 객체가 메모리에 생성되는 것처럼 실제로 클래스가 의미를 가지려면 정의된 클래스로부터 객체를 생성해야 합니다.

```
1: class MyClass:
```

```
2:     pass
3:
4: obj = MyClass()
5: print(id(obj))
```

> 라인 1~2: MyClass라는 이름의 클래스를 정의합니다.
> 라인 4: MyClass 타입의 객체를 생성하고 이를 obj라는 변수가 바인딩합니다.
> 라인 5: obj 변수가 바인딩하는 객체의 주소를 화면에 출력합니다.

클래스를 정의하는 행위는 붕어빵 틀을 만든 것과 유사합니다. 우리가 한 번 붕어빵 틀을 만들면 틀을 사용해서 여러 붕어빵을 구울 수 있지요? 붕어빵 틀을 만든다고 해서 붕어빵이 구워지는 것은 아닌 것처럼 실제로 붕어빵을 만들려면 붕어빵 틀을 사용해서 붕어빵을 구워야 합니다. 이 과정을 클래스로부터 객체를 생성한다고 합니다. 클래스로부터 객체를 생성할 때는 함수 호출과 유사하게 클래스 이름을 적고 그다음에 ( )를 적어주면 됩니다.

MyClass라는 이름은 클래스 자체를 가리킵니다. (붕어빵 틀을 가리킵니다) obj라는 변수는 MyClass 타입의 객체(붕어빵 틀로부터 구워진 붕어빵)를 가리키는데 이를 인스턴스, 객체, 또는 오브젝트라고 부릅니다.

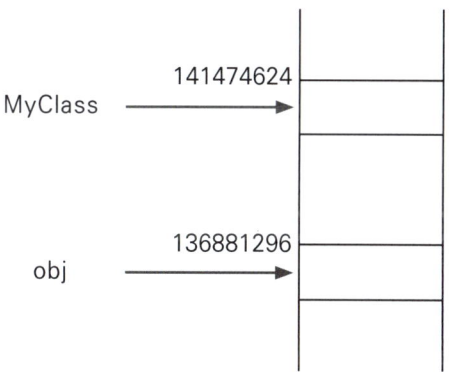

그림 3-3 클래스와 인스턴스

다음과 같이 '붕어빵틀'이라는 클래스를 정의한 후 이를 통해 '붕어빵' 객체를 생성해 봅시다. 붕어빵 틀을 한 번 만들어두면 붕어빵을 여러 개 구울 수 있지요? 붕어빵 틀을 '클래스'라고 하고 붕어빵 틀로부터 구워진 붕어빵을 인스턴스, 객체, 또는 오브젝트라고 부르는 겁니다.

```
1: class 붕어빵틀:
```

```
2:     pass
3:
4: 붕어빵1 = 붕어빵틀()
5: 붕어빵2 = 붕어빵틀()
```

3.1.3. 클래스에 메서드 추가하기

클래스는 데이터와 이를 처리하는 함수가 하나의 이름 공간 안에 있는 겁니다. 이번 절에서는 클래스에 함수를 추가해 보도록 하겠습니다. 참고로 클래스에 안에 위치하는 함수를 특별히 메서드(method)라고 부릅니다. 그리고 클래스 안에 위치하는 함수(메서드)는 첫 번째 인자로 self를 사용합니다.

```
# ch03/03_05.py
1: class MyClass:
2:     def method(self):
3:         print("method")
4:
5: obj = MyClass()
6: obj.method()
```

> 라인 1: MyClass를 정의합니다.
> 라인 2: MyClass 안에 method라는 이름의 함수(메서드)를 정의합니다.
> 라인 3: method( ) 함수(메서드)는 화면에 "method" 문자열을 출력합니다.
> 라인 5: MyClass 타입의 객체를 생성합니다. 생성된 객체는 obj라는 변수가 바인딩합니다.
> 라인 6: MyClass 타입의 객체의 method( ) 함수(메서드)를 호출합니다.

위 코드를 살펴보면 일단 method라는 이름의 함수를 정의했습니다. 그런데 함수의 위치가 class 안쪽으로 들여 쓰기 되어 있는 것을 알 수 있습니다. 이처럼 클래스 안쪽에 들여 쓰기 된 함수를 메서드라고 부릅니다. 메서드의 첫 번째 인자는 self라는 키워드를 사용합니다. self에 대한 설명은 뒤로 미뤄두고 현재 단계에서는 메서드의 첫 번째 인자로 반드시 self를 사용해야 한다는 것 정도만 기억하시기 바랍니다.

MyClass 클래스를 정의하면 해당 타입의 객체를 생성할 수 있습니다. (붕어빵 틀을 만들면 붕어빵 틀로부터 붕어빵을 구울 수 있었지요) 또한, MyClass의 객체를 생성했다면 변수(obj)에 점(.)을 찍고 클래스 내에 정의된 메서드를 사용할 수 있습니다.

이번에는 메서드에 추가로 인자가 필요가 경우를 살펴봅시다. 예를 들어 MyClass에 add( )라는 메서드가 있고 두 개의 값을 입력받은 후 이를 더한 값을 리턴하는 경우를 생각해 봅시다. 두 값을 더하는 add 함수는 다음과 같이 정의할 수 있습니다.

```
1: def add(a, b):
2:     return a + b
```

우리는 add( ) 함수를 MyClass 안에 정의할 겁니다. 앞서 클래스 안에 정의된 함수를 메서드라고 부른다고 했으며, 메서드는 첫 번째 인자는 self라고 했습니다. 따라서 add(a, b)가 아니라 add(self, a, b)와 같이 입력 인자가 세 개가 되어야 합니다.

```
# ch03/03_06.py
1: class MyClass:
2:     def add(self, a, b):
3:         return a + b
4:
5: obj = MyClass()
6: ret = obj.add(3, 4)
7: print(ret)
```

라인 5: MyClass 타입의 객체를 생성합니다.
라인 6: MyClass에 정의된 add( ) 메서드를 호출합니다. 메서드의 리턴값은 ret라는 변수가 바인딩합니다.
라인 7: ret 변수가 바인딩하는 값을 화면에 출력합니다.

여기서 한 가지 이상한 점은 add( ) 메서드는 인자가 세 개(self, a, b)인데 실제로 add( ) 메서드를 호출할 때는 두 개 (3, 4)의 값만 넘겨주면 된다는 점입니다. 그 이유는 뒤에서 설명해 드릴 예정이므로 지금은 self 위치에는 알아서 어떤 값이 전달된다고 생각하시면 되겠습니다. 이번 절에서는 "클래스 안에 함수를 추가할 수 있고 이를 메서드라고 부른다" 정도만 이해하시면 됩니다.

3.1.4. 붕어빵에 팥소 넣기

이번 절에서는 간단한 예를 통해서 self의 정체에 대해서 알아보도록 하겠습니다. self를 이해하는 것은 파이썬 클래스를 이해하는 데 필수적입니다. 많은 분이 self를 잘 이해하지 못해 잘못된 코드를 구현하는 경우가 많은데 여러분들은 제대로 self를 이해해 보시기 바랍니다.

먼저 붕어빵틀 클래스를 정의해봅시다. 붕어빵틀 클래스는 '팥소넣기'라는 메서드를 갖고 있습니다. '팥소넣기' 메서드는 self와 팥소라는 두 개의 입력을 사용합니다. 여러분들이 붕어빵 틀을 통해서 붕어빵을 구운 후 팥소를 넣고 싶으면 '팥소넣기'라는 메서드를 호출한 후 팥소를 넘겨주면 됩니다.

```
1: class 붕어빵틀:
2:     def 팥소넣기(self, 팥소):
3:         self.팥소 = 팥소
```

라인 1: 붕어빵틀 클래스를 정의합니다.
라인 2: 팥소넣기 메서드를 정의합니다.
라인 3: 메서드 인자로 전달된 팥소를 self.팥소라는 변수가 바인딩합니다.

일단 '붕어빵틀'이라는 클래스가 정의됐으므로 이를 사용해서 붕어빵을 두 개를 구워 보겠습니다. 클래스 이름을 적고 ( )를 적어주면 해당 클래스 타입의 객체가 생성되지요?

```
1: 붕어빵1 = 붕어빵틀()
2: 붕어빵2 = 붕어빵틀()
```

위 코드를 실행하면 그림 3-4와 같이 두 개의 서로 다른 붕어빵 객체가 메모리에 생성됩니다. 붕어빵 두 개가 붕어빵 틀로부터 구워졌지만, 붕어빵 안에 팥소는 들어있지 않은 상태입니다. (붕어빵이 맛이 없겠군요)

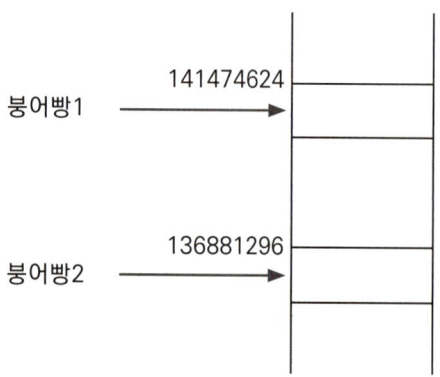

그림 3-4 붕어빵 객체

다행히도 우리가 정의한 붕어빵틀 클래스에는 '팥소넣기'라는 메서드가 존재합니다. 따라서 우리는 해당 메서드를 호출할 수 있습니다. 다음과 같이 붕어빵1에는 '초코맛팥소'를 붕어빵2에는 '딸기맛팥소'를 각각 넣어봅시다.

```
1: 붕어빵틀.팥소넣기(붕어빵1, "초코맛팥소")
2: 붕어빵틀.팥소넣기(붕어빵2, "딸기맛팥소")
```

클래스 이름을 통해 메서드를 호출하는 코드는 처음 볼 것입니다. 붕어빵틀이라는 클래스 이름에 점(.)을 찍으면 당연히 해당 클래스 안에 있는 메서드인 '팥소넣기'에 접근할 수 있습니다.

'팥소넣기' 메서드는 인자가 두 개인데 첫 번째 인자는 self이고 두 번째 인자는 넣고자 하는 팥소입니다. 위 코드를 보면 self 자리에 팥소를 넣고자 하는 객체 (붕어빵1 인지 뿡어빵2인지)를 넘겨주고 팥소 자리에 '초코맛팥소'나 '딸기맛팥소'를 넘겨준 것을 확인할 수 있습니다.

위 코드에 self의 핵심이 존재합니다. 어떤 클래스가 정의되면 해당 클래스 타입의 객체를 여러 개 만들 수 있습니다. 앞서 붕어빵틀을 사용해서 여러 개의 붕어빵을 구울 수 있는 것과 같습니다. 이때 클래스 안에 정의된 메서드는 붕어빵 각각에 존재하는 게 아니라 모든 붕어빵에서 공유할 수 있도록 클래스 내부에 있습니다.

여기서 문제가 발생합니다. 클래스에 있는 '팥소넣기'라는 메서드를 호출하고 싶은데 도대체 어떤 붕어빵(어떤 객체)에 팥소를 넣을 것인지를 지정해줘야 합니다. 즉, 어떤 메서드를 어떤 객체에 대해서 호출하는지를 지정하기 위해서 메서드의 첫 번째 인자로 self라는 키워드를 사용하고 self 자리에 객체(어떤 붕어빵인지)를 넘겨주는 겁니다. 그런데 위와 같이 메서드를 호출하는 것이 조금 불편해 보입니다. 그래서 다음과 같은 방식으로 메서드를 호출합니다. 여러분들이 다음과 같이 코딩하면 파이썬 인터프리터가 알아서 '붕어빵틀.팥소넣기(붕어빵1, "초코맛팥소")'와 같은 방식으로 변환해 주는 겁니다.

```
1: 붕어빵1.팥소넣기("초코맛팥소")
2: 붕어빵2.팥소넣기("딸기맛팥소")
```

마지막으로 붕어빵1과 붕어빵2에 있는 팥소를 출력해 봅시다.

```
1: print(붕어빵1.팥소)
2: print(붕어빵2.팥소)
```

그런데 붕어빵1과 붕어빵2에 언제 '팥소'라는 변수가 추가됐을까요? 비밀은 '팥소넣기' 메서드에 있습니다. '팥소넣기' 코드를 보면 메서드 입력으로 self와 팥소를 받습니다. 앞서 이야기한 것처럼 self 위치에는 어떤 붕어빵인지를 구분하기 위한 값이 입력되고 팥소에는 붕어빵에 넣고자 하는 팥소가 입력됩니다.

팥소넣기 메서드의 실행 코드를 살펴보면 'self.팥소 = 팥소' 입니다. '='이 있으므로 오른쪽을 먼저 해석하면 현재 팥소라는 변수가 바인딩하는 값을 'self.팥소'라는 변수가 바인딩합니다. 여기서 self는 누구입니까? self는 현재 '팥소넣기' 메서드를 호출한 어떤 붕어빵 중 하나이지요? 그 붕어빵에 '팥소'라는 변수가 추가되고 이 변수가 메서드의 인자로 넘어온 값을 바인딩하는 겁니다.

```
1: class 붕어빵틀:
2:     def 팥소넣기(self, 팥소):
3:         self.팥소 = 팥소
```

3.1.5. 초기화자

앞서 붕어빵에 팥소를 넣을 때를 생각해봅시다. 붕어빵 틀로 붕어빵을 만든 후 다시 '팥소넣기'라는 메서드를 호출해서 팥소를 넣었습니다. 그런데 주변에 이렇게 붕어빵 굽는 사람 본 적이 있습니까? 그렇지 않지요. 보통 붕어빵을 구울 때 팥소를 넣고 굽습니다. 이처럼 파이썬에서도 객체가 생성될 때 해당 객체에 어떤 데이터를 넣어야 하는 경우가 많습니다. 이때 사용할 수 있는 특별한 이름의 메서드가 바로 초기화자(initializer)입니다.

초기화자는 클래스에 정의된 특별한 이름(__init__)의 메서드로 객체가 생성된 후 호출되는 메서드입니다. 여기서 중요한 점은 여러분이 명시적으로 초기화자를 호출하는 것이 아니라 자동으로 호출된다는 점입니다.

붕어빵틀 클래스에 초기화자를 사용해서 붕어빵틀로부터 붕어빵을 굽는 즉시 팥소를 넣어보겠습니다. 붕어빵틀 클래스에는 __init__(self) 라는 메서드가 존재합니다. 참고로 파이썬에서 언더바 언더바 (__)로 시작하는 이름은 특별한 의미를 갖습니다. 메서드는 항상 첫 번째 인자가 self라고 했지요? 초기화자 역시 첫 번째 인자는 self입니다. 초기화자 코드를 보면 self라는 변수가 바인딩하는 객체(어떤 붕어빵이지요?)의 팥소에 '초코맛팥소'를 바인딩합니다.

```
1: class 붕어빵틀:
2:     def __init__(self):
3:         self.팥소 = "초코맛팥소"
```

새로이 붕어빵틀 클래스를 재정의했으므로 새로 붕어빵을 구워 보겠습니다. 이번에는 붕어빵을 구운 후에 다시 팥소를 넣을 필요가 없습니다. 초기화자가 있기 때문이지요. 붕어빵틀 클래스 타입의 객체가 생성되는 순간 자동으로 __init__() 메서드가 호출되면서 생성된 붕어빵에 '초코맛팥소'가 입력됩니다. 초기화자를 잘 사용하면 여러 번 할 일을 한 번에 할 수 있습니다.

```
1: 붕어빵1 = 붕어빵틀()
2: print(붕어빵1.팥소)
```

이번에는 조금 더 현실적인 예제를 살펴보겠습니다. 여러분들이 고객 관리 프로그램을 개발하고 있고 고객 정보를 저장하기 위해서 Customer라는 클래스를 만든다고 가정해 봅시다. 이처럼 클래스를 사용하면 int, float, str처럼 기본 타입 말고도 여러분들이 원하는 타입을 마음대로 만들어 낼 수 있습니다.

Customer 클래스에 고객 아이디와 이름을 저장해야 한다면 다음과 같이 초기화자에 아이디와 이름을 입력받도록 코드를 작성합니다. 입력받은 데이터를 생성된 객체에 저장합니다.

```
# ch03/03_07.py
1: class Customer:
2:     def __init__(self, id, name):
3:         self.id = id
4:         self.name = name
```

라인 1: Customer 클래스를 정의합니다.

라인 2: 초기화자에서 self, id, name을 입력받습니다.

라인 3: 초기화자로 입력된 id 값을 self 변수가 바인딩하는 객체의 id로 저장합니다.

라인 4: 초기화자로 입력된 name 값을 self 변수가 바인딩하는 객체의 name으로 저장합니다.

Customer 클래스를 정의했으므로 객체를 생성할 수 있습니다. 고객 두 명에 대한 정보를 생성해 봅시다. 초기화자는 객체가 생성될 때 호출되는 메서드입니다. Customer 클래스의 초기화자는 인자가 총 3개이므로 self를 제외한 인자인 id와 name을 넘겨줘야 정상적으로 초기화자가 호출됩니다.

```
customer1 = Customer(1, "김은수")
customer2 = Customer(2, "이영희")
```

파이썬을 처음 배울 때는 초기화자에서 self.id = id와 같은 코드가 잘 이해가 되지 않을 겁니다. 하나씩 잘 해석을 해보면 오른쪽의 id는 객체를 생성할 때 넘겨주는 id 값이고 왼쪽의 self.id는 현재 생성된 객체(self가 새로 생성된 객체를 바인딩)에 id 변수가 추가되는 겁니다. Customer 타입의 객체가 생성되고 초기화자를 통해 id와 name이라는 데이터가 입력되면 해당 데이터는 그림 3-5와 같이 객체 내부에 저장이 되는 겁니다.

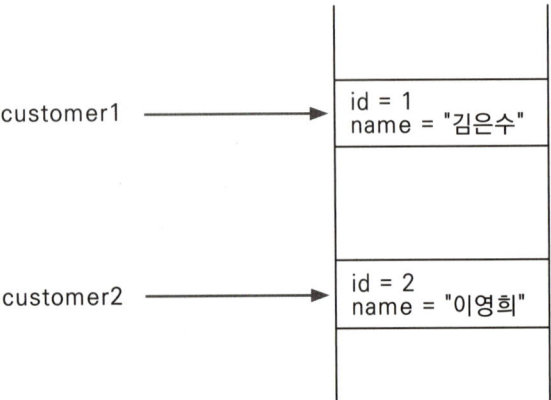

그림 3-5 Customer 객체

3.1.6. 연습 문제

> **1** 책을 표현하는 Book 클래스를 정의해봅시다. Book 클래스에는 책 제목, 저자, 역자, 출판사, ISB10과 같은 정보가 저장되어야 합니다.

3.2. 클래스(2)

3.2.1. 클래스 상속

클래스는 데이터와 이를 처리하는 함수를 묶어서 하나의 타입으로 정의한 것이라고 했습니다. 그런데 앞서 배운 모듈을 생각해보면 모듈이라는 것은 파이썬 파일이었고, 파일에 데이터와 이를 처리하는 함수가 있었습니다. 두 가지의 사용법이 비슷해서 그 차이를 묻는 분들이 종종 있습니다. 모듈은 파이썬 소스 파일 그 자체이고 클래스라는 것은 정수 타입, 문자열 타입과 같이 데이터 타입을 정의하는 문법입니다. 모듈 안에 자료구조, 함수, 클래스가 들어갈 수 있습니다.

이번에는 상속(inheritance)이라는 클래스 문법에 대해 알아보겠습니다. 객체지향 프로그래밍에서 상속은 기존에 정의된 클래스를 사용하여 새로운 클래스를 만드는 메커니즘입니다. 자식이 부모로부터 재산 등을 상속받는 것처럼 이미 어떤 클래스에 구현된 메서드나 속성 값들을 상속받아서 새로 클래스를 만들 수 있는 것을 의미합니다. 간단한 예를 통해서 상속 기능에 대해 알아봅시다.

Parent 클래스를 정의해봅시다. Parent 클래스는 노래하는 기능이 있는 sing( ) 메서드를 갖습니다.

```
# ch03/03_08.py
1: class Parent:
2:     def sing(self):
3:         print("sing a song")
```

클래스를 정의했다면 클래스로부터 인스턴스, 객체 또는 오브젝트를 만들 수 있지요? 클래스를 정의한다는 것은 int, float, str처럼 어떤 타입을 정의한 것임을 기억하시기 바랍니다. 여러분이 필요에 의해 새로운 타입을 만든 겁니다. 이때 클래스를 정의만 해서는 안 되고 실제로 해당 타입의 객체를 만들어야 메모리에 공간이 할당되고 그 공간에 데이터를 저장할 수 있는 겁니다.

다음과 같이 Parent 클래스의 인스턴스를 하나 생성해 보겠습니다. 클래스로부터 객체를 생성하려면 클래스 이름을 적고 ( )를 적어주면 됩니다. 이도저도 인스턴스, 객체, 오브젝트라는 단어를 혼용해서 사용하고 있는데 모두 다 클래스로부터 생성된 객체임을 이해하셔야 합니다.

```
4: father = Parent()
5: father.sing()
```

라인 4: Parent 클래스의 객체를 생성하고 이를 father라는 변수가 바인딩합니다.
라인 5: Parent 클래스의 sing( ) 메서드를 호출합니다.

여기까지는 이미 배운 내용입니다. 이번에는 Parent 클래스를 상속받는 LuckyChild 클래스를 정의해보겠습니다. 클래스를 정의할 때 다른 클래스로부터 상속을 받으려면 ( )를 적고 상속받고자 하는 클래스 이름을 적어주면 됩니다. (라인 5 코드 참조) LuckyChild는 Parent 클래스로부터 상속받았지만 정작 자기 자신은 아무 기능이 없습니다.

```
# ch03/03_09.py
1: class Parent:
2:     def sing(self):
3:         print("sing a song")
4:
5: class LuckyChild(Parent):
6:     pass
```

LuckyChild 클래스를 정의했으니 역시 클래스의 객체를 생성해봅시다. 그리고 점(.)을 찍은 후 sing( ) 메서드를 호출해봅시다. 참고로 LuckyChild 클래스에는 어떤 메서드도 정의되어 있지 않습니다. pass 키워드만 존재합니다.

```
7: luckyboy = LuckyChild()
8: luckyboy.sing()
```

LuckyChild에는 sing( ) 메서드가 없지만, Parent 클래스로부터 상속받았기 때문에 LuckyChild 클래스에 먼저 sing( ) 메서드가 있는지를 확인한 후 없다면 상속받은 클래스로 가서 sing( ) 메서드가 있는지 확인합니다. Parent 클래스에는 sing( ) 메서드가 있기 때문에 LuckyChild 객체는 sing( ) 메서드를 호출할 수 있게 됩니다. 이처럼 상속을 받으면 이미 정의된 클래스의 구현된 능력 (메서드)를 사용할 수 있는 겁니다.

이번에는 운이 없어서 부모로부터 상속받지 못한 UnLuckyChild 클래스를 정의해봅시다.

```
1: class Parent:
2:     def sing(self):
3:         print("sing a song")
4:
5: class UnLuckyChild:
```

```
6:     pass
```

UnLuckyChild 클래스에 대한 객체를 생성한 후 sing( ) 메서드를 호출해보겠습니다. 정상적으로 메서드가 호출될까요? 결과를 확인해보면 에러가 발생하는 것을 알 수 있는데 일단 UnLuckChild 클래스에 sing( ) 메서드가 구현되어 있지 않습니다. 다음으로 상속받은 클래스를 찾는데 상속도 받지 못했지요? 그래서 sing( ) 메서드가 없다는 'UnLuckyChild object has no attribute sing'이라는 에러가 발생하는 겁니다.

```
7: unluckyboy = UnLuckyChild()
8: unluckyboy.sing()
```

상속에 있어 가장 바람직한 케이스는 다음과 같습니다. 부모로부터 일부는 상속받고 상속받은 자식 클래스에는 부모에 없던 기능(메서드)이 추가되는 형태입니다. 새로 정의된 LuckyChild 클래스는 Parent 클래스로 상속받고 자기 자신이 dance( ) 메서드를 갖고 있습니다. dance( ) 메서드는 Parent 클래스에는 없던 기능이지요? LuckyChild 클래스의 인스턴스를 생성한 후 sing( )과 dance( ) 메서드를 호출해 봅시다. 모두 정상적으로 호출되나요? sing( ) 메서드를 호출하는 순간 먼저 LuckyChild 클래스를 찾고, 없으면 상속받은 Parent 클래스에 sing( ) 메서드가 있는지 확인합니다. Parent 클래스에 sing( ) 메서드가 있기 때문에 정상적으로 메서드가 호출됩니다. dance( ) 메서드는 LuckyChild 클래스에 있기 때문에 바로 호출이 됩니다.

```
# ch03/03_10.py
01: class Parent:
02:     def sing(self):
03:         print("sing a song")
04:
05: class LuckyChild(Parent):
06:     def dance(self):
07:         print("shuffle dance")
08:
09: luckyboy = LuckyChild()
10: luckyboy.sing()
11: luckyboy.dance()
```

3.2.2. 클래스 속성 참조 순서

클래스에는 데이터와 이를 처리하는 메서드가 있습니다. 데이터와 메서드를 통틀어 속성(attribute)이라고 부릅니다. 파이썬에서는 객체를 통해 속성에 접근하게 되는데 이때 속성을 참조하는 순서를 이해하는 것이 중요합니다.

```
object.attribute
```

기본적으로 객체에 점을 찍고 속성 (메서드나 변수)에 접근하면 가장 먼저 객체 내부를 찾습니다. 객체 내부에 해당 속성이 없다면 해당 객체에 대한 클래스로 이동한 후 속성을 찾습니다. 클래스에도 속성이 없다면 상속받은 클래스가 있는 경우 부모 클래스에 속성이 있는지 검색합니다. 객체 내부와 부모 클래스에서 속성 값을 찾지 못하면 파이썬은 에러를 출력합니다.

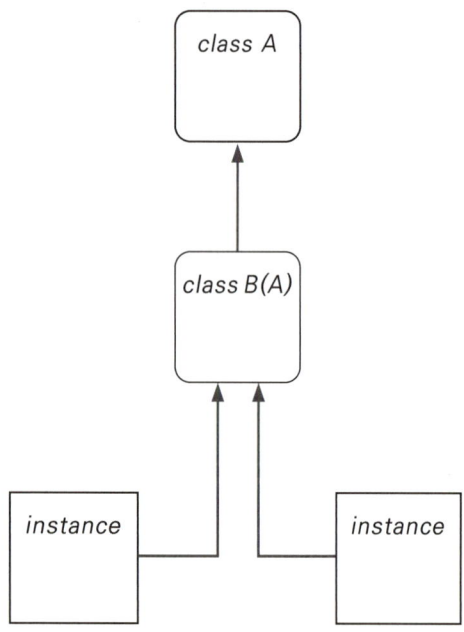

그림 3-6 클래스 속성 참조 순서

간단한 예를 통해서 속성 참조의 원리에 대해 이해를 해봅시다. 다음과 같은 코드가 수행될 때 메모리의 상태를 그려봅시다.

```
1: class B:
2:     pass
```

```
3:
4: inst1 = B()
5: inst2 = B()
6: inst1.data = 3
7: inst2.num = 4
```

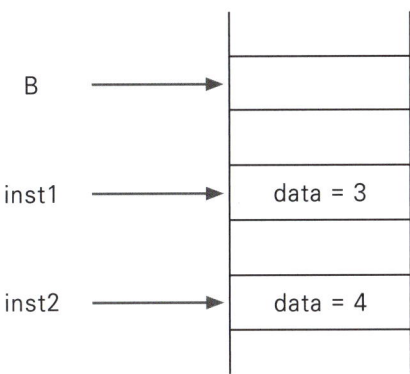

그림 3-7 메모리 상태

코드를 살펴보면 '객체.속성' 표현임을 알 수 있습니다. 앞서 '객체.속성'이면 속성의 검색 순서가 객체 → 클래스 → 부모 클래스 순서였지요? inst1.data이면 먼저 inst1 객체에 data 속성이 있는지를 살펴봅니다.

그림 3-7의 메모리 상태 그림을 보면 inst1.data 속성이 있지요? 그래서 3이라는 값이 화면에 출력될 수 있는 겁니다. 그런데 inst1.num이라고 하면 어떻게 될까요? inst1 객체에 먼저 num 속성이 있는지를 살펴보겠지요? 아쉽게도 inst1에는 num 속성이 없습니다. inst1 객체를 찾은 후에는 B 클래스를 검색합니다. 그런데 B 클래스에도 num 속성이 없지요? 그리고 상속도 받지 않았으므로 더 검색할 곳도 없습니다. 그래서 inst1.num이라는 코드에서 에러가 발생합니다.

```
1: print(inst1.data)
2: print(inst1.num)
```

3.3. PyCharm

3.3.1. PyCharm 소개

PyCharm은 Python의 대표적인 IDE(Integrated Development Environment) 중 하나입니다. 파이썬 문법을 배울 때는 인터프리터로도 충분하지만, 본격적인 개발을 위해서는 다양한 기능이 포함된 PyCharm을 사용하는 것이 좋습니다. 우리가 PC 상에서 간단히 메모할 때는 메모장을 사용해도 좋지만 보고서나 자기소개서와 같은 글을 적을 때는 마이크로소프트의 워드나 한글과 컴퓨터의 한글과 같은 프로그램을 사용하는 것과 유사합니다.

3.3.2. PyCharm 설치

먼저 다음 웹 페이지로 이동한 후 Windows 항목을 선택합니다. PyCharm은 두 가지 버전이 존재하는 데 무료로 사용할 수 있는 버전은 Community 버전입니다. 참고로 Community 버전은 회사에서도 무료로 설치해서 사용할 수 있습니다. (Apache 라이선스)

> https://www.jetbrains.com/pycharm/download

그림 3-8에서 Community 항목의 download 버튼을 클릭하여 설치 파일을 다운로드합니다.

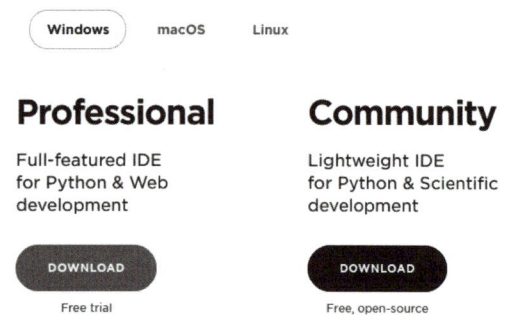

그림 3-8 PyCharm 다운로드 (윈도우 Community 버전)

다운로드한 설치 파일을 더블 클릭하여 설치를 시작합니다. Next 버튼을 클릭합니다.

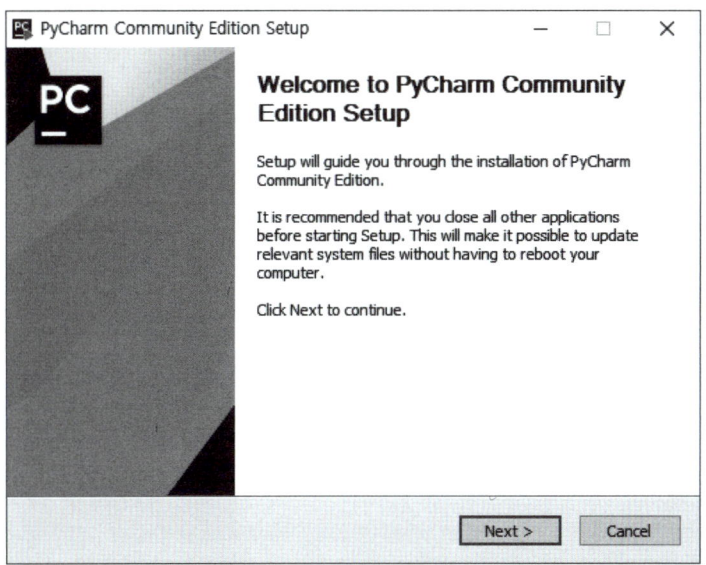

그림 3-9 PyCharm 설치

기본 설치 경로를 그대로 둔채로 Next 버튼을 클릭합니다.

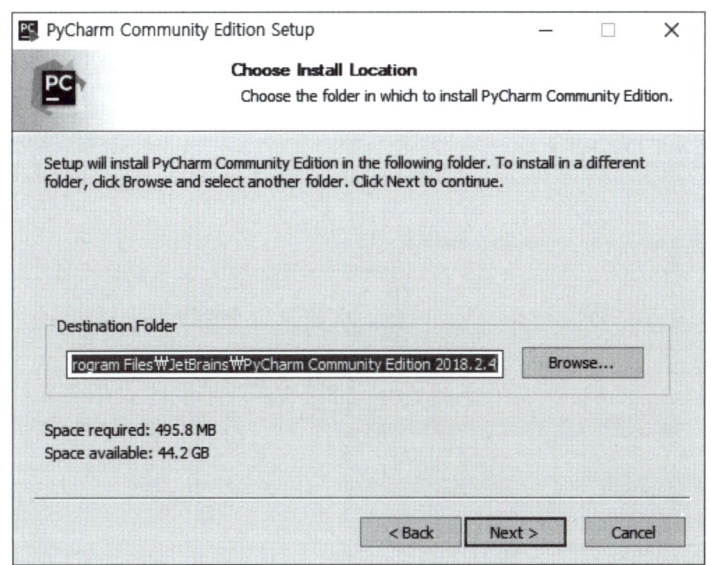

그림 3-10 PyCharm 설치

자신의 윈도우가 64-bit이면 그림 3-11과 같이 체크합니다. 잘 모르겠다면 모두 체크해도 문제는 없습니다. Next 버튼을 클릭합니다.

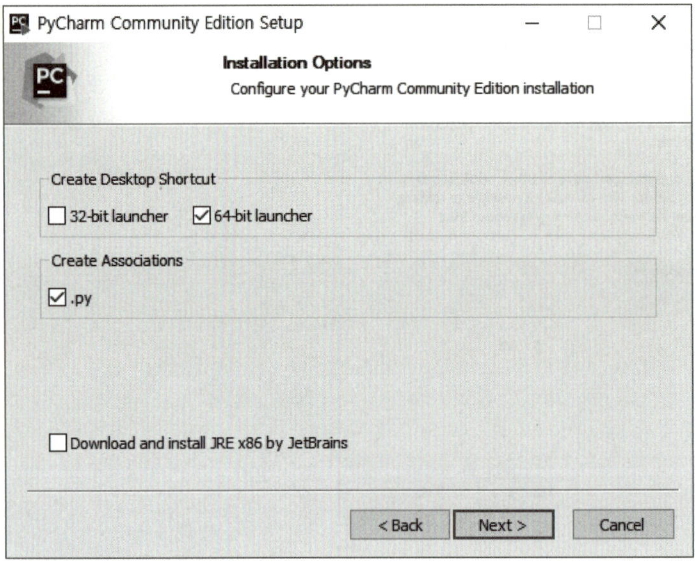

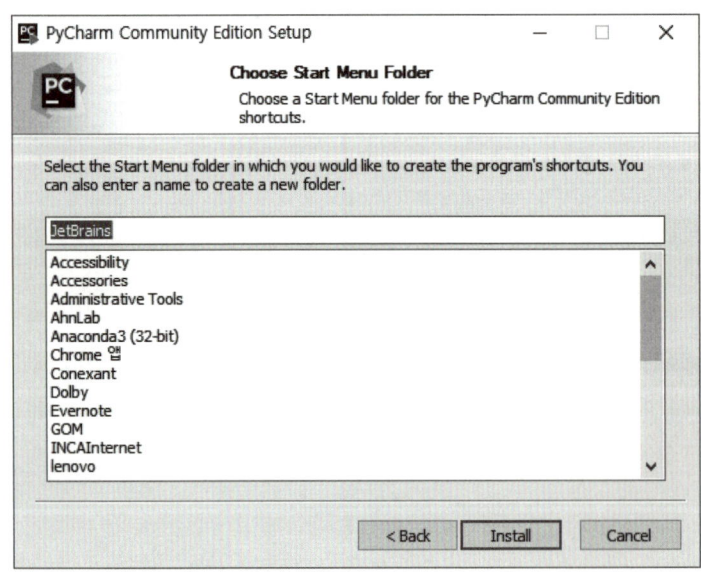

그림 3-11 PyCharm 설치

Install 버튼을 클릭해서 설치를 진행합니다

그림 3-12 PyCharm 설치

설치가 완료되면 Finish 버튼을 눌러 종료합니다. 이것으로 PyCharm 설치가 완료되었습니다.

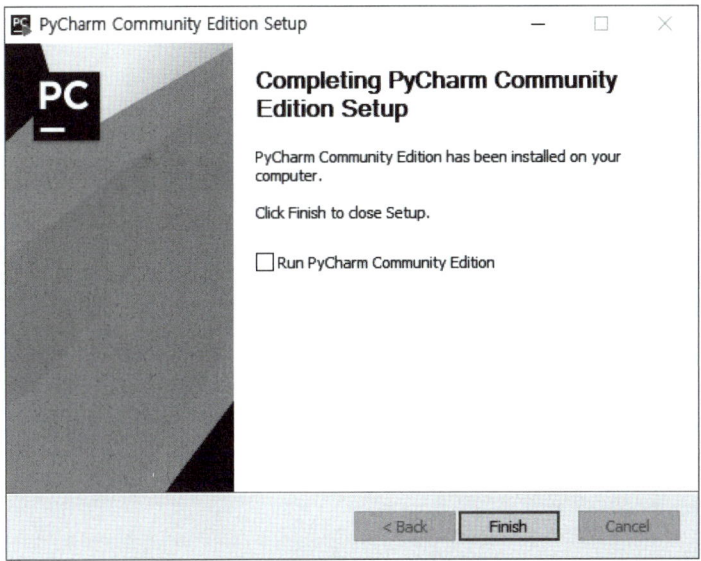

그림 3-13 PyCharm 설치

바탕화면에 생성된 PyCharm 아이콘을 클릭하여 PyCharm을 실행합니다. 그림 3-14에서 OK 버튼을 클릭합니다.

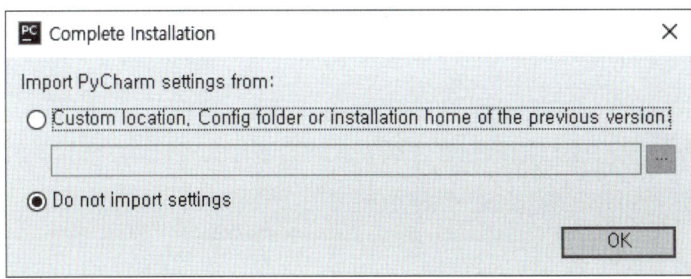

그림 3-14 PyCharm 설치

테마 선택 화면에서 원하는 테마를 선택한 후 'Skip Remaining and Set Defaults' 버튼을 클릭하여 설치를 완료합니다.

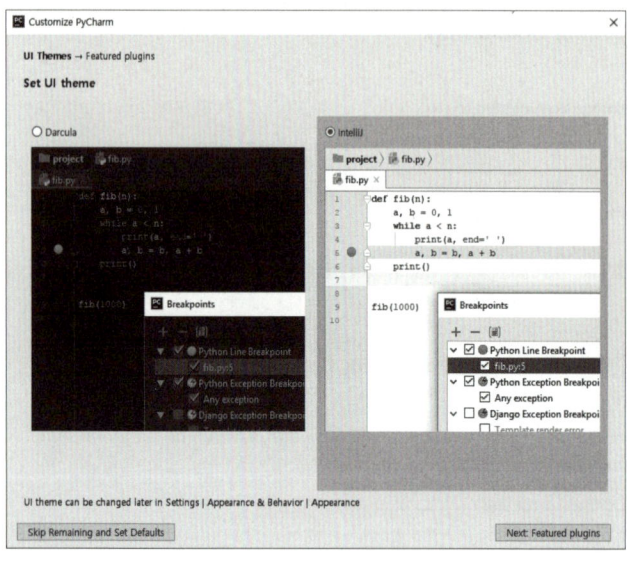

그림 3-15 테마 선택화면

3.3.3. PyCharm 실행하기

바탕화면에 생성된 PyCharm 아이콘을 클릭하여 PyCharm을 실행합니다. Create New Project 메뉴를 선택합니다.

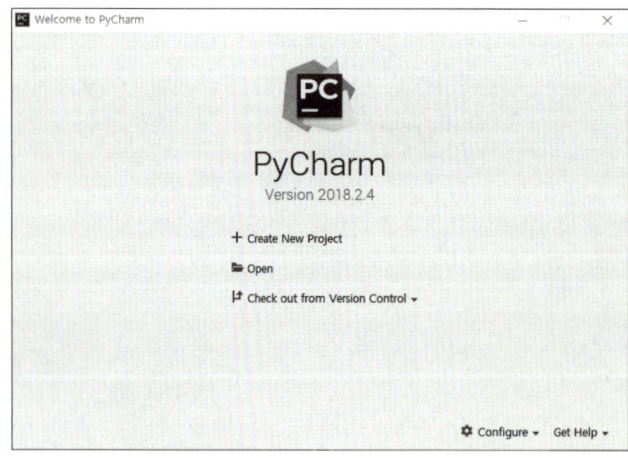

그림 3-16 PyCharm 실행

프로젝트 파일이 위치할 디렉터리를 그림 3-17의 Location 항목에서 설정하시면 됩니다. 기본값을 그대로 놓고 사용하셔도 무방하지만 여러분의 프로젝트 파일이 현재 PC의 어디에 저장되는지 정도는 확인하시는 것이 좋습니다. 'Project Interpreter' 항목을 선택한 후 'Existing interpreter'를 선택합니다. 그리고 톱니바퀴 모양의 아이콘을 클릭하여 Add Local 메뉴를 선택합니다.

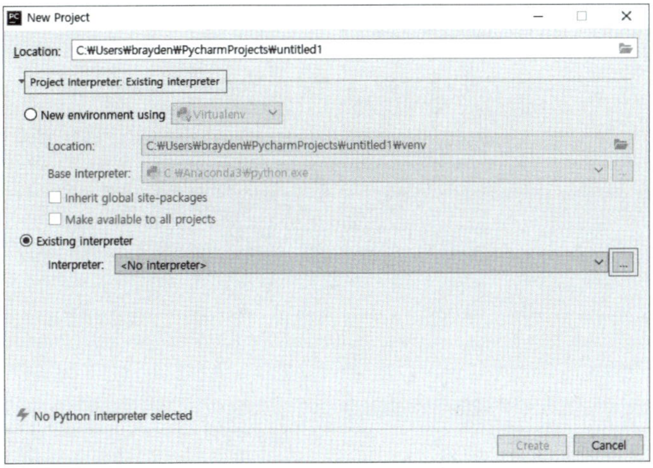

그림 3-17 PyCharm 프로젝트 설정

그림 3-18의 System Interpreter 항목을 선택하면 C:\Anaconda3\python.exe와 같이 앞서 설치했던 아나콘다 파이썬의 인터프리터가 잡혀 있는 것을 확인할 수 있습니다. 만약 자동으로 나타나지 않는 경우에는 "…" 버튼을 클릭하여 여러분의 PC에 설치된 아나콘다 파이썬의 인터프리터 파일(python.exe)의 경로를 선택합니다.

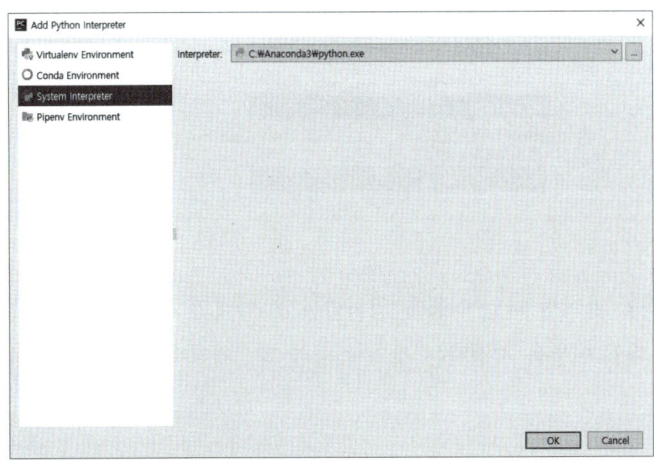

그림 3-18 PyCharm 프로젝트 설정

새 프로젝트에 대한 인터프리터 설정이 완료됐다면 그림 3-19의 Create버튼을 눌러 프로젝트를 시작합니다.

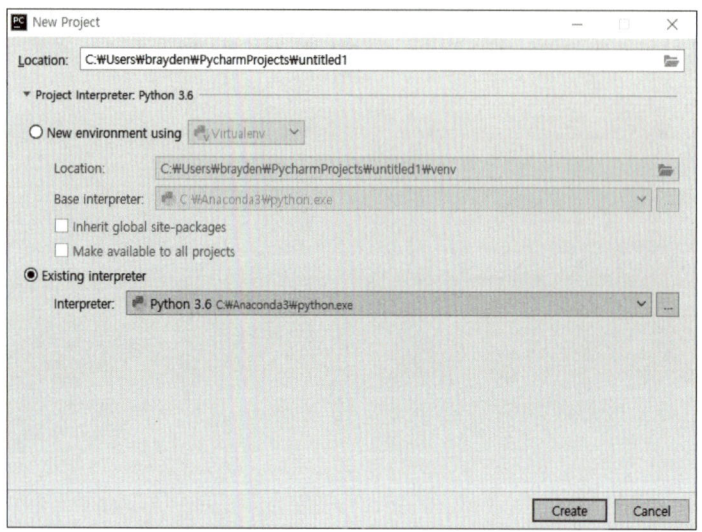

그림 3-19 PyCharm 프로젝트 설정

PyCharm이 실행됐다면 그림 3-20과 같이 프로젝트 이름(여기서는 untitled1)에 마우스 오른쪽 버튼을 클릭한 후 New → Python File 메뉴를 선택합니다.

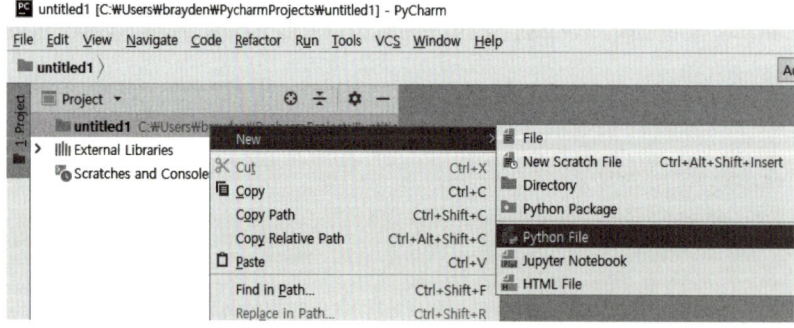

그림 3-20 PyCharm 파일 추가

그림 3-21과 같이 프로젝트에 추가할 파이썬 파일 이름을 입력합니다. 아래의 작업은 워드에서 새 문서를 클릭하여 작성할 보고서의 파일 이름을 지정하는 것과 동일한 과정입니다. (예: 자기소개서.docx)

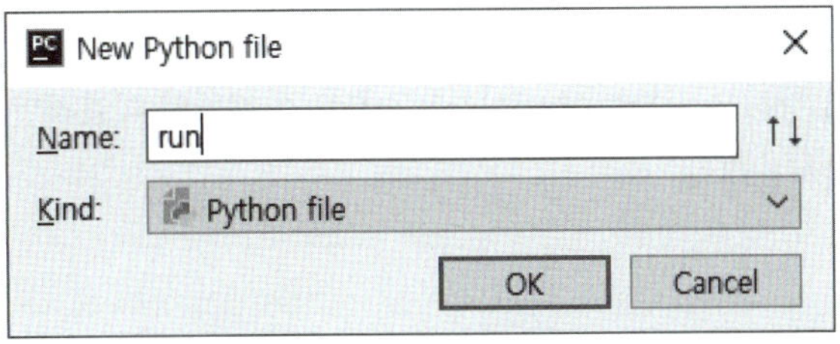

그림 3-21 파일 추가

그림 3-22와 같이 파이썬 코드를 작성한 후 Run→Run 메뉴를 선택하면 작성한 코드를 실행할 수 있습니다. 단, PyCharm을 처음 설치한 경우 인덱싱 기능을 한 번 수행하는데 약 5분 정도의 시간이 소요되며 인덱싱 기능이 완료되어야 Run -> Run 메뉴가 활성화됩니다.

그림 3-22의 하단에 출력된 로그를 보면 현재 코드를 실행한 파이썬 인터프리터의 경로는 C:\Anaconda3\python.exe이고 인터프리터가 실행한 파이썬 파일의 경로는 C:\Users\brayden\PycharmProjects\untitled1\run.py 임을 확인할 수 있습니다.

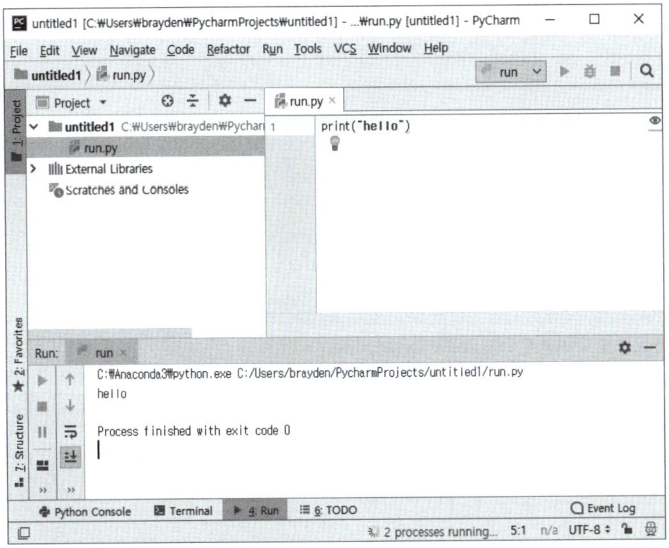

그림 3-22 PyCharm에서 코드 실행

3.3.4. PyCharm 단축키 설정

PyCharm을 그대로 사용해도 좋지만, 더 편리한 개발 환경을 위해 단축키를 사용하는 것이 좋습니다. 여러분이 워드나 한글로 글을 쓸 때 자주 사용하는 기능에 단축키를 외우고 사용하는 것과 유사

3. 클래스와 PyQt   119

합니다. PyCharm이 실행된 상태에서 File → Settings 메뉴를 선택한 후 Settings 창에서 Keymap을 선택합니다. 다음 그림과 같이 Visual Studio 항목을 선택하여 마이크로소프트가 개발한 대표적인 IDE인 Visual Studio와 동일하게 단축키를 설정해줍니다.

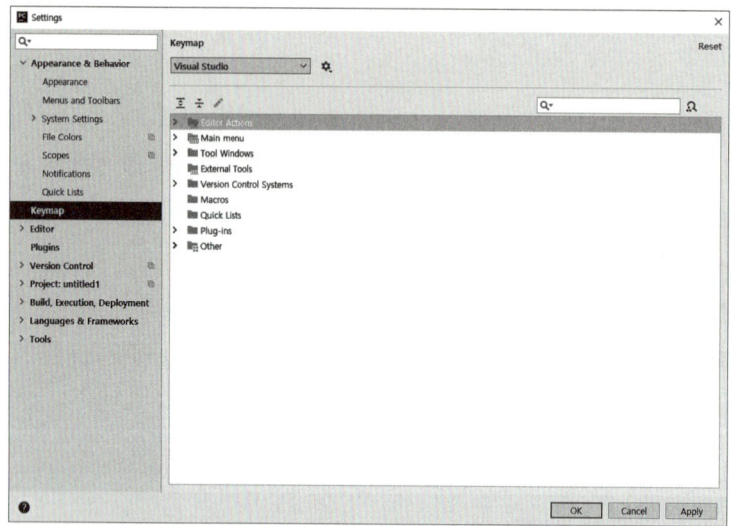

그림 3-23 PyCharm Keymap 설정 화면

몇 가지 자주 사용하는 단축키는 표 3-1과 같습니다.

표 3-1 PyCharm 주요 단축키

단축키	기능
Ctrl+F9	선택한 소스코드를 파이썬 인터프리터로 실행합니다.
F12	소스코드에서 함수(메서드)가 구현된 위치로 이동합니다.
Alt + 왼쪽 화살표	코드 화면에서 이전 위치로 이동합니다. (Navigate Back)
Alt + 오른쪽 화살표	코드 화면에서 원 위치로 이동합니다. (Navigate Forward)

3.4. PyQt 기초

3.4.1. PyQt 소개

지금까지는 파이썬 코드를 실행하면 그림 3-24와 같이 화면에 텍스트가 출력되는 프로그램을 구현했습니다. 키보드만을 사용하는 이러한 형태의 프로그램을 TUI (Text-based User Interface) 프로그램이라고 합니다. 또는 콘솔 프로그램이라고 부릅니다.

```
명령 프롬프트
Microsoft Windows [Version 10.0.17134.285]
(c) 2018 Microsoft Corporation. All rights reserved.

C:₩Users₩brayden>cd Desktop

C:₩Users₩brayden₩Desktop>python hello.py
Hello
```

그림 3-24 TUI 프로그램

콘솔 기반 프로그램은 키보드만으로 프로그램을 제어해야 하므로 사용하기 어렵다는 단점이 있습니다. 여러분은 주로 그림 3-25와 같이 마우스를 사용할 수 있는 GUI (Graphical User Interface) 기반 프로그램을 사용했을 겁니다. 프로그램 개발자 측면에서 보면 GUI 프로그램이 조금 더 복잡하지만, 사용자 측면에서 보면 GUI 기반 프로그램이 더 익숙하고 사용하기 편합니다.

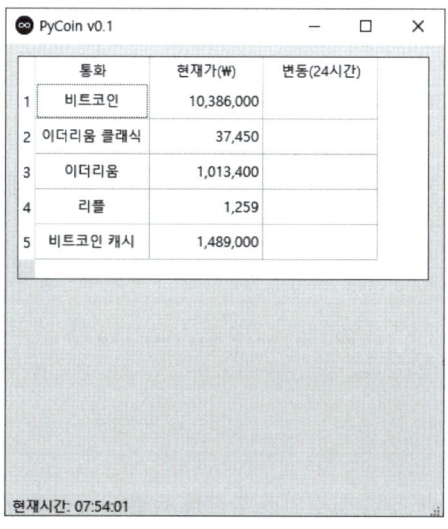

그림 3-25 GUI 프로그램의 예

파이썬에서 GUI 프로그래밍을 하려면 어떻게 해야 할까요? 정답은 바로 '모듈'입니다. 파이썬이 제공하는 모듈을 사용해서 쉽게 GUI 프로그램을 만들 수 있습니다. 파이썬에서 주로 사용되는 GUI 모듈은 다음과 같이 세 가지 정도 있습니다.

- TkInter
- wxPython
- PyQt

TkInter는 파이썬의 공식 설치 파일에 포함되어 있어 모듈의 추가 설치 없이 GUI 프로그래밍이 가능합니다. 또한 다른 GUI 모듈에 비해 간단해서 배우기가 쉽습니다. 하지만 오래전에 모듈 개발이 완료돼서 UI 디자인이 구식이며 최신 트렌드와 맞지 않습니다.

wxPython과 PyQt는 파이썬 공식 설치 파일에는 포함되어 있지 않아 추가 설치가 필요합니다. wxPython과 PyQt 두 가지 모두 널리 사용되는데, 본 도서에서는 'PyQt'를 사용하겠습니다. PyQt는 아나콘다 배포판에 포함되어 있어 아나콘다를 설치했다면 바로 프로그래밍을 시작할 수 있기 때문입니다.

PyQt가 무엇인지 잠깐 살펴보겠습니다. PyQt는 riverbankcomputing에서 개발한 파이썬 모듈입니다. Py는 Python을 의미하고 Qt는 GUI 프로그래밍을 위한 라이브러리를 의미합니다. 파이썬에서 라이브러리는 모듈들의 집합이라고 생각하면 쉽습니다. Qt는 버전 4와 버전 5가 많이 사용되며, 아나콘다에는 최신 버전인 PyQt5가 포함되어 있습니다. PyQt5 모듈을 사용해서 GUI 프로그램을 개발해 보겠습니다.

3.4.2. 클래스 복습

PyQt는 대부분 클래스를 사용합니다. PyQt에 대해 배우기 전에 먼저 클래스의 기본 내용을 복습해 봅시다. 다음은 Car 클래스를 정의하는 코드입니다.

```
1: class Car:
2:     def __init__(self, model, year):
3:         self.model = model
4:         self.year = year
```

def키워드는 함수를 정의하는 파이썬 키워드였지요? 클래스 안에 정의된 함수를 특별히 메서드라고 부른다고 했습니다. 그중에서도 __init__은 클래스에서 특별한 기능을 하는 메서드로 '초기화자'로 불립니다. 초기화자는 클래스로부터 객체가 생성될 때 자동으로 호출됩니다.

위 코드에서 초기화자를 살펴보면 Car라는 클래스로부터 객체를 생성할 때 자동차의 모델 (model)과 연식 (year)을 입력받습니다. 함수의 기본은 어떤 입력을 받아 동작(기능)을 수행한 후 값을 리턴하는 것이죠? 따라서 초기화자에서 어떤 값을 받는 것은 매우 자연스러운 일입니다. 입력받은 model과 year 값을 객체가 바인딩하기 위해서 self.model = model, self.year = year라고 코딩하는 겁니다. self가 이해가 되지 않는 분들은 다시 클래스에 대해서 복습을 하고 이어서 읽기 바랍니다.

여기까지는 Car 클래스를 정의한 것입니다. 클래스의 정의만으로는 어떤 코드도 실행되지 않습니다. 자동차 생산 공장으로 비유하면, 자동차에 대한 설계도를 그린 것과 같습니다. 설계도로 실제 자동차를 만들어야 자동차를 사용할 수 있겠죠. 다음 코드와 같이 클래스 이름을 적고 ()를 붙여주면 클래스의 객체가 생성됩니다. 다만 Car 클래스는 객체를 생성하고자 할 때 model과 year를 입력해야 합니다. 2017년식 소나타와 2018년식 G80을 만들고 sonata와 g80 변수에 각각 바인딩했습니다.

```
6: sonata = Car("SONATA", 2017)
7: g80 = Car("G80", 2018)
```

클래스로부터 객체가 생성되면, 해당 객체는 고유의 메모리 공간을 갖습니다. 그리고 변수가 메모리 공간을 가리키는 것이죠. 객체를 바인딩하는 변수에 (예: sonata, g80)에 점 (.)을 찍으면 해당 객체에 접근하여 객체에 저장된 값이나 클래스의 메서드를 이용할 수 있습니다. 다음 코드를 살펴봅시다. sonata 변수에 점 (.)을 찍은 후 model과 year 값을 출력합니다. g80 변수에도 점 (.)을 찍은 후 model과 year 값을 출력할 수 있습니다.

```
09: print(sonata.model, sonata.year)
10: print(g80.model, g80.year)
```

지금까지 작성한 전체 코드는 다음과 같습니다.

```
# ch03/03_11.py
01: class Car:
02:     def __init__(self, model, year):
03:         self.model = model
04:         self.year = year
05:
```

3. 클래스와 PyQt   123

```
06: sonata = Car("SONATA", 2017)
07: g80 = Car("G80", 2018)
08:
09: print(sonata.model, sonata.year)
10: print(g80.model, g80.year)
```

코드를 실행하면 다음과 같이 소나타와 G80의 모델명과 연식이 출력되는 것을 확인할 수 있습니다.

> C:\Anaconda3\python.exe "C:/Users/brayden/Desktop/pyqt00.py"
> SONATAR 2017
> G80 2018

3.4.3. PyQt 기초

이번에는 PyQt를 사용해서 코드를 작성해 보겠습니다. PyCharm을 사용해서 먼저 아래의 코드를 작성한 후 실행해 봅시다.

```
# ch03/03_12.py
1: import sys
2: from PyQt5.QtWidgets import *
3:
4: app = QApplication(sys.argv)
5: label = QLabel("Hello")
6: label.show()
7: app.exec_()
```

콘솔에 출력되던 것과 달리 그림 3-26과 같이 윈도우가 나타나고, 윈도우 안에 'Hello'라는 문자열이 출력됩니다. 윈도우의 우측 상단에 'X' 버튼을 누르면 프로그램이 종료됩니다.

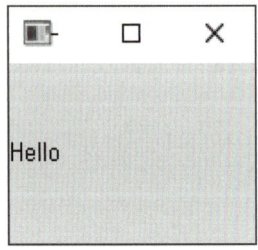

그림 3-26 PyQt 프로그램

처음으로 사용해본 PyQt 관련 코드를 살펴보겠습니다. 처음 두 라인은 사용할 모듈을 가져오는 코드입니다. 모듈은 '파이썬 파일'이므로 어딘가에 sys.py 파일이 있을 겁니다. PyQt5는 모듈 규모가 커서 디렉터리 안에 여러 파일 (모듈)이 있는 구조입니다. 그래서 디렉터리의 계층 구조를 명시하기 위해 PyQt5.QtWidget으로 작성합니다. PyQt5가 디렉터리 이름입니다. 즉, from PyQt5.QtWidgets import * 의 의미는 PyQt5 디렉터리에 있는 QtWidgets.py 파일로부터 모든 것을 import하라는 것입니다.

```
1: import sys
2: from PyQt5.QtWidgets import *
```

sys 모듈을 임포트 했으니 우리는 sys.argv와 같이 코딩할 수 있습니다. 여기서 sys는 모듈 이름이고 argv는 sys라는 파이썬 파일에 있는 리스트입니다. 모듈이 어렵게 느껴진다면 그림 3-27과 같이 모듈로 이동해서 그 코드를 살펴보기 바랍니다. PyCharm에서는 모듈 이름에 커서를 위치한 후 F12키를 누르면 해당 모듈로 이동합니다. 다시 원래 코드로 돌아오려면 Alt 키와 왼쪽 화살표 (←)를 동시에 누르면 됩니다.

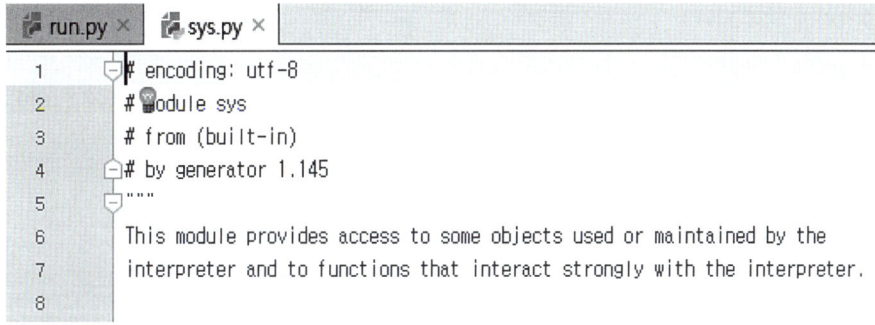

그림 3-27 sys 모듈

QtWidgets 모듈에는 GUI 프로그래밍을 위한 여러 클래스가 이미 정의되어 있습니다. QLabel은 그중 하나입니다. 표 3-2에서 왼쪽의 PyQt 코드와 오른쪽의 Car 클래스 코드를 비교해 봅시다. Car 클래스로부터 객체를 생성한 것과 같이 QtWidget 모듈에 정의된 QLabel 클래스의 객체를 생성합니다. 객체를 생성할 때 QLabel 윈도우에 출력될 문자열인 'Hello'를 넘겨준 겁니다. 생성된 객체는 label이라는 변수가 바인딩하고 있습니다. 따라서 label이라는 변수 이름에 점 (.)을 찍으면 객체 내의 변수나 메서드에 접근할 수 있겠지요? QLabel 클래스에는 show( )라는 메서드가 있는데 이 메서드를 호출하면 윈도우가 화면에 나타나는 겁니다.

3. 클래스와 PyQt

표 3-2 PyQt와 Car 클래스 비교

PyQt	Car 클래스

label = QLabel("Hello")
label.show()
	class Car:
	    def __init__(self, model, year):
	        self.model = model
	        self.year = year
	
	sonata = Car("SONATA", 2017)
	g80 = Car("G80", 2018)

다음 코드를 살펴봅시다. QLabel 클래스에 대한 객체를 생성하고 show( ) 메서드를 호출했습니다. 그러나 실행을 해보면 정상적으로 윈도우가 출력되지 않습니다.

```
import sys
from PyQt5.QtWidgets import *

label = QLabel("Hello")
label.show()
```

PyCharm에서 실행 로그를 확인해보면 'exit code 1'로 정상적으로 프로그램이 종료되지 않았음을 확인할 수 있습니다.

```
C:\Anaconda3\python.exe "C:/Users/brayden/Desktop/PyCoin v0.1/pyqt01.py"
Process finished with exit code 1
```

PyQt로 프로그래밍을 작성할 때는 일반적으로 다음의 두 가지가 필요합니다.

1 QApplication 클래스의 인스턴스
2 이벤트 루프

지금까지 우리가 작성한 파이썬 코드의 실행을 살펴보면 파이썬 인터프리터(interpreter)가 코드를 실행할 때 1번째 라인부터 코드를 실행한 후 더 실행할 코드가 없으면 프로그램을 종료합니다. 이와달리 GUI 프로그래밍은 윈도우가 화면에 출력되는데 이때 사용자가 'X' 버튼을 클릭하기 전까지는 프로그램이 종료되지 않습니다. 이처럼 GUI 프로그램이 'X' 버튼을 누를 때까지 종료되지 않고 계속 실행되려면 for나 while가 같은 '루프'가 필요한데 GUI 프로그램에서는 이를 '이벤트 루프'라고 합니다.

PyQt에서 이벤트 루프는 QApplication 클래스의 exec_() 메서드를 호출함으로써 생성할 수 있습니다. 여러분들이 이벤트 루프를 직접 만들 필요 없이 QApplication의 인스턴스를 생성하고 메서드만 호출하면 끝입니다. QApplication 인스턴스는 이벤트 루프뿐만 아니라 PyQt 클래스들을 사용하기 위해서라도 미리 정의돼 있어야 합니다. 에러가 발생한 코드의 4번 라인에 QApplication 객체를 생성하는 코드를 추가해봅시다.

```
1: import sys
2: from PyQt5.QtWidgets import *
3:
4: app = QApplication(sys.argv)
5: label = QLabel("Hello")
6: label.show()
```

QApplication 클래스의 인스턴스를 먼저 생성한 후에는 다음과 같이 정상적으로 프로그램이 종료됨을 확인할 수 있습니다. 코드에서 이벤트 루프를 생성하지 않았기 때문에 파이썬 인터프리터는 5줄의 코드를 순서대로 실행한 후 종료되게 됩니다.

> C:\Anaconda3\python.exe "C:/Users/brayden/Desktop/PyCoin v0.1/pyqt01.py"
> Process finished with exit code 0

마지막으로 이벤트 루프를 생성하는 exec_() 메서드를 호출하는 코드를 추가해 봅시다. 코드를 실행하면 정상적으로 윈도우가 출력되고 윈도우를 닫을 때까지 프로그램이 계속해서 실행되는 것을 확인할 수 있습니다.

```
import sys
from PyQt5.QtWidgets import *

app = QApplication(sys.argv)        # QApplication 객체 생성

label = QLabel("Hello")
label.show()

app.exec_()                          # 이벤트 루프 생성
```

PyQt 기반의 코드는 그림 3-28과 같이 세 부분으로 구분할 수 있습니다. QApplication 객체를 생

성하는 첫 번째 단계는 PyQt에서 제공하는 클래스를 사용할 수 있도록 내부적으로 초기화를 수행합니다. 다음으로 실제 화면에 출력될 윈도우를 구성하는 코드를 작성합니다. 앞의 예제에서 QLabel에 대한 객체를 생성하고 show( ) 메서드를 호출하는 코드가 여기에 해당합니다. 마지막으로 이벤트 루프를 생성해서 프로그램이 종료되지 않고 실행될 수 있도록 합니다.

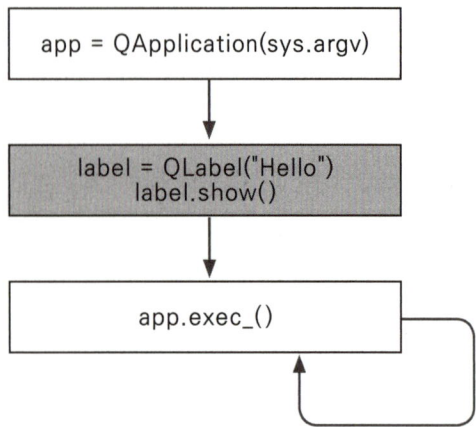

그림 3-28 PyQt 이벤트 루프

이번에는 QLabel 클래스 대신 QPushButton 클래스를 사용해봅시다. QPushButton 객체를 바인딩하는 변수 이름은 변경하지 않아도 되지만 버튼을 바인딩하고 있으므로 변수 이름도 적당히 'btn'으로 변경했습니다.

```
# ch03/03_13.py
import sys
from PyQt5.QtWidgets import *

app = QApplication(sys.argv)

btn = QPushButton("Hello")      # 버튼 객체 생성
btn.show()

app.exec_()                     # 이벤트 루프 생성
```

Ch03/03_13.py 코드를 실행하면 버튼이 하나 있는 윈도우가 출력되는 것을 확인할 수 있습니다. 이처럼 화면에 보이는 부분을 변경하고자 한다면 QApplication 객체를 생성한 후 그리고 이벤트 루프 생성 전에 코드를 작성하면 됩니다.

3.4.4. 위젯과 윈도우

그림 3-29는 GUI 프로그램에서 사용할 수 있는 여러 가지 컴포넌트를 보여줍니다. 앞서 만들어본 버튼과 같은 컴포넌트를 PyQt에서는 위젯이라고 부릅니다. 위젯은 사용자 인터페이를 구성하는 가장 기본적인 부품 역할을 합니다.

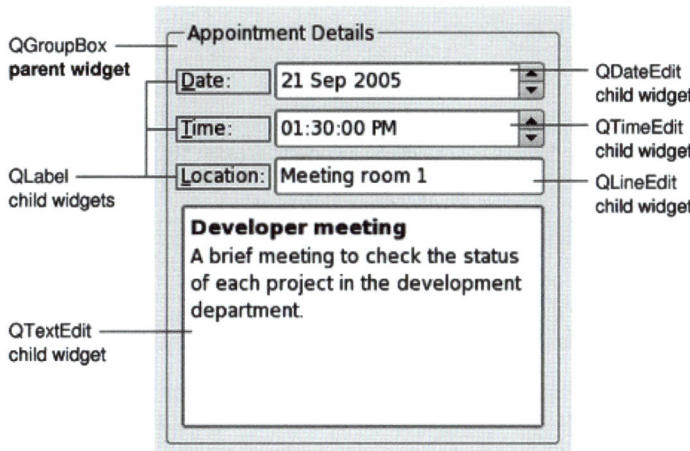

그림 3-29 PyQt 위젯

PyQt에는 수많은 위젯이 존재합니다. 여러분은 GUI 프로그램을 만들 때 필요한 위젯을 선택해서 쓰는 겁니다. 여기서 위젯을 선택한다는 것은 PyQt에 정의된 클래스 (예: QLabel) 객체를 생성한다는 뜻입니다. 위젯은 다른 위젯에 포함될 수 있는데, 다른 위젯에 포함되지 않은 최상위 위젯을 특별히 윈도우라고 부릅니다. PyQt에서 윈도우를 생성할 때는 QMainWindow 클래스나 QDialog 클래스를 사용합니다.

3.4.5. 나만의 윈도우 클래스

앞서 살펴봤던 코드는 동작을 이해하기 쉬웠지만 복잡한 UI를 구성하기는 어려운 구조입니다. GUI 프로그램은 윈도우에 여러 위젯을 배치하는 것인데 이를 효과적으로 하기 위해서는 클래스를 사용하는 것이 편리합니다. 화면에 출력되는 UI를 구성하기 위한 클래스(MyWindow)를 정의해 봅시다.

```
# ch03/03_14.py
01: import sys
02: from PyQt5.QtWidgets import *
03:
```

```
04: class MyWindow(QMainWindow):
05:     def __init__(self):
06:         super().__init__()
07: 
08: 
09: app = QApplication(sys.argv)
10: window = MyWindow()
11: window.show()
12: app.exec_()
```

Ch03/03_14.py 코드를 실행하면 화면에 그림 3-30과 같은 윈도우가 출력됩니다. 외형 상으로는 앞서 만들었던 QLabel 및 QPushButton 위젯과는 큰 차이가 없어 보입니다.

그림 3-30 윈도우

이제 코드를 살펴봅시다. 모듈을 임포트한 후에 4번 라인에서 MyWindow 클래스를 정의했습니다. 중요한 점은 최상위 위젯 윈도우를 위한 QMainWindow 클래스를 상속받은 것입니다. 윈도우를 처음부터 만드는 것은 어렵기 때문에, PyQt가 제공하는 클래스를 상속받아 쉽게 윈도우를 만들었습니다. 이런 편리함 때문에 '클래스'를 사용하는 것입니다.

MyWindow 클래스의 초기화자에 super().__init__() 이라는 코드가 있습니다. 여기서 super()는 파이썬의 내장 함수 (파이썬이 설치되면 기본적으로 제공되는 함수)입니다. MyWindow 클래스는 QMainWindow 클래스를 상속받는데 자식 클래스가 부모 클래스에 정의된 함수를 호출하려면 'self.부모클래스_메서드()' 처럼 적으면 됩니다. 그런데 __init__() 이라는 초기화자는 자식 클래스에도 있고 부모 클래스에도 있습니다. 이 경우 self.__init__() 이라고 적으면 자식 클래스 (MyWindow)의 초기화자를 먼저 호출하게 됩니다. 따라서 부모 클래스에 정의된 초기화자를 명시적으로 호출하려고 상속 구조에서 부모 클래스를 찾아서 리턴해주는 super()를 적은 후 __init__() 메서드를 호출하는 겁니다.

```
class MyWindow(QMainWindow):
```

```
    def __init__(self):
        super().__init__()
```

만약 위 코드가 이해가 잘 안 된다면 다음과 같이 코드를 변경해 봅시다. super()를 통해서 부모 클래스의 객체를 얻어오고 이를 parent라는 변수로 바인딩합니다. 변수가 어떤 객체를 바인딩하고 있다면 그 변수에 점 (.)을 찍으면 클래스의 메서드를 호출할 수 있었지요? 그래서 parent.__init__()을 사용할 수 있는 겁니다.

```
class MyWindow(QMainWindow):
    def __init__(self):
        #super().__init__()
        parent = super()
        parent.__init__()
```

그렇다면 MyWindow 클래스의 초기화자에서 왜 부모 클래스인 QMainWindow의 초기화자를 호출해야 할까요? 다음과 같이 부모 클래스의 초기화자를 호출하지 않으면 에러가 발생합니다.

```
class MyWindow(QMainWindow):
    def __init__(self):
        #super().__init__()
        pass
```

> C:\Anaconda3\python.exe "C:/Users/brayden/Desktop/PyCoin v0.1/pyqt02.py"
> Traceback (most recent call last):
>   File "C:/Users/brayden/Desktop/PyCoin v0.1/pyqt02.py", line 12, in <module>
>   window.show()
> RuntimeError: super-class __init__() of type MyWindow was never called
>
> Process finished with exit code 1

자식 클래스가 부모 클래스를 상속받는다고 해서 항상 자식 클래스에서 부모 클래스의 초기화자를 호출할 필요는 없습니다. 다만 PyQt의 QMainWindow 클래스는 이 과정이 필요한 겁니다. 여러분은 그냥 "PyQt가 제공하는 클래스를 상속받는 경우 부모 클래스의 초기화자를 명시적으로 호출해줘야 한다."라고 생각하면 됩니다.

클래스를 정의했다고 클래스의 인스턴스가 생성되는 것은 아닙니다. 객체를 생성하기 위해서는 클래스의 이름에 ( )를 붙여줘야 했습니다. 앞서 정의한 MyWindow의 초기화자에서 self 말고는 다른 인자가 존재하지 않기 때문에 MyWindow( )만 호출합니다. 생성된 객체를 window라는 이름의 변수에 바인딩합시다. 그리고 window라는 변수에 점 (.)을 찍고 show( ) 메서드를 호출해주면 여러분이 정의한 윈도우가 화면에 출력됩니다. 그렇다면 show( ) 메서드는 어디에 있는걸까요? MyWindow 클래스가 상속받은 QMainWindow 클래스에 정의되어 있습니다.

```
app = QApplication(sys.argv)
window = MyWindow()
window.show()
app.exec_()
```

다음은 지금까지 배운 GUI 프로그램의 "기본 코드" 전체입니다. 기본 코드는 PyQt 공식 홈페이지 등에서도 쉽게 구할 수 있기 때문에 외울 필요가 없습니다. GUI 프로그램을 작성할 때 복사해서 여러분의 코드를 추가하면서 프로그램을 완성해 나가면 됩니다. 비록 코드를 외울 필요는 없지만 코드들의 의미와 담당하는 기능 정도는 이해하고 있어야 합니다.

```
01: import sys
02: from PyQt5.QtWidgets import *
03:
04: class MyWindow(QMainWindow):
05:     def __init__(self):
06:         super().__init__()
07:
08: app = QApplication(sys.argv)
09: window = MyWindow()
10: window.show()
11: app.exec_()
```

3.5. PyQt 윈도우 꾸미기

3.5.1. 윈도우 크기 조절

앞서 PyQt에서 위젯이 배치되는 가장 기본이 되는 위젯을 '윈도우'라고 했습니다. 이번 절에서는 윈도우의 크기 및 윈도우 출력되는 위치를 변경해 보겠습니다. 기본 코드에서 MyWindow 클래스를 정의할 때 QMainWindow 클래스를 상속받았습니다. 따라서 부모 클래스인 QMainWindow에 정의되어 있는 메서드를 사용할 수 있습니다. QMainWindow 클래스에는 윈도우의 크기 및 출력 위치를 변경하는 setGeometry() 메서드가 정의돼 있습니다. 자식 클래스 MyWindow에서 setGeometry() 메서드로 윈도우의 크기 및 출력 위치를 변경해 봅시다.

```
# ch03/03_15.py
01: import sys
02: from PyQt5.QtWidgets import *
03:
04:
05: class MyWindow(QMainWindow):
06:     def __init__(self):
07:         super().__init__()
08:         self.setGeometry(100, 200, 300, 400)
09:
10:
11: app = QApplication(sys.argv)
12: window = MyWindow()
13: window.show()
14: app.exec_()
```

메서드의 인자로 4개의 정숫값을 넘겨주는데 순서대로 모니터에 왼쪽 상단으로부터 윈도우가 출력되는 x축 위치, y축 위치, 윈도우의 너비, 윈도우의 높이를 의미합니다. 이해가 안 되는 분들은 4개의 값들을 변경하면서 프로그램을 실행해 보시기 바랍니다.

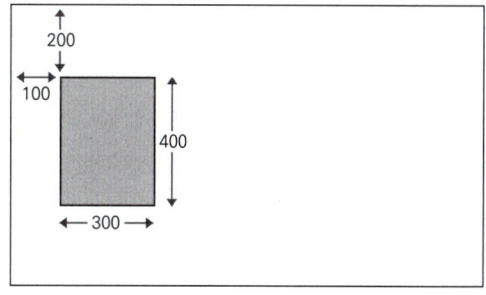

그림 3-31 윈도우 크기 및 출력 좌표 조정

3.5.2. 윈도우 타이틀바 변경하기

이번에는 윈도우의 타이틀바를 변경해보겠습니다. 정확히는 타이틀바에 표시되는 텍스트를 변경하는 겁니다. 그림 3-32에서 python이라고 표시된 부분이 타이틀입니다. 타이틀바에는 보통 프로그램의 이름을 표시하는데, 기본값은 'python'입니다.

윈도우 타이틀바의 텍스트를 변경하는 메서드는 setWindowTitle( )입니다. 이 역시 QMainWindow 클래스에 정의되어 있습니다. 다음과 같이 윈도우 타이틀바의 텍스트를

그림 3-32 윈도우 기본 타이틀바

'PyQt'로 변경해 봅시다. 출력하고자 하는 문자열을 setWindowTitle( ) 메서드의 인자로 넘겨주면됩니다.

```python
class MyWindow(QMainWindow):
    def __init__(self):
        super().__init__()
        self.setGeometry(100, 200, 300, 200)
        self.setWindowTitle("PyQt")
```

내친김에 타이틀바에 표시되는 아이콘 또한 변경해 보겠습니다. 아이콘을 다음 사이트들로부터 저장합니다. 이때 16x16 크기의 png 포맷으로 아이콘을 다운로드 합니다.

- https://www.iconfinder.com
- http://www.myiconfinder.com/

다운로드한 아이콘 파일을 파이썬 코드와 동일 디렉터리로 이동합니다. 윈도우에서 아이콘의 설정은 setWindowIcon( ) 메서드를 사용합니다. setWindowIcon( ) 메서드는 QIcon 클래스의 인스턴스를 인자로 받습니다. QIcon 클래스의 인스턴스를 생성할 때는 초기화자로 아이콘 파일의 경로를 문자열로 넘겨주면 됩니다. 현재 예에서는 소스코드와 아이콘 파일이 같은 디렉터리에 있기 때문에 파일 이름만 적어주면 됩니다. QIcon 클래스는 QtGui 모듈에 정의되어 있기 때문에 from PyQt5.QtGui import *를 추가해야 합니다.

```python
# ch03/03_16.py
import sys
```

```
from PyQt5.QtWidgets import *
from PyQt5.QtGui import *


class MyWindow(QMainWindow):
    def __init__(self):
        super().__init__()
        self.setGeometry(100, 200, 300, 200)
        self.setWindowTitle("PyQt")
        self.setWindowIcon(QIcon("icon.png"))
```

업데이트 한 코드를 실행하면 그림 3-33과 같이 윈도우의 타이틀바에 아이콘 파일이 출력되는 것을 확인할 수 있습니다. 참고로 아이콘은 여러분이 제작할 프로그램을 특징을 잘 보여주는 그림으로 하는 것이 좋습니다.

그림 3-33 아이콘 및 타이틀바 변경

3.5.3. 버튼 추가하기

이번 절에서는 윈도우에 버튼을 추가해보겠습니다. 윈도우에 버튼을 추가하려면 윈도우가 생성될 때 버튼을 만들어주면 됩니다. 즉, MyWindow 클래스의 초기화자에서 버튼 객체를 생성합니다. 초기화자는 객체가 생성될 때 자동으로 호출되는 것을 기억하세요. 버튼의 생성은 QPushButton 클래스를 사용하면 됐지요?

MyWindow 클래스를 다음과 같이 수정해 봅시다. QPushButton 객체를 생성할 때 첫 번째 인자는 버튼에 출력될 문자열을 넘겨주면 됩니다. 두 번째 인자는 버튼이 표시될 위젯을 의미합니다. 우리는 버튼이 윈도우 위에 표시되길 원하는데 윈도우는 self라는 변수가 바인딩하고 있으므로 self를 넘겨주면 됩니다.

```
# ch03/03_17.py
01: import sys
02: from PyQt5.QtWidgets import *
03: from PyQt5.QtGui import *
04:
05:
06: class MyWindow(QMainWindow):
07:     def __init__(self):
08:         super().__init__()
```

```
09:            self.setGeometry(100, 200, 300, 200)
10:            self.setWindowTitle("PyQt")
11:            self.setWindowIcon(QIcon("icon.png"))
12:
13:            btn = QPushButton("버튼1", self)
14:
15:
16: app = QApplication(sys.argv)
17: window = MyWindow()
18: window.show()
19: app.exec_()
```

Ch03/03_17.py 코드를 실행하면 그림 3-34와 같이 윈도우 위로 버튼이 생성된 것을 확인할 수 있습니다.

윈도우에 출력되는 버튼의 위치는 QPushButton 클래스의 move( ) 메서드를 사용해서 지정합니다. (10, 10)은 윈도우 창 내에서 버튼이 출력될 x 축 좌표와 y 축 좌표입니다. 변경된 코드를 실행하면 버튼의 위치가 변경됨을 확인할 수 있습니다.

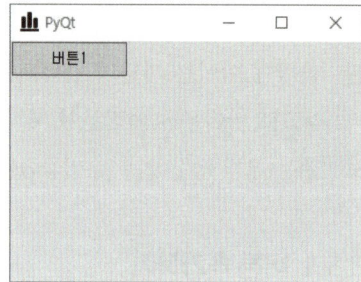

그림 3-34 버튼 위젯 추가

```
btn = QPushButton("버튼1", self)
btn.move(10, 10)
```

버튼을 하나 더 만들어 봅시다. MyWindow 클래스의 초기화자에서 QPushButton 클래스의 인스턴스를 하나 더 만들어 주기면 됩니다. 그리고 버튼이 같은 위치에 출력되지 않도록 버튼이 출력되는 위치를 move( ) 메서드를 사용해 변경합니다.

```
# ch03/03_18
class MyWindow(QMainWindow):
    def __init__(self):
        super().__init__()
        self.setGeometry(100, 200, 300, 200)
        self.setWindowTitle("PyQt")
        self.setWindowIcon(QIcon("icon.png"))

        btn = QPushButton("버튼1", self)
```

```
btn.move(10, 10)

btn2 = QPushButton("버튼2", self)
btn2.move(10, 40)
```

Ch03/03_18.py 코드를 실행하면 그림 3-35와 같이 윈도우에 버튼이 두 개가 출력됩니다. 버튼은 정상적으로 생성됐지만 버튼을 클릭해도 아무런 변화가 없습니다.

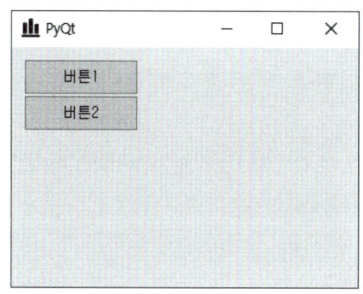

그림 3-35 버튼 위젯 추가

3.5.4. 버튼에 클릭 이벤트 추가하기

이번 절에서는 버튼에 클릭 이벤트를 추가해 보겠습니다. 사용자가 버튼을 클릭하면 'clicked' 이벤트가 발생합니다. 'clicked' 이벤트가 발생할 때 어떤 메서드가 호출되게 하려면 이벤트와 메서드를 연결해야 합니다. 다음 코드는 버튼 객체 (btn)가 클릭될 때 (clicked) MyWindow 클래스에 정의된 btn_clicked 메서드가 호출되도록 연결해줍니다.

```
btn = QPushButton("버튼1", self)
btn.move(10, 10)
btn.clicked.connect(self.btn_clicked)
```

버튼이 클릭되면 btn_clicked 메서드가 자동으로 호출됩니다.

```
# ch03/03_19.py
class MyWindow(QMainWindow):
    def __init__(self):
        super().__init__()
        self.setGeometry(100, 200, 300, 200)
        self.setWindowTitle("PyQt")
        self.setWindowIcon(QIcon("icon.png"))

        btn = QPushButton("버튼1", self)
        btn.move(10, 10)
        btn.clicked.connect(self.btn_clicked)

    def btn_clicked(self):
        print("버튼 클릭")
```

MyWindow 클래스를 새로 정의했으니 코드를 재 실행해 봅시다. 윈도우에서 '버튼1'을 클릭하면 화면에 '버튼 클릭'이 출력됩니다.

```
C:\Anaconda3\python.exe C:/Users/brayden/PycharmProjects/untitled1/run.py
버튼 클릭
버튼 클릭
```

사용자가 버튼 객체를 클릭할 때 'btn_clicked' 메서드가 호출되는 과정을 복습해 봅시다. 아래 그림처럼 윈도우에는 여러 위젯이 배치될 수 있습니다. 위젯 별로 정의된 이벤트가 있는데 버튼에는 대표적으로 'clicked' 이벤트가 있습니다. QApplication( ) 객체를 생성한 후 exec_( ) 메서드를 호출하면 이벤트 루프가 생성되는데 이벤트 루프는 루프를 돌고 있다가 사용자가 이벤트를 발생시키면 (예: 버튼 클릭) 이벤트에 연결된 메서드를 호출해주는 역할을 합니다.

지금까지는 클래스에 메서드가 있는 경우 사용자가 객체를 생성한 후 객체를 통해 메서드를 직접 호출했습니다. 그러나 GUI 프로그래밍에서는 이벤트를 발생될 때 이벤트 루프가 해당 이벤트에 연결되어 있는 메서드를 호출해줍니다. 이처럼 프로그래머가 직접 메서드를 호출하는 것이 아니라 이벤트 루프가 메서드를 호출하기 때문에 '콜백 함수'라고 부릅니다.

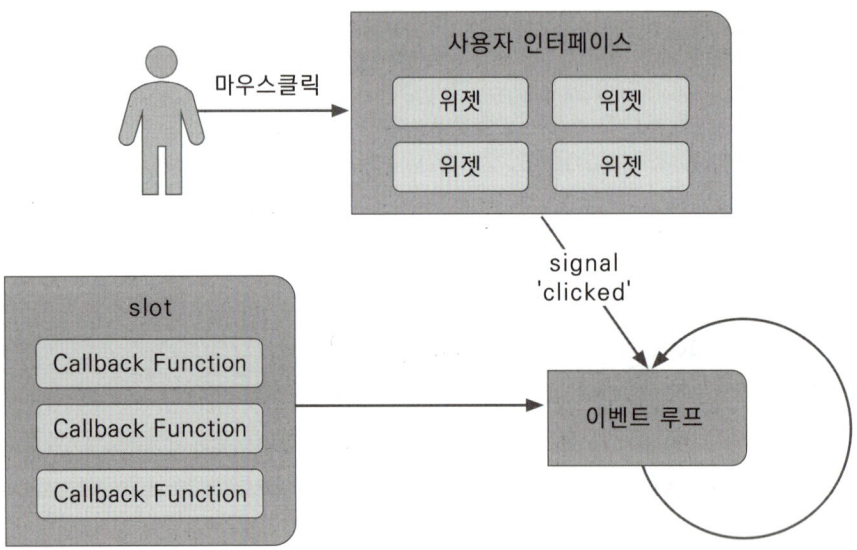

그림 3-36 콜백 함수 개념

3.6. Qt Designer

3.6.1. Qt Designer 사용하기

다음 코드는 앞서 여러분이 구현했던 프로그램입니다. 이 코드는 크게 세 가지 부분으로 구분할 수 있습니다.

- 위젯 생성 코드
- 이벤트 처리 코드
- QApplication 객체 생성 및 이벤트 루프 생성 코드

```
01: import sys
02: from PyQt5.QtWidgets import *
03: from PyQt5.QtGui import *
04:
05:
06: class MyWindow(QMainWindow):
07:     def __init__(self):
08:         super().__init__()
09:         # 위젯 생성 코드
10:         self.setGeometry(100, 200, 300, 200)
11:         self.setWindowTitle("PyQt")
12:         self.setWindowIcon(QIcon("icon.png"))
13:
14:         btn = QPushButton("버튼1", self)
15:         btn.move(10, 10)
16:         btn.clicked.connect(self.btn_clicked)
17:
18:     # 이벤트 처리 코드
19:     def btn_clicked(self):
20:         print("버튼 클릭")
21:
22: # QApplication 객체 생성 및 이벤트 루프 생성 코드
23: app = QApplication(sys.argv)
24: window = MyWindow()
25: window.show()
26: app.exec_()
```

이벤트 처리 코드나 QApplication 객체 생성 및 이벤트 루프를 생성하는 코드는 프로그래머가 직접 작성해야 합니다. 하지만 버튼과 같은 고정된 위젯들은 프로그램을 사용해서 쉽게 생성할 수 있습니다. 예를 들어 파워포인트를 사용해서 그림을 그리듯이 UI를 만들어 냅니다. 아나콘다가 제공하는 Qt Designer 툴을 사용 해 보겠습니다.

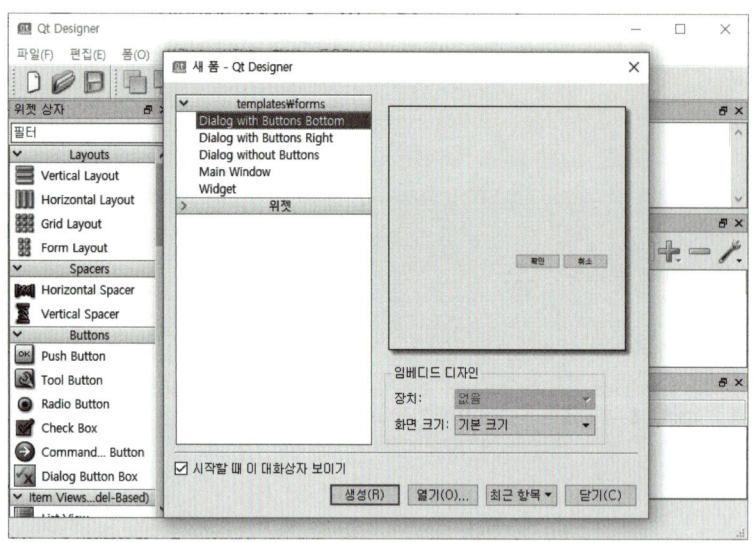

그림 3-37 Qt Designer

아나콘다 설치 디렉터리에서 designer.exe 파일을 클릭하면 Qt Designer가 실행됩니다. 1장의 파이썬 설치하기 매뉴얼을 따랐다면 아래 경로에서 designer.exe를 찾을 수 있습니다.

> C:\Anaconda3\Library\bin

새 폼창에서 그림 3-38과 같이 'Main Window'를 선택한 후 '생성' 버튼을 클릭합니다.

위젯 상자에서 Push Button은 앞서 배웠던 QPushButton 클래스입니다. 파이썬 코드로는 QPushButton 클래스의 인스턴스를 생성했는데 Qt Designer에서는 단순히 위젯 상자에서 Push Button을 선택한 후 그림 3-39와 같이 'Main Window'로 드래그 앤 드롭하면 됩니다. 코드로 구현하는 것보다 훨씬 간단하죠?

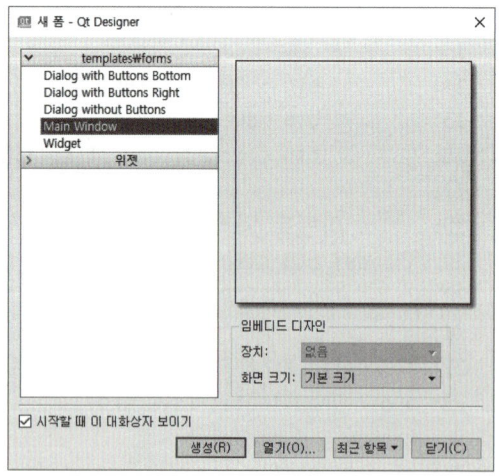

그림 3-38 새 폼 생성

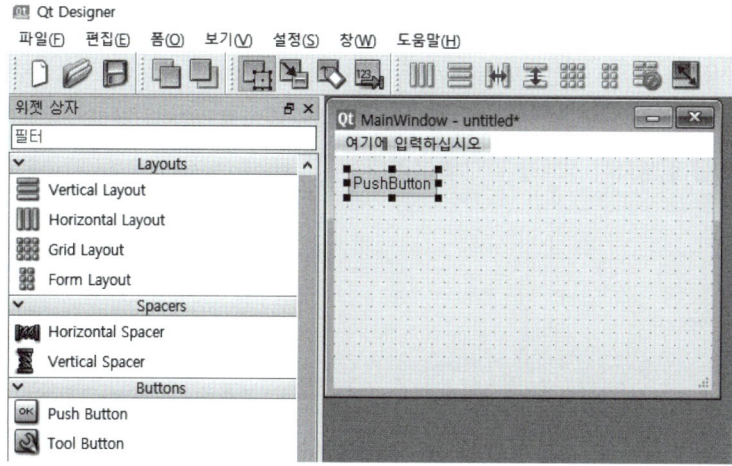

그림 3-39 버튼 위젯 추가

버튼 위젯을 더블 클릭한 후 버튼에 표시될 텍스트를 '클릭'으로 변경해줍니다. 키보드의 Ctrl + R 키를 누르면 그림 3-40과 같이 Main Window의 최종 결과물을 미리 확인할 수 있습니다. 위젯을 배치하면서 중간중간 미리 보기 기능을 통해 최종 결과를 해보세요.

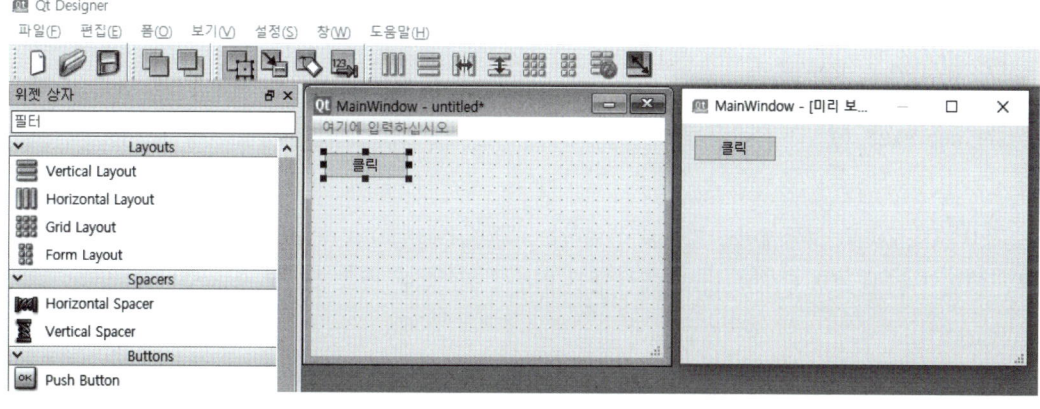

그림 3-40 버튼 위젯 추가

버튼 위젯이 배치가 끝났다면 작업한 UI 결과물을 저장해야 합니다. Qt Designer에서 '파일 → 다른 이름으로 저장' 메뉴를 클릭하여 특정 디렉터리 (예: 윈도우 바탕화면)에 저장해줍니다. 필자는 윈도우 바탕화면에 mywindow라는 이름으로 저장했습니다.

3.6.2. UI 파일 사용하기

이번에는 Qt Designer를 사용해서 UI를 구성했던 mywindow.ui 파일을 사용해서 GUI 프로그램을 작성해 보겠습니다. Qt Designer의 결과물인 mywindow.ui 파일은 파이썬 코드와 같은 디렉터리에 위치해야 합니다. 다음 코드를 실행하여 결과를 확인해 봅시다.

```python
# ch03/03_20.py
01: import sys
02: from PyQt5.QtWidgets import *
03: from PyQt5 import uic
04:
05: form_class = uic.loadUiType("mywindow.ui")[0]
06:
07:
08: class MyWindow(QMainWindow, form_class):
09:     def __init__(self):
10:         super().__init__()
11:         self.setupUi(self)
12:
13:
14: app = QApplication(sys.argv)
15: window = MyWindow()
16: window.show()
17: app.exec_()
```

Ch03/03_20.py 코드에서는 버튼을 생성하는 코드(QPushButton 클래스의 인스턴스 생성)가 없지만 그림 3-41을 보면 Qt Designer에서 만든 버튼이 위치하는 것을 확인할 수 있습니다.

그림 3-41 UI 파일을 사용해서 윈도우 만들기

uic 모듈의 loadUiType( ) 메서드는 Qt Designer의 결과물인 mywindow.ui 파일을 읽어서 파이썬 클래스 코드를 만듭니다.

```
from PyQt5 import uic
form_class = uic.loadUiType("mywindow.ui")[0]
```

MyWindow 클래스는 QMainWindow와 form_class로부터 다중 상속을 받고, 초기화자 (__init__)에서 setupUi( ) 메서드를 호출합니다. setupUi( )는 form_class에 정의된 메서드로 Qt Designer에서 만든 클래스들을 초기화합니다.

```
class MyWindow(QMainWindow, form_class):
    def __init__(self):
        super().__init__()
        self.setupUi(self)
```

Qt Designer의 결과물인 *.ui 파일은 다음과 같이 XML이라는 언어로 되어 있습니다. PyQt5에 uic 모듈의 loadUiType( ) 메서드는 XML 파일을 읽어서 이를 파이썬 클래스로 만들어주는 역할을 합니다. 그래서 우리가 Qt Designer를 통해서 위젯을 배치해도 파이썬 코드로 직접 위젯 객체를 생성하는 것과 같은 결과물을 얻을 수 있습니다.

```xml
<?xml version="1.0" encoding="UTF-8"?>
<ui version="4.0">
 <class>MainWindow</class>
 <widget class="QMainWindow" name="MainWindow">
  <property name="geometry">
   <rect>
    <x>0</x>
    <y>0</y>
    <width>339</width>
    <height>237</height>
   </rect>
  </property>
  <property name="windowTitle">
   <string>MainWindow</string>
  </property>
  <widget class="QWidget" name="centralwidget">
   <widget class="QPushButton" name="pushButton">
```

```xml
    <property name="geometry">
     <rect>
      <x>20</x>
      <y>20</y>
      <width>75</width>
      <height>23</height>
     </rect>
    </property>
    <property name="text">
     <string>클릭</string>
    </property>
   </widget>
  </widget>
  <widget class="QMenuBar" name="menubar">
   <property name="geometry">
    <rect>
     <x>0</x>
     <y>0</y>
     <width>339</width>
     <height>21</height>
    </rect>
   </property>
  </widget>
  <widget class="QStatusBar" name="statusbar"/>
 </widget>
 <resources/>
 <connections/>
</ui>
```

3.6.3. 이벤트 추가하기

앞서 우리는 버튼의 이벤트를 처리하는 방법에 대해 배웠습니다. 버튼 위젯을 btn이라는 변수에 바인딩하고 connect 메서드를 사용해서 이벤트 발생 시 처리할 메서드를 연결했습니다.

```
btn = QPushButton("클릭", self)
btn.clicked.connect(self.method)
```

하지만 Qt Designer를 통해 위젯을 생성하면, XML로 작성되는 위젯을 파이썬 변수에 바인딩할 수 없게 됩니다. 이러한 문제를 해결하기 위해 Qt Designer는 위젯을 바인딩할 변수를 지정하는 기능을 제공합니다. 그림 3-42와 같이 버튼 위젯을 선택한 후 '속성 편집기' 항목을 보면 objectName에 'pushButton'이라고 되어 있는 것을 확인할 수 있습니다. 이 값이 파이썬에서 버튼 이벤트를 정의할 때 사용할 변수의 이름입니다.

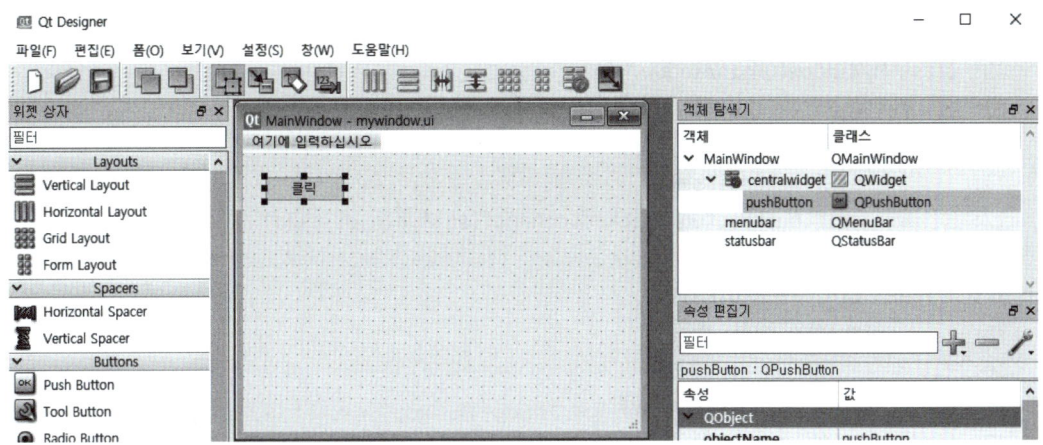

그림 3-42 객체 탐색기에서 변수 이름 확인하기

버튼 객체를 바인딩하는 'pushButton' 변수로 다음과 같이 이벤트를 처리하는 메서드를 연결합니다. 윈도우에 배치되는 버튼이기 때문에 self.pushButton이라고 코드를 작성한 것에 유의하세요. 그리고 버튼에서 클릭 이벤트가 발생할 때 btn_clicked 메서드가 호출되도록 MyWindow에 추가합니다.

```python
class MyWindow(QMainWindow, form_class):
    def __init__(self):
        super().__init__()
        self.setupUi(self)
        self.pushButton.clicked.connect(self.btn_clicked)

    def btn_clicked(self):
        print("버튼 클릭")
```

전체 코드는 다음과 같습니다. 파이썬 코드와 mywindow.ui 파일이 같은 디렉터리에 있어야 정상적으로 코드가 실행됩니다.

```
# ch03/03_21.py
```

```
01: import sys
02: from PyQt5.QtWidgets import *
03: from PyQt5 import uic
04:
05: form_class = uic.loadUiType("mywindow.ui")[0]
06:
07:
08: class MyWindow(QMainWindow, form_class):
09:     def __init__(self):
10:         super().__init__()
11:         self.setupUi(self)
12:         self.pushButton.clicked.connect(self.btn_clicked)
13:
14:     def btn_clicked(self):
15:         print("버튼 클릭")
16:
17: app = QApplication(sys.argv)
18: window = MyWindow()
19: window.show()
20: app.exec_()
```

윈도우의 '클릭' 버튼을 누르면 btn_clicked() 메서드가 호출돼서 '버튼 클릭'이라는 문자열이 화면에 출력됩니다. 이처럼 Qt Designer를 사용하여 위젯을 생성하더라도 위젯의 이벤트를 처리할 수 있습니다. 다만 Qt Designer에서 위젯의 이름을 확인하는 과정이 필요합니다.

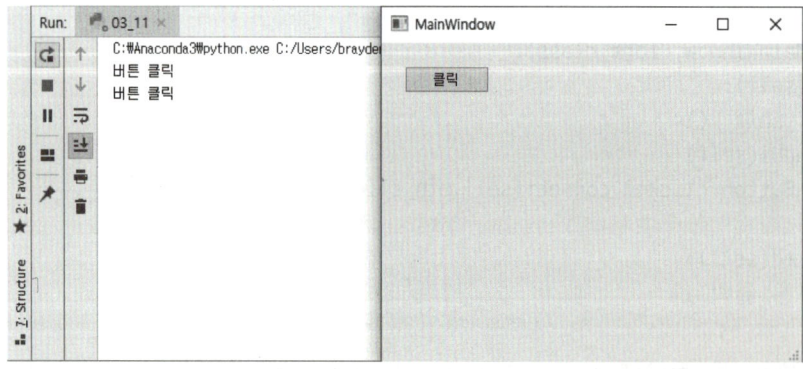

그림 3-43 버튼에 대한 이벤트 처리

3.6.4. 코빗 시세 조회기 만들기

이번에는 코빗에서 비트코인 현재가를 조회하는 시세 조회기 프로그램을 만들어 보겠습니다. 가장 먼저 할 일은 Qt Designer를 사용해서 그림 3-44와 같은 UI를 만드는 것입니다.

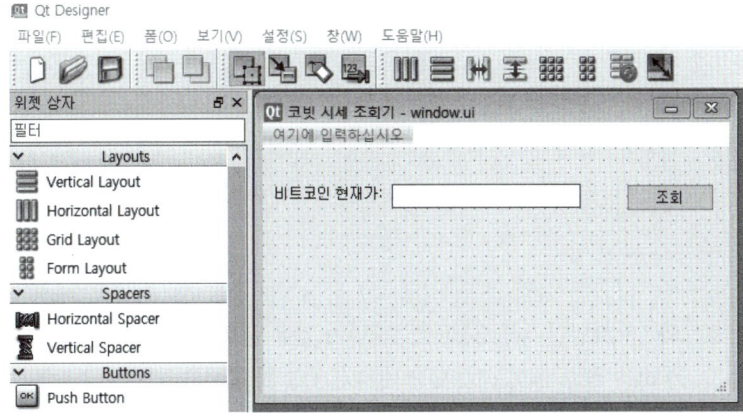

그림 3-44 코빗 시세 조회기 UI 디자인

Qt Designer에서 Main Window를 생성한 후 그림 3-45와 같이 QLabel, QLineEdit, QPushButton 객체를 적절히 배치합니다. 위젯 배치가 적당히 됐다면 Ctrl + R을 눌러 미리 보기 기능을 통해 생성될 윈도우를 미리 확인할 수 있습니다. 작업한 UI 파일을 적당한 경로에 저장해주세요.

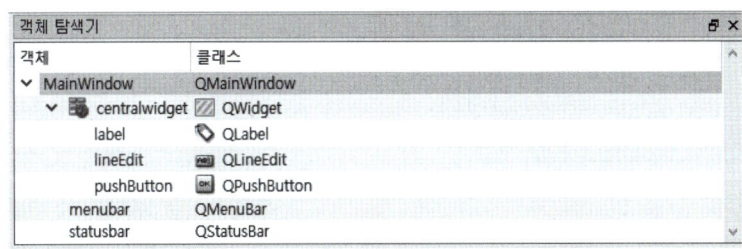

그림 3-45 객체 탐색기

다음으로 파이썬에서 UI 파일을 읽어 윈도우를 출력해주는 코드를 구현해야 합니다. 이 부분은 외울 필요 없이 기존 코드를 '복사/붙여넣기' 하면 됩니다. 내내 알고리즘 등의 중요한 코드에 집중합시다.

```
01: import sys
02: from PyQt5.QtWidgets import *
03: from PyQt5 import uic
04:
```

```
05: form_class = uic.loadUiType("window.ui")[0]
06:
07: class MyWindow(QMainWindow, form_class):
08:     def __init__(self):
09:         super().__init__()
10:         self.setupUi(self)
11:
12:
13: app = QApplication(sys.argv)
14: window = MyWindow()
15: window.show()
16: app.exec_()
```

위 코드를 실행할 때 파이썬 코드와 UI 파일인 'window.ui' 파일이 같은 폴더에 위치해야 합니다. 그리고 UI 파일 이름이 window.ui가 아닌 경우 파일 이름을 수정해서 사용해야 합니다.

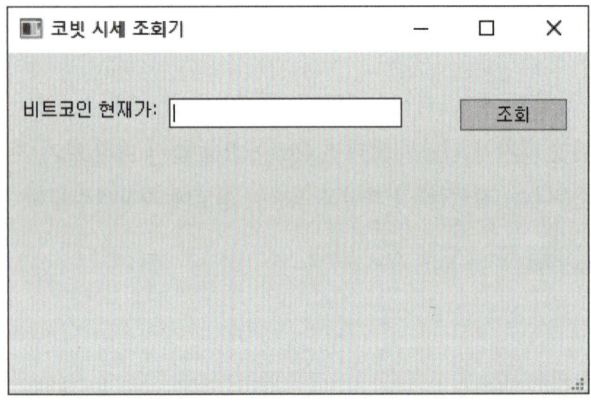

그림 3-46 코빗 시세 조회기 실행화면

이번에는 조회 버튼을 누르면 "조회 버튼 클릭"이라는 문자열을 콘솔에 출력하도록 코드를 수정해 보겠습니다. 우선 '조회 버튼 클릭' 문자열을 화면에 출력하는 inquiry 메서드를 구현합니다. 다음으로 클릭 이벤트가 발생했을 때 메서드가 호출되도록 메서드와 이벤트를 연결합니다. MyWindow 클래스의 초기화자(__init__)에 clicked 이벤트 처리 코드를 추가해줍니다. 앞으로 버튼 위젯이 클릭되면 자동으로 현재 윈도우 객체(self)의 inquiry 메서드가 호출될 것입니다.

```
# ch03/03_22.py
class MyWindow(QMainWindow, form_class):
    def __init__(self):
```

```
        super().__init__()
        self.setupUi(self)
        self.pushButton.clicked.connect(self.inquiry)

    def inquiry(self):
        print("조회 버튼 클릭")
```

프로그램을 다시 실행한 후 버튼을 클릭해 봅시다. 다음과 같이 콘솔 창에 '조회 버튼 클릭'이라는 문자열이 출력됩니다.

```
C:\Anaconda3\python.exe C:/Users/brayden/Documents/GitHub/book-
cryptocurrency/ch03/03_13.py
조회 버튼 클릭
조회 버튼 클릭
조회 버튼 클릭
```

이벤트와 메서드의 연결을 확인하는 용도로 콘솔 창에 문자열을 출력해 봤습니다. inquiry 메서드 안에서 코빗 현재가를 얻어 오도록 수정해 봅시다. 이를 위해서 필자들이 만든 모듈인 pykorbit 모듈을 설치합니다. 먼저 윈도우의 시작 메뉴에서 Anaconda3을 찾은 후 Anaconda Prompt를 실행합니다. 그림 3-47과 같은 창이 팝업되면 'pip install pykorbit' 명령을 입력해서 모듈을 설치합니다.

그림 3-47   pykorbit 모듈 설치

코빗뿐만 아니라 업비트, 빗썸 모듈의 사용법을 8장에서 자세히 다룹니다. 현재 단계에서는 pykorbit 모듈에 있는 함수를 호출하면 비트코인의 현재가를 쉽게 얻을 수 있는데 이를 위해서 pykorbit 모듈을 설치했다고 생각하면 됩니다.

```
# ch03/03_23.py
```

```
01: import sys
02: from PyQt5.QtWidgets import *
03: from PyQt5 import uic
04: import pykorbit
05:
06: form_class = uic.loadUiType("window.ui")[0]
07:
08: class MyWindow(QMainWindow, form_class):
09:     def __init__(self):
10:         super().__init__()
11:         self.setupUi(self)
12:         self.pushButton.clicked.connect(self.inquiry)
13:
14:     def inquiry(self):
15:         price = pykorbit.get_current_price("BTC")
16:         print(price)
```

> 라인 4: pykorbit 모듈을 사용하기 위해 먼저 임포트합니다.
>
> 라인 15: pykorbit 모듈의 get_current_price() 함수를 호출합니다. 함수의 인자로 "BTC"를 넘겨주면 비트코인에 대한 현재가를 얻어옵니다. 얻어온 비트코인 현재가는 price 변수가 바인딩합니다.
>
> 라인 16: price 변수가 바인딩하는 값을 화면에 출력합니다.

위 코드를 실행한 후 버튼 위젯을 클릭하면 다음과 같이 비트코인의 현재가가 출력됩니다.

```
C:\Anaconda3\python.exe C:/Users/brayden/Documents/GitHub/book-cryptocurrency/ch03/03_14.py
7365000.0
7365000.0
7365000.0
```

이번에는 pykorbit 모듈을 통해 얻어온 현재가를 QLineEdit 위젯에 출력해 보도록 하겠습니다. inquiry 메서드의 price 변수가 바인딩하는 값을 lineEdit의 setText() 메서드로 넘겨줍니다. setText 메서드는 문자열을 입력받기 때문에 price (float 타입)를 문자열로 형 변환하는 것을 주의해야 합니다.

```
# ch03/03_24.py
14:     def inquiry(self):
15:         price = pykorbit.get_current_price("BTC")
16:         self.lineEdit.setText(str(price))
```

수정한 코드를 실행해 봅시다. 조회 버튼을 클릭하면 그림 3-48과 같이 비트코인의 실시간 현재가가 QLineEdit 위젯에 출력됩니다.

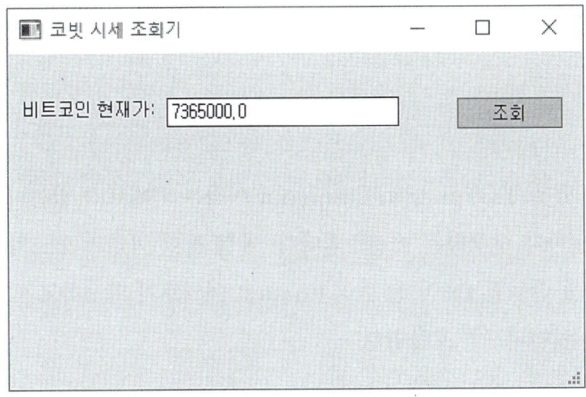

그림 3-48 코빗 시세 조회기

3.6.5. QTimer

앞서 만들어본 코빗 시세 조회기는 한 가지 불편한 점이 있습니다. 바로 현재 금액을 알고 싶을 때마다 '조회' 버튼을 클릭해야 한다는 점이죠. 사실 이렇게 프로그램을 만들면 아무도 이 프로그램을 사용하지 않을 겁니다. 어떻게 하면 일정 시간마다 자동으로 현재가를 조회하고 이를 QLineEdit 위젯에 출력할 수 있을까요? 일정한 시간마다 되풀이되는 작업을 수행하고자 할 때는 PyQt의 QTimer를 사용합니다.

그림 3-49 QTimer를 이용한 시간 출력

QTimer를 이해하기 위해 간단한 코드를 작성해 봅시다. 다음 코드는 그림 3-49같이 현재 시간을 왼쪽 아래에 출력하는 프로그램입니다. 매초 주기적으로 시간을 문자열로 출력해서 시계처럼 보이도록 눈속임합니다.

QTimer를 사용하려면 윈도우가 생성될 때 QTimer 객체를 생성해야 합니다. 생성한 객체에는 interval을 추가 설정합니다. interval이란 얼마나 자주 이벤트가 발생하는지를 의미합니다. 예를 들어, 1초에 한 번씩 또는 5초에 한 번씩이라면 1초 또는 5초가 interval에 해당합니다. 다음 코드는 QTimer 객체를 만들고 interval로 1초로 설정합니다.

```
self.timer = QTimer(self)
self.timer.start(1000)
```

QPushButton에 'clicked'라는 이벤트가 있듯이 QTimer에는 'timeout'이라는 이벤트가 있습니다. 'timeout' 이벤트는 앞서 설정한 interval마다 발생하는 이벤트입니다. 예를 들어 아래의 코드와 같이 interval을 1초로 설정한 QTimer 객체를 만들면 1초에 한 번씩 timeout 이벤트가 발생하고 이벤트 루프는 1초에 한 번 self.timeout( )이라는 메서드를 호출합니다.

```
self.timer = QTimer(self)
self.timer.start(1000)
self.timer.timeout.connect(self.timeout)
```

MyWindow 클래스의 timeout 메서드는 다음과 같이 구현합니다. 먼저 QTime 객체의 currentTime( ) 메서드를 호출하여 현재 시각을 얻어온 후 이를 문자열 타입으로 변경합니다. 다음으로 윈도우의 상태바에 얻어온 현재 시간을 출력합니다. timeout 메서드가 이벤트 루프에 의해 1초에 한 번씩 호출되기 때문에 시계처럼 동작합니다.

```
# ch03/03_25.py
01: import sys
    cur_time = QTime.currentTime()
    str_time = cur_time.toString("hh:mm:ss")
    self.statusBar().showMessage(str_time)
```

아래는 전체 코드입니다.

```
01: import sys
```

```
02: from PyQt5.QtWidgets import *
03: from PyQt5.QtCore import *
04:
05:
06: class MyWindow(QMainWindow):
07:     def __init__(self):
08:         super().__init__()
09:         self.timer = QTimer(self)
10:         self.timer.start(1000)
11:         self.timer.timeout.connect(self.timeout)
12:
13:     def timeout(self):
14:         cur_time = QTime.currentTime()
15:         str_time = cur_time.toString("hh:mm:ss")
16:         self.statusBar().showMessage(str_time)
17:
18:
19: app = QApplication(sys.argv)
20: window = MyWindow()
21: window.show()
22: app.exec_()
```

QTimer를 배웠으니 앞서 만든 예제를 업데이트해 보도록 하겠습니다. Qt Designer에서는 버튼 위젯을 삭제하고 저장합니다. 파이썬 코드에서는 버튼 클릭 이벤트를 정의한 자리에 Qtimer를 추가하고 inquiry 메서드와 연결합니다. 이제는 1초 주기로 inquiry 메서드가 호출됩니다. inquiry 메서드 안에서는 비트 코인의 가격을 가져와서 lineEdit에 출력합니다.

```
# ch03/03_26.py
01: import sys
02: from PyQt5.QtWidgets import *
03: from PyQt5 import uic
04: from PyQt5.QtCore import *
05: import pykorbit
06:
07: form_class = uic.loadUiType("window.ui")[0]
08:
09: class MyWindow(QMainWindow, form_class):
10:     def __init__(self):
```

```
11:         super().__init__()
12:         self.setupUi(self)
13:
14:         self.timer = QTimer(self)
15:         self.timer.start(1000)
16:         self.timer.timeout.connect(self.inquiry)
17:
18:     def inquiry(self):
19:         cur_time = QTime.currentTime()
20:         str_time = cur_time.toString("hh:mm:ss")
21:         self.statusBar().showMessage(str_time)
22:         price = pykorbit.get_current_price("BTC")
23:         self.lineEdit.setText(str(price))
24:
25: app = QApplication(sys.argv)
26: window = MyWindow()
27: window.show()
28: app.exec_()
```

3.7. PyQt 시그널 슬롯

3.7.1. PyQt 사용자 정의 시그널/슬롯

PyQt는 위젯에 정의된 이벤트를 시그널(signal)이라고 부르고 이벤트가 발생할 때 호출되는 함수나 메소드를 슬롯(slot)이라고 불렀습니다. 시그널이 발생할 때 슬롯이 호출되도록 하려면 다음과 같이 연결을 해줬습니다.

```
btn.clicked.connect(self.btn_clicked)
```

여러분이 개발한 프로그램에서 마우스 오른쪽 버튼에 대한 클릭 이벤트가 왔을 때 어떤 동작을 수행하고자 하면 어떻게 해야 할까요? 혹시 QPushButton 위젯에 'right_button_clicked'라는 시그널이 정의된 걸까요? 아쉽게도 버튼에 정의된 'clicked'라는 이벤트는 마우스 왼쪽 버튼이나 오른쪽 버튼을 구분하지 않습니다. 사용자가 버튼 위젯에서 어떤 마우스 버튼이라도 클릭하면 이벤트가 발생하게 됩니다.

PyQt는 프로그래머가 원하는 이벤트(시그널)을 직접 정의할 수 있는 기능을 제공합니다. 이번 절에서는 여러분이 직접 시그널을 정의하고 해당 시그널을 처리하는 슬롯을 연결하는 방법에 대해 배워보도록 하겠습니다. 먼저 다음 코드를 실행해 봅시다. 코드가 실행되면 윈도우가 출력되고 'signal1 emitted'라는 문자열이 출력됩니다.

```
#ch03/03_27.py
01: import sys
02: from PyQt5.QtWidgets import *
03: from PyQt5.QtCore import *
04:
05:
06: class MySignal(QObject):
07:     signal1 = pyqtSignal()
08:
09:     def run(self):
10:         self.signal1.emit()
11:
12:
13: class MyWindow(QMainWindow):
14:     def __init__(self):
```

```
15:            super().__init__()
16:
17:            mysignal = MySignal()
18:            mysignal.signal1.connect(self.signal1_emitted)
19:            mysignal.run()
20:
21:       @pyqtSlot()
22:       def signal1_emitted(self):
23:            print("signal1 emitted")
24:
25:
26: app = QApplication(sys.argv)
27: window = MyWindow()
28: window.show()
29: app.exec_()
```

> 라인 6: 사용자 시그널을 정의하기 위하여 MySignal 클래스를 정의합니다.
>
> 라인 7: 클래스 변수로 pyqtSignal 클래스의 객체를 생성합니다.
>
> 라인 10: emit 메소드를 호출하여 시그널을 발생시킵니다.
>
> 라인 17: MySignal 클래스의 객체를 생성합니다.
>
> 라인 18: 사용자 정의 시그널과 이를 처리하는 메소드를 연결합니다.
>
> 라인 22: 사용자 정의 시그널이 방출될 때 호출되는 메소드를 정의합니다.

사용자 정의 시그널을 만들기 위해 클래스를 정의합니다. 그리고 클래스에서 pyqtSignal 객체를 생성해주면 됩니다. 여기서 주의할 점은 pyqtSignal 객체를 인스턴스 변수로 만드는 것이 아니라 클래스 변수로 만들어야 한다는 점입니다. 예제 코드에서는 pyqtSignal 객체를 signal1 이라는 변수가 바인딩하고 있는데 여기서 'signal1'이 사용자 정의 시그널(이벤트)의 이름이 됩니다. QPushButton 에는 'clicked'라는 시그널이 이미 정의되어 있었지요? 여러분이 만든 MySignal이라는 클래스에는 'signal1'이라는 시그널이 있는 겁니다.

MySignal 클래스에는 run이라는 메소드가 있는데 해당 메소드에서 사용자 정의 시그널인 'signal1' 객체를 사용해 emit 메소드를 호출합니다. signal1은 pyqtSignal 클래스의 객체이므로 pyqtSignal 클래스에 정의된 emit 메소드를 호출할 수 있답니다.

```
class MySignal(QObject):
  signal1 = pyqtSignal()         # class variable
```

```
def run(self):
    self.signal1.emit()
```

이번에는 MyWindow 클래스를 살펴봅시다. MyWindow 클래스의 생성자에서 앞서 여러분이 정의한 MySignal 클래스의 객체를 생성합니다. 이것은 QPushButton 객체를 생성하는 것과 동일한 겁니다. 그리고 MySignal에 정의된 시그널인 'signal1'이 발생하면 MyWindow 클래스에 정의된 'signal1_emitted' 메소드가 호출되도록 시그널과 슬롯을 연결해줍니다. 마지막으로 생성자에서는 MySignal 클래스에 정의된 run 메소드를 호출합니다.

MySignal 객체로부터 'signal1' 이벤트가 발생하면 이벤트 루프는 signal1_emitted 메소드를 호출해줍니다. 그렇다면 'signal1' 이벤트는 언제 발생할까요? 정답은 run 메소드에서 emit 메소드를 호출할 때 입니다. MyWindow 클래스의 정의된 'signal1_emitted' 메소드를 보면 이전과 달리 '@pyqtSlot'이라는 데커레이터가 있습니다. 파이썬 데커레이터에 대한 설명은 이 책의 범위를 벗어나므로 독자 여러분은 "시그널과 슬롯을 연결할 때 데커레이터를 적어주면 더좋다" 정도로만 이해하시면 되겠습니다. 데커레이터는 말 그대로 '장식자'라는 의미로 메소드에 추가로 어떤 장식을 해둔 것으로 생각하면 됩니다.

```
class MyWindow(QMainWindow):
    def __init__(self):
        super().__init__()

        mysignal = MySignal()
        mysignal.signal1.connect(self.signal1_emitted)
        mysignal.run()

    @pyqtSlot()
    def signal1_emitted(self):
        print("signal1 emitted")
```

PyQt의 시그널/슬롯을 이용하면 특정 시점에 어떤 클래스에서 다른 클래스로 데이터를 쉽게 보내줄 수 있습니다. 그렇다면 언제 이런 기능이 필요할까요? 여러분은 앞서 타이머를 사용해서 비트코인의 금액을 얻어왔습니다. 그런데 타이머를 사용한 프로그램은 코드가 간단하기는 하지만 비트코인 금액을 얻어올 때는 다른 작업을 동시에 수행할 수 없었습니다. 만일 비트코인 금액을 조회하는데 1초 이상 소요가 된다면 1초 동안 GUI는 갱신되지 않고 멈춰있는 것처럼 보이게 됩니다. 이런 문제를 해결하기 위해 이 책의 후반부에서 우리는 스레드라는 기술을 사용할 겁니다. 스레드를 사용하면 동시에 여러 가지 일을 처리할 수 있습니다. 예를 들어 비트코인, 리플, 이더리움과 같은 여러 개의 가상화폐 금액을 동시에 조회하더라도 GUI가 멈춰있지 않고 동시에 다른 이벤트도 처리할 수 있게 됩니다.

타이머를 사용하는 경우에는 금액을 조회할 때 MyWindow는 멈춰있기 때문에 금액 조회가 완료된 후 그 값을 가져다가 출력하는 겁니다. 이와 달리 스레드를 사용하게 되면 금액을 조회하는 일과 얻어온 값을 출력하는 일이 거의 동시에 진행되기 때문에 조회된 금액을 MyWindow 클래스로 보내주는 방법이 필요합니다. 여기서 바로 여러분들이 지금 배우고 있는 사용자 정의 시그널/슬롯을 사용하는 겁니다.

3.7.2. 시그널로 데이터 보내기

이번에는 다음 그림과 같이 시그널을 통해서 한 객체로부터 다른 객체로 값을 보내보겠습니다. 가상화폐 금액 조회기 같은 프로그램을 만들 때 한 클래스에서는 금액을 조회하고 다른 클래스에서는 조회된 값을 GUI에 값을 출력하는 경우를 생각해 봅시다. 이 경우 금액을 조회하는 역할의 클래스는 금액 조회가 완료되자마자 시그널을 발생시키면 됩니다.

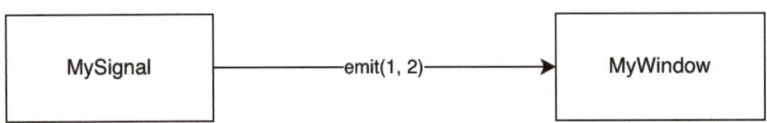

그림 3-50 사용자 정의 시그널로 데이터 보내기

먼저 다음 코드를 실행시켜서 동작을 확인해 봅시다. 앞서 사용자 정의 시그널의 예제와 다른 점은 'signal2'라는 이름의 시그널을 발생할 때 정숫값 두 개를 같이 보낼 수 있다는 점입니다. 이벤트 루프는 시그널이 발생하면 미리 정의된 슬롯을 호출해주게 되는데 이때 시그널로부터 온 값을 슬롯으로 보내주게 됩니다.

```
#ch03/03_28.py
01: import sys
02: from PyQt5.QtWidgets import *
03: from PyQt5.QtCore import *
04:
05:
06: class MySignal(QObject):
07:     signal1 = pyqtSignal()
08:     signal2 = pyqtSignal(int, int)
09:
```

```
10:    def run(self):
11:        self.signal1.emit()
12:        self.signal2.emit(1, 2)
13:
14:
15: class MyWindow(QMainWindow):
16:    def __init__(self):
17:        super().__init__()
18:
19:        mysignal = MySignal()
20:        mysignal.signal1.connect(self.signal1_emitted)
21:        mysignal.signal2.connect(self.signal2_emitted)
22:        mysignal.run()
23:
24:    @pyqtSlot()
25:    def signal1_emitted(self):
26:        print("signal1 emitted")
27:
28:    @pyqtSlot(int, int)
29:    def signal2_emitted(self, arg1, arg2):
30:        print("signal2 emitted", arg1, arg2)
31:
32:
33: app = QApplication(sys.argv)
34: window = MyWindow()
35: window.show()
36: app.exec_()
```

먼저 MySignal 이라는 클래스를 살펴봅시다. 'signal2'라는 이름의 시그널 객체를 만들었는데 이때 전달하고자 하는 데이터 타입을 기술한 점이 다릅니다. 그리고 emit 메소드를 호출하여 시그널을 발생시킬 때 슬롯으로 전달하고자 하는 값을 넘겨주는 점에서 차이가 있습니다.

```
class MySignal(QObject):
    signal1 = pyqtSignal()
    signal2 = pyqtSignal(int, int)

    def run(self):
        self.signal1.emit()
        self.signal2.emit(1, 2)
```

다음은 MyWindow 클래스에 정의된 슬롯(메소드)을 살펴봅시다. 슬롯은 시그널이 발생할 때 호출당하는 콜백 함수였지요? 시그널이 발생하면 데이터가 같이 전송되기 때문에 데이터를 받을 인자를 추가해줍니다. 그리고 데커레이터에는 데이터의 타입을 적어줍니다.

```
@pyqtSlot(int, int)
def signal2_emitted(self, arg1, arg2):
    print("signal2 emitted", arg1, arg2)
```

파이썬을 이용한 **비트코인 자동매매**

04
웹스크래핑과 판다스

04 웹스크래핑과 판다스

4.1. 웹스크래핑(1)

4.1.1. 웹 크롤링과 웹 스크래핑

웹 서버에 저장된 데이터를 가져오는 행위를 웹 크롤링 혹은 웹 스크래핑이라고 부릅니다. 예를 들어, 빗썸 웹 사이트에서 코인들의 현재가를 가져오거나, 네이버 금융 사이트로부터 일봉 데이터를 가져오는 행위를 일컫습니다. 웹 크롤링과 웹 스크래핑은 비슷한 것 같지만 미묘한 차이가 있습니다.

일반적으로 특정한 데이터만을 웹사이트로부터 가져오는 행위를 스크래핑이라고 부릅니다. 따라서 일반인들이 웹에서 데이터를 가져오는 것들은 모두 웹 스크래핑입니다. 웹 크롤링은 구글, 네이버, 다음과 같은 포털 사이트들이 인터넷에 있는 다수의 정보를 가져가는 행위입니다. 여러분들이 홈페이지를 새로 만들면 어떻게 그 웹사이트가 구글에서 검색이 될까요? 구글은 검색을 위해서 인터넷에 연결된 모든 웹 페이지를 돌아다니면서 페이지의 정보를 저장해두기 때문에 검색할 수 있습니다. 이처럼 포털 사이트에서 대규모의 웹 데이터를 가져가는 것을 웹 크롤링이라고 부릅니다.

4.1.2. IP주소

스마트폰을 사용하는 요즘은 언제, 어디서나 쉽게 인터넷을 사용할 수 있습니다. 스마트폰 웹 브라우저(익스플로러, 크롬, 사파리 등)에 네이버 주소(http://www.naver.com)를 입력하면, 당연하게도 네이버 포털 페이지가 화면에 출력됩니다. 이는 여러분의 스마트폰이 네이버 회사의 컴퓨터와 연결되어 있기 때문에 네이버에서 전달받은 포털 화면을 웹 브라우저를 통해 확인할 수 있는 것입니다.

그렇다면 네이버 회사의 컴퓨터는 다수의 사람과 연결되어 있는데 어떻게 내가 요청한 데이터를 나에게만 보여줄 수 있을까요? 네이버에 접속하면 웹 브라우저는 나의 주소를 네이버로 전달합니다. 이러한 과정에 의해 네이버는 연결된 스마트폰들의 주소를 모두 알고 있기 때문에, 내가 요청한 결과 페이지를 나에게만 보낼 수 있습니다. 네트워크 세계에서 인터넷에 연결된 기기들이 갖는 고유 주소를 IP 주소(Internet Protocol address)라고 합니다. 인터넷에 연결된 모든 장치는 고유의 주소를 할당받습니다.

여러분 PC의 IP 주소를 확인해 봅시다. PC의 명령 프롬프트를 실행한 후 (윈도우 시작 → cmd를 입력) ipconfig 명령을 입력합니다. IPv4 주소 항목이 여러분 PC의 IP 주소입니다. 그림 4-1은 IP 주소를 조회한 결과 화면을 보여줍니다.

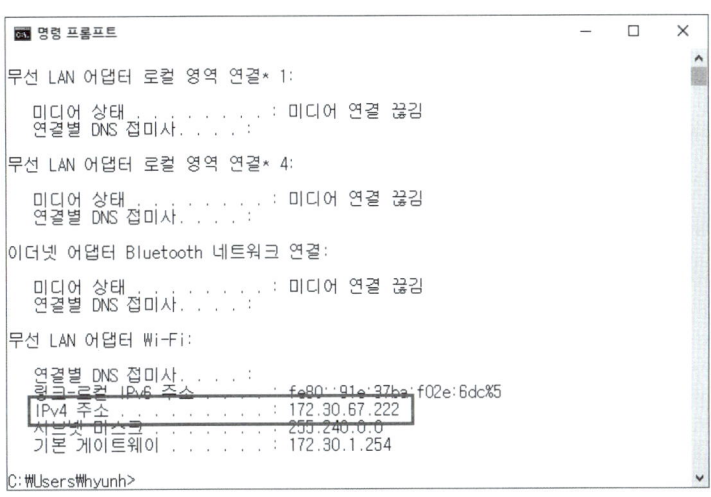

그림 4-1 IP 주소 조회

명령 프롬프트에서 nslookup 명령어를 사용하면 특정 사이트의 IP의 주소를 확인할 수 있습니다. 그림 4-2는 네이버 웹 페이지의 IP 주소를 조회합니다. 네이버의 IP 주소는 210.89.164.90인 것을 확인할 수 있습니다. 웹 브라우저에서 네이버의 IP 주소 http:// 210.89.164.90를 입력하면, 네이버 웹 페이지로 이동합니다. 원칙적으로 네이버 웹페이지에 접속할 때, 네이버의 고유의 IP 주소를 웹브라우저에 입력해야 합니다.

그림 4-2 네이버의 IP주소

하지만 숫자로 구성된 IP 주소를 기억하기는 어렵습니다. 그래서 기억하기 쉬운 형태인 문자열 형태인 도메인 주소를 사용합니다. 우리가 알고 있는 www.naver.com이나 www.daum.net과 같은 것들이 도메인입니다. 중요한 점은 도메인이라는 것은 단지 IP를 대신하여 사용될 뿐 각 도메인에 대응되는 고유 IP주소가 있다는 사실입니다.

그림 4-3은 웹 페이지를 화면에 출력할 때, 내부적으로 교환되는 데이터의 흐름을 보여줍니다. 도메인을 입력해서 특정 사이트(해당 사이트를 운영하는 회사의 PC 또는 웹 서버)에 접속하려면 먼저 네임 서버에게 IP 주소를 요청해야 합니다. 이후 네임 서버로부터 전달받은 IP 주소로 데이터를 요청하고 웹 페이지를 전달받으면 웹 브라우저에 출력합니다. 사용자가 보기에는 도메인을 입력하면 웹페이지가 바로 출력되는 것처럼 느껴집니다.

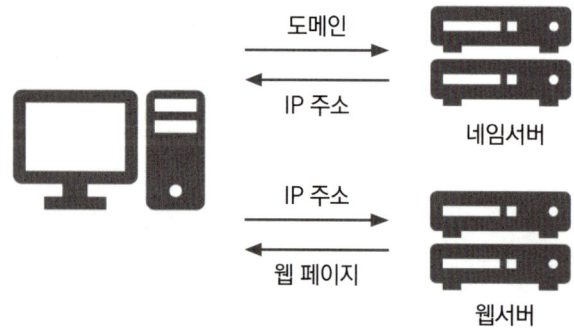

그림 4-3 네임서버와 웹서버

정리해보면 여러분의 웹 브라우저에 도메인을 입력했을 때 아래와 같은 일이 일어납니다.

1 네임서버에게 도메인에 해당하는 IP 주소를 요청한다.

> **2** 네임서버는 IP 주소를 알려준다.
> **3** IP 주소를 얻었다면 IP 주소를 사용하여 목적지의 웹 서버에게 웹 페이지를 요청한다.
> **4** 웹 서버는 웹 브라우저가 요청한 페이지를 전송해준다.
> **5** 웹 브라우저는 웹 서버로부터 받은 웹 페이지 정보를 읽어 들인 후 화면에 표시한다.

4.1.3. 웹의 3요소

웹 스크래핑을 하려면 웹 페이지가 만들어지는 방법 및 웹 페이지를 기술하는 언어를 배워야 합니다. 웹 페이지는 HTML(HyperText Markup Language), CSS(Cascading Style Sheets), Javascript라는 3요소로 구성됩니다. 여러분들이 프로그래밍을 위해서 파이썬이라는 언어를 사용하는 것처럼 웹 페이지를 만들기 위해서 세 가지 언어를 배워야 합니다. 세 언어를 모두 익히면 웹 스크래핑하는데 분명 도움이 됩니다. 하지만 이렇게 배우다 보면 점점 더 공부할 것이 많겠지요? 이 책에서는 웹 스크래핑을 하기 위한 최소한의 내용만 다뤄보도록 하겠습니다.

간단하게 세 요소에 관해 설명해보겠습니다. HTML은 웹 페이지를 구성하는데 사용하는 언어입니다. 우리는 HTML만 사용해도 웹 페이지를 만들 수 있지만, CSS를 사용하면 보기 좋은 웹 페이지를 만들 수 있습니다. 한마디로 CSS는 웹 페이지를 꾸미는 역할을 합니다. 마지막으로 Javascript는 웹 페이지가 동적으로 동작하도록 해주는 기술입니다. 웹 페이지에서 동작하는 게임 등에서 Javascript를 많이 사용합니다.

4.1.4. HTML

HTML은 Hyper Text Markup Language의 약자로 웹 페이지를 만들 때 사용하는 언어입니다. 여기서 하이퍼 텍스트라는 것은 링크가 있는 텍스트 문서입니다. 요즘에는 웹이 보편화되어 있기 때문에 누구나 포털 사이트에 있는 기사를 클릭하면 해당 기사를 볼 수 있다는 것을 알고 있습니다. 하지만 인터넷이 처음 사용될 때만 해도 링크를 클릭해서 문서와 문서를 이동한다는 것은 새로운 개념이었습니다. 마크업 언어라는 것은 태그(tag)를 이용하여 문서나 데이터의 구조를 기술할 수 있는 언어를 의미합니다.

윈도우의 메모장을 실행해서 첫 HTML 코드를 작성해 봅시다.

```
<html>
<head> </head>
```

```
<body>
웹 페이지 만들기
</body>
</html>
```

코드 작성을 끝냈으면 윈도우 바탕화면에 index.html이라는 이름으로 저장합니다. 이때 그림 4-4와 같이 파일 형식을 html로 변경해야 합니다.

그림 4-4 HTML 파일 저장

바탕화면에는 그림 4-5와 같이 여러분이 사용하는 웹 브라우저로 된 아이콘이 하나 생성되었습니다. 파일 이름을 index.html로 저장했으므로 파일 이름이 index입니다. 해당 파일을 클릭하면 웹 브라우저로 여러분들이 처음으로 만든 웹 페이지가 출력됩니다.

그림 4-5 바탕화면에 저장된 HTML 파일

그림 4-6은 앞서 작성한 HTML 코드의 실행 결과입니다. '웹 페이지 만들기'라는 문자열이 웹 브라우저에 출력되었습니다. 코드에서 <body>와 </body> 태그 사이의 문자열이 화면에 출력된 것을 눈여겨 보세요. HTML에서 〈와 〉로 둘러싸인 것들을 태그라고 부르는데 각 태그에는 각자의 역할이 있습니다.

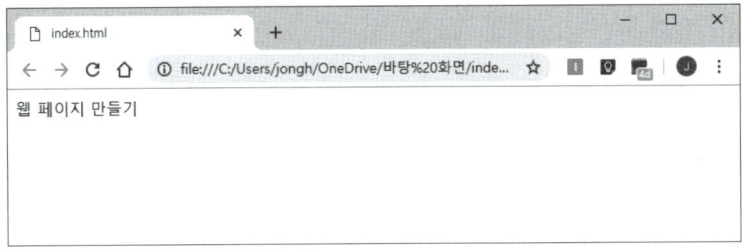

그림 4-6 body 태그 출력 예시

⟨html⟩, ⟨head⟩, ⟨body⟩ 태그의 역할을 정리하면 표 4-1과 같습니다. 기본적으로 HTML 태그는 시작 태그와 끝 태그로 구성됩니다. ⟨html⟩이 시작 태그이며 ⟨/html⟩은 끝 태그로 HTML 문서의 마지막에 위치합니다.

표 4-1 태그의 역할

태그	역할
⟨body⟩	body의 시작
⟨head⟩	head의 시작
⟨html⟩	HTML 문서의 시작

기본적으로 HTML 문서는 다음과 같은 구조로 구성됩니다. HTML 문서의 시작과 끝을 나타내기 위해 ⟨html⟩과 ⟨/html⟩이 있고 그 안쪽으로 헤드 부분과 바디 부분이 있습니다. 헤드는 주로 문서의 스타일이나 웹 페이지의 타이틀을 변경할 때 사용됩니다. 바디 부분에는 웹 페이지에 출력될 내용이 위치합니다. 여러분은 웹페이지를 만드는 것이 목적은 아니기 때문에 태그의 역할을 외울 필요는 없습니다. 시작 태그와 끝 태그로 이루어져 있다는 사실이 중요합니다.

```
<html>
<head> </head>
<body>
</body>
</html>
```

이번에는 ⟨body⟩와 ⟨/body⟩ 태그 사이에 ⟨table⟩ 태그를 이용하여 표를 만들어 보겠습니다. 표는 행과 열로 구성되는데 행을 나타내기 위해 ⟨tr⟩⟨/tr⟩ 태그가 사용되고 열을 표현하기 위해 ⟨td⟩⟨/td⟩ 태그가 사용됩니다. 1X2(행×열) 크기의 표를 만들기 위해서는 다음과 같이 HTML 문서를 작성하면 됩니다.

```
<html>
<head> </head>
<body>
```

```
<table border= 1>
<tr>
    <td> 코인 </td>
    <td> 종가 </td>
</tr>
</table>
</body>
</html>
```

〈table〉 태그는 표를 만들 때 사용되는데 border 속성을 통해 표의 굵기를 조정할 수 있습니다. 현재 단계에서는 굵기를 조절하는 기능보다는 태그에 집중하도록 하겠습니다. 〈tr〉 ~ 〈/tr〉 이 하나 존재하면 한 행을 의미합니다. 그 안에 〈td〉 ~ 〈/td〉는 열 (column)을 의미합니다. 1X2 크기의 표를 만들기 위해서는 〈tr〉 ~ 〈/tr〉 태그가 있고 그 안에 두 개의 〈td〉 ~ 〈/td〉 태그 쌍이 있는 것을 확인할 수 있습니다. 표에 표시될 내용은 〈td〉 태그와 〈/td〉 태그 사이에 적어주면 됩니다. 그림 4-7은 작성한 HTML 태그의 출력 결과입니다.

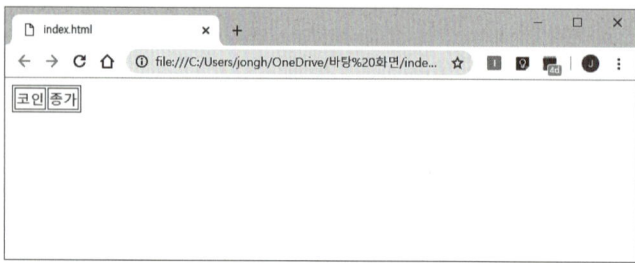

그림 4-7 1x2 Table

이번에는 두 개의 행을 추가해보겠습니다. 행을 추가하기 위해서는 단순히 〈tr〉 ~ 〈/tr〉 태그 부분의 코드를 복사/붙여넣기 해주면 되겠지요? 앞의 HTML 코드를 수정해서 그림 4-8과 같이 표를 만들어 보세요.

그림 4-8 3x2 Table

이번에는 HTML 문서에서 목록을 만들어 보겠습니다. 목록을 만드는 태그는 〈ol〉 ~ 〈/ol〉과 〈ul〉 ~ 〈/ul〉 두 종류가 있습니다. 〈ol〉은 ordered list의 약자로 순서가 있는 데이터 리스트를 만듭니다. ordered list에 출력되는 값들은 〈ol〉 태그 안에 〈li〉 태그로 지정해야 합니다. 아래 HTML은 A와 B 두 개의 값을 갖는 ordered list를 표현합니다. A와 B 값이 〈li〉 태그로 묶여 있는 것을 눈여겨보세요.

```
<ol>
<li> A </li>
<li> B </li>
</ol>
```

그림 4-9는 웹 브라우저에 출력된 ordered list입니다. ordered list의 요소들은 1부터 순차 증가하는 인덱스와 함께 한 라인에 하나씩 데이터가 출력되는 것을 알 수 있습니다.

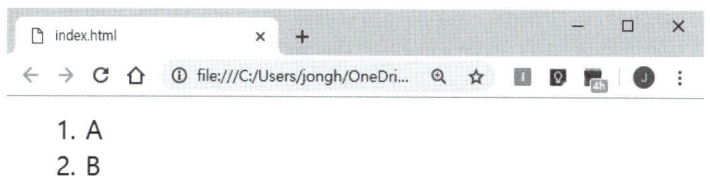

그림 4-9 ordered list

〈ul〉은 unordered list의 약자로 순서가 없는 목록을 만듭니다. 그림 4-10은 웹 브라우저에 출력된 unordered list입니다. 인덱스 대신 점 (dot)으로 항목이 구분되는 것을 알 수 있습니다.

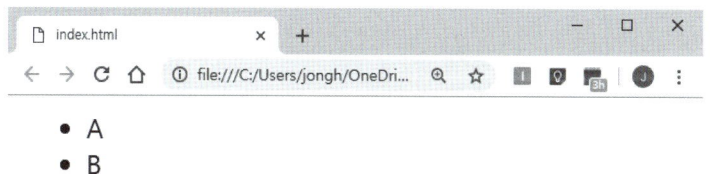

그림 4-10 unordered list

ordered list와 유사하게 각각의 값들을 〈li〉 태그로 지정하면 됩니다.

```
<ul>
<li> A </li>
<li> B </li>
</ul>
```

4.1.5. CSS 및 CSS Selector

HTML은 데이터를 구조적으로 표현하는 언어일 뿐이며, 이를 꾸미는 용도로 사용하는 것이 CSS입니다. 특정 태그에 색을 입히거나 크기를 키울 때 CSS를 주로 사용합니다. 스크래핑이라는 것은 결국 특정 태그에 있는 데이터를 가져오는 것인데 이때 CSS를 사용하면 더 쉽게 특정 태그를 찾을 수 있습니다. CSS를 사용해서 태그를 꾸미는 세 가지 방식에 대해 알아보겠습니다.

- TAG 셀렉터
- ID 셀렉터
- Class 셀렉터

첫 번째로 태그(TAG) 셀렉터는 태그를 직접 지정해서 같은 이름의 모든 태그에 스타일을 일괄 적용합니다. 아래는 li 태그 안의 글씨 색을 빨갛게 변경하는 코드입니다. style 태그 안에 CSS 언어를 작성하는데, CSS의 상세한 문법보다는 2번 라인의 '태그 이름 {스타일}' 코드만 집중하도록 합시다. 스타일을 변경할 태그 이름을 쓰고 중괄호 안에 적용할 스타일을 지정했습니다. 태그 이름으로 지정할 스타일을 선택하기 때문에 태그 셀렉터라고 불립니다.

```
1: <style type="text/css">
2:     li { color:red }
3: </style>
4: <ol>
5:     <li> A </li>
6:     <li> B </li>
7: </ol>
```

그림 4-11은 태그 셀렉터로 글씨 색을 변경한 결과입니다. ordered list의 li 태그로 묶인 A와 B의 글씨 색이 빨갛게 변한 것을 확인할 수 있습니다.

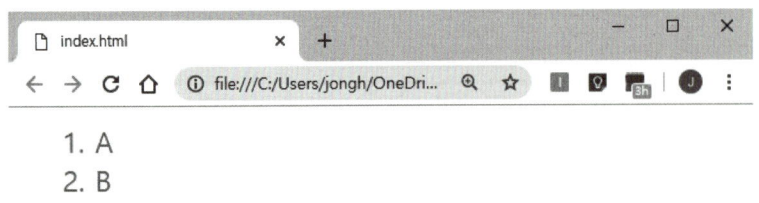

그림 4-11 TAG 셀렉터

두 번째로 배워볼 CSS 셀렉터는 아이디(ID) 셀렉터입니다. 아이디 셀렉터는 ID 값을 지정한 후 해당 ID 값을 사용해서 특정 태그에 스타일을 적용할 수 있습니다. ID 값은 문서 내에서 유일하기 때문에 하나의 태그에만 스타일을 적용하고자 할 때 사용합니다. 문법은 '#아이디 {스타일}' 입니다. '#' 기호를 사용하는 것에 주의하세요.

다음 HTML 코드에서 라인 5의 〈li〉 태그에는 there이라는 ID 속성이 부여돼 있습니다.

```
1: <style type="text/css">
2:     #there { color:red }
3: </style>
4: <ol>
5:     <li id=there> A </li>
6:     <li> B </li>
7: </ol>
```

그림 4-12는 ID 셀렉터가 적용된 ordered list입니다. 'there'라는 ID 값을 갖는 li 태그만 글씨 색이 변경된 것을 확인할 수 있습니다.

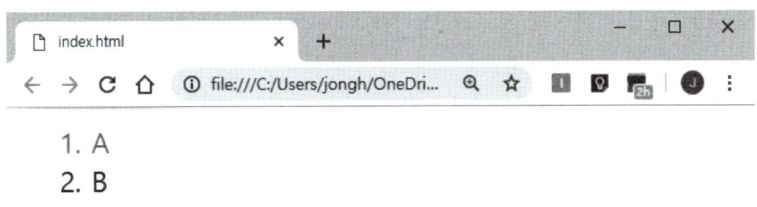

그림 4-12 ID 셀렉터

세 번째로 배워볼 CSS 셀렉터는 클래스(Class) 셀렉터입니다. TAG 셀렉터는 특정 태그에 모두 스타일을 적용할 때 사용하고 ID 셀렉터는 단 하나의 태그에 스타일을 적용하고자 할 때 사용합니다. 클래스 셀렉터는 두 가지의 중간 형태로, 클래스 속성이 부여된 모든 태그에 대해 스타일을 적용합니다. 클래스는 ID와 달리 여러 개의 태그에 사용할 수 있습니다.

클래스 셀렉터는 ".클래스 이름 { 스타일 }" 형태로 지정합니다. 클래스 이름 앞에 마침표가 있는 것에 주의하세요. 아래는 here 클래스 속성이 부여된 문자 A와 C에 스타일을 적용하는 HTML 코드입니다.

```
1: <style type="text/css">
2:     .here { color:red }
```

4. 웹스크래핑과 판다스   171

```
3: </style>
4: <ol>
5:     <li class=here> A </li>
6:     <li> B </li>
7:     <li class=here> C </li>
8: </ol>
```

그림 4-13은 클래스 셀렉터가 적용된 ordered list의 결과입니다.

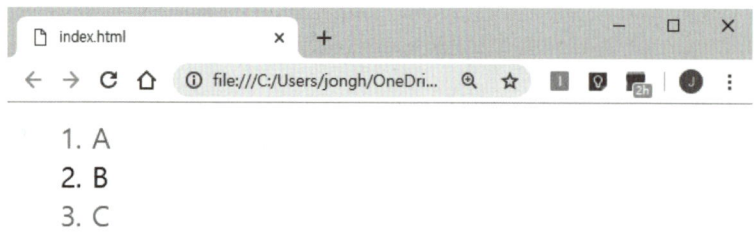

1. A
2. B
3. C

그림 4-13 클래스 셀렉터

지금까지의 설명한 셀렉터를 정리하면, 표 4-2와 같습니다.

표 4-2 셀렉터 요약

셀렉터 종류	셀렉터 문법	셀렉터 기능
TAG 셀렉터	태그 이름	특정 태그에 스타일 적용
ID 셀렉터	#ID 이름	ID 값을 갖는 하나의 태그에 스타일 적용
Class 셀렉터	.Class 이름	Class 이름을 갖는 모든 태그에 스타일 적용 (태그 종류가 달라도 됨)

앞서 배운 셀렉터를 응용해 봅시다. 아래 HTML 코드에는 ordered list와 unordered list 두 개가 정의돼 있습니다. ordered list 안에 있는 〈li〉 태그에 스타일을 적용하려면 CSS 셀렉터를 어떻게 작성해야 할까요?

```
1: <ol>
2:     <li class=here> A </li>
3:     <li class=here> B </li>
4: </ol>
5: <ul>
6:     <li id=there> C </li>
```

```
7:      <li class=here> D </li>
8: </ul>
```

셀렉터를 공백으로 구분해서 나열하는 것은 태그 간의 종속 관계를 정의합니다. 아래 코드에서 셀렉터 "ol li"는 ol 태그 안에 있는 li 태그를 의미합니다. 많은 태그들이 나열되어 있더라도 태그 사이에 '~ 안에'를 붙여 해석하면 쉽습니다. 따라서 아래의 CSS 셀렉터는 ordered list 안에 있는 li 태그만을 선택합니다.

```
<style type="text/css">
    ol li { color:red }
</style>
```

그림 4-14는 셀렉터 나열해서 ordered list의 <li> 태그만을 선택한 결과입니다.

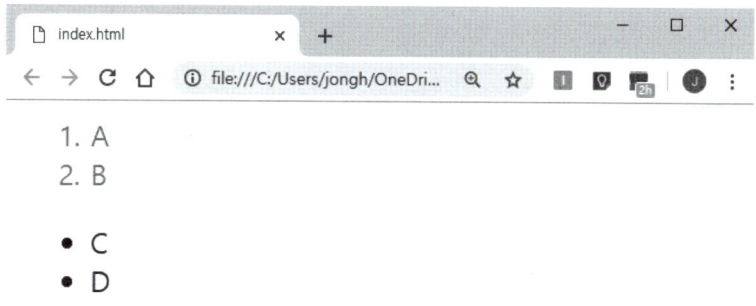

그림 4-14 셀렉터 조합

클래스 셀렉터를 응용해서 "oh .here"로 표현할 수도 있습니다. ordered list 안에 있는 here 클래스 속성을 갖는 태그를 선택하라는 뜻입니다. 위의 코드와 아래 코드는 같은 결과물을 얻습니다.

```
<style type="text/css">
    ol .here { color:red }
</style>
```

HTML 문서를 만들 때 CSS 셀렉터는 스타일을 지정하는 데 사용하지만, 여러분들은 스크래핑을 하므로 특정 태그의 값을 가져오기 위해 CSS 셀렉터를 사용하여 사용합니다. 그래서 CSS 셀렉터로 태그의 데이터를 선택하는 연습을 해야 합니다. 연습 문제를 풀어보며 셀렉터를 익혀봅시다.

4.1.6. 연습 문제

```
<ul id="sharebook">
    <li class="an_item"> A </li>
    <li class="an_item"> B </li>
</ul>
<ol id="pystock">
    <li class="special"> C </li>
    <li> D </li>
</ol>
```

1 A와 B를 선택하는 CSS 셀렉터를 작성하라.

2 C를 선택하는 CSS 셀렉터를 작성하라.

4.2. 웹스크래핑(2)

4.2.1. HTML 문서 다운로드 및 파싱

여러분들은 기존의 웹페이지에서 원하는 정보를 가져오는 것이 목적입니다. 따라서 웹의 모든 것을 공부하지 않고 최소한의 필요한 기능만 알아봤습니다. 궁금한 사항이 생기거나 배운 내용으로 할 수 없는 일들이 생긴다면, 그때 웹에 대해 추가로 공부해 보세요.

웹 스크래핑을 하려면 먼저 HTML 파일을 다운로드한 후, 해당 HTML 문서를 분석해서 원하는 데이터를 가져와야 합니다. 웹 페이지를 다운로드할 때와 데이터를 가져올 때는 이미 구현된 파이썬 모듈을 사용할 겁니다. 파이썬에서 웹 페이지 다운로드는 requests 모듈을 사용하고 웹 페이지에서 원하는 데이터를 가져가는 파싱(parsing)은 BeautifulSoup 모듈을 사용합니다.

requests 모듈의 get 함수를 사용하면 웹 페이지의 HTML 데이터를 여러분의 PC로 다운로드할 수 있습니다. 먼저 requests 모듈을 import 합니다.

```
import requests
```

import 됐다면 접속할 도메인을 문자열로 표현한 후 이를 get 함수의 인자로 넘겨줍니다. get 메서드를 호출하면 결괏값으로 Response 객체를 얻을 수 있습니다.

```
url = "http://www.naver.com"
response = requests.get(url)
```

response 변수는 get( ) 함수의 반환 값인 Response 객체를 바인딩합니다. Response 객체에 점을 찍으면 클래스의 메서드 또는 프로퍼티에 접근할 수 있습니다. 그림 4-15를 보면 Response 클래스에 존재하는 메서드 및 프로퍼티 일부를 확인할 수 있습니다. 참고로 Response 클래스는 requests 모듈 개발자들이 정의한 클래스입니다.

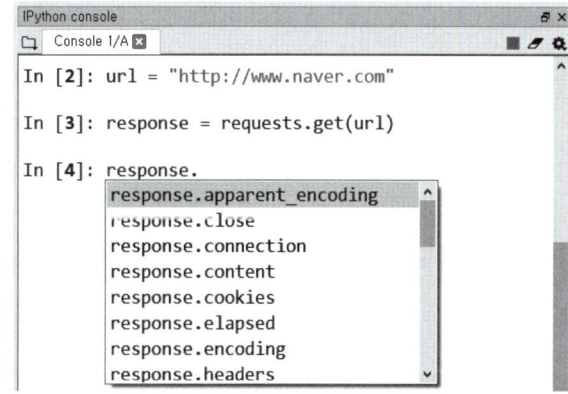

그림 4-15 Response 객체의 메서드 및 프로퍼티

Response 클래스는 다양한 기능을 지원하는데, 현재 단계에서는 text 프로퍼티만 짚고 넘어가겠습니다. 그림 4-16에는 Response의 text 프로퍼티에 저장된 HTML 코드를 보여줍니다. 즉, requests 모듈의 get 함수를 사용하면 웹 페이지의 HTML을 파이썬 문자열로 다운로드할 수 있습니다.

```
In [4]: response.text
Out[4]: '<!doctype html>\n\n\n\n\n\n\n\n\n\n\n\n\n\n\n\n\n\n\n\n\n\n<html lang="ko"
class="svgless">\n<head>\n<meta charset="utf-8">
\n<meta name="Referrer" content="origin">\n<meta
http-equiv="Content-Script-Type" content="text/
javascript">\n<meta http-equiv="Content-Style-Type"
content="text/css">\n<meta http-equiv="X-UA-
Compatible" content="IE=edge">\n<meta
name="viewport" content="width=1100">\n<meta
name="apple-mobile-web-app-title" content="NAVER" /
>\n<meta name="robots" content="index,nofollow"/>
\n<meta name="description" content="네이버 메인에서
다양한 정보와 유용한 컨텐츠를 만나 보세요"/>\n<meta
```

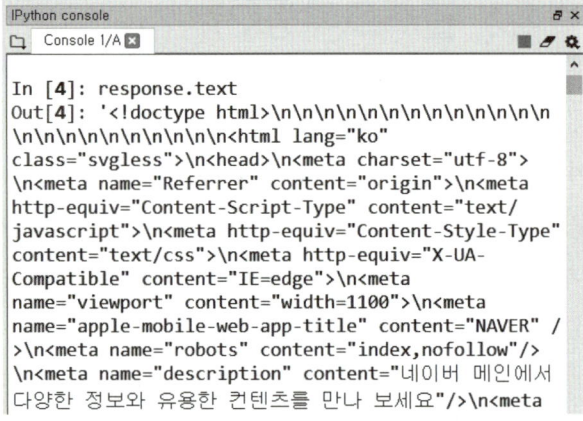

그림 4-16 Response 객체의 text 프로퍼티에 저장된 HTML 코드

BeautifulSoup 모듈은 HTML 파일로부터 원하는 데이터를 파싱하는데 사용합니다. 네이버 금융 사이트의 HTML 데이터를 파싱해보면서 requests 모듈과 BeautifulSoup 모듈에 대해 자세히 알아봅시다. 먼저 웹 브라우저에서 아래의 웹 페이지에 접속해 봅시다. 웹페이지를 분석할 때는 구글에서 개발한 크롬 브라우저를 사용하겠습니다. 다양한 분석 기능을 지원하고 HTML 코드를 확인하는 데 유용합니다. 크롬 웹 브라우저가 없는 분들은 크롬 공식 홈페이지를 참조하여 설치를 진행하시기 바랍니다

https://finance.naver.com/item/main.nhn?code=000660

위 주소로 이동하면, 네이버 금융이 제공하는 SK 하이닉스 페이지를 확인할 수 있습니다. 웹 주소에서 뒤에 6자리 숫자가 각 주식 종목에 대한 종목 코드입니다. 이 값만 변경하면 다른 종목에 대한 정보를 얻을 수 있습니다.

웹 페이지의 오른쪽 위에는 그림 4-17과 같이 투자 정보가 요약되어 있습니다. 만약 PER 값을 가져오고 싶다면 어떻게 해야 할까요? 가장 먼저 위 페이지를 구성하는데 사용하는 HTML 코드를 다운로드 받아야 합니다. 이때 마우스를 클릭하여 웹 페이지를 저장하는 것이 아니라 requests 모듈을 사용해서 해야겠지요? 먼저 웹 페이지 주소를 파이썬 문자열로 표현하고 이를 requests 모듈의 get() 메서드로 전달합니다. 메서드의 호출 결과 HTML 문서는 파이썬 문자열 타입으로 표현되며 html이라는 변수가 이를 바인딩합니다.

투자정보	호가10단계
시가총액	53조 4,354억원
시가총액순위	코스피 2위
상장주식수	728,002,365
액면가 | 매매단위	5,000원 | 1주
주총일 | 전자투표	2018.03.28 | 미도입
외국인한도주식수(A)	728,002,365
외국인보유주식수(B)	363,216,268
외국인소진율(B/A)	49.89%
투자의견 | 목표주가	3.92매수 | 83,327
52주최고 | 최저	97,700 | 56,700
PER | EPS(FnGuide)	5.02배 | 14,617원
PER | EPS(KRX)	4.87배 | 15,073원
추정PER | EPS	6.97배 | 10,532원
PBR | BPS(FnGuide)	1.53배 | 47,897원
배당수익률	1.36%
동일업종 PER	6.33배
동일업종 등락률	+1.06%

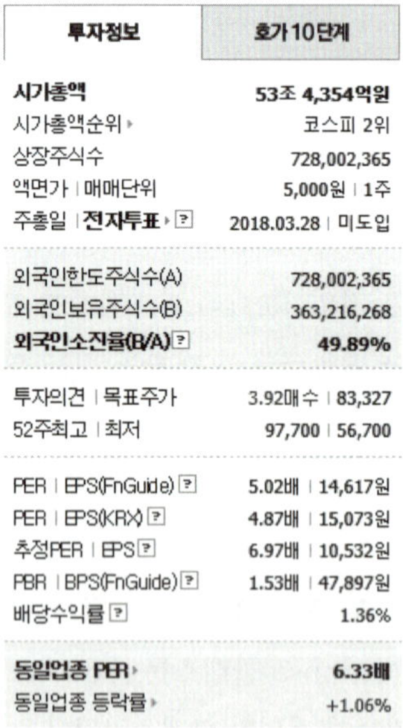

그림 4-17 SK 하이닉스의 투자정보

```
# ch04/04_01.py
import requests

url = "https://finance.naver.com/item/main.nhn?code=000660"
html = requests.get(url).text
```

HTML 문서에서 원하는 데이터를 쉽게 파싱하기 위해서 BeatifulSoup 모듈을 사용해 보겠습니다. 우선 모듈을 임포트하고 BeautifulSoup 객체를 생성해줍니다. 객체를 생성할 때 html 데이터와 HTML 문서를 파싱하는데 사용할 모듈의 이름인 "html5lib"을 넘겨주면 됩니다.

```
import requests
from bs4 import BeautifulSoup

url = "http://finance.naver.com/item/main.nhn?code=000660"
html = requests.get(url).text

soup = BeautifulSoup(html,"html5lib")
```

생성한 BeautifulSoup 객체는 HTML 파싱을 위한 다양한 메서드를 갖고 있습니다. 그중에서 select( ) 메서드를 사용하면 앞서 배운 CSS 셀렉터를 사용해서 HTML문서를 파싱할 수 있습니다. 자세한 설명에 앞서 다음 코드를 실행해보기 바랍니다.

```
# ch04/04_02.py
01: import requests
02: from bs4 import BeautifulSoup
03:
04: url = "http://finance.naver.com/item/main.nhn?code=000660"
05: html = requests.get(url).text
06:
07: soup = BeautifulSoup(html, "html5lib")
08: tags = soup.select("#_per")
09: tag = tags[0]
10: print(tag.text)
```

웹 페이지에 있던 PER 값이 화면에 출력된 것을 확인할 수 있습니다. 어떻게 이런 일이 가능했는지 하나씩 확인해봅시다. HTML 문서에서 특정 데이터가 있는 태그를 가져오려면 HTML 문서 구조를 알아야 합니다. 크롬은 이를 위한 좋은 도구를 제공하고 있습니다. 그림 4-17에서 SK 하이닉스의 PER은

5.02 배입니다. (참고로 이 값은 조회 시점에 따라 다릅니다) 크롬 웹 브라우저에서 그림 4-18과 같이 PER 값(5.02배)에 마우스 커서를 위치시키고 마우스 오른쪽 버튼을 눌러 '검사' 메뉴를 선택합니다.

그림 4-18 크롬 브라우저에서 검사 기능 사용

크롬 웹 브라우저의 검사 기능은 웹 페이지에서 선택한 부분에 대응되는 HTML 코드를 보여줍니다. 그림 4-19에서 5.02배라는 값에는 〈em〉〈/em〉 태그가 대응되는 것을 확인할 수 있습니다. 〈em〉 태그의 기능은 모르더라도 〈em〉 태그에 사이에 우리가 원하는 5.02라는 값이 존재하는 것을 알 수 있습니다. 어떻게 하면 HTML 문서에 있는 수많은 태그 중 〈em〉 태그의 값만 가져올 수 있을까요?

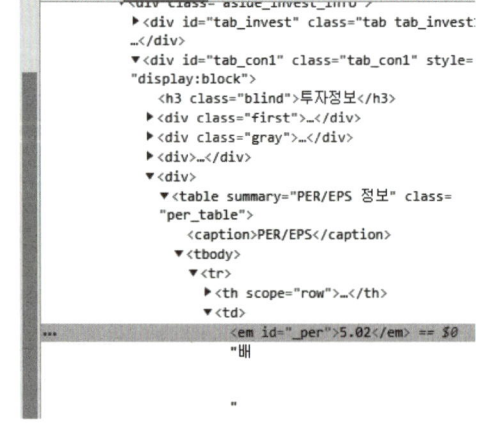

그림 4-19 id 속성이 부여된 em 태그

HTML에서 우리가 원하는 조건을 갖는 특정 태그만을 파싱하는 것은 생각보다 어렵습니다. 만약 HTML 태그가 여러 번 사용됐다면 HTML 전체 문서 중 원하는 데이터의 위치를 더욱 상세히 기술해야 합니다. 하지만 찾고자 하는 태그가 한 번만 사용됐다면 쉽게 그 위치를 찾을 수 있을 겁니다.

그림 4-19를 보면 〈em〉 태그는 웹페이지에서 여러 번 사용되었지만, 해당 〈em〉 태그는 id = "_per"이라는 속성이 있는 것을 알 수 있습니다. id 속성은 HTML 문서에서 한 번만 나올 수 있기 때문에 〈em〉 태그보다는 id 속성으로 태그를 찾는 것이 좋겠습니다. 여러분은 지금 CSS의 ID 셀렉터가 떠올라야 합니다.

BeautifulSoup 객체에는 CSS 셀렉터로 태그를 가져오는 select() 메서드가 있습니다. 다음 코드를 보면 select 메서드에 '#_per'이라고 인자를 넘겨주는데, 여기서 '#'의 의미는 id를 의미합니다. 따라서 '#_per' 은 태그 중 id = "_per"인 태그를 선택 (select) 하라는 의미입니다.

```
tags = soup.select("#_per")
```

select() 메서드는 조건에 만족하는 모든 태그를 파이썬 리스트로 반환합니다. 사용한 id 속성은 HTML 문서에서 한 번만 나오기 때문에 리스트에 하나의 데이터가 있고 리스트의 0번을 인덱싱하여 원하는 태그를 얻을 수 있습니다.

```
tag = tags[0]
print(tag)
print(tag.text)
```

tag 변수가 바인딩하는 값을 보면 다음과 같습니다. 여기서 〈em〉 태그와 〈/em〉 사이의 값만 가져오기 위해서는 점(.)을 찍고 text 속성에 접근하면 됩니다. 어떻게 이런 것이 가능하냐고요? 현재 tag 변수가 바인딩하는 객체는 〈class 'bs4.element.Tag'〉 타입으로 HTML을 잘 표현하기 위해 만든 클래스입니다. 클래스에는 속성 (데이터나 메서드)이 있지요? 〈class 'bs4.element.Tag'〉에는 text 속성이 있는데 이를 통해서 우리가 원하는 5.02이라는 값을 가져올 수 있는 겁니다.

```
<em id="_per">5.02</em>
```

이번에는 배당 수익률 항목의 값을 가져와 봅시다. 먼저 크롬 웹 브라우저의 검사 기능을 사용해서 해당 항목에 대응되는 태그를 먼저 확인해야 하겠지요? 그림 4-20을 보면 운이 좋게도 배당 수익률 역시 〈em〉 태그로 되어 있고 id = "_dvr"이라는 속성이 있습니다. id 속성은 HTML 문서에 한 번만 존재하므로 우리는 HTML 문서에서 id = "_dvr"이 있는 태그를 찾으면 됩니다.

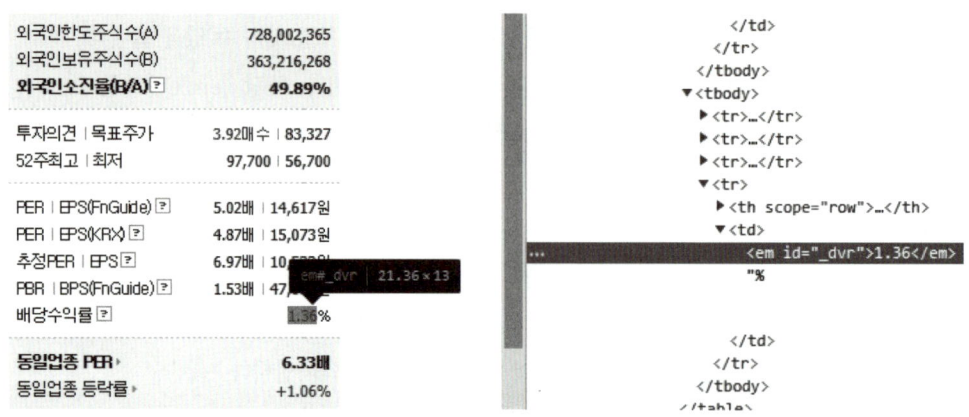

그림 4-20 배당 수익률과 HTML 코드

배당 수익률을 스크래핑하기 위해서는 라인 8의 코드와 같이 select( ) 메서드의 입력 값만 변경하면 됩니다.

```
# ch04/04_03.py
01: import requests
02: from bs4 import BeautifulSoup
03:
04: url = "http://finance.naver.com/item/main.nhn?code=000660"
05: html = requests.get(url).text
06:
07: soup = BeautifulSoup(html, "html5lib")
08: tags = soup.select("#_dvr")
09: tag = tags[0]
10: print(tag.text)
```

이번에는 PER 값과 배당수익률을 스크래핑하는 코드를 함수로 만들어 보겠습니다. get_per( ) 함수와 get_dividend( ) 함수는 함수 입력으로 종목 코드를 입력받습니다. 나머지 함수 본체의 코드는 앞서 설명한 것과 같습니다. 다만 파싱 된 값을 float 타입으로 변환한 후 이를 리턴해주도록 구현했습니다.

```
# ch04/04_04.py
01: import requests
02: from bs4 import BeautifulSoup
03:
04: def get_per(code):
```

```
05:        url = "http://finance.naver.com/item/main.nhn?code=" + code
06:        html = requests.get(url).text
07:
08:        soup = BeautifulSoup(html, "html5lib")
09:        tags = soup.select("#_per")
10:        tag = tags[0]
11:        return float(tag.text)
12:
13: def get_dividend(code):
14:        url = "http://finance.naver.com/item/main.nhn?code=" + code
15:        html = requests.get(url).text
16:
17:        soup = BeautifulSoup(html, "html5lib")
18:        tags = soup.select("#_dvr")
19:        tag = tags[0]
20:        return float(tag.text)
21:
22: print(get_per("000660"))
23: print(get_dividend("000660"))
```

4.2.2. ID가 없는 태그에 대한 스크래핑

이번에는 외국인 소진율 값을 스크래핑해 보도록 하겠습니다. 크롬 웹 브라우저의 검사 기능을 사용해서 태그를 살펴보면 그림 4-21과 같이 〈em〉 태그임을 알 수 있습니다. 그런데 이번에는 〈em〉 태그에 id 속성이 없습니다. 따라서 우리는 HTML 문서에서 해당 〈em〉 태그를 특정 지을 방법이 없습니다. 실제로 웹 페이지에서 데이터를 스크래핑하다 보면 이런 경우가 많습니다.

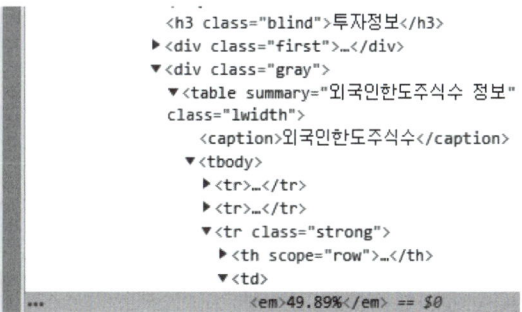

그림 4-21 외국인 소진율과 HTML 코드

ID가 없는 태그의 경우에는 HTML 문서에서 태그의 상대적인 위치를 나열함으로써 데이터를 파싱하는 다중 셀렉터를 사용해야 합니다. 다중 셀렉터가 기억나지 않으신 분은 4.1.5절을 복습하고 오세요. 그림 4-21에서 HTML 코드를 보면 외국인 소진율은 <table> 안에 <tbody> 안에 <tr> 안에 <td> 안에 <em> 태그 안에 들어 있습니다. 이를 CSS 다중 셀렉터로 작성하면 아래와 같습니다.

```
tbody tr td em
```

아래는 soup.select( ) 메서드를 수정한 코드입니다. select( ) 메서드는 조건을 만족하는 모든 태그를 파이썬 리스트로 반환하기 때문에 이를 모두 출력하기 위해 for 문을 사용했습니다.

```
# ch04/04_05.py
01: import requests
02: from bs4 import BeautifulSoup
03:
04: url = "http://finance.naver.com/item/main.nhn?code=000660"
05: html = requests.get(url).text
06:
07: soup = BeautifulSoup(html, "html5lib")
08: tags = soup.select("table tbody tr td em")
09:
10: for tag in tags:
11:     print(tag.text)
```

그런데 코드를 실행해보면 원하는 외국인 소진율뿐만 아니라 수많은 값이 출력됩니다. 다중 셀렉터가 모호해서 같은 조건을 갖는 다른 태그들도 함께 출력된 겁니다.

```
생략
....................
상향 60
상향 35
하향 50
```

다중 셀렉터를 보다 구체화해 원하는 값만 선택해봅시다. 그림 4-21의 HTML 코드를 자세히 살펴보면, table 태그에는 lwidth 클래스 속성이, tr 태그에는 strong 클래스 속성이 부여되어 있습니다. 이러한 사항들을 CSS 셀렉터에 반영해 봅시다. 클래스 속성은 마침표와 클래스 이름을 적어주면 됐었죠? 8번 라인 코드를 아래와 같이 수정해서 실행해보세요.

```
# ch04/04_06.py
08: tags = soup.select(".lwidth tbody .strong td em")
```

코드를 수정 후 실행하면 외국인 소진율만 화면에 출력되는 것을 확인할 수 있습니다. 이처럼 한 번에 원하는 값을 얻어내기는 쉽지 않습니다. 기본적인 뼈대를 작성하고 클래스 셀렉터 및 아이디 셀렉터를 활용해서 셀렉터를 구체화해야 합니다.

크롬 브라우저를 사용하면 다중 셀렉터를 쉽게 만들 수 있습니다. 그림 4-22와 같이 외국인 소진율에 대응되는 〈em〉 태그에 마우스 오른쪽 버튼을 클릭한 후 Copy → Copy selector 메뉴를 선택합니다.

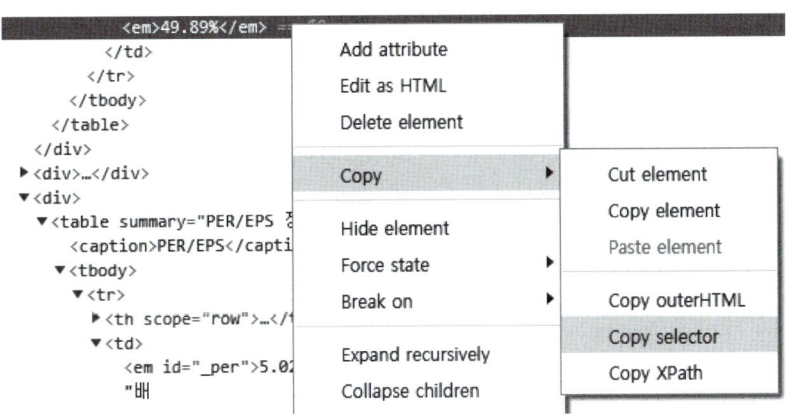

그림 4-22 크롬 브라우저의 자동 셀렉터 생성 기능

복사된 CSS selector를 확인해 보겠습니다. 아래의 CSS selector에서 〉 기호는 자식 태그를 의미합니다. 예를 들어 "div 〉 table" 은 〈div〉에서 한 단계 아래에 있는 〈table〉을 가리킵니다. 〈div〉 안에 〈div〉 안에 있는 〈table〉은 "div 〉 table" 셀렉터를 사용하면 선택되지 않습니다. "〉 nth-child(3)"는 세 번째 div를 지정합니다. #은 ID 속성을 의미했지요? 즉, 아래의 CSS selector는 ID가 'tab_con1'인 태그 안에 있는 세 번째 div 태그 안에 table 태그 안에 tbody 태그 안에 strong 클래스 속성이 부여된 tr 태그 안에 td 태그 안에 있는 em 태그를 의미합니다. HTML 문서 전체에서 이런 태그 계층 구조를 가진 em 태그를 찾는 겁니다.

```
#tab_con1 〉 div:nth-child(3) 〉 table 〉 tbody 〉 tr.strong 〉 td 〉 em
```

먼저 위에서 복사한 CSS selector를 파이썬 BeautifulSoup의 select( ) 메서드 입력 값으로 사용해 봅시다. 라인 8의 코드만 다음과 같이 수정하면 됩니다.

```
08: tags = soup.select("#tab_con1 > div:nth-child(3) > table > tbody > tr.strong > td > em")
```

코드를 실행해보면 nth-of-type을 사용하라는 에러 메시지가 출력됩니다.(최근 버전의 BeautifulSoup에서는 이 문제가 해결되었습니다.) 이는 BeautifulSoup 모듈이 CSS 셀렉터를 100% 지원하지 않아 nth-child를 인식하지 못하기 때문에 발생하는 에러입니다. BeautifulSoup은 특정 위치의 자식 태그를 선택할 때 nth-of-type( )을 사용해야 합니다. 파라미터로 몇 번째 자식 태그인지 선택할 것인지에 대한 인덱스를 전달하면 됩니다. 그림 4-23을 보면 tab_con1 ID를 갖는 〈div〉 태그에서 두 번째 자식 〈div〉에 외국인 소진율이 포함된 것을 확인할 수 있습니다.

```
▼<div class="aside_invest_info">
  ▶<div id="tab_invest" class="tab tab_invest1">…</div>
  ▼<div id="tab_con1" class="tab_con1" style="display:block">
      <h3 class="blind">투자정보</h3>
    ▶<div class="first">…</div>
    ▼<div class="gray">
      ▼<table summary="외국인한도주식수 정보" class="lwidth">
          <caption>외국인한도주식수</caption>
        ▼<tbody>
          ▶<tr>…</tr>
          ▶<tr>…</tr>
          ▼<tr class="strong">
            ▶<th scope="row">…</th>
            ▼<td>
                <em>49.89%</em> == $0
              </td>
```

그림 4-23 외국인 소진율 HTML 코드

8번 라인의 코드를 아래 같이 수정하면 외국인 소진율 48.96만 화면에 출력됩니다. "tab_con1 > nth-of-data(2)"는 tab_con1 ID를 갖는 태그 안에 두 번째 div를 선택하라는 뜻입니다.

```
# ch04/04_07.py
8: tags = soup.select("#tab_con1 > div:nth-of-type(2) > table > tbody > tr.strong > td > em")
```

직접 CSS 셀렉터를 만드는 방법에서부터 크롬 브라우저가 지원하는 CSS 셀렉터 기능을 사용하는 방법에 대해서 알아봤습니다. HTML과 CSS의 상세한 문법보다는 HTML 코드의 구조를 읽고 CSS 셀렉터를 만들어 낼 수 있는 능력이 중요합니다.

4.2.3. RestfulAPI

웹에서 데이터를 얻어오는 방법에는 웹 스크래핑과 웹 API를 사용하는 방법이 있습니다. 이번 시간에는 웹 API를 알아보겠습니다. 특히 웹 주소를 사용해서 상호 작용(현재가를 얻어오거나, 주문을 발행하는 등)을 하는 웹 API를 RestfulAPI라고 부릅니다. 웹 브라우저에 아래 주소를 입력해보세요.

> https://api.korbit.co.kr/v1/ticker/detailed?currency_pair=btc_krw

지금까지는 주소를 입력하면 웹 페이지가 보였는데, 웹 API를 지원하는 페이지는 그림 4-24와 같이 데이터가 바로 출력됩니다. 웹 API는 함수와 유사한데, 함수를 호출하는 것 대신 웹 브라우저에 주소를 입력하면 웹 브라우저로 결괏값이 리턴됩니다.

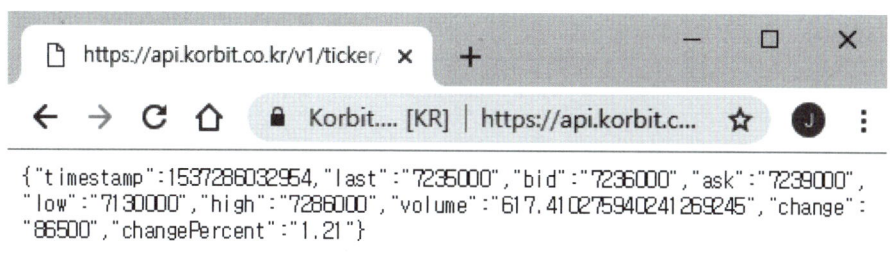

그림 4-24 RestfulAPI의 예제

복잡해 보이는 코빗의 웹 페이지 주소는 아래와 같이 두 가지로 구분할 수 있습니다.

> - https://api.korbit.co.kr/v1/ticker/detailed
> - currency_pair=btc_krw

https://api.korbit.co.kr/v1/ticker/detailed를 함수 이름으로 currency_pair=btc_krw를 함수의 입력이라고 생각해 봅시다. detailed라는 함수를 호출하는데 파라미터로 btc_krw를 전달하는 겁니다. 다만 파이썬에서 함수를 작성하는 것이 아니라 웹브라우저에서 값을 가져올 것이기 때문에 사용하는 문법이 조금 다른 것뿐입니다. 함수 이름과 파라미터를 '?'로 연결하면 전체 주소가 됩니다.

```
https://api.korbit.co.kr/v1/ticker/detailed?currency_pair=btc_krw
```

주소의 끝부분에 btc_krw를 xrp_krw로 변경하면 리플의 현재가를 얻어옵니다.

```
https://api.korbit.co.kr/v1/ticker/detailed?currency_pair=xrp_krw
```

그림 4-25는 리플의 현재가를 조회한 결과입니다. 출력된 내용을 살펴보면 파이썬의 딕셔너리 타입처럼 보입니다. 실제로는 JSON(JavaScript Object Notation)이라고 불리는데 우리는 이를 파이썬 딕셔너리로 변환할 겁니다.

```
{"timestamp":1537286032954,"last":"7235000","bid":"7236000","ask":"7239000",
"low":"7130000","high":"7286000","volume":"617.41027594024126924","change":
"86500","changePercent":"1.21"}
```

그림 4-25 리플의 현재가 조회 결과

그림 4-25의 값을 파이썬 딕셔너리 타입으로 생각할 때 각 key 값의 의미는 표 4-3과 같습니다.

표 4-3 현재가 조회의 반환값

Name	Description
timestamp	최종 체결 시각
last	최종 체결 가격
bid	최우선 매수호가 (매수 주문 중 가장 높은 가격)
ask	최우선 매도 호가 (매도 주문 중 가장 낮은 가격)
low	최근 24시간 저가
high	최근 24시간 고가
volume	거래량

이제는 파이썬으로 데이터를 가져와 봅시다. 웹 주소로 HTML 데이터를 다운로드할 때 requests 모듈의 get() 함수를 사용하는 것을 앞서 배웠습니다.

```
import requests
r = requests.get("https://api.korbit.co.kr/v1/ticker/detailed?currency_pair=btc_krw")
```

get( ) 함수를 호출하여 에러 없이 Response 객체를 받아왔다면 (r이라는 변수가 바인딩하고 있는 상태) r.text를 출력해봅시다. 웹 브라우저에서 확인했던 데이터를 파이썬 코드로 얻어온 것을 확인할 수 있습니다.

> {"timestamp":1533472555707,"last":"8138500","bid":"8120000","ask":"8138500","low":"7930500","high":"8409500","volume":"549.9071431916 98294325","change":"-271000","changePercent":"-3.22"} Process finished with exit code 0

r.text 값은 딕셔너리처럼 보이지만 다음과 같이 타입을 확인해보면 문자열 객체입니다.

> print(type(r.text))

4.2.4. JSON

request의 get( ) 함수로 얻어온 데이터는 파이썬 딕셔너리처럼 생긴 문자열 타입으로 'JSON' 포맷이라고 불립니다. 파이썬에서 JSON 포맷을 쉽게 다루기 위해서는 이를 파이썬 딕셔너리 타입으로 변환하는 겁니다. Response 객체는 json( ) 메서드를 호출하여 JSON 포맷의 데이터를 딕셔너리로 변환할 수 있습니다.

```
# ch04/04_08.py
1: import requests
2: r = requests.get("https://api.korbit.co.kr/v1/ticker/detailed?currency_pair=btc_krw")
3: bitcoin = r.json()
4: print(bitcoin)
5: print(type(bitcoin))
```

라인 3에서 JSON 포맷의 데이터를 딕셔너리로 변환합니다. 이제는 bitcoin에는 딕셔너리가 바인딩되므로 딕셔너리의 key 값으로 value를 얻어올 수 있습니다. 아래 코드와 같이 'last'라는 key를 사용해서 최종 체결가를 얻어옵니다.

> print(bitcoin['last'])

last 외에도 다른 필드 또한 정상 동작하는 것을 알 수 있습니다.

```
print(bitcoin['bid'])
print(bitcoin['ask'])
print(bitcoin['volume'])
```

timestamp 항목은 최종 체결 시각을 의미하는데, 일반적으로 1970년 1월 1일부터 지난 시간(초)을 의미합니다. 프로그래밍에서 시간을 나타내기 위해 빈번하게 사용하는 방법입니다. 사람이 읽을 수 있는 시간으로 변경하려면 datetime 모듈을 사용해야 합니다.

```
# ch04/04_09.py
1: import requests
2: import datetime
3:
4: r = requests.get("https://api.korbit.co.kr/v1/ticker/detailed?currency_pair=btc_krw")
5: bitcoin = r.json()
6:
7: timestamp = bitcoin['timestamp']
8: date = datetime.datetime.fromtimestamp(timestamp/1000)
9: print(date)
```

라인 2: datetime 모듈을 임포트합니다.

라인 8: bitcoin 딕셔너리 객체에서 'timestamp' 키를 통해 값을 얻어옵니다.

라인 9: fromtimestamp() 함수를 사용해서 timestamp 값을 datetime 객체로 변환합니다.

4.3. Pandas Series

4.3.1. 판다스 (Pandas) 란?

지금까지 배운 파이썬 자료구조에는 리스트, 튜플, 딕셔너리가 있었습니다. 파이썬은 자료구조를 기본적으로 제공하기 때문에 다른 프로그래밍 언어보다 더욱더 쉽게 프로그램을 작성할 수 있습니다. 하지만 지금까지 배웠던 리스트, 튜플, 딕셔너리만 사용해서는 그림 4-26과 같은 2차원 형태의 데이터를 다루는데 불편한 점이 있습니다.

날짜	종가	전일비	시가	고가	저가	거래량
2019.01.29	73,400	▲ 1,600	71,400	73,800	71,000	3,365,692
2019.01.28	71,800	▼ 2,800	74,700	74,900	71,200	4,972,189
2019.01.25	74,600	▲ 4,100	71,600	74,800	71,100	7,163,871
2019.01.24	70,500	▲ 3,700	66,900	70,500	66,900	6,914,092
2019.01.23	66,800	▲ 200	65,500	67,200	64,800	2,825,017
2019.01.22	66,600	▼ 400	67,900	68,000	65,700	4,047,917
2019.01.21	67,000	▲ 2,400	65,900	67,400	65,000	3,977,425
2019.01.18	64,600	▼ 300	65,000	65,700	63,900	2,263,599
2019.01.17	64,900	▲ 100	65,500	66,200	64,600	2,830,122
2019.01.16	64,800	▲ 800	63,800	64,900	62,700	2,478,497

그림 4-26 2차원 데이터의 예

판다스(Pandas)라는 모듈은 1차원 데이터를 다루는 Series 타입과 2차원 데이터를 위한 DataFrame 타입을 제공합니다. Series와 DataFrame을 사용하면 데이터를 엑셀에 저장하거나 그래프로 시각화하는 일을 쉽게 처리할 수 있습니다. 또한, 데이터 분석을 위한 다양한 메서드를 제공합니다.

4.3.2. Series 생성

판다스 Series는 1차원 데이터를 저장하기에 효과적인 자료구조입니다. 여기서 1차원 데이터라는 것은 엑셀 시트에 있는 한 행 또는 한 열에 있는 데이터를 생각하시면 됩니다. 예를 들어 비트코인의 최근 5일 종가와 같은 것들이 1차원 데이터입니다.

Series는 클래스로 pandas 모듈 안에 포함되어 있습니다. 따라서 이를 사용하기 위해서는 먼저 import를 해야 합니다.

```
from pandas import Series
```

Series 객체는 리스트를 사용해서 만들 수 있습니다. 클래스 Series의 생성자로 리스트를 넘겨주면 Series 객체가 생성됩니다.

```
1: data = [100, 200, 300, 400]
2: s = Series(data)
3: print(type(s))
```

라인 1: data라는 변수가 파이썬 리스트를 바인딩합니다.

라인 2: Series 객체가 생성됩니다. 생성된 Series 객체를 s라는 변수가 바인딩합니다.

라인 3: s라는 변수가 바인딩하는 객체의 타입을 출력합니다.

위 코드를 실행하면 0부터 시작하는 정수 인덱스와 함께 리스트의 데이터가 출력됩니다. 0부터 시작하는 정수 인덱스에 값이 맵핑되는 것을 보면 파이썬의 리스트와 비슷해 보입니다.

```
0  100
1  200
2  300
3  400
dtype: int64
```

4.3.3. Series 생성할 때 인덱스를 지정하기

이번에는 표 4-4의 리플 종가 데이터를 Series 객체로 표현해 보겠습니다. 저장해야 할 정보는 날짜와 해당일의 리플 종가입니다. 파이썬 리스트를 사용하면 리플의 종가 또는 날짜만 저장할 수 있습니다.

앞에서 사용한 것과 같이 값만으로 Series 객체를 생성하면 날짜를 표현할 수 없습니다. 날짜별로 종가를 저장하기 위해서는 Series 객체를 생성할 때 index 파라미터로 날짜를 넘겨주면 됩니다.

표 4-4 리플의 5일 종가

날짜	리플 종가
2018-08-01	512
2018-08-02	508
2018-08-03	514
2018-08-04	507
2018-08-05	500

```
# ch04/04_10.py
1: from pandas import Series
2: date = ['2018-08-01', '2018-08-02', '2018-08-03', '2018-08-04', '2018-08-05']
3: xrp_close = [512, 508, 512, 507, 500]
4: s = Series(xrp_close, index=date)
5: print(s)
```

라인 3: 각 날짜를 문자열로 표현하고 이를 리스트 객체로 만듭니다.

라인 4: 리플 종가를 리스트로 만듭니다.

라인 5: 리플 종가를 갖고 Series 객체를 생성하는데 이때 인덱스 값으로 날짜를 지정합니다.

s라는 변수는 Series 객체를 바인딩합니다. 출력된 값을 확인해보면 인덱스로 정숫값 대신에 문자열로 표현된 날짜가 사용된 것을 확인할 수 있습니다. Series 객체를 생성할 때 index 파라미터를 따로 지정하지 않으면 데이터는 0부터 시작하는 정수 인덱스를 갖습니다. 하지만 index 파라미터를 지정하면 딕셔너리의 key-value처럼 index-value라는 관계를 갖고 저장됩니다.

```
2018-08-01  512
2018-08-02  508
2018-08-03  512
2018-08-04  507
2018-08-05  500
dtype: int64
```

Series 객체를 생성할 때 인덱스를 지정하면 표 4-5와 같이 기존의 정수 인덱스와 추가된 인덱스가 함께 사용됩니다. 정수 인덱스가 화면에 출력되지는 않지만, 내부적으로 자동 설정됩니다.

표 4-5 인덱스를 추가한 Series의 내부

인덱스1	인덱스2	값
0	'2018-08-01'	512
1	'2018-08-02'	508
2	'2018-08-03'	512
3	'2018-08-04'	507
4	'2018-08-05'	500

따라서 512라는 값을 출력할 때 다음과 같은 두 가지 표현이 모두 가능합니다.

```
print(s[0])
print(s['2018-08-01'])
```

4.3.4. Series 인덱싱/슬라이싱

Series 객체에 저장된 값은 인덱스를 사용해서 얻어올 수 있습니다. 파이썬 딕셔너리에서 keys( ) 와 values( ) 메서드를 통해 모든 key와 value를 얻을 수 있었던 것처럼 Series 객체에서는 index와 values 속성을 통해 모든 index와 value를 얻을 수 있습니다.

```
# ch04/04_11.py
1: from pandas import Series
2:
3: date = ['2018-08-01', '2018-08-02', '2018-08-03', '2018-08-04', '2018-08-05']
4: xrp_close = [512, 508, 512, 507, 500]
5: s = Series(xrp_close, index=date)
6:
7: print(s.index)
8: print(s.values)
```

코드를 실행하면 우리가 흔히 사용했던 리스트는 아니지만 index와 value가 출력됩니다.

> Index(['2018-08-01', '2018-08-02', '2018-08-03', '2018-08-04', '2018-08-05'], dtype='object')
> [512 508 512 507 500]

파이썬 리스트에서 정숫값을 사용해서 인덱싱하거나 딕셔너리에서 key 값을 사용해서 인덱싱하는 것처럼 Series 객체 역시 index 값을 사용해서 인덱싱할 수 있습니다. Series 객체는 여기서 하나 더 나아가 여러 index 값을 사용하면 동시에 여러 값을 한 번에 인덱싱할 수 있습니다. 예를 들어 '2018-08-02'일과 '2018-08-04'일의 리플 가격을 얻어오려면 다음과 같이 코딩하면 됩니다.

```
# ch04/04_12.py
# 코드 생략
9: print(s[['2018-08-02', '2018-08-04']])
```

출력값을 확인해 봅시다. Series 객체를 인덱싱할 때 두 개 이상의 값을 사용하는 경우 인덱싱의 결과 역시 Series 객체임을 알 수 있습니다.

```
2018-08-02 508
2018-08-04 507
dtype: int64
```

이번에는 Series 객체에 대해 슬라이싱 해보도록 하겠습니다. Series 객체 생성 시 index를 따로 설정한 경우 기본적으로 사용되는 정수 인덱스에 추가로 설정한 인덱스도 사용됐지요? 먼저 인덱스로 지정한 날짜 정보를 사용하여 슬라이싱 해보겠습니다.

```
# ch04/04_13.py
1: from pandas import Series
2:
3: date = ['2018-08-01', '2018-08-02', '2018-08-03', '2018-08-04', '2018-08-05']
4: xrp_close = [512, 508, 512, 507, 500]
5: s = Series(xrp_close, index=date)
6:
7: print(s['2018-08-01': '2018-08-03'])
```

위 코드의 실행 결과를 살펴봅시다. 리스트 슬라이싱에서는 '[시작:끝]' 일 때 끝 인덱싱 값은 포함하지 않았습니다. Series 객체에서는 정숫값이 아닌 사용자가 지정한 인덱싱 값으로 인덱싱하는 경우 끝 인덱싱 값도 포함합니다. 그래서 s['2018-08-01': '2018-08-03']와 같이 슬라이싱하면 '2018-08-03'의 데이터까지 슬라이싱됩니다.

```
2018-08-01 512
2018-08-02 508
2018-08-03 512
dtype: int64
```

정수값을 사용해서 슬라이싱하면 리스트와 튜플에서 배웠던 슬라이싱과 동일하게 끝값을 포함하지 않습니다.

```
# 코드 생략
7: print(s[0:2])
```

정수 인덱싱를 사용한 결과 '2018-08-01'과 '2018-08-02'의 데이터만 슬라이싱 됐음을 확인할 수 있습니다.

```
2018-08-01 512
2018-08-02 508
dtype: int64
```

4.3.5. Series 추가/삭제

이번에는 생성된 Series 객체에 값을 추가하고 삭제해 보겠습니다. Series 객체에 값을 추가하는 것은 딕셔너리와 동일합니다. Series 객체에서 값 삭제는 drop( ) 메서드를 사용합니다.

```
# ch04/04_14.py
1: from pandas import Series
2:
3: date = ['2018-08-01', '2018-08-02', '2018-08-03', '2018-08-04', '2018-08-05']
4: xrp_close = [512, 508, 512, 507, 500]
5: s = Series(xrp_close, index=date)
6:
7: s['2018-08-06'] = 490
8: print(s.drop('2018-08-01'))
9: print(s)
```

라인 7: 딕셔너리와 동일하게 추가할 key에 값을 대입해서 Series에 데이터를 추가합니다.

라인 8: Series 클래스의 drop 메서드로 '2018-08-06' 키와 값을 삭제합니다.

라인 9: s가 바인딩하는 객체를 화면에 출력합니다.

Series 객체는 drop 메서드를 호출하면 원본 데이터는 그대로 유지되고 특정 항목이 삭제된 새로운 Series 객체가 리턴됩니다.

```
2018-08-02    508
2018-08-03    512
2018-08-04    507
2018-08-05    500
2018-08-06    490
dtype: int64
2018-08-01    512
2018-08-02    508
2018-08-03    512
2018-08-04    507
2018-08-05    500
2018-08-06    490
dtype: int64
```

4.3.6. Series의 연산

리스트, 튜플, 딕셔너리는 저장된 값에 사칙연산을 직접 적용할 수 없었습니다. 다음과 같이 리스트에 네 개의 값이 저장되어 있을 때, 나누기 연산을 시도하면 에러가 발생합니다.

```
my_list = [100, 200, 300, 400]
print (my_list / 10)
```

```
TypeError: unsupported operand type(s) for /: 'list' and 'int
```

파이썬의 기본 자료구조는 반복문을 사용해서 모든 값을 가져온 후에 나누기 연산을 적용하고, 그 결과를 새로운 리스트에 저장해야만 합니다. 그렇다면 Series는 사칙연산에 대해 어떻게 동작할까요?

```
new_list = []
for val in my_list:
    new_list.append(val/10)
```

Series 객체는 저장된 모든 데이터에 사칙연산을 적용합니다. 다음 코드에서 Series(변수 s)에 저장된 모든 값에 나누기 10 연산이 적용됩니다.

```
# ch04/04_15.py
1: from pandas import Series
2: s = Series([100, 200, 300, 400])
3: print(s /10)
```

반환값이 Series라는 사실이 중요합니다. 새로운 리스트를 만들고 반복문을 사용하는 것보다 쉽죠? 이것이 Pandas를 사용하는 이유입니다.

```
0    10.0
1    20.0
2    30.0
3    40.0
dtype: float64
```

4.4. Pandas DataFrame

4.4.1. DataFrame 생성-1

판다스의 Series가 1차원 데이터를 저장한다면, DrataFrame은 가로축과 세로축이 있는 2차원 데이터를 저장하는 자료구조입니다. 클래스로 pandas 모듈 안에 구현되어 있기 때문에, 이를 이용하기 위해서는 우선 import를 해야 합니다.

```
from pandas import DataFrame
```

DataFrame 객체는 딕셔너리를 사용해서 만들 수 있습니다. 클래스 DataFrame의 생성자로 딕셔너리를 넘겨주면 DataFrame 객체가 만들어집니다.

```
# ch04/04_16.py
1: data = {'open': [100, 200], "high": [110, 210]}
2: df = DataFrame(data )
3: print(df)
```

> 라인 1: data라는 변수는 파이썬 딕셔너리를 바인딩합니다.
> 라인 2: DataFrame 객체가 생성되고 df 변수에 바인딩합니다.
> 라인 3: df라는 변수가 바인딩하는 객체의 타입을 출력합니다.

위 코드를 실행하면 두 개의 열과 두 개의 행으로 구성된 DataFrame 객체를 확인할 수 있습니다. 인덱스는 0부터 순차 증가하는 숫자로 자동 맵핑되었습니다.

```
   open  high
0   100   110
1   200   210
```

이번에는 표 4-6의 OHLC (Open/High/Low/Close) 데이터를 DataFrame 객체로 표현해 보겠습니다. 자동으로 맵핑된 숫자 인덱스가 아닌 문자열로 날짜를 표현한 것에 주의하세요.

표 4-6 이틀 동안의 OHLC 데이터

-	open	high	low	close
2018-01-01	730	755	700	750
2018-01-02	750	780	710	770

DataFrame 객체를 생성할 때, index 파라미터로 날짜 (문자열 리스트)를 넘겨줍니다. Series에서 index를 추가하는 것과 같죠?

```
# ch04/04_17.py
data = {"open": [737, 750], "high": [755, 780], "low": [700, 710], "close": [750, 770]}
df = DataFrame(data , index=["2018-01-01", "2018-01-02"])
print(df)
```

위 코드를 실행하면 DataFrame 객체가 문자열 인덱스와 함께 출력됩니다.

```
            date   open  high  low  close
       2018-01-01  737   755   700  750
       2018-01-02  750   780   710  770
```

4.4.2. DataFrame 생성 - 2

지금까지 딕셔너리를 사용해서 DataFrame을 만드는 방법에 대해 배웠는데, 이것은 DataFrame을 연습하기 위한 예제에 가깝습니다. 일반적으로 파일 혹은 웹페이지 등에 데이터가 저장되어 있습니다. DataFrame은 사용자 편의를 위해 파일 혹은 웹페이지에 저장된 데이터를 가져오는 함수를 제공합니다.

우선 엑셀 파일을 읽어 DataFrame 객체를 생성하는 방법을 알아보겠습니다. 엑셀 프로그램을 켜고 Sheet에 그림 4-27과 같이 데이터를 입력하세요. 작성한 후에는 엑셀 파일을 저장하고 저장 경로를 복사하세요. 예제에서는 "C:\ohlc.xlsx"에 저장했습니다.

그림 4-27
엑셀에 저장된 OHLC 데이터

	A	B	C	D	E
1	date	open	high	low	close
2	2018-01-01	100	110	70	100
3	2018-01-02	200	210	180	190
4	2018-01-03	300	310	300	310

판다스가 제공하는 read_excel 함수는 엑셀 파일을 읽어 DataFrame 객체로 변환합니다.

```
# ch04/04_18.py
1: import pandas as pd
2: df = pd.read_excel("C:\\ohlc.xlsx")
3: print(df)
```

라인 1: pandas 모듈을 pd라는 이름으로 선언합니다.
라인 2: pd의 read_excel 함수가 엑셀을 읽고 DataFrame으로 변환해서 반환합니다.
라인 3: df에 바인딩된 DataFrame 객체를 출력합니다.

예제에서는 데이터가 세 라인밖에 없지만, 실제 엑셀 시트에는 수백, 수천 개의 데이터가 저장되어 있을 겁니다. 데이터를 매번 딕셔너리로 만든 후, DataFrame으로 생성하는 것은 시간 소모적인 일일 수밖에 없습니다.

```
        date        open  high  low  close
0  2018-01-01   100   110   70   100
1  2018-01-02   200   210   180  190
2  2018-01-03   300   310   300  310
```

엑셀에서 읽은 DataFrame은 기본적으로 자동 맵핑된 행 번호를 사용합니다. 자동 생성된 번호 대신 다른 Column을 index로 지정하기 위해서는 set_index 함수를 사용합니다. 함수의 파라미터로 Column 이름을 넘기면 해당하는 Column이 index로 변환됩니다. set_index 함수는 원본 DataFrame 객체는 그대로 두고 index를 변경한 DataFrame 객체를 반환해줍니다. 따라서 set_index 함수의 결과를 df 변수에 다시 바인딩해야 합니다.

```
1: df = df.set_index('date')
2: print(df)
```

```
date          open  high  low  close
2018-01-01    100   110   70   100
2018-01-02    200   210   180  190
2018-01-03    300   310   300  310
```

DataFrame 객체를 엑셀로 저장 할때는 DataFrame의 to_excel 메서드를 사용합니다. 다음 코드는 C 드라이브의 ohlc-2.xlsx 이름의 엑셀 파일로 DataFrame 객체를 저장하는 예제입니다.

```
# ch04/04_19.py
1: df.to_excel("C:\\ohlc-2.xlsx")
```

읽을 때는 read_excel 함수, 쓸 때는 to_excel 함수를 사용합니다. 함수 이름이 직관적이라 기억하기 쉽죠?

이번에는 웹페이지의 데이터를 DataFrame으로 가져오는 방법을 배워 보겠습니다. 네이버 금융은 종목별로 일별 시세 정보를 제공합니다. 그림 4-28은 LG전자 (066570)의 일별 시세입니다. 주소 끝 부분의 종목 코드를 변경하면 해당하는 종목의 일별 시세 정보를 확인할 수 있습니다.

(링크: https://finance.naver.com/item/sise_day.nhn?code=066570)

날짜	종가	전일비	시가	고가	저가	거래량
2018.09.18	69,000	▼ 2,900	71,200	71,500	68,400	2,597,380
2018.09.17	71,900	▼ 200	72,400	73,200	71,800	521,629
2018.09.14	72,100	▲ 600	72,100	72,800	71,700	809,166
2018.09.13	71,500	▼ 600	72,400	72,800	71,100	971,252
2018.09.12	72,100	▼ 700	73,200	73,500	71,900	852,910
2018.09.11	72,800	▼ 300	73,000	74,300	72,500	712,081
2018.09.10	73,100	▼ 1,200	74,200	74,300	73,000	858,482
2018.09.07	74,300	▼ 100	74,200	75,100	73,400	670,262
2018.09.06	74,400	▼ 1,800	75,900	76,200	74,000	1,144,654
2018.09.05	76,200	▼ 1,900	77,800	78,500	76,100	873,220

1 | 2 | 3 | 4 | 5 | 6 | 7 | 8 | 9 | 10 | 다음 ▶ | 맨뒤 ▶▶

그림 4-28 LG전자 (066570) 일별 시세 정보

pandas 모듈의 read_html( ) 함수는 웹페이지를 DataFrame으로 변환합니다. 웹페이지 주소를 함수의 파라미터로 전달하면 DataFrame 객체를 반환합니다.

```
# ch04/04_20.py
1: import pandas as pd
2: import requests
3: url = "https://finance.naver.com/item/sise_day.nhn?code=066570"
4: df = pd.read_html(requests.get(url, headers={'User-agent': 'Mozilla/5.0'}).text)
5: print(df[0])
```

4.1 장의 웹 스크래핑에서 웹페이지의 데이터는 HTML로 표현된다고 배웠지요? read_html( ) 함수는 웹페이지의 HTML을 다운받고 〈table〉 태그를 파싱해서 DataFrame으로 변경합니다. 웹 페이지에 여러 개의 〈table〉이 있을 수 있기 때문에 read_html 함수는 결괏값으로 DataFrame의 리스트를 반환합니다.

아래는 df[0]을 화면에 출력한 결과입니다. 엑셀에서 데이터를 읽을 때와 동일하게 자동으로 맵핑된 인덱스가 사용되었습니다.

	0	1	2	3	4	5	6
0	날짜	종가	전일비	시가	고가	저가	거래량
1	NaN	NaN	NaN	NaN	NaN	NaN	NaN
2	2018.08.17	72400	900	74100	74100	72400	843950
3	2018.08.16	73300	300	72500	73900	71300	920959
4	2018.08.14	73600	2700	76100	76200	70900	2397515
5	2018.08.13	76300	2700	78200	78400	75800	840750
6	2018.08.10	79000	1400	80000	80700	78700	961866

(... 생략 ...)

NaN은 네이버 금융 페이지의 HTML Table에 숨겨진 코드 때문에 출력되며 dropna 함수를 사용해서 행을 제거할 수 있습니다. 파라미터로 axis 값을 전달하는데 0일 경우 행을 삭제하며, 1일 경우 열을 삭제합니다. 다음 코드에서 axis 값으로 0을 지정했기 때문에 NaN이 포함된 행 전체를 삭제한 것을 확인할 수 있습니다.

```
print(df[0].dropna(axis=0))
```

	0	1	2	3	4	5	6
0	날짜	종가	전일비	시가	고가	저가	거래량
2	2018.08.17	72400	900	74100	74100	72400	843950
3	2018.08.16	73300	300	72500	73900	71300	920959
4	2018.08.14	73600	2700	76100	76200	70900	2397515
5	2018.08.13	76300	2700	78200	78400	75800	840750
6	2018.08.10	79000	1400	80000	80700	78700	961866

4.4.3. DataFrame 인덱싱/슬라이싱

DataFrame은 가로축과 세로축이 있는 이차원 형태의 자료구조이기 때문에 행, 열의 데이터를 얻어올 방법을 모두 사용할 수 있어야 합니다. 먼저 열 단위로 데이터를 가져오는 방법을 알아보겠습니다. df 변수에는 표 4-7에 해당하는 OHLC가 DataFrame으로 저장되어 있다고 가정합시다.

표 4-7 이틀 동안의 OHLC 데이터

-	open	high	low	close
2018-01-01	730	755	700	750
2018-01-02	750	780	710	770

딕셔너리 key를 사용해서 값에 접근하는 것과 같이 DataFrame의 열 이름을 사용해서 하나의 열을 가져옵니다. 이때 가져온 데이터는 Series입니다.

```
# ch04/04_21.py
1: data = {"open": [730, 750], "high": [755, 780], "low": [700, 710], "close": [750, 770]}
2: df = DataFrame(data , index=["2018-01-01", "2018-01-02"])
3: print(df["open"])
```

```
2018-01-01    737
2018-01-02    750
Name: open, dtype: int64
```

이번에는 '2018-01-01' 일자의 OHLC (하나의 행)를 가져와 봅시다. DataFrame은 loc라는 특수한 메서드를 사용해서 하나의 행을 가져올 수 있습니다. loc 메서드에 특정 인덱스를 넘겨주면 해당하는 행의 데이터가 Series로 반환됩니다. 코드의 실행 결과 "2018-01-01" 인덱스를 갖는 OHLC 행이 출력된 것을 확인할 수 있습니다.

```
# ch04/04_22.py
# 생략
3: print(df.loc["2018-01-01"])
```

```
Open     730
High     755
```

```
Low     700
Close   750
Name: 2018-01-01, dtype: int64
```

인덱스가 없을 경우는 어떻게 해야 할까요? iloc 메서드를 사용하면 자동으로 맵핑되는 숫자 index로 값을 얻어올 수 있습니다. 다음 코드의 실행 결과는 loc["2018-01-01"] 코드를 실행한 결과와 동일합니다.

```
print(df.iloc[0])
```

DataFrame 객체에서 행을 가져올 때 loc나 iloc를 사용할 수 있는데 상황에 따라 적절한 메서드를 호출하는 것이 중요합니다. 예를 들어 2018-04월의 일봉 데이터가 DataFrame 객체로 저장되어 있을 때 첫 번째 거래일의 일봉 데이터를 얻어와야 하는 경우를 생각해봅시다. 만약 날짜를 이용해서 첫 번째 거래일의 데이터를 얻어오려면 먼저 2018-04월의 첫 번째 거래일을 알아야 하는데 이는 쉬운 일이 아닙니다. 참고로 4월 1일은 일요일이어서 첫 번째 거래일은 4월 2일입니다. 이런 경우에는 iloc[0]을 사용해서 행 데이터를 가져가는 편이 좋습니다.

하나 이상의 행을 가져올 때는 리스트에 인덱스를 넣고, 리스트를 loc로 전달하면 됩니다. 아래 코드는 loc를 사용해서 2018-01-01, 2018-01-02 이틀의 OHLC 값을 가져옵니다.

```
target = ["2018-01-01", "2018-01-02"]
print(df.loc[target])
```

iloc를 사용해서 앞서 사용한 loc와 동일한 결과를 얻을 수도 있습니다.

```
target = [0, 1]
print(df.iloc[target])
```

4.4.4. DataFrame 추가하기

미리 생성된 DataFrame에 새로운 Column을 추가할 수도 있습니다. 딕셔너리에 값을 추가하는 것처럼 Column의 이름을 키값으로 지정하고 우변에는 Series 객체를 사용하면 됩니다.

```
# ch04/04_23.py
```

```
1: data = {"open": [737, 750], "high": [755, 780], "low": [700, 710], "close": [750, 770]}
2: df = DataFrame(data)
3: s = Series([300, 400])
4: df["volume"] = s
5: print(df)
```

> 라인 3: DataFrame에 추가할 Series 객체를 생성합니다.
> 라인 4: DataFrame에 volume이란 이름으로 Series 객체를 추가합니다.

출력값을 살펴보면 volume 열이 추가된 것을 확인할 수 있습니다.

	open	high	low	close	volume
0	737	755	700	750	300
1	750	780	710	770	400

행을 추가할 때는 loc를 사용해서 행의 이름과 데이터를 튜플 혹은 리스트로 넘겨주면 됩니다. 아래 코드는 2라는 이름의 행에 (100, 200, 300, 400, 500)의 값을 추가합니다. 데이터의 개수가 DataFrame 행의 데이터 개수와 동일해야 함에 주의하세요.

```
1: df.loc[2] = (100, 200, 300, 400, 500)
2: print(df)
```

DataFrame을 사용할 때 Series를 새롭게 생성해서 데이터를 추가하는 것보다는 기존 데이터를 활용해서 데이터를 추가하는 일이 빈번하게 일어납니다. 다음 코드를 살펴봅시다.

```
# ch04/04_24.py
1: upper = df["open"] * 1.3
2: df["upper"] = upper
```

> 라인 1: DataFrame에서 open 이름의 열을 Series로 가져옵니다. open 열에 저장된 Series에 1.3을 모두 곱하고 upper 변수에 바인딩합니다.
> 라인 2: DataFrame에 upper 이름의 열을 추가합니다.

인덱싱의 결과가 Series였음을 기억해야 합니다. Series 타입이기 때문에 곱하기 연산이 모든 데이터에 적용되고 그 결과 역시 Series입니다. 위 코드를 실행한 결과 df 변수에 upper 열이 추가된 것을 확인할 수 있습니다.

	open	high	low	close	upper
2018-01-01	737	755	700	750	958.1
2018-01-02	750	780	710	770	975.0

4.4.5. 칼럼 시프트

그림 4-29의 엑셀과 같이 A 칼럼에 100, 200, 300이 있는데 이를 한 줄 내려서 B 칼럼에 저장하는 경우를 생각해 봅시다. 이때 1번째 행에는 데이터가 없을 것이고 300의 값은 B 칼럼에서 삭제가 되면 됩니다. 엑셀에서는 영역을 선택한 후 복사 붙여 넣기 하면 쉽게 데이터를 조작할 수 있지요?

	A	B	C
1	100		
2	200	100	
3	300	200	

그림 4-29 시프트된 B 열

그렇다면 Pandas에서는 이를 어떻게 해야 할까요? Series 객체 있는 값을 시프트 하기 위해서는 shift 메서드를 사용합니다. shift(1)이라고 호출하면 값을 하나 내려줍니다.

```
# ch04/04_25.py
1: from pandas import Series
2:
3: s = Series([100, 200, 300])
4: s2 = s.shift(1)
5: print(s)
6: print(s2)
```

실행 결과를 살펴보면 s가 바인딩하는 Series 객체의 값이 하나씩 밑으로 내려가 있는 것을 확인할 수 있습니다.

```
0 100
1 200
```

```
2 300
dtype: int64


0 NaN
1 100.0
2 200.0
dtype: float64
```

참고로 위쪽으로 값을 올려주려면 shift(-1)을 해주면 됩니다.

```
1: from pandas import Series
2:
3: s = Series([100, 200, 300])
4: s2 = s.shift(-1)
5: print(s)
6: print(s2)
```

4.4.6. 연습 문제

1 3일 동안의 OHLC 정보를 DataFrame 객체로 생성하라.

-	open	high	low	close
2018-01-01	737	755	700	750
2018-01-02	750	780	710	770
2018-01-03	770	770	750	730

2 DataFrame 객체에 변동폭 (volatility) 을 추가하라. 변동폭은 고가와 저가의 차분값이다.

-	open	high	low	close	volatility
2018-01-01	737	755	700	750	55
2018-01-02	750	780	710	770	70
2018-01-03	770	770	750	730	20

파이썬을 이용한 **비트코인 자동매매**

05
상승장 알리미

05 상승장 알리미

5.1. pybithumb

5.1.1. pybithumb 모듈

빗썸 거래소는 Public API(공개 API)와 Private API(회원 API)를 제공합니다. Public API란 빗썸에 가입하지 않고도 누구나 사용할 수 있는 API로 가상화폐의 현재가와 거래량 그리고 호가 정보 등을 제공해줍니다. 이와 달리 Private API는 빗썸에 회원 가입 후 추가적으로 API 사용 신청을 해야만 사용할 수 있습니다. 주로 매수/매도 및 주문 취소 그리고 잔액 조회에 사용됩니다.

빗썸 API를 사용하려면 빗썸에서 제공하는 API 개발 가이드를 보고 파이썬으로 직접 구현해야 합니다. 하지만 처음부터 모든 기능을 구현하려면 많은 시간과 노력이 필요하기 때문에 모듈을 사용하면 좋겠죠? 본 도서에서는 파이썬에서 빗썸 API를 사용하기 위해 저자들이 직접 만든 pybithumb 모듈을 사용하겠습니다.

여러분의 PC에 pybithumb 모듈을 설치하기 위해 먼저 Anaconda Prompt를 실행합니다. Anaconda Prompt에서 그림 5-1과 같이 pip 명령을 사용하면 모듈을 다운로드한 후 여러분의 PC에 설치해줍니다. 참고로 pip는 Python Install Package의 약어입니다.

■ 선택 Anaconda Prompt

```
(base) C:\Users\hyunh>pip install pybithumb
```

그림 5-1 pip를 이용한 pybithumb 모듈 설치

pybithumb 모듈은 www.pypi.org 웹페이지를 통해 배포되고 있습니다. 해당 웹페이지로 이동한 후 pybithumb을 검색하면 그림 5-2와 같이 pybithumb 모듈의 최신 버전 정보를 확인할 수 있습니다.

그림 5-2 pybithumb 모듈 최근 버전 확인

될 수 있으면 최신 버전의 pybithumb 모듈을 사용하는 것이 좋습니다. 이전에 pybithumb 모듈을 설치한 경우 Anaconda Prompt에서 다음과 같이 -U 옵션을 추가하면 기존 버전은 지워지고 최신 버전이 설치됩니다.

```
pip install -U pybithumb
```

5.1.2. 가상화폐 티커 목록 얻기

가상화폐 매매에서 가장 먼저 할 일은 거래할 가상화폐의 티커(Ticker) 목록을 얻는 것입니다. 주식에서 각 종목당 6자리의 고유 숫자 코드를 사용하는 것처럼 가상화폐 거래소는 가상화폐에 고유한 이름을 붙여 놓고 이를 사용합니다. 빗썸은 세 자리 이상의 대문자를 사용해서 가상화폐를 구분하는데 이를 티커라고 부릅니다. 예를 들어 빗썸 거래소에서 비트코인의 티커는 "BTC"입니다. 빗썸의 API를 사용할 때는 비트코인이라는 이름 대신 "BTC"라는 티커를 사용합니다. pybithumb 모듈을 사용해서 빗썸에서 거래되는 가상화폐들의 티커 목록을 얻어와 보겠습니다.

```
# ch05/05_01.py
1: import pybithumb
2:
3: tickers = pybithumb.get_tickers()
4: print(tickers)
```

> 라인 1: pybithumb 모듈을 임포트합니다.
>
> 라인 3: pybithumb 모듈에 있는 get_tickers( ) 함수를 호출합니다. tickers 변수가 함수의 리턴값을 바인딩합니다.

아래는 tickers 변수를 화면에 출력한 결과입니다. 파이썬 리스트에 문자열 타입의 티커들이 저장된 것을 확인할 수 있습니다.

```
['BTC', 'ETH', 'DASH', 'LTC', 'ETC', 'XRP', 'BCH', 'XMR', 'ZEC', 'QTUM', 'BTG', 'EOS', 'ICX', 'VET', 'TRX', 'ELF', 'MITH', 'MCO', 'OMG', 'KNC', 'GNT', 'HSR', 'ZIL', 'ETHOS', 'PAY', 'WAX', 'POWR', 'LRC', 'GTO', 'STEEM', 'STRAT', 'ZRX', 'REP', 'AE', 'XEM', 'SNT', 'ADA', 'PPT', 'CTXC', 'CMT', 'THETA', 'WTC', 'ITC', 'TRUE', 'ABT', 'RNT', 'PLY', 'WAVES', 'LINK', 'ENJ', 'PST']
```

빗썸에서 거래되고 있는 가상화폐는 총 몇 개일까요? 리스트에 저장된 티커를 하나씩 세기보다는 len( ) 함수를 사용해서 개수를 확인해 봅시다.

```python
print(len(tickers))
```

위 코드를 실행하면 빗썸에서 거래되고 있는 가상화폐의 수가 106개임을 알 수 있습니다. 참고로 코드를 실행하는 시점에 따라 빗썸에서 거래되는 가상화폐의 수가 달라지기 때문에 티커의 개수가 달라질 수 있습니다.

```
106
```

5.1.3. 현재가 얻기

가상화폐의 현재가는 pybithumb 모듈의 get_current_price( ) 함수를 통해 얻어올 수 있습니다. get_current_price( ) 함수는 가상화폐의 티커를 함수의 입력으로 받습니다. 예를 들어 비트코인에 대한 현재가를 얻어오려면 다음과 같이 코딩하면 됩니다. 코드를 실행한 후 출력값을 확인해 보기 바랍니다.

```python
# ch05/05_02.py
```

```
1: import pybithumb
2:
3: price = pybithumb.get_current_price("BTC")
4: print(price)
```

1초에 한 번 비트코인의 금액을 얻어온 후 이를 출력하려면 어떻게 해야 할까요? 앞서 배웠던 while문을 사용해서 무한 루프를 만들고, 루프 내에서 비트코인의 금액을 조회/출력하면 됩니다. 공개 API는 초당 20회 호출할 수 있습니다. 이를 초과해 요청할 경우에는 일정 시간 동안 API의 사용이 차단되기 때문에 time 모듈의 sleep( ) 함수를 사용해서 1초에 한 번씩만 값을 조회하도록 코딩해 봅시다.

```
# ch05/05_03.py
1: import pybithumb
2: import time
3:
4: while True:
5:     price = pybithumb.get_current_price("BTC")
6:     print(price)
7:     time.sleep(1)
```

Ch05/05_03.py 코드를 PyCharm에서 실행하면 'while True'라는 구문 때문에 프로그램이 종료되지 않고 콘솔 창에 현재 가격이 반복 출력됩니다. 이때 파이썬 인터프리터에 의해 실행된 프로그램을 종료시키려면 상단의 Run → Stop 메뉴를 차례로 선택하면 됩니다.

```
C:\Anaconda3\python.exe C:/Users/brayden/Documents/GitHub/book-cryptocurrency/ch05/05_03.py
7380000.0
7380000.0
7380000.0
7380000.0

Process finished with exit code -1
```

그림 5-3 프로그램 실행 중지

이번에는 get_tickers( ) 함수로 가상화폐 티커 목록을 얻어온 후 이를 사용해서 모든 가상화폐의 현재가를 출력해 봅시다.

```
# ch05/05_04.py
```

```
1: import pybithumb
2: import time
3:
4: tickers = pybithumb.get_tickers()
5: for ticker in tickers:
6:     price = pybithumb.get_current_price(ticker)
7:     print(ticker, price)
8:     time.sleep(0.1)
```

라인 4: 티커 목록을 파이썬 리스트로 얻어옵니다.

라인 5: 파이썬 for 루프입니다. 티커 리스트에서 티커를 하나씩 가져온 후 이를 ticker 변수가 바인딩합니다.

라인 6: get_current_price( ) 함수를 호출해 ticker 변수가 바인딩하는 가상화폐에 대한 현재가를 가져옵니다.

라인 7: 티커와 현재가를 화면에 출력합니다.

라인 8: 0.1 초 쉽니다.

5.1.4. 거래소 거래 정보

시가/고가/저가/종가(현재가)/거래량은 가상화폐의 방향성을 살펴볼 수 있는 대표적인 지표입니다. pybithumb 모듈은 24시간 동안의 시가/고가/저가/종가(현재가)/거래량을 가져오는 get_market_detail( ) 함수를 제공합니다. get_market_detail( ) 함수의 파라미터로 조회할 티커를 넘겨주면 됩니다.

```
# ch05/05_05.py
1: import pybithumb
2:
3: detail = pybithumb.get_market_detail("BTC")
4: print(detail)
```

get_market_detail( ) 함수는 다섯 가지 값을 튜플 타입으로 리턴합니다. 다음은 위 코드의 실행 결과로 앞에서부터 시가, 고가, 저가, 종가, 거래량입니다. 튜플이기 때문에 인덱싱을 사용해서 각각의 데이터를 가져올 수 있겠죠?

(8717000.0, 8733000.0, 8570000.0, 8607000.0, 446.47072842)

5.1.5. 호가

호가창을 보면 시장 참여자들의 심리 상태를 파악할 수 있습니다. 예를 들어 총매수 잔량과 총매도 잔량을 비교함으로써 사려는 사람과 파려는 사람 중 누가 많은지를 보고 시장의 상승장 혹은 하락장 여부를 판단할 수 있습니다.

빗썸의 거래 페이지에서는 가상화폐 별로 그림 5-4와 같이 호가 정보를 제공합니다. 그림 5-4에서 왼쪽 위가 매도 호가입니다. 매도 호가란 가상화폐를 팔고자 하는 사람이 제시한 가격과 수량입니다. 이와 반대로 오른쪽 아래는 가상화폐를 사고자 하는 사람이 제시한 매수 가격과 수량으로 매수호가라고 합니다. 물건을 팔려는 사람은 더 비싼 가격에 팔고 싶어 하고 사려는 사람은 더 낮은 가격에 사려고 한다는 점을 기억한다면 호가창을 해석하는 데 도움이 됩니다. 매도 호가를 ask라고 부르고 매수 호가를 bid라고 부르기도 합니다.

매도		총매도잔량	19.3438		
	0.0206	6,706,000	-2.93%	거래량(24H)	3,168.9706 BTC
	0.8925	6,705,000	-2.95%	거래대금(24H)	212.3 억
	6.0752	6,703,000	-2.98%		
	0.3500	6,702,000	-2.99%	당일고가	6,921,000 +0.17%
	1.4946	6,701,000	-3.01%	당일저가	6,580,000 -4.76%
	0.2500	6,700,000	-3.02%	전일종가	6,909,000
	0.3700	6,699,000	-3.03%	체결강도	84.58%
체결가	체결량	6,696,000	-3.08%		1.0000
6,700,000	0.0002	6,695,000	-3.09%		0.4640
6,701,000	0.0258				
6,700,000	0.0262	6,694,000	-3.11%		0.1570
6,700,000	0.0737				
6,700,000	0.0015	6,693,000	-3.12%		0.4878
6,700,000	0.0295				
6,693,000	0.0322	6,691,000	-3.15%		0.0827
6,693,000	0.0189				
6,693,000	0.0122	6,690,000	-3.16%		0.0642
6,695,000	0.0135				
6,695,000	0.1365	6,689,000	-3.18%		0.9315
매수		총매수잔량	11.8085		

그림 5-4 매수/매도 호가 (빗썸 거래소)

pybithumb 모듈로 호가 정보를 얻으려면 get_orderbook( ) 함수를 사용하면 됩니다. get_orderbook( ) 함수의 인자로 티커를 넘겨주면 해당 가상화폐에 대한 호가 정보를 파이썬 딕셔너리로 얻어올 수 있습니다.

```
# ch05/05_06.py
1: import pybithumb
2:
3: orderbook = pybithumb.get_orderbook("BTC")
4: print(orderbook)
5:
6: for k in orderbook:
7:     print(k)
```

> 라인 3: get_orderbook("BTC") 함수를 호출해서 비트코인의 호가 정보를 얻어옵니다. 얻어온 호가 정보를 orderbook 변수가 바인딩합니다.
>
> 라인 6~7: orderbook 변수가 바인딩하는 딕셔너리 객체에서 키 값을 화면에 출력합니다.

orderbook 딕셔너리에는 다음과 같이 다섯 개의 키가 저장된 것을 확인할 수 있습니다.

> timestamp
> payment_currency
> order_currency
> bids
> asks

딕셔너리 객체를 'payment_currency'라는 key로 인덱싱하면 'KRW'라는 문자열 타입의 value 값을 얻을 수 있습니다. 현재는 빗썸이 가상화폐 거래 시 원화 결제만 지원하기 때문에 고정값을 갖습니다.

```
print(orderbook['payment_currency'])
```

'order_currency'라는 key로 인덱싱하면 조회한 가상화폐의 티커를 얻을 수 있습니다. ch05/05_06.py 코드에서는 비트코인의 호가를 조회했기 때문에 'BTC'라는 문자열이 출력됩니다.

```
print(orderbook['order_currency'])
```

'timestamp'라는 key로 인덱싱하면 호가를 조회한 시간을 얻을 수 있습니다. 이때 우리가 알고 있는 시간 대신 timestamp라는 값이 전달됩니다. timestamp는 프로그래밍 분야에서 시간을 표현하기 위해 쓰이는 일반적이 방법입니다. 1970년 1월 1일부터 지나간 ms(milli second)를 의미합니다. 참고로 ms는 1/1,000 초입니다. 'timestamp'로 인덱싱하면 다음과 같이 milli second 단위의 숫자가 출력됨을 확인할 수 있습니다.

```
1542415474106
```

timestamp를 이해하기 위해 timestamp 값을 직접 계산해 보겠습니다. 출력된 timestamp 값을 1,000으로 나눠 초로 변환하고, 1일에 해당하는 86,000초(3,600초 x 24시간)로 나누고, 1년 365일로 나눠 몇 년이 흐른 지 확인해 보세요. 48.9년입니다. 1970년 1월 1일부터 48.9년 뒤인 2018년 11월에 get_orderbook() 함수를 호출했다는 의미입니다.

```
1542415474106 / 1000 / 86400 / 365
```

컴퓨터로 시간을 다룰 때는 timestamp가 편리하지만, 사람이 읽기에는 불편합니다. 그렇다고 매번 계산기로 시간을 계산할 수는 없겠죠? 파이썬의 datetime 모듈을 사용하면 timestamp를 시간으로 바꿀 수 있습니다.

```
# ch05/05_07.py
1: import pybithumb
2: import datetime
3:
4: orderbook = pybithumb.get_orderbook("BTC")
5: ms = int(orderbook["timestamp"])
6:
7: dt = datetime.datetime.fromtimestamp(ms/1000)
8: print(dt)
```

라인 5: 딕셔너리에 timestamp가 문자열 타입으로 저장되어 있기 때문에 이를 정수 타입으로 형 변환해서 ms 변수에 바인딩합니다.

라인 7: datetime의 fromtimestamp 메서드는 초(second)를 입력받아 사람이 읽기 좋은 datetime 객체로 변환합니다. 빗썸의 timestamp는 ms 단위이므로 1,000으로 나눈 후 함수의 입력으로 넘겨줍니다.

> 라인 8: datetime 객체로 표현된 시간을 화면에 출력합니다.

Ch05/05_07.py 코드를 실행하면 get_orderbook( ) 함수를 호출한 시점이 2018년 11월 17일인 것을 알 수 있습니다. timestamp(1542415474106) 보다 읽기 쉽죠?

```
2018-11-17 09:44:34.106000
```

get_orderbook( ) 함수로 얻은 딕셔너리 객체에서 매수/매도 호가에 접근해 봅시다. 'bids'라는 key로 인덱싱하면 매수 호가를 'asks'라는 key로 인덱싱하면 매도 호가를 가져올 수 있습니다.

```
# ch05/05_08.py
1: import pybithumb
2:
3: orderbook = pybithumb.get_orderbook("BTC")
4: bids = orderbook['bids']
5: asks = orderbook['asks']
6: print(bids)
7: print(asks)
```

ch05/05_08.py 코드의 실행 결과를 확인해보면 bids나 asks 모두 파이썬 리스트임을 확인할 수 있습니다. 각 리스트 안에는 다섯 개의 딕셔너리가 있는데 각각이 호가(수량과 가격)를 나타냅니다. 다음은 bids와 asks 리스트를 보기 좋게 편집한 결과입니다.

```
[ {'quantity': '0.0133', 'price': '7394000'},
 {'quantity': '0.4542', 'price': '7392000'},
 {'quantity': '0.9798', 'price': '7391000'},
 {'quantity': '0.0236', 'price': '7390000'},
 {'quantity': '0.1047', 'price': '7385000'}]
[ {'quantity': '0.5607', 'price': '7395000'},
 {'quantity': '6.0357', 'price': '7396000'},
 {'quantity': '3.2373', 'price': '7398000'},
 {'quantity': '0.0741', 'price': '7399000'},
 {'quantity': '12.782', 'price': '7400000'}]
```

orderbook 딕셔너리의 bids 리스트에 저장된 매수 호가 및 잔량을 반복문을 사용해서 출력해 봅시다.

```
1: import pybithumb
2:
3: orderbook = pybithumb.get_orderbook("BTC")
4: bids = orderbook['bids']
5:
6: for bid in bids:
7:     print(bid)
```

출력 결과를 살펴보면 가격 및 잔고가 'quantity'와 'price'라는 키에 저장된 딕셔너리임을 확인할 수 있습니다.

```
{'quantity': '0.06080000', 'price': '6674000'}
{'quantity': '0.40660000', 'price': '6672000'}
{'quantity': '0.58540000', 'price': '6671000'}
{'quantity': '0.82330000', 'price': '6670000'}
{'quantity': '0.01210000', 'price': '6669000'}
```

for 문을 사용해서 매수호가를 출력하는 코드를 다음과 같이 수정해 봅시다.

```
1: import pybithumb
2:
3: orderbook = pybithumb.get_orderbook("BTC")
4: bids = orderbook['bids']
5:
6: for bid in bids:
7:     price = bid['price']
8:     quant = bid['quantity']
9:     print("매수호가: ", price, "매수잔량: ", quant)
```

> 라인 7: bid라는 변수가 바인딩하는 딕셔너리에서 'price'라는 키로 인덱싱합니다.
> 라인 8: bid라는 변수가 바인딩하는 딕셔너리에서 'quantity'라는 키로 인덱싱합니다.

매수 호가와 같이 매도 호가는 리스트로 저장되어 있습니다. 반복문을 사용해서 매도 호가와 매도 잔량을 출력할 수 있겠죠? 딕셔너리에서 'ask' 키값을 사용하는 것이 매수 호가와의 다른 점입니다.

```
# ch05/05_09.py
1: import pybithumb
2:
3: orderbook = pybithumb.get_orderbook("BTC")
4: asks = orderbook['asks']
5:
6: for ask in asks:
7:     print(ask)
```

5.1.6. 여러 가상화폐에 대한 정보 한번에 얻기

빗썸은 Public API와 Private API 모두 1초에 95회 요청 가능합니다. 만약 초과 호출하면 API의 사용이 제한될 수 있기 때문에 API 사용 횟수를 고려해서 프로그래밍해야 합니다. 예를 들어 빗썸에서 거래되는 모든 가상화폐에 대한 현재가를 조회하기 위해 get_current_price() 함수를 반복 호출하면 API 호출 제한에 걸릴 수 있습니다. 이 경우에는 get_current_price("ALL")을 사용해서 한 번에 모든 암호 화폐의 가격을 가져오는 것이 좋습니다.

```
# ch05/05_10.py
1: import pybithumb
2:
3: all = pybithumb.get_current_price("ALL")
4: for k, v in all.items():
5:     print(k, v)
```

> 라인 3: get_current_price() 함수의 인자로 "ALL"을 넘겨주면 모든 가상화폐에 대한 가격정보를 한 번에 얻을 수 있습니다. 함수의 리턴 타입은 딕셔너리 객체입니다.
> 라인 4: 딕셔너리 객체에 items() 메서드를 호출하며 for 문을 돌릴 때 key와 value를 얻어옵니다.
> 라인 5: 얻어온 key와 value를 화면 출력합니다.

다음은 위 코드를 실행한 결과 일부입니다. all 변수에는 딕셔너리가 바인딩되는데, key는 가상화폐의 티커이고 value에는 가격 정보가 들어 있습니다. 이때 가격 정보는 다시 딕셔너리로 표현되어 있습니다. 가격 정보 딕셔너리의 'closing_price'에 최종 체결가가 들어있습니다.

> BTC {'opening_price': '55251000', 'closing_price': '56444000', 'min_price': '54800000', 'max_price': '56690000', 'units_traded': '4453.75658781', 'acc_trade_value': '248496695991.4783', 'prev_closing_price': '55236000', 'units_traded_24H': '6510.4324659', 'acc_trade_value_24H': '363070292145.5681', 'fluctate_24H': '207000', 'fluctate_rate_24H': '0.37'}
> ETH {'opening_price': '1792000', 'closing_price': '1911000', 'min_price': '1788000', 'max_price': '1933000', 'units_traded': '54704.10111934', 'acc_trade_value': '102865616222.0876', 'prev_closing_price': '1792000', 'units_traded_24H': '96648.17142924', 'acc_trade_value_24H': '178118004854.9979', 'fluctate_24H': '138000', 'fluctate_rate_24H': '7.78'}

가상화폐의 가격 정보가 저장된 딕셔너리에서 key의 의미는 표 5-1과 같습니다.

표 5-1 딕셔너리 객체의 각 key의 의미

Key	Description
opening_price	시가 00시 기준
closing_price	종가 00시 기준
min_price	저가 00시 기준
max_price	고가 00시 기준
acc_trade_value	거래량 00시 기준
units_traded	거래량 00시 기준
prev_closing_price	전일종가
units_traded_24H	최근 24시간 거래량
acc_trade_value_24H	최근 24시간 거래금액
fluctate_24H	최근 24시간 변동가
fluctate_rate_24H	최근 24시간 변동률

get_current_price("ALL") 함수를 사용해서 모든 가상화폐의 현재가를 출력해 보겠습니다.

```
# ch05/05_11.py
1: import pybithumb
2:
3: all = pybithumb.get_current_price("ALL")
4: for ticker, data in all.items() :
```

```
5:     print(ticker, data['closing_price'])
```

5.1.7. 예외 처리

프로그래밍에서 예외 처리는 매우 중요합니다. 네트워크 연결이 끊기거나 작성한 코드에 잠재적인 문제가 있어 예상치 못한 값이 변수에 바인딩될 수 있습니다. 이러면 프로그램이 오동작해서 금전적 손실을 유발할 수 있습니다. 지금까지는 코드를 간결하게 구현하기 위해서 예외 처리를 하지 않았지만, 자동 매매 프로그램이 24시간 동작하게 만들려면 예외 처리를 필수적으로 해야 합니다.

다음 코드를 살펴봅시다. price 딕셔너리에는 'open', 'high', 'low', 'close' 키가 있습니다. 3번 라인에서 딕셔너리의 값을 인덱싱하는데, 딕셔너리에 존재하지 않는 키를 사용하고 있습니다. 이러한 이유로 'KeyError'가 발생합니다. 파이썬 인터프리터는 코드를 실행하다, 에러가 발생하면 해당 라인에서 실행을 종료합니다. 따라서 4번 라인에 있는 'print("point-2")' 코드는 실행되지 않습니다.

```
# ch05/05_12.py
1: price = {"open": 100, 'high': 150, 'low': 90, 'close': 130}
2: print("point-1")
3: open = price['open1']
4: print("point-2")
```

Ch05/05_12.py 코드를 실행하면 'point-1' 문자열까지만 출력된 것을 알 수 있습니다. 콘솔 창에는 라인 3에서 'KeyError'가 발생하여 인터프리터가 종료됐음을 알려줍니다. 앞으로 콘솔 창에 KeyError 메시지가 출력되면 어디서 문제가 시작됐는지 찾을 수 있어야 합니다.

```
Traceback (most recent call last):
point-1
  File "C:/book/ch05/05_12.py", line 3, in <module>
    open = price['open1']
KeyError: 'open1'
```

이번에는 딕셔너리를 인덱싱을 할 때 try ~ except 구문으로 에러 처리해 봅시다. 표 5-2에서 왼쪽이 예외 처리하기 전이고 오른쪽이 예외 처리 후의 코드입니다. 예외가 발생할 가능성이 있는 코드는 try 안쪽에 기술합니다. 만약 try 블록(들여쓰기 된 영역)에서 에러가 발생하면 즉시 except 블록의 코드가 실행됩니다.

표 5-2 예외 처리 전과 후의 코드 비교

예외 처리 전	예외 처리 후

open = price['open1']	try:
	    open = price['open1']
	except:
	    pass

pybithumb 모듈의 함수는 인터넷을 사용해서 빗썸 서버에 특정 작업을 요청합니다. 대부분 정상 동작하겠지만 네트워크가 불안정한 경우 일부 작업이 정상적으로 수행되지 않을 수 있습니다. 따라서 try ~ except 문법을 사용해서 특수한 상황에서의 에러 처리를 해야 합니다.

Ch05/05_13.py 코드는 비트코인의 현재가를 '0.2' 초마다 조회한 후 현재가의 1/10을 출력하는 코드입니다. 네트워크 연결 상태가 좋지 않아 get_current_price( ) 메서드가 이상 동작 (None 값을 리턴)을 하는 경우를 가정해봅시다. 정상이라면 price 변수는 정숫값을 바인딩해야 하는데 에러가 발생해서 None을 바인딩하고 있으므로 None 값을 10으로 나누면 에러가 발생합니다.

```
# ch05/05_13.py
1: import pybithumb
2: import time
3:
4: while True:
5:     price = pybithumb.get_current_price("BTC")
6:     print(price/10)
7:     time.sleep(0.2)
```

위 코드에 대해 에러 처리를 해보겠습니다. get_current_price( ) 메서드의 호출 과정에서 에러가 발생하면 pybithumb 모듈은 None을 리턴합니다. 따라서 메서드의 리턴 값이 None이 아니면 현재가를 10으로 나누도록 코딩하면 됩니다.

```
# ch05/05_13.py
1: import pybithumb
2: import time
3:
4: while True:
5:     price = pybithumb.get_current_price("BTC")
6:     if price is not None:
```

```
7:        print(price/10)
8:    time.sleep(0.2)
```

또는 다음과 같이 try ~ except 구문을 사용해서 예외처리해도 됩니다.

```
# ch05/05_13.py
01: import pybithumb
02: import time
03:
04: while True:
05:     price = pybithumb.get_current_price("BTC")
06:     try:
07:         print(price/10)
08:     except:
09:         print("에러 발생", price)
10:     time.sleep(0.2)
```

5.1.8. 연습 문제

> **1** 표 5-1을 참고해서 모든 가상화폐의 24시간 변동률을 출력하세요.

5.2. 상승장 알리미 (1)

5.2.1. 이동평균을 사용한 상승장/하락장 구분

시장이 상승할 때 투자하고 하락할 때 현금화해서 관망하는 것은 기초적인 투자 전략 중 하나입니다. 그런데 어떻게 상승장과 하락장을 구분할 수 있을까요? 강환국 님의 '가즈아! 가상화폐 투자 마법 공식'에는 종가의 이동 평균(Moving Average)을 사용해서 상승장과 하락장을 구분하는 방법을 소개하고 있습니다. 이동평균보다 현재가가 높다면 상승장, 그렇지 않다면 하락장으로 판단하는 겁니다.

표 5-3 리플 종가

일자	리플종가
02/21	800
02/22	900
02/23	950
02/24	970
02/25	980

예를 들어 오늘이 2월 26일이고 리플의 현재가 1,000원인데, 최근 5일간의 리플 종가가 표 5-3과 같다고 가정해봅시다. 02/26일의 가격 1000원이 02/21부터 02/25의 평균인 920원보다 높기 때문에 상승장입니다. 어떤가요? 생각보다 간단하지요? 주의할 사항은 시장을 구분할 수 있는 절대적인 지표는 존재하지 않다는 겁니다. 그렇기 때문에 각자의 기준을 정하고 정해진 전략에 따라 매수/매도를 실행하는 것이 중요합니다.

5.2.2. 거래소 과거 시세 얻어오기

5일 이동 평균을 계산하기 위해서는 과거 가격정보를 얻어와야 합니다. pybithumb 모듈의 get_ohlcv() 함수는 웹스크래핑을 통해 일봉 데이터를 가져옵니다. get_ohlcv() 함수로 조회하려는 가상화폐의 티커를 전달하면 됩니다.

```
# ch05/05_14.py
1: import pybithumb
2:
3: btc = pybithumb.get_ohlcv("BTC")
4: print(btc)
```

리턴 값은 날짜별 시가, 고가, 저가, 종가, 거래량 (OHLCV)이 저장된 Pandas DataFrame 객체입니다. 다음과 같이 btc에는 2013년부터 현재까지의 OHLCV가 저장된 것을 확인할 수 있습니다. 과거 데이터는 앞쪽에, 최근 데이터는 DataFrame 끝에 저장되어 있습니다.

```
            open     high     low      close    volume
2013-12-27  737000   755000   737000   755000   3.780000
2013-12-28  750000   750000   750000   750000   12.000000
.....
2018-11-17  6443000  6470000  6337000  6377000  1504.62260908
2018-11-18  6377000  6455000  6360000  6408000  939.51113048
```

DataFrame에서 하나의 열을 가져올 때는 열의 이름을 사용해서 인덱싱 했지요? 다음은 DataFrame에서 종가 ('close')를 가져오는 코드입니다.

```python
# ch05/05_14.py
1: import pybithumb
2:
3: btc = pybithumb.get_ohlcv("BTC")
4: close = btc['close'])
5: print(close)
```

라인 4: DataFrame에서 'close' 이름의 열을 close 변수에 바인딩합니다.
라인 5: close에 바인딩된 Series 객체를 출력합니다.

DataFrame은 데이터 인덱싱/슬라이싱의 결과를 Series객체로 반환합니다. 다음은 close에 바인딩된 Series 객체입니다. 날자 인덱스와 종가가 저장된 것을 확인할 수 있습니다.

```
2013-12-27  755000
2013-12-28  750000
     ...
2018-11-17  6377000
2018-11-18  6408000
Name: close, Length: 1700, dtype: object
```

Series와 DataFrame이 익숙하지 않다면 4.4.3절 DataFrame 인덱싱/슬라이싱을 한 번 더 복습하고 오세요.

5.2.3. 이동평균 계산하기

5.2.1 절에서 이동평균을 계산한 것처럼 DataFrame에 저장된 값을 사용해서 이동평균을 계산해 봅시다. DataFrame에서 종가 Series를 얻어오고, Series에 정수 인덱싱을 사용해서 다섯 개의 값을 가져옵니다. 다음 코드는 5일 이동평균선 세 개를 화면에 출력합니다.

```
# ch05/05_15.py
1: import pybithumb
2:
3: btc = pybithumb.get_ohlcv("BTC")
4: close = btc['close'])
5: print((close[0] + close[1] + close[2] + close[3] + close[4]) / 5)
6: print((close[1] + close[2] + close[3] + close[4] + close[5]) / 5)
7: print((close[2] + close[3] + close[4] + close[5] + close[6]) / 5)
```

위 코드에 반복문을 적용하면 모든 값의 5일 이동평균을 계산할 수 있겠죠? Series는 더 나아가 rolling() 메서드와 mean() 메서드를 제공합니다. 해당 메서드를 사용하면 반복문을 사용할 필요 없이 모든 데이터의 이동평균을 자동으로 계산합니다. 4.3.6절의 Series의 연산을 기억해보면, Series의 연산은 데이터 전체에 적용됐었죠?

```
# ch05/05_16.py
1: import pybithumb
2:
3: btc = pybithumb.get_ohlcv("BTC")
4: close = btc['close']
5:
6: window = close.rolling(5)
7: ma5 = window.mean()
8: print(ma5)
```

> 라인 6: close의 rolling(5) 메서드를 호출해서 5일 윈도우를 설정합니다. 5일씩 모든 데이터를 그룹화합니다.
>
> 라인 7: mean() 메서드는 그룹화된 값의 평균을 구합니다. 계산된 결과는 Series로 ma5 변수에 저장합니다.

ma5에는 아래와 같이 5일 이동 평균이 바인딩됩니다. 데이터가 충분하지 않은 앞부분에는 값없음(NaN) 이 표시되지만 12월 31일 이후에는 평균값이 정상적으로 출력됩니다. 2013/12/27부터 2013/12/31까지의 평균이 ma5의 2013/12/31일에 저장된 것을 알 수 있습니다.

```
2013-12-27      NaN
2013-12-28      NaN
2013-12-29      NaN
2013-12-30      NaN
2013-12-31      756000.0
2014-01-01      760400.0
2014-01-02      766000.0
(생략)
```

rolling( ) 메서드와 mean( ) 메서드는 축약해서 한 라인에 쓸 수 있습니다.

```
ma5 = close.rolling(5).mean()
```

5.2.4. 상승장/하락장 구분하는 함수 구현하기

5.2.1절에서 소개한 것과 같이 현재가가 전일 이동평균보다 높으면 상승장이고 그렇지 않으면 하락장으로 판단하겠습니다. get_ohlcv( ) 함수로 얻어온 종가의 Series 마지막에는 최근 거래일의 가격이 저장돼 있습니다. 그렇다면 rolling( ) 메서드로 계산한 ma5에서 전일 이동평균은 어디에 저장돼 있을까요?

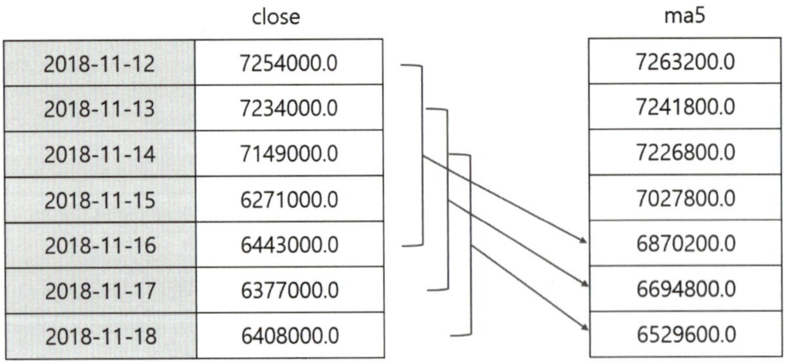

close		ma5	
2018-11-12	7254000.0		7263200.0
2018-11-13	7234000.0		7241800.0
2018-11-14	7149000.0		7226800.0
2018-11-15	6271000.0		7027800.0
2018-11-16	6443000.0		6870200.0
2018-11-17	6377000.0		6694800.0
2018-11-18	6408000.0		6529600.0

그림 5-5 종가와 이동평균 Series

그림 5-5는 2018-11-18일에 get_ohlcv( ) 함수로 얻어온 종가 Series와 rolling( ) 메서드로 계산한 5일 이동평균 Series객체를 보여줍니다. 마지막에 있는 11-18일은 get_ohlcv( ) 함수를 조회한 당일이며, 11-14부터 11-18일의 종가 평균이 ma5의 마지막에 저장됩니다. 그림 5-5를 참고하면 전일(2018-11-17)의 이동평균값은 ma5의 끝에서 두 번째에 위치함을 알 수 있습니다.

이동평균과 현재 암호화폐의 가격을 비교해서 상승장/하락장 여부를 판단해 봅시다. 5.1.3절에서 암호화폐의 현재 가격은 get_current_price( ) 함수를 통해 얻어온다는 것을 배웠습니다. 다음은 현재 가격과 이동평균을 비교해서 상승장/하락장을 구분하는 전체 코드입니다.

```
# ch05/05_17.py
01: import pybithumb
02:
03: df = pybithumb.get_ohlcv("BTC")
04: ma5 = df['close'].rolling(window=5).mean()
05: last_ma5 = ma5[-2]
06:
07: price = pybithumb.get_current_price("BTC")
08:
09: if price > last_ma5:
10:     print("상승장")
11: else:
12:     print("하락장")
```

라인 5: 끝에서 두 번째 위치한 전일 이동평균을 last_ma5 변수에 바인딩합니다.

라인 7: 비트코인의 현재가를 price 변수에 바인딩합니다.

라인 9: 현재가 (price)와 5일 이동평균(last_ma5)을 비교합니다.

5.2.5. 가상화폐별 상승장/하락장 판단하기

지금까지 구현한 코드를 함수로 정리해 봅시다. bull_market( ) 함수는 하나의 티커를 입력받고, 해당 티커의 이동평균과 현재가를 계산해서 비교합니다. 만약 상승장이라면 True를, 하락장이라면 False를 반환합니다.

```
# ch05/05_18.py
```

```
01: import pybithumb
02:
03: def bull_market(ticker):
04:     df = pybithumb.get_ohlcv(ticker)
05:     ma5 = df['close'].rolling(window=5).mean()
06:     price = pybithumb.get_current_price(ticker)
07:     last_ma5 = ma5[-2]
08:
09:     if price > last_ma5:
10:         return True
11:     else:
12:         return False
```

bull_market() 함수가 boolean 형 타입을 반환하기 때문에 분기문과 함께 사용될 수 있습니다. Ch05/05_18.py 코드는 비트코인이 상승장일 경우 화면에 "상승장"이라는 문자열을 출력합니다.

```
13: is_bull = bull_market("BTC")
14: if is_bull :
15:     print("상승장")
```

함수로 정의함으로써 코드의 재사용성이 높아졌습니다. 위의 13라인의 코드를 모두 입력할 필요 없이 함수의 이름에 티커만 변경해서 "호출"하기만 하면 됩니다. 함수를 사용해서 빗썸에서 거래되는 모든 가상화폐에 대해 상승장과 하락장은 판단해 보겠습니다. 이를 위해서는 빗썸에서 거래되는 모든 가상화폐의 티커가 필요합니다. 5.1.6절에서 사용해본 것과 같이 get_current_price("all") 함수를 사용하면 되겠죠?

```
# ch05/05_19.py
# 중간 코드 생략
14: tickers = pybithumb.get_tickers()
15: for ticker in tickers:
16:     is_bull = bull_market(ticker)
17:     if is_bull:
18:         print(ticker, " 상승장")
19:     else:
20:         print(ticker, " 하락장")
```

라인 14: 빗썸에서 거래되는 모든 가상화폐의 티커 목록을 얻어옵니다.

라인 15: 반복문을 사용해서 ticker 변수에 get_tickers( ) 함수로 얻은 티커를 하나씩 차례로 바인딩합니다.

라인 15: bull_market( ) 함수를 호출 티커의 상승장 혹은 하락장을 판별합니다.

라인 16: is_bull 변수가 True이면 "상승장" 문자열을 출력하고 그렇지 않으면 "하락장" 문자열을 출력합니다.

5.3. 상승장 알리미 (2)

5.3.1. QT Designer를 이용한 UI 만들기

이번에는 앞서 구현한 상승장/하락장 구분 프로그램을 GUI 버전으로 개발해 보겠습니다. 먼저 Qt Designer를 실행해 봅시다. Main Window로 새폼을 하나 만든 후 타이틀을 '가상화폐 상승장/하락장 알리미'로 변경합니다. Table Widget도 그림 5-6과 같이 윈도우 중앙에 추가해 주세요.

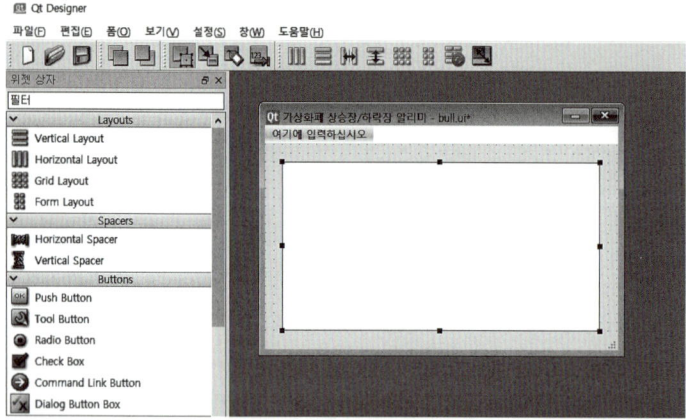

그림 5-6 Window Form 생성

Table Widget에 마우스 오른쪽 버튼을 클릭하여 '항목 편집'을 선택합니다. 그리고 행(C) 항목에 녹색 '+' 버튼을 클릭하여 그림 5-7과 같이 네 개의 항목을 추가 후 확인 버튼을 클릭합니다.

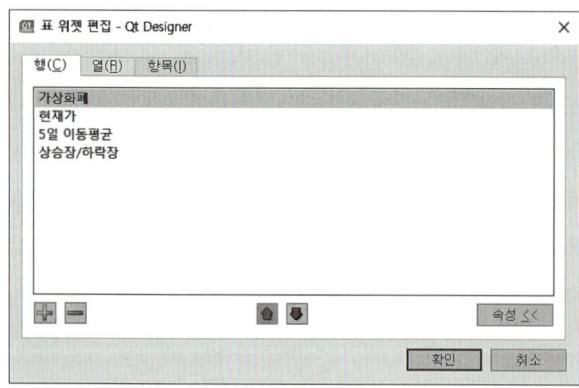

그림 5-7 Table Widget 값 추가

Qt Designer에서 Ctrl+R 키를 누르면 파이썬에서 실행될 UI를 미리 살펴볼 수 있습니다. 그림 5-8과 같이 만들어졌다면 Qt Designer의 파일 → 다른 이름 저장 메뉴를 선택해서 UI 파일을 저장합니다. 책에서는 'bull.ui' 이름으로 파일을 저장했습니다.

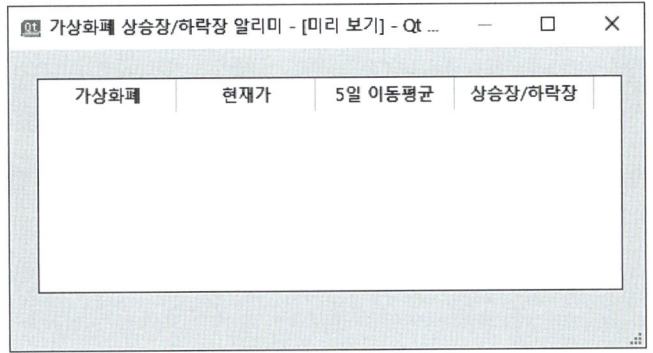

그림 5-8 Table Widget 미리보기

5.3.2. UI 불러오기

uic 모듈을 사용하면 Qt Designer로 만든 파일을 파이썬 코드로 불러올 수 있습니다. 다음은 python 파일과 같은 디렉터리에 있는 bull.ui를 읽어 윈도우를 실행합니다. UI 파일과 python 파일이 같은 디렉터리에 있어야 다음 코드가 정상적으로 실행됩니다.

```
# ch05/05_20.py
01: import sys
02: from PyQt5.QtWidgets import *
03: from PyQt5 import uic
04:
05: form_class = uic.loadUiType("bull.ui")[0]
06:
07: class MyWindow(QMainWindow, form_class):
08:     def __init__(self):
09:         super().__init__()
10:         self.setupUi(self)
11:
12: app = QApplication(sys.argv)
13: win = MyWindow()
14: win.show()
```

```
15:    app.exec_()
```

> 라인 5: loadUiType( ) 함수를 호출해서 Qt Designer로 생성한 bull.ui 파일을 로드합니다.
> 라인 7: QMainWindow와 form_class를 상속받아 MyWindow 클래스를 정의합니다.
> 라인 13: MyWindow 객체를 생성합니다.
> 라인 14: MyWindow 클래스의 show( ) 메서드로 윈도우를 화면에 그립니다.

코드를 실행하면 Qt Designer의 미리 보기(Ctrl + R)로 확인했던 것과 동일한 결과를 확인할 수 있습니다.

5.3.3. 타이머 만들기

상승장/하락장 알리미 구현에 앞서 가장 먼저 할 일은 타이머를 만드는 겁니다. GUI 프로그램에서는 타이머를 사용하면 주기적으로 가상화폐의 가격을 쉽게 얻어올 수 있기 때문입니다. 다음과 같이 생성자에서 QTimer 객체를 생성한 후 5초마다 timeout( ) 메서드가 호출되도록 코드를 추가합니다.

```
# ch05/05_21.py
01: import sys
02: from PyQt5.QtWidgets import *
03: from PyQt5 import uic
04: from PyQt5.QtCore import *
05:
06: form_class = uic.loadUiType("bull.ui")[0]
07:
08: class MyWindow(QMainWindow, form_class):
09:     def __init__(self):
10:         super().__init__()
11:         self.setupUi(self)
12:
13:         timer = QTimer(self)
14:         timer.start(5000)
15:         timer.timeout.connect(self.timeout)
16:
17:     def timeout(self):
18:         print("5초에요!!")
19:
```

```
20: app = QApplication(sys.argv)
21: win = MyWindow()
22: win.show()
23: app.exec_()
```

라인 4: QTimer 클래스를 사용하기 위해 PyQt5.QtCore를 임포트합니다.

라인 13: QTimer 클래스의 인스턴스를 생성합니다.

라인 14: start( ) 메서드를 호출하여 5초에 한 번씩 timeout 이벤트가 발생하도록 설정합니다.

라인 15: QTimer 객체에서 timeout 이벤트가 발생하면 MyWindow 클래스의 timeout( ) 메서드가 호출되도록 설정합니다.

라인 17: timeout 메서드를 MyWindow 클래스의 정의합니다.

라인 18: 화면에 문자열을 출력합니다.

PyCharm에서 ch05/05_21.py 코드를 실행하면 다음과 같이 5초마다 메시지가 출력됨을 확인할 수 있습니다. 프로그램을 개발할 때는 단계별로 조금씩 코드를 추가 후 의도한 데로 프로그램이 동작하는지 확인하는 습관을 지니는 것이 중요합니다.

```
5초에요
5초에요
5초에요
5초에요
```

타이머가 정상적으로 동작하는 것을 확인했다면 timeout( ) 메서드에서 메시지를 출력하는 것 대신 상승장/하락장 여부를 출력하도록 코드를 수정하면 되겠죠?

5.3.4. 가상화폐 이름 출력하기

이번에는 QTableWidget에 가상화폐 이름을 출력해 보겠습니다. 파이썬 코드에서 QTableWidget 객체에 접근하기 위해서는 QTableWidget 객체를 바인딩하고 있는 변수 이름을 알고 있어야 합니다. 여러분은 QTableWidget 객체를 코드를 구현해서 생성한 것이 아니라 Qt Designer를 사용했습니다. 따라서 그림 5-9와 같이 Qt Designer 우측 상단부의 객체 탐색기에서 QTableWidget 객체를 바인딩하는 변수를 확인해야 합니다. 그림 5-9에는 tableWidget이라는 이름이 사용 중인데 여러분의 환경에서는 다른 이름으로 바인딩되어 있을 수 있습니다.

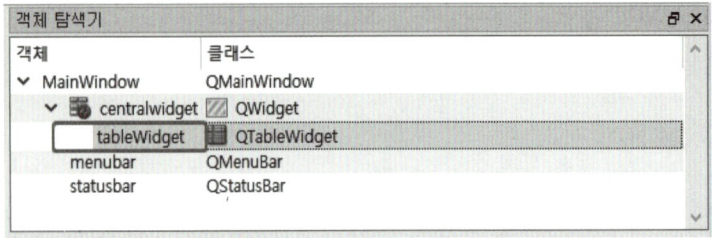

그림 5-9 Qt Designer의 객체 탐색기

Qt Designer에서 QTableWidget을 선택하면 우측 하단에서 QTableWidget의 이름, 크기, 스타일 등을 변경할 수 있습니다. 앞으로 QTableWidget에 네 개의 가상화폐를 출력할 예정이므로 그림 5-10과 같이 rowCount 속성에 4를 입력하고 저장합니다.

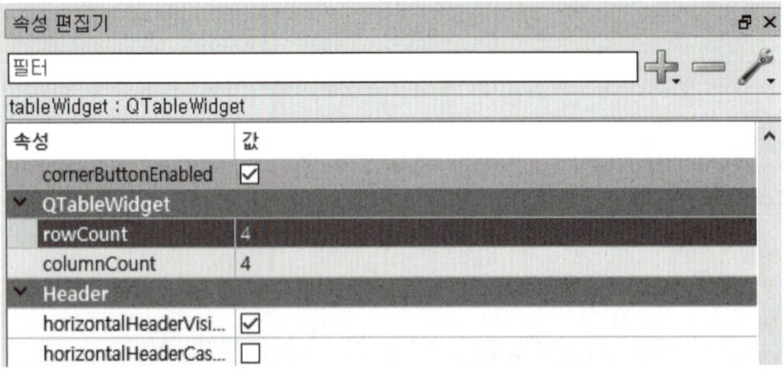

그림 5-10 Qt Designer의 속성 편집기

PyCharm으로 돌아와서 QTableWidget에 값을 넣는 코드를 작성해봅시다. QTableWidget에 추가할 가상화폐의 리스트를 코드 상단부에 추가합니다.

```
tickers = ["BTC", "ETH", "BCH", "ETC"]
```

timeout() 메서드에서 코인의 이름을 QTableWidgetItem 객체로 만든 후 QTableWidget에 추가합니다. timeout() 메서드는 5초 단위로 반복 호출되는데 이때 각 가상화폐의 이름이 QTableWidget에 출력됩니다.

```
def timeout(self):
    for i, ticker in enumerate(tickers):
        item = QTableWidgetItem(ticker)
        self.tableWidget.setItem(i, 0, item)
```

지금까지 작성한 전체 코드는 다음과 같습니다.

```python
# ch05/05_22.py
01: import sys
02: from PyQt5.QtWidgets import *
03: from PyQt5 import uic
04: from PyQt5.QtCore import *
05:
06: tickers = ["BTC", "ETH", "BCH", "ETC"]
07: form_class = uic.loadUiType("bull.ui")[0]
08:
09: class MyWindow(QMainWindow, form_class):
10:     def __init__(self):
11:         super().__init__()
12:         self.setupUi(self)
13:
14:         timer = QTimer(self)
15:         timer.start(5000)
16:         timer.timeout.connect(self.timeout)
17:
18:     def timeout(self):
19:         for i, ticker in enumerate(tickers):
20:             item = QTableWidgetItem(ticker)
21:             self.tableWidget.setItem(i, 0, item)
22:
23:
24: app = QApplication(sys.argv)
25: window = MyWindow()
26: window.show()
27: app.exec_()
```

Ch05/05_22.py 코드를 실행하면 그림 5-11과 같이 QTableWidget에 가상화폐 목록이 추가된 것을 확인할 수 있습니다.

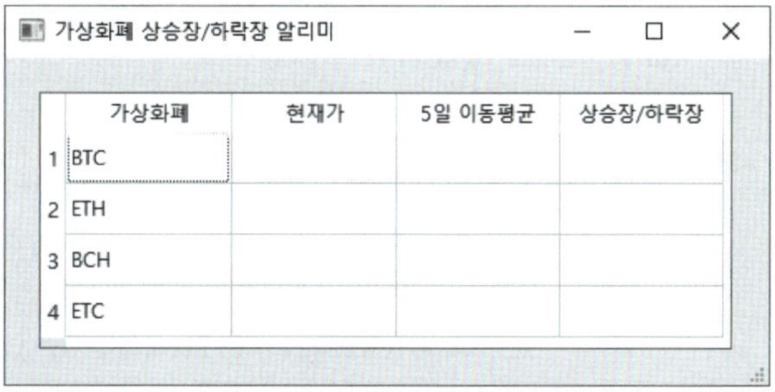

그림 5-11 상승장/하락장 알리미에 가상화폐 목록 추가

5.3.5. 나머지 데이터 추가하기

마지막으로 각 가상화폐의 현재가, 5일 이동평균, 상승장/하락장을 출력해 보겠습니다. 이를 위해 MyWindow 클래스에 get_market_infos( ) 메서드를 추가합니다. get_market_infos( ) 메서드는 현재가, 전일 이동평균, 상승장/하락장 구분 정보를 반환합니다.

```python
class MyWindow(QMainWindow, form_class):
    def __init__(self):
        # 생성자 코드 생략

    def get_market_infos(self, ticker):
        df = pybithumb.get_ohlcv(ticker)
        ma5 = df['close'].rolling(window=5).mean()
        last_ma5 = ma5[-2]
        price = pybithumb.get_current_price(ticker)

        state = None
        if price > last_ma5:
            state = "상승장"
        else:
            state = "하락장"

        return price, last_ma5, state
```

구현한 get_market_infos( ) 메서드를 timeout( ) 메서드에서 호출하여 5초마다 현재가, 5일 이동평균, 상승장/하락장 여부를 가져오도록 변경합니다. 얻어온 데이터는 QTableWidgetItem 객체로 만든 후 이를 QTableWidget에 추가합니다. 주의할 점은 얻어온 데이터 중 문자열이 아닌 값은 먼저 문자열로 변환한 후에 QTableWidgetItem의 생성자로 전달해야 합니다.

```python
class MyWindow(QMainWindow, form_class):
    def __init__(self):
        # 생성자 코드 생략

    def timeout(self):
        for i, ticker in enumerate(tickers):
            item = QTableWidgetItem(ticker)
            self.tableWidget.setItem(i, 0, item)
```

```
                price, last_ma5, state = self.get_market_infos(ticker)
                self.tableWidget.setItem(i, 1, QTableWidgetItem(str(price)))
                self.tableWidget.setItem(i, 2, QTableWidgetItem(str(last_ma5)))
                self.tableWidget.setItem(i, 3, QTableWidgetItem(state))
```

지금까지 구현한 전체 소스코드는 다음과 같습니다. 코드를 보면서 전체적인 흐름을 다시 한번 떠올려 보세요.

```
# ch05/05_23.py
01: import sys
02: from PyQt5.QtWidgets import *
03: from PyQt5 import uic
04: from PyQt5.QtCore import *
05: import pybithumb
06:
07: tickers = ["BTC", "ETH", "BCH", "ETC"]
08: form_class = uic.loadUiType("bull.ui")[0]
09:
10: class MyWindow(QMainWindow, form_class):
11:     def __init__(self):
12:         super().__init__()
13:         self.setupUi(self)
14:
15:         timer = QTimer(self)
16:         timer.start(5000)
17:         timer.timeout.connect(self.timeout)
18:
19:     def get_market_infos(self, ticker):
20:         df = pybithumb.get_ohlcv(ticker)
21:         ma5 = df['close'].rolling(window=5).mean()
22:         last_ma5 = ma5[-2]
23:         price = pybithumb.get_current_price(ticker)
24:
25:         state = None
26:         if price > last_ma5:
27:             state = "상승장"
28:         else:
29:             state = "하락장"
30:
```

```
31:            return price, last_ma5, state
32:
33:        def timeout(self):
34:            for i, ticker in enumerate(tickers):
35:                item = QTableWidgetItem(ticker)
36:                self.tableWidget.setItem(i, 0, item)
37:
38:                price, last_ma5, state = self.get_market_infos(ticker)
39:                self.tableWidget.setItem(i, 1, QTableWidgetItem(str(price)))
40:                self.tableWidget.setItem(i, 2, QTableWidgetItem(str(last_ma5)))
41:                self.tableWidget.setItem(i, 3, QTableWidgetItem(state))
42:
43:
44: app = QApplication(sys.argv)
45: window = MyWindow()
46: window.show()
47: app.exec_()
```

Ch05/05_23.py 코드를 실행하면 그림 5-12와 같이 메인 윈도우가 생성됩니다. 의도한 대로 프로그램이 동작하지만, 여전히 개선해야 할 사항이 남아있습니다. 프로그램의 제목 표시줄을 클릭한 채로 창을 움직여보세요. 윈도우 창이 부자연스럽게 움직이는 것을 확인할 수 있습니다. 다음절에서는 QTimer 버전의 성능이 좋지 않은 이유를 알아보고 스레드라는 것을 사용해서 프로그램의 성능을 업데이트해 보도록 하겠습니다.

	가상화폐	현재가	5일 이동평균	상승장/하락장
1	BTC	4310000.0	5155400.0	하락장
2	ETH	122000.0	149900.0	하락장
3	BCH	225500.0	278960.0	하락장
4	ETC	5090.0	6292.0	하락장

그림 5-12 QTimer 기반의 상승장/하락장 알리미

5.4. 상승장 알리미(스레드 버전)

5.4.1. 스레드 기본 코드

Ch05/05_23.py에서 구현한 타이머 기반의 상승장 알리미 프로그램은 GUI가 버벅대는 현상이 발생합니다. 이는 파이썬 인터프리터가 현재가를 조회하고 화면에 GUI를 그리는 두 가지 일을 순차적으로 실행하기 때문에 발생합니다. 네트워크 상태가 충분히 빠른 경우 현재가를 빠르게 조회한 후 이를 GUI에 그려줄 수 있습니다. 하지만 네트워크 지연이 발생하거나 현재가를 조회하는 코드가 복잡해서 시간이 걸리는 경우에는 GUI를 바로 그려줄 수 없기 때문에 프로그램이 버벅대는 현상이 발생합니다.

조금 더 쉬운 예를 들어 보겠습니다. 여러분이 중국집을 운영하는데 손님이 음식을 주문하면 여러분은 주방에 음식을 만들어 달라고 요청할 겁니다. 그리고 음식이 주방에서 준비되면 음식을 손님에게 가져다줄 겁니다. 그런데 음식이 나올 때까지 여러분이 다른 일을 하지 않고 주방 앞에서 대기만 하고 있다면 어떻게 될까요? 중국집에 새로운 손님이 오거나 전화 주문이 오더라도 이를 처리해줄 수 없겠지요?

어떻게 하면 이런 문제를 해결할 수 있을까요? 여러분이 중국집 사장이라면 아르바이트생을 추가 고용하면 됩니다. 여러분은 중국집에 온 손님들의 자리를 안내하고 주문을 받고 아르바이트생은 음식이 준비되면 음식을 가져다주면 될 겁니다. 프로그래밍 분야에서는 스레드(thread)라는 것을 사용하면 현실에서 사람을 추가하는 것과 같은 효과를 낼 수 있습니다. 상승장/하락장 알리미에 가상화폐의 가격만을 조회하는 전용 스레드를 추가하면 메인 스레드는 GUI를 담당하고 추가한 스레드는 가격 조회만을 담당하기 때문에 버벅대는 문제를 해결할 수 있습니다.

스레드를 잘 사용하는 것은 프로그래머들에게도 쉽지 않은 일입니다. 파이썬에서도 스레드를 사용하는 여러 방법이 있는데 우리는 PyQt5의 QThread 클래스를 사용하겠습니다. 간단한 코드를 통해 QThread를 사용하는 방법에 대해 익혀봅시다.

```
# ch05/05_24.py
1: from PyQt5.QtCore import *
2:
3: class Worker(QThread):
4:     def run(self):
5:         while True:
6:             print("안녕하세요")
7:             self.sleep(1)
```

> 라인 1: QtCore 모듈 내의 모든 내용을 import 합니다.
>
> 라인 4: QThread를 상속받아 Worker 클래스를 정의합니다. QThread 클래스는 PyQt5.QtCore 모듈에 정의되어 있습니다.
>
> 라인 5: 스레드가 실행될 때 수행할 코드를 run( ) 메서드에 작성합니다. Worker 스레드는 1초에 한 번씩 "안녕하세요" 문자열을 반복 출력합니다.

MyWindow 클래스의 생성자에서 Worker 클래스의 객체를 생성해 봅시다. Worker( ) 클래스의 객체를 생성한 후 start( ) 메서드를 호출하면 Worker 클래스의 run( ) 메서드를 호출합니다. 즉, start( ) 메서드를 호출하는 것만으로 Worker 클래스의 run( ) 메서드가 실행됩니다.

```
# ch05/05_25.py
01: import sys
02: from PyQt5.QtWidgets import *
03: from PyQt5.QtCore import *
04:
05: class Worker(QThread):
06:     def run(self):
07:         while True:
08:             print("안녕하세요")
09:             self.sleep(1)
10:
11: class MyWindow(QMainWindow):
12:     def __init__(self):
13:         super().__init__()
14:
15:         self.worker = Worker()
16:         self.worker.start()
17:
18: app = QApplication(sys.argv)
19: mywindow = MyWindow()
20: mywindow.show()
21: app.exec_()
```

Ch05/05_25.py 코드를 실행하면 MyWindow 클래스의 객체가 생성되는데 이때 Worker 클래스의 객체가 생성되면서 run( ) 메서드의 코드가 실행됩니다. 따라서 화면에 윈도우가 출력되면서 1초에 한 번씩 "안녕하세요" 문자열이 콘솔에 출력되는 것을 확인할 수 있습니다.

안녕하세요

안녕하세요

(생략)

5.4.2. 스레드 적용하기

Ch05/05_23.py 코드는 메인 스레드가 GUI처리와 데이터 갱신을 한 번에 처리했기 때문에 성능 저하 문제가 발생했습니다. 이번 절에서는 이를 스레드를 사용해서 해결해 보겠습니다. 데이터를 갱신하는 부분을 Worker 스레드에게 처리하도록 코드를 변경해 봅시다.

```
# ch05/05_26.py
01: import sys
02: from PyQt5.QtWidgets import *
03: from PyQt5 import uic
04: from PyQt5.QtCore import *
05: import pybithumb
06: import time
07:
08: tickers = ["BTC", "ETH", "BCH", "ETC"]
09: form_class = uic.loadUiType("bull.ui")[0]
10:
11: class Worker(QThread):
12:     def run(self):
13:         while True:
14:             data = {}
15:
16:             for ticker in tickers:
17:                 data[ticker] = self.get_market_infos(ticker)
18:
19:             print(data)
20:             time.sleep(5)
21:
22:     def get_market_infos(self, ticker):
23:         try:
24:             df = pybithumb.get_ohlcv(ticker)
25:             ma5 = df['close'].rolling(window=5).mean()
26:             last_ma5 = ma5[-2]
```

```
27:            price = pybithumb.get_current_price(ticker)
28:
29:            state = None
30:            if price > last_ma5:
31:                state = "상승장"
32:            else:
33:                state = "하락장"
34:
35:            return price, last_ma5, state
36:        except:
37:            return None, None, None
38:
39: class MyWindow(QMainWindow, form_class):
40:     def __init__(self):
41:         super().__init__()
42:         self.setupUi(self)
43:
44:         self.worker = Worker()
45:         self.worker.start()
46:
47: app = QApplication(sys.argv)
48: window = MyWindow()
49: window.show()
50: app.exec_()
```

> 라인 16~17: 각 티커에 대해서 get_market_infos() 메서드를 호출해서 현재 티커에 대한 현재가, 5일 이동평균, 상승장/하락장 튜플 객체를 딕셔너리에 저장합니다. 이때 티커가 딕셔너리의 key가 됩니다. 예를 들어, {'BTC': (100, 90, "상승장")}와 같은 형태로 데이터가 저장됩니다.
>
> 라인 22~37: MyWindow 클래스에 있던 get_market_infos() 메서드를 Worker 클래스로 옮겨줍니다. 이때 예외처리를 위한 코드를 추가했습니다.
>
> 라인 44~45: MyWindow 클래스의 객체가 생성될 때 Woker 클래스의 객체를 생성하고 start() 메서드를 호출해줍니다.

Ch05/05_26.py 코드를 실행하면 다음과 같이 5초에 한 번씩 네 가지 암호화폐의 가격 정보가 포함된 딕셔너리가 화면에 출력됩니다. 윈도우 창을 움직여도 이전과 달리 버벅거림이 없는 것을 확인할 수 있습니다.

```
{'BTC': (4537000.0, 4555600.0, '하락장'), 'ETH': (128500.0, 129200.0, '하락장'), 'BCH':
(204500.0, 238640.0, '하락장'), 'ETC': (5275.0, 5280.0, '하락장')}
{'BTC': (4537000.0, 4555600.0, '하락장'), 'ETH': (128500.0, 129200.0, '하락장'), 'BCH':
(204500.0, 238640.0, '하락장'), 'ETC': (5275.0, 5280.0, '하락장')}
{'BTC': (4537000.0, 4555600.0, '하락장'), 'ETH': (128500.0, 129200.0, '하락장'), 'BCH':
(204500.0, 238640.0, '하락장'), 'ETC': (5275.0, 5280.0, '하락장')}
{'BTC': (4537000.0, 4555600.0, '하락장'), 'ETH': (128500.0, 129200.0, '하락장'), 'BCH':
(204500.0, 238640.0, '하락장'), 'ETC': (5275.0, 5280.0, '하락장')}
```

Ch05/05_26.py 코드에서는 스레드를 사용해서 성능 문제를 해결했습니다. 그런데 Worker 스레드가 얻어온 가격 정보가 MyWindow 클래스에 있는 QTableWidget의 객체에 출력되지 않고 있습니다. MyWindow 클래스의 객체는 Worker 클래스의 객체가 언제 데이터 처리를 완료하는지 알기 어렵습니다. 이런 경우에는 Worker 클래스의 객체가 MyWindow 클래스의 객체에게 데이터 처리가 완료됐음을 알려주고 MyWindow 클래스의 객체는 데이터를 가져가는 형태로 프로그램을 구현해 줘야 합니다. 이를 위해 우리는 PyQt의 시그널/슬롯 메커니즘을 사용할 겁니다.

먼저 Worker 클래스에서 데이터 처리가 완료됐을 때 이벤트를 발생(emit)하는 코드를 살펴봅시다.

```
# ch05/05_27.py
11: class Worker(QThread):
12:     finished = pyqtSignal(dict)
13:
14:     def run(self):
15:         while True:
16:             data = {}
17:
18:             for ticker in tickers:
19:                 data[ticker] = self.get_market_infos(ticker)
20:
21:             self.finished.emit(data)
22:             time.sleep(2)
```

라인 12: finished 라는 이름으로 사용자 정의 시그널(이벤트) 객체를 생성합니다. QPushButton 클래스에 clicked라는 시그널이 있었던 것처럼 Worker 클래스에 여러분이 finished라는 이름의 시그널을 정의한 겁니다.

> 라인 21: 사용자 정의 시그널을 발생(emit)시킵니다. data 변수가 바인딩하고 있는 딕셔너리 객체가 전송됩니다.

Worker 클래스의 객체가 발생한 시그널을 받기 위해서는 MyWindow 클래스에서 시그널과 슬롯을 연결해주면 되겠지요?

```
# ch05/05_27.py
41: class MyWindow(QMainWindow, form_class):
42:     def __init__(self):
43:         super().__init__()
44:         self.setupUi(self)
45:
46:         self.worker = Worker()
47:         self.worker.finished.connect(self.update_table_widget)
48:         self.worker.start()
49:
50:     @pyqtSlot(dict)
51:     def update_table_widget(self, data):
52:         try:
53:             for ticker, infos in data.items():
54:                 index = tickers.index(ticker)
55:
56:                 self.tableWidget.setItem(index, 0, QTableWidgetItem(ticker))
57:                 self.tableWidget.setItem(index, 1, QTableWidgetItem(str(infos[0])))
58:                 self.tableWidget.setItem(index, 2, QTableWidgetItem(str(infos[1])))
59:                 self.tableWidget.setItem(index, 3, QTableWidgetItem(str(infos[2])))
60:         except:
61:             pass
```

> 라인 47: finished라는 시그널이 발생하면 self.update_table_widget( ) 메서드가 호출되도록 설정합니다.
>
> 라인 50: 딕셔너리 객체가 받을 수 있는 슬롯임을 지정합니다.
>
> 라인 53: data에는 딕셔너리가 바인딩돼 있는데 key와 value을 가져온 후 for 문을 돌립니다.
>
> 라인 54: 티커 리스트에서 티커가 위치하는 인덱스를 얻어옵니다. 얻어온 인덱스는 QTableWidgetItem 객체를 QTableWidget 객체에 추가할 때 행(row) 인덱스로 사용됩니다.

스레드 버전의 상승장/하락장 알리미의 전체 코드는 ch05/05_27.py와 같습니다.

```
# ch05/05_27.py
01: import sys
02: from PyQt5.QtWidgets import *
03: from PyQt5 import uic
04: from PyQt5.QtCore import *
05: import pybithumb
06: import time
07:
08: tickers = ["BTC", "ETH", "BCH", "ETC"]
09: form_class = uic.loadUiType("bull.ui")[0]
10:
11: class Worker(QThread):
12:     finished = pyqtSignal(dict)
13:
14:     def run(self):
15:         while True:
16:             data = {}
17:
18:             for ticker in tickers:
19:                 data[ticker] = self.get_market_infos(ticker)
20:
21:             self.finished.emit(data)
22:             time.sleep(2)
23:
24:     def get_market_infos(self, ticker):
25:         try:
26:             df = pybithumb.get_ohlcv(ticker)
27:             ma5 = df['close'].rolling(window=5).mean()
28:             last_ma5 = ma5[-2]
29:             price = pybithumb.get_current_price(ticker)
30:
31:             state = None
32:             if price > last_ma5:
33:                 state = "상승장"
34:             else:
35:                 state = "하락장"
36:
37:             return price, last_ma5, state
38:         except:
39:             return None, None, None
40:
41: class MyWindow(QMainWindow, form_class):
```

```
42:     def __init__(self):
43:         super().__init__()
44:         self.setupUi(self)
45:
46:         self.worker = Worker()
47:         self.worker.finished.connect(self.update_table_widget)
48:         self.worker.start()
49:
50:     @pyqtSlot(dict)
51:     def update_table_widget(self, data):
52:         try:
53:             for ticker, infos in data.items():
54:                 index = tickers.index(ticker)
55:
56:                 self.tableWidget.setItem(index, 0, QTableWidgetItem(ticker))
57:                 self.tableWidget.setItem(index, 1, QTableWidgetItem(str(infos[0])))
58:                 self.tableWidget.setItem(index, 2, QTableWidgetItem(str(infos[1])))
59:                 self.tableWidget.setItem(index, 3, QTableWidgetItem(str(infos[2])))
60:         except:
61:             pass
62:
63: app = QApplication(sys.argv)
64: window = MyWindow()
65: window.show()
66: app.exec_()
```

파이썬을 이용한 **비트코인 자동매매**

06
변동성 돌파전략 구현

06 변동성 돌파전략 구현

5장에서 현재가/호가 조회 등의 기능을 제공하는 Public API를 사용해 봤다면 6장에서는 매수/매도/잔고 조회 등을 할 수 있는 Private API를 사용해 보겠습니다. 또한 이를 응용해서 래리 윌리엄스의 변동성 돌파 전략을 구현해 봅시다.

6.1. 빗썸 Private API

6.1.1. Bithumb API 신청하기

빗썸 거래소에서 Private API를 사용하기 위해서는 회원가입뿐만 아니라 API 사용신청을 해야 합니다. 회원가입과 관련된 내용은 본 도서에서 설명하지 않기 때문에 빗썸 홈페이지의 이용 안내 (https://www.bithumb.com/customer_support/info)를 참고해서 진행해 주시기 바랍니다. API 신청을 위해 그림 6-1과 같이 빗썸 로그인 후 오른쪽 위의 이메일 주소를 선택하고 '계정관리' 메뉴를 선택합니다.

그림 6-1 계정 관리 메뉴

이어서 그림 6-2와 같이 왼쪽 아래의 API 관리 메뉴를 선택하세요.

그림 6-2 API 관리 페이지

그림 6-3의 API 관리 페이지의 'API 활성화 항목 접근' 메뉴에서는 파이썬으로 제어하려는 빗썸 API 기능을 선택합니다. 본 도서에서는 지갑 정보, 주문내역, 매수주문, 매도주문, 거래 취소, 회원 거래내역을 사용합니다. 참고로 API를 이용한 KRW 출금, 코인 출금은 보안상의 이유로 사용하지 않았습니다.

API 활성화 항목 접근(접근 허용)

빗썸 API를 이용하여 프로그램 구축 시 필요하신 항목을 선택해 주세요.

회원지갑정보	☑ 활성화	거래취소	☑ 활성화
주문내역	☑ 활성화	회원거래내역	☑ 활성화
매수주문	☑ 활성화	KRW 출금	☐ 활성화
매도주문	☑ 활성화	코인 출금	☐ 활성화

그림 6-3 API 활성화 항목

그림 6-4의 보안 인증 메뉴에서 '인증요청' 버튼을 클릭하고 전송받은 인증 번호를 입력합니다. '보안 비밀번호'는 로그인할 때, 계정 비밀번호 다음으로 입력하는 이차 비밀번호입니다. 값을 모두 입력하고 API KEY 생성 버튼을 클릭하세요.

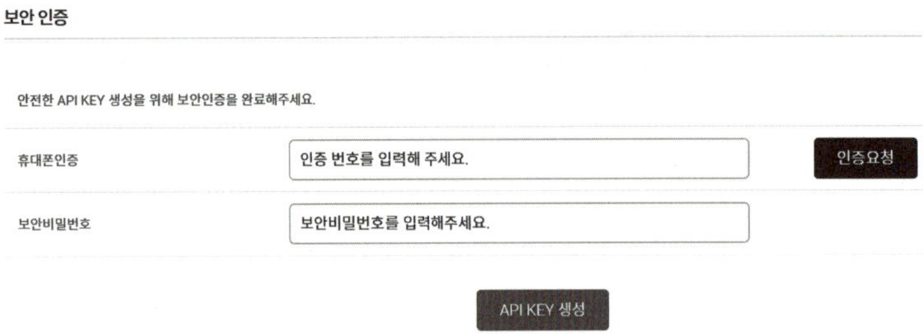

그림 6-4 보안 인증

그림 6-5와 같이 팝업창이 뜨면 확인 버튼을 누르고 계속 진행합니다. 보안과 관련된 주의 사항은 자세히 읽어 봐야 합니다. API Key와 Secret Key의 유출은 금전적 손실로 직결될 수 있으니 보안 관리에 항상 주의하세요. 참고로 API Key와 Secret Key가 유출될 때를 대비해서 그림 6-3에서 KRW 출금 및 코인 출금 기능을 활성화하지 않은 겁니다.

그림 6-5 주의사항 창

아래로 스크롤을 내리면 그림 6-6과 같이 API Connect Key와 Secret Key 두 개를 확인할 수 있습니다. 키를 활성화한 이후에는 Secret Key는 더 이상 확인할 수 없기 때문에 두 키값을 파일로 저장해두는 것이 좋습니다. 참고로 두 키값이 모두 있어야 파이썬에서 Private API를 사용할 수 있습니다. 키값을 저장했다면 '활성화' 버튼을 클릭합니다

그림 6-6 사용 중인 API 리스트

그림 6-7의 팝업창에서 '승인하기' 버튼을 클릭하면 API 키가 활성화됩니다. 지금이 Secret Key를 확인할 수 있는 마지막 기회입니다. 아직 저장하지 않았다면, 승인하기를 누르기에 앞서 키를 저장하세요. 추후에 Secret Key가 기억나지 않는다면 기존 API Key를 삭제하고 새롭게 만들어야 하는 번거로움을 감수해야 합니다.

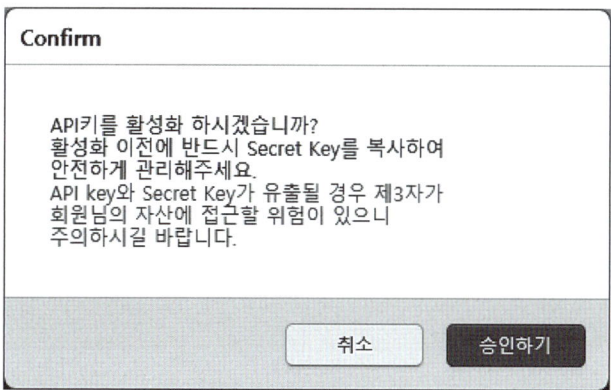

그림 6-7 API Key 활성화 승인 창

그림 6-8과 같이 빗썸 가입 시 사용한 이메일 주소로 활성화 요청 메일이 옵니다. 메일의 'Click' 링크를 누르면 최종적으로 API 키가 활성화됩니다.

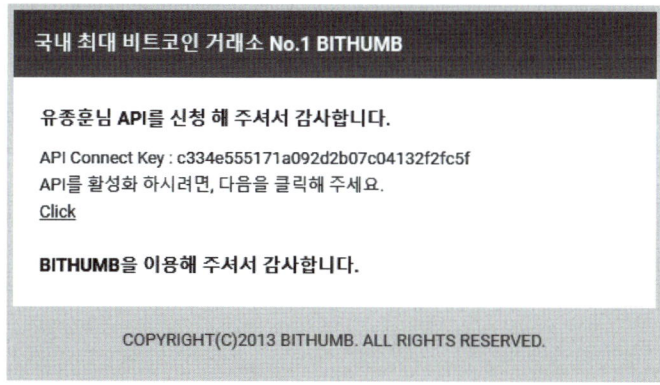

그림 6-8 API 신청 승인 메일

6.1.2. Bithumb 클래스 생성

여러분은 빗썸 홈페이지에서 아이디와 암호를 사용해 로그인한 후 매수/매도 거래를 진행할 수 있습니다. 이와 유사하게 pybithumb 모듈은 Connect Key와 Secret Key로 사용자를 인증한 이후에 private API를 제어할 수 있습니다. pybithumb 모듈에는 Bithumb이라는 클래스가 구현되어 있는데 여기에 빗썸 거래소의 private API를 위한 메서드들이 구현되어 있습니다. 따라서 여러분은 pybithumb 모듈을 사용해서 private API를 사용하려면 가장 먼저 Bithumb 클래스의 객체를 생성해야 합니다. Bithumb 클래스의 초기화자를 호출할 때 Connect Key와 Secret Key를 넘겨주면 됩니다.

```
# ch06/06_01.py
1: import pybithumb
2:
3: con_key = "81dd5f25e5daa70b2fff603901d2c09c"
4: sec_key = "82333efegeg9eg3e77c573weg34af17a"
5:
6: bithumb = pybithumb.Bithumb(con_key, sec_key)
```

> 라인 3: API 신청 페이지에서 발급받은 본인의 Connect Key를 입력합니다.
> 라인 4: API 신청 페이지에서 발급받은 본인의 Secret Key를 입력합니다.
> 라인 6: Bithumb 클래스 객체를 생성하는데 초기화자(__init__)로 두 키값을 전달합니다.

두 키값을 문자열로 정의한 것을 눈여겨보세요. Ch06/ch06_01.py에서 con_key와 sec_key 변수에 바인딩된 키값은 사용자 인증에 사용되기 때문에 반드시 여러분의 키로 변경해야 합니다. 올바르게 두 키를 입력했다면 bithumb 변수를 사용해서 Bithumb 클래스에 구현되어 있는 매수/매도 주문 등의 private API를 사용할 수 있겠죠? Bithumb 클래스에 어떤 메서드가 정의돼 있는지 하나씩 알아보도록 하겠습니다.

6.1.3. 잔고조회

Bithumb 클래스의 get_balance( ) 메서드는 보유하고 있는 가상화폐의 잔고를 조회합니다. 조회할 가상화폐의 티커(ticker)를 get_balance( ) 메서드의 파라미터로 전달해주면 됩니다. Ch06/06_02.py는 비트코인(BTC)의 잔고를 조회하고 그 결과를 화면에 출력합니다.

```
# ch06/06_02.py
# 클래스 생성 코드 생략
```

```
balance = bithumb.get_balance("BTC")
print(balance)
```

get_balance( ) 메서드는 하나의 튜플을 반환합니다. 튜플 안에는 네 개의 값이 저장되어 있는데 앞에서부터 순서대로 비트코인의 총 잔고, 거래 중인 비트코인의 수량, 보유 중인 총원화, 주문에 사용된 원화를 의미합니다. 혹시 'Invalid Apikey' 에러가 출력됐다면 con_key와 sec_key 변수에 입력한 본인의 키를 다시 확인해 보세요.

```
(4.533e-05, 0.0, 11000.0, 0.0)
```

위 출력에서 첫 번째 값은 비트코인의 총잔고인데 값이 조금 이상해 보입니다. 이는 매우 크거나 작은 수를 효과적으로 표현하기 위해서 파이썬이 지수승 형태로 출력해서 그렇습니다. 사람이 읽기 좋은 실수로 값을 출력하려면 다음과 같이 format( ) 함수를 사용하세요.

```
print(format(balance[0], 'f'))
```

5장에서 배웠던 public API와 private API를 함께 사용하면 모든 가상화폐의 잔고를 조회할 수 있습니다. Ch06/06_03.py 코드를 실행하면 1초에 10개씩 모든 가상화폐의 잔고를 화면에 출력합니다.

```
# ch06/06_03.py
01: import pybithumb
02: import time
03:
04: con_key = "81dd5f25e5daa70b2fff603901d2c09c"
05: sec_key = "82333efegeg9eg3e77c573weg34af17a"
06:
07: bithumb = pybithumb.Bithumb(con_key, sec_key)
08:
09: for ticker in pybithumb.get_tickers() :
10:     balance = bithumb.get_balance(ticker)
11:     print(ticker, ":", balance)
12:     time.sleep(0.1)
```

라인 9: public API인 get_tickers( ) 함수는 모든 가상화폐의 티커를 리스트로 반환합니다. 반복문의 ticker 변수에는 가상화폐의 티커가 차례로 바인딩됩니다.

라인 10: ticker에 바인딩된 가상화폐를 private API인 get_balance( ) 메서드로 조회합니다. 결과 값은 balance 변수에 바인딩합니다.

라인 11: balance 변수에 저장된 잔고를 화면에 출력합니다.

6.1.4. 매수

이번에는 pybithumb 모듈을 사용해서 매수 API를 사용해 봅시다. 빗썸은 지정가 매수(limit order)와 시장가 매수(market order)라는 두 가지 타입의 API를 지원합니다. 지정가 매수는 말 그대로 정해진 가격에 매수 주문을 하는 것입니다. 예를 들어 비트코인의 시가가 400만 원일 때 이보다 더 싸게 사고 싶어서 300만 원에 10개를 사겠다고 주문을 내는 것이 지정가 주문입니다. 이와 달리 시장가 매수는 현재 매도호가 중 가장 낮은 가격으로 즉시 매수 체결이 됩니다. 예를 들어 호가가 그림 6-9와 같다면 3,982,000원이 매도 호가 중 가장 낮은 가격이므로 이 가격으로 주문이 체결됩니다. 시장가로 비트코인 1개를 매수하면 3,982,000 원에 0.5521개, 그 위의 호가인 3,988,000원에 0.4391개, 그 위 호가인 3,990,000원에 0.0088개가 즉시 체결됩니다.

가격 (KRW)	수량(BTC)
4,001,000	9.0096
4,000,000	6.9257
3,999,000	1.0764
3,997,000	0.4377
3,996,000	0.1418
3,993,000	0.5000
3,992,000	4.1000
3,991,000	1.0000
3,990,000	0.6527
3,988,000	0.4391
3,982,000	**0.5521**
3,982,000 ↑	
3,981,000	2.0000
3,980,000	1.8000
3,979,000	1.2213
3,978,000	0.3300
3,977,000	3.6282
3,976,000	0.2100
3,975,000	2.0100

그림 6-9 비트코인의 호가창

Bithumb 클래스에서 지정가 매수는 buy_limit_order( ) 메서드를 사용합니다. buy_limit_order( ) 메서드의 파라미터로 구매하고자 하는 가상화폐의 티커, 지정가, 매수 수량을 순서대로 입력합니다. 예를 들어 3,900,000원에 비트코인 0.001개를 매수하려면 ch06/06_04.py와 같이 주문 코드를 작성합니다.

```
# ch06/06_04.py
# 클래스 생성 생략
08: order = bithumb.buy_limit_order("BTC", 3900000, 0.001)
09: print(order)
```

buy_limit_order( ) 메서드의 결괏값으로 주문 종류, 티커, 주문 번호가 튜플로 반환됩니다. 아래 결괏값을 보면 매수('bid') 주문으로 비트코인('BTC')을 주문했음을 알 수 있습니다. 주문 번호는 주문을 구별하기 위한 고윳값으로 주문 조회/취소/정정에 사용됩니다.

('bid', 'BTC', '1544373733978958')

주문이 실행된 결과는 그림 6-10과 같이 빗썸 홈페이지에서 확인할 수 있습니다. 비트코인의 현재가는 400만 원으로 390만 원에 주문을 했기 때문에 미체결 주문으로 남아있습니다.

주문시각	구분	주문수량	미체결수량	주문가격	현재가격	상태
2018-12-10 01:42:13	지정가 매수	0.001	0.001	3,900,000	4,035,000	취소

그림 6-10 미체결 주문의 조회

지정가 매수를 하는 경우 다음 세 가지에 유의해서 주문을 넣어야 합니다.

- 최소 주문 수량 / 유효 자릿수 / 호가단위

첫 번째로 최소 수량 제약에 맞춰 주문을 해야 합니다. 그림 6-11을 참조하면 비트코인은 최소 0.001개를 주문해야 함을 알 수 있습니다. 또한 비트코인의 최소 주문 수량이 0.001개라고 해서 0.00123개는 주문할 수 없습니다. 빗썸은 소수점 넷째 자리까지의 주문만 가능하기 때문에 주문의 유효 자릿수를 맞춰야 합니다. 참고로 pybithum 모듈은 소수점 네 자리 이하는 버림 후에 주문을 발행합니다. 마지막으로 가상화폐 또한 주식과 같이 '호가 단위'가 존재합니다. 그림 6-9의 호가창을 보면 1,000원 단위로 비트코인의 가격이 결정되는 것을 확인할 수 있습니다. 호가 단위에 맞는 매수 가격을 입력해야 합니다.

입력 호가	최소 수량
100 원 미만	100
100원 이상 1,000원 미만	10
1,000원 이상 10,000원 미만	1
10,000원 이상 100,000원 미만	0.1
100,000원 이상 1,000,000원 미만	0.01
1,000,000원 이상	0.001

그림 6-11 빗썸 최소 거래 수량

주문 제약 사항을 지키지 않을 경우 주문이 정상적으로 실행되지 않을 수 있습니다. 비트코인은 1,000원 단위로 호가를 지정해야 하는데, 100원 단위로 주문을 해 보겠습니다.

```
# ch06/06_04.py
# 클래스 생성 코드 생략
08: order = bithumb.buy_limit_order("BTC", 4000100, 0.001)
09: print(order)
```

코드의 실행 결과 다음과 같은 에러 메시지가 출력됩니다. 또한 buy_limit_order( ) 메서드의 실행 결과 None이라는 값이 반환됩니다.

> KeyError {'status': '5600', 'message': '1000원 단위로 거래 가능합니다.'}
> None

최우선 매도호가에 거래되는 시장가 매수는 buy_market_order( ) 메서드를 사용합니다. 매물에 따라 가격이 정해지기 때문에 메서드의 파라미터로 사고자 하는 가상화폐의 티커와 매수 수량만을 입력받습니다. 예를 들어 시장가로 비트코인 1개를 매수하려면 ch06/06_05.py와 같이 코딩하면 됩니다.

```
# ch06/06_05.py
# 클래스 생성 생략
08: order = bithumb.buy_market_order("BTC", 1)
```

```
09: print(order)
```

시장가 주문은 가격을 지정하지 않기 때문에 최소 주문 수량과 유효 자릿수 두 가지를 주의해야 합니다. 예를 들어, 원화로 100,000원이 있고 현재 최우선 매도 호가 4,000,000원에 매물이 충분하다면 0.025(100000/4000000) 개만큼의 비트코인을 매수할 수 있습니다. 이때 0.025는 최소 주문 수량과 유효 자릿수를 만족하기 때문에 매수 주문이 정상 실행됩니다.

이번에는 본인 계좌의 보유 원화를 조회하고, 최우선 매도 호가 금액을 얻어와 매수할 수 있는 비트코인 개수를 계산해 봅시다. 5장에서 배운 get_orderbook() 함수를 사용하면 됩니다.

```
# ch06/06_06.py
# 클래스 생성 코드 생략
08: krw = bithumb.get_balance("BTC")[2]
09: orderbook = pybithumb.get_orderbook("BTC")
10:
11: asks = orderbook['asks']
12: sell_price = asks[0]['price']
13: unit = krw/sell_price
14: print(unit)
```

> 라인 8: get_balance() 메서드는 튜플을 리턴하는데 그중 2번 인덱스에 '원화 잔고'가 저장됩니다
>
> 라인 9~11: get_orderbook() 함수는 딕셔너리를 리턴하는데 'asks'라는 키를 통해 매수 호가 내역을 리스트로 얻어올 수 있습니다.
>
> 라인 12: 매도 호가 리스트에서 인덱싱을 통해 호가 정보 하나를 얻어오면 딕셔너리 타입입니다. 따라서 다시 'price'라는 키값을 사용해서 매도 금액을 얻을 수 있습니다.
>
> 라인 13: 원화 잔고를 최우선 매도 호가 금액으로 나누면 매수 수량을 구할 수 있습니다.

호가창을 조회해서 예상 체결 가격에 매수 가능한 비트코인의 수량을 계산했더라도 예상 가격보다 높게 매수될 수 있습니다. 호가창에 매도 수량이 매수 수량보다 적거나 여러분이 주문하기 전에 다른 사람이 매수를 해서 매도 호가가 올라갈 수 있다는 점을 주의해야 합니다. ch06/06_07.py는 주문할 비트코인의 개수를 계산 후 시장가 주문을 발행하는 코드입니다. 실행하면 주문이 즉시 체결되니 주의하세요.

```
# ch06/06_07.py
# 클래스 생성 코드 생략
```

```
08: krw = bithumb.get_balance("BTC")[2]
09: orderbook = pybithumb.get_orderbook("BTC")
10:
11: asks = orderbook['asks']
12: sell_price = asks[0]['price']
13: unit = krw/float(sell_price)
14:
15: order = bithumb.buy_market_order("BTC", unit)
16: print(order)
```

정상적으로 주문이 실행됐다면 buy_marker_order( ) 메서드는 주문 ID를 리턴합니다. 코드의 실행 결과 큰 숫자가 출력되는데, 이 값이 바로 주문 ID입니다.

```
1529878359472126
```

그림 6-12는 빗썸 홈페이지에서 확인한 비트코인 거래 내역입니다. 시장가 매수 주문이 정상적으로 실행된 것을 확인할 수 있습니다.

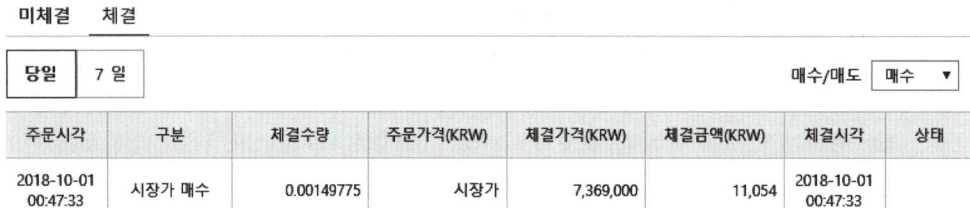

그림 6-12 시장가 매수 체결 내역

빗썸은 체결 수수료가 0.15%입니다. 매수 주문 시에는 주문 체결 수량을 기준으로 수수료가 계산되고 수수료를 제외한 수량이 입금됩니다. 비트코인 0.0015개의 시장가 매수 주문을 실행한 결과 수수료를 제외하고 0.00149775개의 비트코인이 입금됐습니다.

6.1.5. 매도

빗썸의 매도 API 또한 지정가 매도와 시장가 매도가 존재합니다. pybithumb 모듈에서 지정가 매도는 sell_limit_order( ) 메서드를 사용합니다. Ch06/06_08.py과 같이 비트코인 1개를 4,000,000

원에 지정가 매도해 봅시다. 현재 시가는 약 3,800,000원 수준인데 매도되지 않도록 매도 금액을 높게 책정했습니다.

```
# ch06/06_08.py
# 클래스 생성 생략
08: order = bithumb.sell_limit_order("BTC", 4000000, 1)
09: print(order)
```

코드를 실행해보면 보유하고 있는 비트코인의 잔고 (0.0014) 보다 많은 수량을 매도하려고 했기 때문에 에러가 발생합니다. 에러가 발생하면 화면에 에러 로그가 출력되고 sell_limit_order( ) 메서드는 None을 리턴합니다.

> KeyError {'status': '5600', 'message': '주문량이 사용가능 BTC을 초과하였습니다.'}
> None

이번에는 잔고를 조회해서 보유 중인 비트코인 수량만큼 지정가 매도 주문을 해보겠습니다.

```
# ch06/06_09.py
# 클래스 생성 코드 생략
08: unit = bithumb.get_balance("BTC")[0]
09: print(unit)
10: order = bithumb.sell_limit_order("BTC", 4000000, unit)
11: print(order)
```

라인 8: get_balance( ) 메서드는 튜플로 값을 리턴하는데, 0번 인덱스에는 보유 중인 비트코인의 잔고가 저장돼 있습니다. 비트코인의 보유 수량을 unit 변수에 바인딩합니다.

라인 10: sell_limit_order( ) 메서드로 보유 중인 비트코인의 수만큼 지정가 매수 주문을 발행합니다.

출력 결과를 살펴보면 0.00149775 개수의 비트코인을 보유 중이었던 것을 알 수 있습니다. 또한 지정가 매도(ask) 주문을 실행한 것을 알 수 있습니다. 튜플의 마지막 숫자는 주문 번호입니다.

> 0.00149775
> ('ask', 'BTC', '1529880463137270')

그림 6-13의 체결 내역을 살펴보면 비트코인 총 보유 수량은 0.00149775개이지만 실제 주문은

0.0014개만 입력된 것을 확인할 수 있습니다. pybithumb의 sell_limit_order( ) 메서드가 빗썸 거래소의 주문 규칙에 따라 소수점 넷째 자리 이하는 버리고 주문했기 때문입니다.

체결 내역

주문시각	구분	주문수량	미체결수량	주문가격	현재가격	상태
2018-10-01 01:43:45	지정가 매도	0.0014	0.0014	9,000,000	7,364,000	취소

그림 6-13 지정가 매도 미체결 내역

지정가 매도를 하는 경우에도 '호가 가격 단위'를 지켜야 합니다. 다음과 같이 4,000,100원으로는 거래할 수 없습니다.

```
# 클래스 생성 생략
unit = bithumb.get_balance("BTC")[0]
order = bithumb.sell_limit_order("BTC", 4000100, unit)
print(order)
```

> KeyError {'status': '5600', 'message': '1000원 단위로 거래 가능합니다.'}
> None

이번에는 pybithumb 모듈의 시장가 매도를 사용해 보겠습니다. pybithumb에서 시장가 매도는 sell_market_order( ) 메서드를 사용합니다. sell_market_order( ) 메서드의 첫 번째 인자로 티커를 입력하고 두 번째 인자로 매도하고자 하는 가상화폐의 수량을 입력합니다.

```
# ch06/06_10.py
# 클래스 생성 생략
08: unit = bithumb.get_balance("BTC")[0]
09: order = bithumb.sell_market_order("BTC", unit)
10: print(order)
```

> 라인 8: 보유 중인 비트코인('BTC')의 잔고를 얻어옵니다.

> 라인 9: 보유 중인 비트코인을 모두 시장가 매도합니다.

코드가 정상적으로 실행되면 다음과 같이 주문 번호가 출력됩니다.

```
1529987178656736
```

빗썸은 매도 주문에 0.15%의 수수료를 부과합니다. 매수 시에는 매수 코인 수량의 0.15%를 제외한 코인이 입금됐지요? 매도 시에는 체결 금액의 0.15%가 수수료로 제외된 후 나머지 원화가 입금됩니다. 보유하고 있던 비트코인 0.0014975개의 매도 주문한 경우를 예로 들어 보겠습니다. 소수점 네 자리까지만 주문이 가능하기 때문에 실제 주문은 0.0014개만 체결되겠지요? 그림 6-15를 보면 7,375,000원에 비트코인 0.0014개가 매도됐으니 거래 금액은 1원 단위가 절사 된 10,300 원이라는 것을 알 수 있습니다. 여기에 수수료 0.15%를 뺀 후 실제로 입금된 원화는 10,285원입니다.

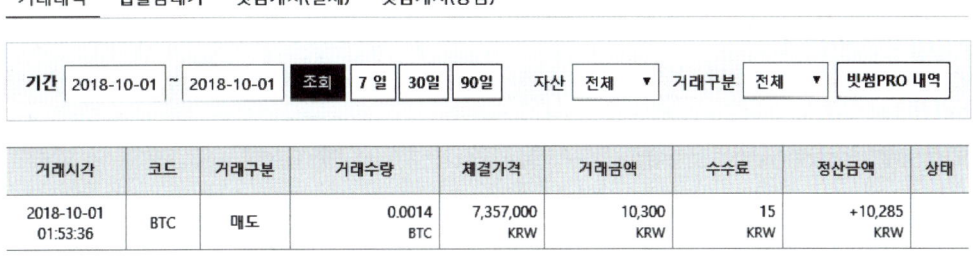

그림 6-14 시장가 매도 거래내역

6.1.6. 주문 취소

시장 상황이 변해 기존에 발행한 주문을 취소해야 하는 일이 생길 수 있습니다. pybithumb의 cancel_order( ) 메서드는 발행한 주문을 취소합니다. 메서드의 파라미터로 매수/매도 주문의 반환값(주문 ID가 포함된 튜플)을 넣어줘야 합니다. Ch06/06_11.py은 지정가 매수을 주문을 넣은 후 10초 후에 주문을 취소하는 코드입니다.

```
# ch06/06_11.py
```

```
02: import time
03: # 코드 생략
09: order = bithumb.buy_limit_order("BTC", 3000000, 0.001 )
10: print(order)
11:
12: time.sleep(10)
13: cancel = bithumb.cancel_order(order)
14: print(cancel)
```

라인 9: 비트코인을 3,000,000원에 0.001개 지정가 주문합니다.

라인 10: buy_limit_order( ) 메서드의 리턴 값을 출력합니다.

라인 12: 10초 동안 멈춥니다.

라인 13: buy_limit_order( ) 함수의 리턴 값(튜플)을 cancel_order 메서드의 입력으로 넣어 주문 취소 메서드를 호출합니다.

Ch06/06_11.py 코드의 실행 결과는 다음과 같습니다. 주문 함수는 ('bid', 'BTC', '1530000309557335')와 같이 튜플을 리턴하는데 이 값은 주문 취소를 할 때 사용됩니다. 주문 취소 메서드인 cancel_order( )는 매수, 매도 주문에 상관없이 미 체결된 주문이라면 모두 취소할 수 있습니다. 정상적으로 주문이 취소된 경우 True가 출력되고 주문 취소가 실패한 경우 None이 출력됩니다.

```
('bid', 'BTC', '1530000309557335')
True
```

6.2. 변동성 돌파 전략 구현

6.2.1. 변동성 돌파 전략

래리 윌리엄스(Larry Williams)가 Long-Term Secrets to Short-Term Trading에서 소개한 변동성 돌파 전략은 최근 '가즈아! 가상화폐 투자 마법공식 (강환국 저)' 등에서 소개된 이후로 국내에서도 유명해졌습니다. 변동성 돌파 전략을 간략히 요약해 보면 아래와 같습니다.

> **1** 가격 변동폭 계산: 투자하려는 가상화폐의 전일 고가(high)에서 전일 저가(low)를 빼서 가상화폐의 가격 변동폭을 구합니다.
> **2** 매수 기준: 당일 시간에서 (변동폭 * 0.5) 이상 상승하면 해당 가격에 바로 매수합니다.
> **3** 매도 기준: 당일 종가에 매도합니다.

간단한 예제와 함께 변동성 돌파 전략을 이해해 봅시다. 가상화폐는 24시간 거래되고 있기 때문에 먼저 시가와 종가를 계산할 기준 시간을 잡아야 합니다. 00:00:00 분부터 그날의 거래가 시작되고 23:59:59에 거래가 종료된다고 가정합시다.

1) 가격 변동폭은 00:00:00~23:59:59 사이의 거래 중에서 가장 높았던 금액과 가장 낮았던 금액을 빼주면 되겠지요? 예를 들어 12월 10일의 비트코인의 고가가 460만 원이고 저가가 300만 원이었다면 이날의 가격 변동폭은 160만 원입니다.
2) 12월 11일 비트코인의 시가(open)가 400만 원이라면 12월 11일의 매수 목표가는 400 + 160 x 0.5 = 480만 원이 됩니다. 12월 11일 하루 종일 일정한 시간마다 현재가를 계속 조회하다가 현재가가 매수 목표가인 480만 원을 넘어서면 바로 매수합니다.
3) 매도는 12월 12일 00:00:00초에 갖고 있는 비트코인을 시장가로 전량 매도합니다.

6.2.2. 단계-1: 주기적으로 현재가 얻어오기

래리 윌리엄스의 변동성 돌파 전략을 단계별로 구현해 나가 보겠습니다. 24시간 동안 실행해야 하기 때문에 반복문 while을 사용합니다. Ch06/06_12.py는 0.2초에 한 번씩 비트코인의 현재가를 화면에 출력합니다. 거래소마다 초당 호출할 수 있는 API의 횟수에 제한이 있기 때문에 0.2초 정도 쉬는 겁니다.

```
# ch06/06_12.py
1: import pybithumb
2: import time
3:
4: while True:
5:     price = pybithumb.get_current_price("BTC")
6:     print(price)
7:     time.sleep(0.2)
```

라인 4: 반복 횟수가 정해져 있지 않기 때문에 while문을 사용합니다.

라인 5: get_current_price( ) 함수를 호출하여 비트코인의 현재가를 얻어옵니다.

라인 6: 얻어온 현재가를 화면 출력합니다.

라인 7: 0.2 초 동안 수행을 멈춥니다.

6.2.3. 단계-2: 목표가 계산하기

비트코인의 전일 가격 정보를 얻어온 후 금일 매수 목표가를 계산해 봅시다. pybithumb 모듈의 get_ohlcv( ) 함수는 시가/고가/저가/종가/거래량의 일봉 데이터를 DataFrame 객체로 반환합니다. 함수의 파라미터로 조회하려는 암호화폐의 티커를 입력합니다. 다음 코드는 비트코인 (BTC)의 가격 정보를 화면에 출력합니다.

```
1: import pybithumb
2:
3: df = pybithumb.get_ohlcv("BTC")
4: print(df.tail())
```

라인 3: get_ohlcv( ) 함수를 호출해서 비트코인의 일봉 정보를 DataFrame 객체로 얻어옵니다.

라인 4: tail( ) 메서드를 사용해서 DataFrame 객체에 저장된 일봉 데이터 중 끝의 5개 값만을 출력합니다.

출력 결과를 살펴보면 가격 데이터가 날짜를 기준으로 내림차순 정렬돼 있습니다. 가장 마지막 행에는 금일 조회 시점까지의 거래 정보가 들어있습니다. 따라서 하루 전의 데이터는 DataFrame 끝에서 두 번째행을 얻어와야 합니다. 정수 인덱스 값을 사용해서 행 단위로 값을 얻어올 때는 iloc를 사용했었지요?

	open	high	low	close	volume
2018-12-11 00:00:00	3931000.0	3988000.0	3787000.0	3800000.0	4236.665853
2018-12-12 00:00:00	3803000.0	3919000.0	3777000.0	3845000.0	3714.563063
2018-12-13 00:00:00	3845000.0	3931000.0	3800000.0	3839000.0	3602.461280
2018-12-14 00:00:00	3839000.0	3861000.0	3670000.0	3704000.0	5563.794047
2018-12-15 21:00:00	3707000.0	3712000.0	3590000.0	3607000.0	3145.158777

가상화폐는 24시간 시장이 열리기 때문에 어제의 종가가 오늘의 시가와 비슷합니다. 따라서 어제의 시가, 고가, 저가, 종가 데이터를 가져오면 목표가 계산에 필요한 전일 저가, 전일 고가, 당일 시가를 모두 얻을 수 있습니다. (보다 정확히 구현하려면 오늘의 시가를 따로 얻어와야 합니다)

```
# ch06/06_13.py
01: import pybihtumb
02:
03: df = pybithumb.get_ohlcv("BTC")
04: yesterday = df.iloc[-2]
05:
06: today_open = yesterday['close']
07: yesterday_high = yesterday['high']
08: yesterday_low = yesterday['low']
09: target = today_open + (yesterday_high - yesterday_low) * 0.5
10: print(target)
```

라인 4: iloc [-2]로 끝에서 두 번째 행(전일 데이터)을 가져옵니다. yesterday에는 전일 데이터가 Series 객체로 바인딩됩니다.

라인 6: Series 객체로부터 'close' 인덱스를 사용해서 당일 시가를 얻어옵니다.

라인 7: Series 객체로부터 'high' 인덱스를 사용해서 전일 고가를 얻어옵니다.

라인 8: Series 객체로부터 'low' 인덱스를 사용해서 전일 저가를 얻어옵니다.

라인 9: 래리 윌리엄스 변동성 돌파 전략의 목표가를 계산합니다. (당일 시가 + 레인지 x 0.5)

목표가는 프로그램이 시작될 때 한 번 그리고 매일 자정마다 재계산되어야 합니다. 코드의 재사용을 위해 목표가를 계산하는 부분을 함수로 정리해 봅시다

```
def get_target_price(ticker):
    df = pybithumb.get_ohlcv(ticker)
    yesterday = df.iloc[-2]

    today_open = yesterday['close']
    yesterday_high = yesterday['high']
    yesterday_low = yesterday['low']
    target = today_open + (yesterday_high - yesterday_low) * 0.5
    return target
```

6.2.4. 단계-3: 자정에 목표가 갱신하기

래리 윌리엄스의 변동성 돌파 전략에서 목표가는 프로그램이 시작될 때 한 번, 그리고 매일 자정마다 갱신해야 합니다. 목표가를 계산하는 get_target_price( ) 함수를 구현해놨기 때문에 이 함수를 적절한 시점에 호출해주기만 하면 됩니다. 하지만 현재 시각을 얻어오는 것뿐만 아니라 자정인지 아닌지를 판단하는 부분도 어려워 보입니다. 이러한 기능을 처음부터 구현하는 것보다는 기존에 구현된 모듈을 사용하면 좋겠죠?

파이썬은 시간을 쉽게 다룰 수 있는 datetime 모듈을 제공합니다. 처음 접하면 어려울 수 있기 때문에 다양한 코드를 살펴보며 datetime의 사용법을 익혀봅시다. 다음 코드는 2018년 12월 1일 00:00:00 초가 저장된 datetime 객체를 생성합니다.

```
1: import datetime
2:
3: dt = datetime.datetime(2018, 12, 1)
4: print(dt)
5: print(dt.year, dt.month, dt.day)
```

라인 1: datetime 모듈을 import 합니다.
라인 3: datetime 클래스의 초기화자로 년/월/일 세 개의 값을 전달합니다.
라인 4: datetime 객체가 바인딩된 dt 변수를 출력합니다.
라인 5: datetime 객체에 저장된 인스턴스 변수를 출력합니다.

위 코드를 실행하면 datetime 객체에 저장된 현재 시각이 다음과 같이 출력됩니다. 원하는 시각을 갖는 datetime 객체가 생성된 것을 확인할 수 있습니다. 또한 datetime 객체에 저장된 년/월/일 값이

year, month, day 속성에 바인딩 된 것을 알 수 있습니다.

```
2018-12-01 00:00:00
2018 12 1
```

datetime 모듈에서 현재 시각은 now( ) 메서드를 사용해서 얻습니다. 다음 코드는 now( ) 메서드로 얻어온 datetime 객체와 직접 생성한 datetime 객체를 비교합니다.

```
1: import datetime
2:
3: dt = datetime.datetime(2018, 12, 1)
4: now =datetime.datetime.now()
5: print(now)
6:
7: print(now == dt)
8: print(now > dt)
```

now 에는 현재 시각이 datetime 객체로 저장돼 있습니다. 예제에서는 호출한 시점이 2018년 12월 16일 02:35:30초입니다. 직접 만든 dt 변수와 now 변수에는 모두 datetime 객체가 바인딩 돼 있기 때문에 비교 연산을 사용할 수 있습니다. 만약 현재 시각이 문자열로 저장돼 있다면 비교 연산을 사용할 수 있을까요? 사용 방법이 어려워 보이지만 datetime을 사용할 때의 얻을 수 있는 가장 큰 장점입니다.

```
2018-12-16 02:35:20.921899
False
True
```

지금까지 배운 내용을 모두 응용해서 다음날 자정의 시각이 저장된 datetime 객체를 만들어봅시다. now( ) 메서드로 생성한 datetime의 속성 값을 얻어오는 것이 핵심입니다.

```
1: import datetime
2:
3: now = datetime.datetime.now()
4: mid = datetime.datetime(now.year, now.month, now.day) + datetime.timedelta(1)
5: print(now)
6: print(mid)
```

라인 3: now( ) 메서드로 현재 시각을 얻어옵니다.

라인 4: 00:00:00 초의 datetime 객체를 생성하고, 1일의 시간을 더해 다음 날 자정으로 만듭니다. timedelta(1)이 1일의 시간을 의미합니다.

변동성 돌파 전략은 24시간 동안 실행되며, 자정마다 목표가를 갱신해야 합니다. while문 안에서 now( ) 메서드와 datetime 클래스를 활용해서 자정을 판별해 보겠습니다. Ch06/06_14.py는 매일 자정마다 "자정입니다" 문자열을 화면에 출력하기를 기대하는 프로그램입니다. 코드에 문제가 있어 정상적으로 실행되지 않기 때문에 "기대"라고 언급했습니다. 문제점을 찾아보기 위해 코드를 이해해 봅시다.

```
# ch06/06_14.py
01: import time
02: import datetime
03:
04: now = datetime.datetime.now()
05: mid = datetime.datetime(now.year, now.month, now.day) + datetime.timedelta(1)
06:
07: while True:
08:     now = datetime.datetime.now()
09:     if now == mid :
10:         print("정각입니다")
11:         now = datetime.datetime.now()
12:         mid = datetime.datetime(now.year, now.month, now.day) + datetime.timedelta(1)
13:
14:     print(now, "vs", mid)
15:     time.sleep(1)
```

라인 4: 프로그램이 시작할 때 실행되는 코드로 다음날 자정 시각을 계산하기 위해 현재 시각을 얻어옵니다.

라인 5: 다음날 자정의 시각을 계산해서 datetime 객체로 저장합니다.

라인 8: while문 안에서 반복해서 현재 시각을 얻어옵니다.

라인 9: datetime의 비교 연산을 사용해서 얻어온 현재 시각이 자정인지 체크합니다.

라인 11~12: 자정이라면 다음날의 자정 시각을 계산합니다.

라인 14: 현재 시각과 다음날 자정 시각을 출력합니다.

코드를 실행하면 1초에 한 번씩 현재 시각과 다음날 자정의 시각이 출력됩니다. 출력값의 첫 번째 행을 보면 now( ) 메서드로 얻어온 현재 시각은 12월 16일 03:12:55초라는 것을 알 수 있습니다. 시간이 지나 현재 시각이 12월 17일 00:00:00 초가 되면 "정각입니다" 문자열이 출력될 것을 기대합니다. 하지만 안타깝게도 "정각입니다" 문자열은 출력될 수도 있고 안될 수도 있습니다. 두 번째 행의 현재 시각이 첫 번째 행과 비교하여 1.000459초 차이 납니다. 이는 프로그램에서 정확하게 1초 단위로 시각을 비교할 수 없음을 의미합니다. 컴퓨터에 과부하가 걸릴 경우 시간 차이는 더욱 커질 수 있기 때문에 now( ) 메서드로 얻어온 현재 시간이 23:59:59초 다음 자정이 아니라 24:00:01초로 넘어갈 수도 있습니다.

```
2018-12-16 03:12:55.149264 vs 2018-12-17 00:00:00
2018-12-16 03:12:56.149723 vs 2018-12-17 00:00:00
2018-12-16 03:12:57.150150 vs 2018-12-17 00:00:00
```

이런 문제를 해결할 수 있는 쉬운 방법 중 하나는 반복문 내에서 특정 시각을 비교하는 것이 아니라 보다 긴 구간 (약 10초)에 속하는지를 확인하는 겁니다. 예를 들어 지금 시간이 00:00:00초를 비교하는 것보다 지금 시간이 00:00:00초 보다는 크고 00:00:10초보다는 작은 구간에 있는지를 비교하는 겁니다. ch06/06_15.py는 구간을 비교해서 목표가까지 계산하는 코드입니다.

```python
# ch06/06_15.py
01: import time
02: import datetime
03:
04: now = datetime.datetime.now()
05: mid = datetime.datetime(now.year, now.month, now.day) + datetime.timedelta(1)
06:
07: while True:
08:     now = datetime.datetime.now()
09:     if mid < now < mid + datetime.timedelta(seconds=10) :
10:         print("정각입니다")
11:         mid = datetime.datetime(now.year, now.month, now.day) + datetime.timedelta(1)
12:
13:     time.sleep(1)
```

라인 9의 코드를 눈여겨보세요. datetime.delta는 datetime에 offset을 더할 때 사용하는데, (seconds=10)은 10초를 더한다는 의미입니다. 현재 시각(now)이 자정(mid)와 자정에서 10초 뒤의 구간 사이에 있는가를 비교합니다.

Ch06/06_16.py은 목표가 계산까지 포함된 전체 코드입니다.

```
# ch06/06_16.py
01: import time
02: import pybithumb
03: import datetime
04:
05: def get_target_price(ticker):
06:     df = pybithumb.get_ohlcv(ticker)
07:     yesterday = df.iloc[-2]
08:
09:     today_open = yesterday['close']
10:     yesterday_high = yesterday['high']
11:     yesterday_low = yesterday['low']
12:     target = today_open + (yesterday_high - yesterday_low) * 0.5
13:     return target
14:
15: now = datetime.datetime.now()
16: mid = datetime.datetime(now.year, now.month, now.day) + datetime.timedelta(1)
17: target_price = get_target_price("BTC")
18:
19: while True:
20:     now = datetime.datetime.now()
21:     if mid < now < mid + datetime.timedelta(seconds=10) :
22:         target_price = get_target_price("BTC")
23:         mid = datetime.datetime(now.year, now.month, now.day) + datetime.timedelta(1)
24:
25:     current_price = pybithumb.get_current_price("BTC")
26:     print(current_price)
27:
28:     time.sleep(1)
```

6.2.5. 단계-4: 매수 시도

이번에는 매수 기능을 추가해 보겠습니다. 목표가가 현재가 이상일 경우 잔고를 조회하고 주문 가능한 수량을 계산한 후에 시장가 매수합니다. Ch06/06_17.py 은 6.1.3 절의 잔고조회와 6.1.4 절의 시장가 주문을 사용합니다.

```
# ch06/06_17.py
# 코드 생략
23: while True:
24:     now = datetime.datetime.now()
25:     if mid < now < mid + datetime.timedelta(seconds=10):
26:         target_price = get_target_price("BTC")
27:         mid = datetime.datetime(now.year, now.month, now.day) + datetime.timedelta(1)
28:
29:     current_price = pybithumb.get_current_price("BTC")
30:     if current_price > target_price:
31:         krw = bithumb.get_balance("BTC")[2]
32:         orderbook = pybithumb.get_orderbook("BTC")
33:         sell_price = orderbook['asks'][0]['price']
34:         unit = krw/float(sell_price)
35:         bithumb.buy_market_order("BTC", unit)
36:
37:     time.sleep(1)
```

> 라인 30: 현재가가 목표가 보다 크다면 다음 코드를 실행합니다.
> 라인 31: 잔고 조회 API를 사용해서 보유 중인 원화를 얻어옵니다.
> 라인 32~33: 호가창을 조회해서 최우선 매도 호가를 조회합니다.
> 라인 34: 원화 잔고를 최우선 매도가로 나눠서 구매 가능한 수량을 계산합니다.
> 라인 35: 시장가 주문으로 비트코인을 매수합니다.

매수와 관련된 코드(라인 30~35)를 buy_crypto_currency( ) 함수로 정리해 봅시다. buy_crypto_currency( ) 함수는 매수하려는 암호화폐의 티커를 입력받습니다

```
def buy_crypto_currency(ticker):
    krw = bithumb.get_balance(ticker)[2]
    orderbook = pybithumb.get_orderbook(ticker)
    sell_price = orderbook['asks'][0]['price']
    unit = krw/float(sell_price)
    bithumb.buy_market_order(ticker, unit)
```

6.2.6. 단계-5: 매도 시도

이번 절에서는 매도 기능을 추가해보겠습 니다. 변동성 돌파 전략에서는 보유 중인 비트코인을 다음 날 시초가에 전량 매도합니다. 즉, 00:00:00초에 시장가 매도를 하는 겁니다. 앞서 여러분은 이미 while 루프 내에서 00:00:00 ~ 00:00:10초 사이의 시간을 판단하는 분기문을 추가했습니다. 따라서 해당 분기문에서 다음과 같이 sell_crypto_currency() 함수를 호출해줍니다.

```python
while True:
    now = datetime.datetime.now()
    if mid < now < mid + datetime.timedelta(seconds=10):
        target_price = get_target_price("BTC")
        now = datetime.datetime.now()
        mid = datetime.datetime(now.year, now.month, now.day) + datetime.timedelta(1)
        sell_crypto_currency("BTC")
```

이번에는 sell_crypto_currency()라는 매도 함수를 구현해 봅시다. 매도 함수에서는 단순히 본인 계좌에서 비트코인이 있는지 잔고 조회한 후 조회된 수량의 비트코인을 시장가로 전량 매도하면 됩니다.

```python
def sell_crypto_currency(ticker):
    unit = bithumb.get_balance(ticker)[0]
    bithumb.sell_market_order(ticker, unit)
```

정리해보면 매일 밤 자정에는 다음과 같은 순서로 작업이 진행됩니다.

> 1 보유한 비트코인이 있다면(당일 매수 조건에 따라 매수가 됐다면) 해당 비트코인을 시장가로 매매
> 2 전일 시가, 고가, 저가, 종가 기준으로 래리 윌리엄스의 변동성 돌파 전략 기반 목표가 재계산
> 3 해당 일 기준으로 다음 날의 00:00:00 초 시간 계산

매수/매도 기능까지 함수로 정리한 전체 코드는 다음과 같습니다.

```python
# ch06/06_18.py
# 코드 생략
34: while True:
35:     now = datetime.datetime.now()
36:     if mid < now < mid + datetime.delta(seconds=10):
```

```
37:            target_price = get_target_price("BTC")
38:            mid = datetime.datetime(now.year, now.month, now.day) + datetime.timedelta(1)
39:            sell_crypto_currency("BTC")
40:
41:        current_price = pybithumb.get_current_price("BTC")
42:        if current_price > target_price:
43:            buy_crypto_currency("BTC")
44:
45:        time.sleep(1)
```

6.2.7. 단계-6: 보안 및 예외처리

이번 절에서는 예외처리 및 보안을 강화해 보겠습니다. 앞서 여러분은 Bithumb 클래스의 객체 생성에 필요한 Connect Key와 Secret Key를 코드 상에 문자열로 직접 입력했습니다. 그러나 이러한 방식은 코드가 공개됐을 때 여러분의 Connect Key와 Secret Key가 노출됩니다.

코드와 여러분의 키값을 분리해 봅시다. 윈도우 메모장을 실행한 후 그림 6-15과 같이 Connect Key와 Secret Key를 각각 다른 줄에 붙여 넣기를 해줍니다. Connect Key가 첫 번째 줄에 위치하고 Secret Key를 그다음 줄에 붙여 넣기 해주시기 바랍니다. 메모장에서 저장을 눌러 bithumb.txt라는 이름으로 파일을 저장합니다.

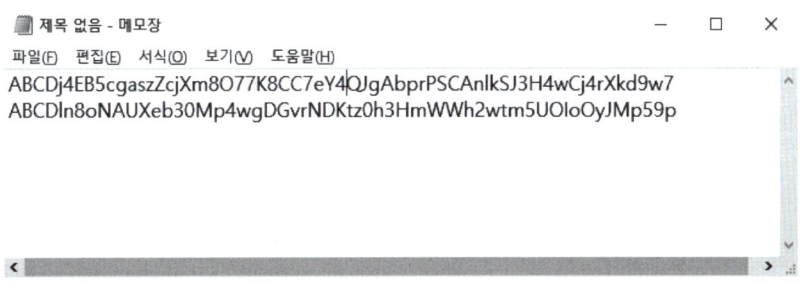

그림 6-15 Connect Key와 Secret Key

기존에 문자열로 표현된 Connect Key와 Secret Key를 사용해서 Bithumb 클래스의 인스턴스를 생성하는 코드를 다음과 같이 변경합니다. 이때 메모장에서 저장한 bithumb.txt 파일은 반드시 현재 소스코드와 같은 디렉터리에 위치하고 있어야 합니다.

```
1: with open("bithumb.txt") as f:
```

```
2:      lines = f.readlines()
3:      key = lines[0].strip()
4:      secret = lines[1].strip()
5:      bithumb = pybithumb.Bithumb(key, secret)
```

> 라인 1: 예외처리 기능이 포함된 파일 열기 코드입니다.
>
> 라인 2: 파일에서 모든 줄(line)을 읽어서 파이썬 리스트로 저장합니다.
>
> 라인 3: lines[0] 번(Connect Key)을 읽은 후 strip( ) 메서드를 호출하여 좌우 공백을 제거한 문자열을 key라는 변수로 바인딩합니다.
>
> 라인 4: lines[1] 번(Secret Key)을 읽은 후 strip( ) 메서드를 호출하여 좌우 공백을 제거한 문자열을 key라는 변수로 바인딩합니다.
>
> 라인 5: key, secret 변수를 사용해서 Bithumb 클래스에 대한 인스턴스를 생성합니다.

지금까지 구현한 변동성 돌파 전략은 이상적인 환경에서만 동작합니다. 네트워크 상태가 일시적으로 좋지 않거나 bithumb 서버가 불안정한 경우 API 호출의 실패로 프로그램이 종료될 수 있습니다. pybithumb모듈은 API의 호출이 실패할 경우 None 값을 반환합니다. 다음 코드에서 get_current_price( ) 함수가 None 값을 반환하면 어떻게 될까요? if문에서 None 값과 숫자(target_price)를 비교하다 TypeError 메시지를 출력하고 프로그램이 종료됩니다.

```
current_price = pybithumb.get_current_price("BTC")
if current_price > target_price:
    buy_crypto_currency("BTC")
```

프로그램이 종료되면 매수/매도를 해야 할 시점에 대응하지 못해 추가적인 손실을 입히거나 시장 참여 기회를 잃어버릴 수 있습니다. API의 호출 실패는 생각보다 빈번하게 일어나기 때문에 안정적인 프로그램 운용을 위해서는 에러 처리를 위한 코드를 추가해야 합니다.

파이썬에서는 에러를 제어하기 위해 try ~ except 문법을 사용합니다. try 키워드에는 정상 상황에서 실행될 코드를 들여 쓰기 한 후 작성하고 except 키워드에는 에러 상황에서 실행될 코드를 들여 쓰기 한 후 추가합니다. 다음은 고의로 에러를 발생시키는 코드입니다. 어떻게 동작할지 생각해봅시다.

```
1: try:
2:      if None > 123:
3:          print("정상")
4: except:
```

```
5:     print("에러 발생")
```

> 라인 2-3: 정상 환경에서 실행될 코드로 에러를 발생시키기 위해 고의로 None 값과 정수 값을 비교합니다.
>
> 라인 5: 에러 상황에서 실행될 코드입니다.

정상적인 상태라면 라인 2와 라인 3의 코드를 차례로 실행하고 프로그램은 종료됩니다. 하지만 위 예제에서는 라인 2에서 에러가 발생하기 때문에 라인 3의 코드는 실행되지 못하고 라인 5의 코드가 실행됩니다. 그 결과 "에러 발생"이라는 문자열이 화면에 출력됩니다. 에러 처리를 하지 않는 경우 파이썬 인터프리터가 라인 2에서 에러를 출력하고 종료되지만 에러 처리를 한 경우에는 에러가 있더라도 파이썬 인터프리터가 종료되지 않고 다음 코드를 실행할 수 있습니다.

> 에러 발생

구현한 변동성 돌파 전략 코드에 try ~ except 구문을 적용해서 에러 처리를 적용해 봅시다.

```
# ch06/06_19.py
# 코드 생략
36: while True:
37:     try:
38:         now = datetime.datetime.now()
39:         if mid < now < mid + datetime.timedelta(seconds=10):
40:             target_price = get_target_price("BTC")
41:             mid = datetime.datetime(now.year, now.month, now.day) +
42:                 datetime.timedelta(1)
43:             sell_crypto_currency("BTC")
44:
45:         current_price = pybithumb.get_current_price("BTC")
46:         if current_price > target_price:
47:             buy_crypto_currency("BTC")
48:     except:
49:         print("에러 발생")
50:     time.sleep(1)
```

6.3. 변동성 돌파 + 상승장 투자 전략 구현

6.3.1. 이동평균

이번 절에서는 앞서 구현했던 변동성 돌파 전략에 이동평균(Moving Average)을 이용한 상승장 투자 전략을 결합시켜 보겠습니다. 두 전략이 결합됐기 때문에 복잡해 보일 수 있지만 현재 가격이 5일 이동평균보다 높은지를 비교하는 코드만 추가해주면 됩니다. 먼저 종가를 기준으로 5일 이동평균을 계산해 봅시다.

```
1: import pybithumb
2:
3: df = pybithumb.get_ohlcv("BTC")
4: close = df['close']
5: ma5 = close.rolling(5).mean()
6: print(ma5)
```

라인 3: get_ohlcv( ) 함수를 호출해서 비트코인의 일봉 데이터를 DataFrame 객체로 얻어옵니다.

라인 4: DataFrame 객체에서 종가(close) 칼럼만을 얻어옵니다.

라인 5: 종가 Series 객체에서 5일 이동평균을 계산하고 이를 Series로 반환합니다.

위 코드의 실행 결과는 다음과 같습니다. 2013년 12월 27일부터 코드를 실행한 날까지의 5일 이동평균이 출력됩니다. 12월 27일부터 12월30일까지는 이전 5일간의 데이터가 없기 때문에 NaN(Not-a-Number)로 표기됩니다. 2013-12-31일에는 2013-12-27~2013-12-31일의 5일 종가를 사용해서 계산된 756,000원이 저장된 것을 확인할 수 있습니다.

```
2013-12-27 00:00:00     NaN
2013-12-28 00:00:00     NaN
2013-12-29 00:00:00     NaN
2013-12-30 00:00:00     NaN
2013-12-31 00:00:00     756000.0
2014-01-01 00:00:00     760400.0
2014-01-02 00:00:00     766000.0
Name: close, Length: 1726, dtype: float64
```

6.2.3절의 "목표가 계산하기"에서 전일 종가는 DataFrame 끝에서 두 번째에 위치했습니다. 동일한 이유로 이동평균 Series객체에서 전일 이동평균은 끝에서 두 번째 위치합니다. 'close' 컬럼을 사용해서 거래일별로 5일 이동평균을 계산한 후 조회일 기준으로 전일의 5일 이동평균 값을 반환하는 get_yesterday_ma5() 함수를 구현해 봅시다.

```
1: def get_yesterday_ma5(ticker):
2:     df = pybithumb.get_ohlcv(ticker)
3:     close = df['close']
4:     ma = close.rolling(window=5).mean()
5:     return ma[-2]
```

6.3.2. 매수 조건 업데이트

변동성 돌파 전략의 매수 조건을 업데이트해 봅시다. 기존에는 현재 가격이 목표가보다 높을 경우 buy_crypto_currency() 함수를 호출해서 암호 화폐를 매수했습니다. 여기에 상승장에만 변동성 돌파 전략이 실행되도록 매수 조건식에 이동 평균과 현재가를 비교하는 코드를 추가합니다. Ch06/06_20.py는 상승장 투자 전략이 반영된 변동성 돌파 전략 전체 코드입니다.

```
# ch06/06_20.py
# 코드 생략
32: def get_yesterday_ma5(ticker):
33:     df = pybithumb.get_ohlcv(ticker)
34:     close = df['close']
35:     ma = close.rolling(5).mean()
36:     return ma[-2]
37:
38: now = datetime.datetime.now()
39: mid = datetime.datetime(now.year, now.month, now.day) + datetime.timedelta(1)
40: ma5 = get_yesterday_ma5("BTC")
41: target_price = get_target_price("BTC")
42:
43: while True:
44:     try:
45:         now = datetime.datetime.now()
46:         if mid < now < mid + datetime.timedelta(seconds=10):
47:             target_price = get_target_price("BTC")
48:             mid = datetime.datetime(now.year, now.month, now.day) +
```

```
49:                    datetime.timedelta(1)
50:                ma5 = get_yesterday_ma5("BTC")
51:                sell_crypto_currency("BTC")
52:
53:            current_price = pybithumb.get_current_price("BTC")
54:            if (current_price > target_price) and (current_price > ma5):
55:                buy_crypto_currency("BTC")
56:     except:
57:         print("에러 발생")
58:     time.sleep(1)
```

라인 32~36: 전일의 5일 이동평균을 계산하는 get_yesterday_ma5( ) 함수를 정의합니다.

라인 40: 프로그램이 시작될 때 전일의 5일 이동평균값을 계산합니다.

라인 49: 매일 자정 5일 이동평균값을 업데이트합니다.

라인 53: 목표가뿐만 아니라 이동평균과 현재가를 비교합니다.

파이썬을 이용한 **비트코인 자동매매**

07

백테스팅

07 백테스팅

백테스팅이란 "과거 데이터를 사용해서 투자 전략이 어느 정도의 수익률이 나는지를 확인하는 과정"입니다. 우리 주변에는 주식과 가상화폐에 관련된 검증되지 않은 수많은 투자 전략이 존재합니다. 여러분은 이런 투자 전략들을 곧이곧대로 믿기보다는 백테스팅을 통해 검증한 후 실제 투자에 적용해야 합니다.

7.1. 백테스팅을 위한 데이터 준비하기

7.1.1. 가상화폐 일봉 데이터 얻기

pybithumb 모듈의 get_ohlcv( ) 함수를 사용하면 암호화폐의 일봉 차트 데이터를 DataFrame으로 얻어올 수 있었습니다. 얻어온 DataFrame 객체의 tail( ) 메서드를 호출해서 마지막 5 줄(row)을 출력해 봅시다. 참고로 tail( ) 메서드는 인자를 따로 설정하지 않으면 기본으로 5 줄의 데이터만 리턴해줍니다. DataFrame 객체에서 마지막 10줄을 출력하고자 한다면 tail(10)이라고 적어주면 됩니다.

```
# ch07/07_01.py
1: import pybithumb
2:
3: df = pybithumb.get_ohlcv("BTC")
4: print(df.tail())
```

Ch07/07_01.py의 출력 값을 확인해보면 Bithumb 거래소로부터 비트코인의 일봉 데이터가 잘 얻어 왔음을 확인할 수 있습니다. (위 코드의 실행 시점에 따라 출력되는 날짜는 달라질 수 있습니다)

	open	high	...	close	volume
2018-10-09 00:00:00	7540000	7578000	...	7492000	23501.867239
2018-10-10 00:00:00	7492000	7536000	...	7443000	27448.103256
2018-10-11 00:00:00	7449000	7496000	...	7254000	28818.049785
2018-10-12 00:00:00	7256000	7283000	...	7218000	29884.319858
2018-10-13 21:00:00	7214000	7229000	...	7185000	29008.390147

[5 rows x 5 columns]

7.1.2. DataFrame 객체를 엑셀로 저장하기

여러분은 앞으로 백테스팅을 위한 프로그램을 작성할 겁니다. 이때 백테스팅 코드에 버그가 포함되지 않도록 주의를 기울여야 합니다. 전략을 검증하기 위해 백테스팅을 하는 것인데 백테스팅 과정에 오류가 있다면 제대로 전략을 평가할 수 없겠지요? 따라서 백테스팅 코드를 작성할 때는 반드시 여러 번 크로스체크를 하는 것이 필요합니다. 이를 위해 우리는 엑셀을 사용할 겁니다. DataFrame 클래스의 to_excel() 메서드를 사용하면 DataFrame 객체를 엑셀로 저장할 수 있습니다.

```
# ch07/07_02.py
1: import pybithumb
2:
3: df = pybithumb.get_ohlcv("BTC")
4: df.to_excel("btc.xlsx")
```

to_excel() 메서드를 사용할 때 파일의 이름만 지정하는 경우 엑셀 파일은 현재 실행하는 파이썬 소스코드가 위치하는 디렉터리에 저장됩니다. 마이크로소프트 엑셀 프로그램을 사용해서 'btc.xlsx' 파일을 열어보면 그림 7-1과 같이 저장됐음을 확인할 수 있습니다.

	A	B	C	D	E	F
1		open	high	low	close	volume
2	2013-12-27 00:00:00	737000	755000	737000	755000	3.78
3	2013-12-28 00:00:00	750000	750000	750000	750000	12
4	2013-12-29 00:00:00	750000	750000	728000	739000	19.058
5	2013-12-30 00:00:00	740000	772000	740000	768000	9.488973
6	2013-12-31 00:00:00	768000	800000	763000	768000	18.65035
7	2014-01-01 00:00:00	768000	795000	765000	777000	65.38033
8	2014-01-02 00:00:00	776000	788000	773000	778000	83.20398

그림 7-1 저장된 엑셀 파일 예

7.2. 변동성 돌파 전략 백테스팅

7.2.1. 레인지 계산하기

이번 절에서는 래리 윌리엄스의 변동성 돌파 전략에서 사용하는 '레인지' 값을 계산해 보겠습니다. 레인지는 전일 고가에서 전일 저가를 뺀 값입니다. 자동 매매 프로그램에서는 거래일 하루 전날에 대해서만 레인지를 계산하면 됐지만 백테스팅을 할 때는 모든 거래일을 기준으로 레인지를 계산해야 합니다.

DataFrame은 for 문을 사용하지 않고도 여러 행(row)에 동일한 연산을 적용할 수 있습니다. Ch07/07_03.py 코드의 4번째 줄은 각 행의 고가(high)에서 저가(low) 뺀 후 여기에 0.5를 곱한 값을 'range'라는 컬럼(column)에 추가해줍니다.

```
# ch07/07_03.py
1: import pybithumb
2:
3: df = pybithumb.get_ohlcv("BTC")
4: df['range'] = (df['high'] - df['low']) * 0.5
5: df.to_excel("btc.xlsx")
```

그림 7-2와 같이 저장된 엑셀 파일을 열어서 'range' 컬럼의 값이 제대로 계산됐는지 직접 확인해 봅시다. 예를 들어 2013-12-27일은 고가가 755,000원이고 저가가 737,000원이므로 레인지는 9,000원임을 확인하면 됩니다. 값을 확인할 때는 몇 개의 거래일에 대해서 계산기를 통해 직접 계산해도 되지만 엑셀 수식을 사용하면 더 쉽게 확인할 수 있습니다.

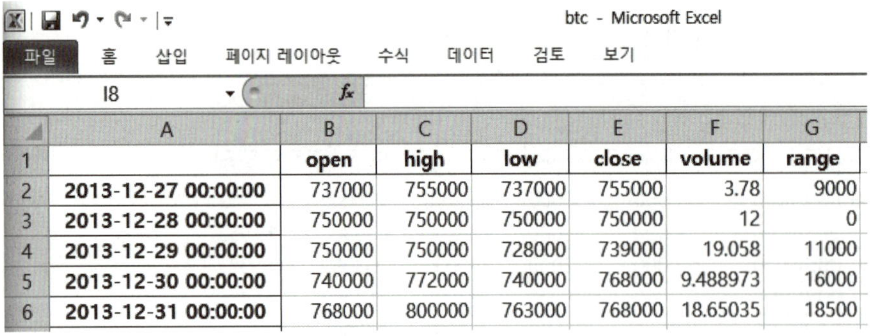

	A	B	C	D	E	F	G
1		open	high	low	close	volume	range
2	2013-12-27 00:00:00	737000	755000	737000	755000	3.78	9000
3	2013-12-28 00:00:00	750000	750000	750000	750000	12	0
4	2013-12-29 00:00:00	750000	750000	728000	739000	19.058	11000
5	2013-12-30 00:00:00	740000	772000	740000	768000	9.488973	16000
6	2013-12-31 00:00:00	768000	800000	763000	768000	18.65035	18500

그림 7-2 range 컬럼이 추가된 엑셀 파일

7.2.2. 목표가 계산하기

이번에는 DataFrame 객체에 목표가(target) 컬럼을 추가해보겠습니다. 변동성 돌파 전략에서 각 거래일의 목표가는 거래일 당일 시가(open)에 전일 레인지를 더한 값입니다. 예를 들어 그림 7-3에서 2013-12-28일의 목표가 컬럼의 값인 759,000원은 당일 시가인 750,000원에 전일 레인지인 9,000원을 더한 값입니다.

A	B	C	D	E	F	G	H
	open	high	low	close	volume	range	target
2013-12-27 00:00:00	737000	755000	737000	755000	3.78	9000	
2013-12-28 00:00:00	750000	750000	750000	750000	12	0	759000
2013-12-29 00:00:00	750000	750000	728000	739000	19.058	11000	750000
2013-12-30 00:00:00	740000	772000	740000	768000	9.488973	16000	751000

그림 7-3 변동성 돌파 전략 목표가 계산

Ch07/07_04.py 코드는 DataFrame 객체에 목표가 컬럼을 추가하는 코드입니다. 목표가 컬럼은 시가 컬럼(open)에 레인지 컬럼(range) 데이터를 더해주면 되는데 이때 '레인지 컬럼의 모든 데이터를 하나 밑으로 내린 후' 더해주면 됩니다.

```
# ch07/07_04.py
1: import pybithumb
2:
3: df = pybithumb.get_ohlcv("BTC")
4: df['range'] = (df['high'] - df['low']) * 0.5
5: df['target'] = df['open'] + df['range'].shift(1)
6: df.to_excel("btc.xlsx")
```

> 라인 5: df['range'].shift(1)을 통해 'range' 컬럼의 값을 1행 내려준 후 df['open'] 컬럼과 더하고 그 결괏값을 'target' 이라는 컬럼으로 저장합니다. 목표가 계산은 각 거래일을 기준으로 전날의 레인지를 사용하기 때문에 'range' 컬럼을 1행씩 내려주는 겁니다.

DataFrame 객체에서 각 컬럼은 Series 객체이지요? Series 객체에 대해 shift( ) 메서드를 사용하면 데이터를 위/아래로 시프트 시킬 수 있습니다. shift(1)을 호출하면 데이터를 한 행 밑으로 내릴 수 있고 shift(-1)을 호출하면 데이터를 한 행 위로 올릴 수 있습니다. shift(1) 메서드의 결과를 눈으로 확인하기 위해 다음 코드의 5번째 줄의 코드를 추가한 후 실행해봅시다.

```
# ch07/07_05.py
```

```
import pybithumb

df = pybithumb.get_ohlcv("BTC")
df['range'] = (df['high'] - df['low']) * 0.5
df['range_shift1'] = df['range'].shift(1)
df['target'] = df['open'] + df['range'].shift(1)
df.to_excel("btc.xlsx")
```

현재 디렉터리에 저장된 엑셀 파일을 열어보면 그림 7-4와 같이 'range_shift1' 컬럼의 값들은 'range' 컬럼의 값들이 한 행씩 밑으로 이동됐음을 확인할 수 있습니다.

B	C	D	E	F	G	H	I
open	high	low	close	volume	range	range_shift1	target
737000	755000	737000	755000	3.78	9000		
750000	750000	750000	750000	12	0	9000	759000
750000	750000	728000	739000	19.058	11000	0	750000
740000	772000	740000	768000	9.488973	16000	11000	751000
768000	800000	763000	768000	18.65035	18500	16000	784000
768000	795000	765000	777000	65.38033	15000	18500	786500
776000	788000	773000	778000	83.20398	7500	15000	791000

그림 7-4 shift(1) 메서드의 결과 확인

7.2.3. 매수, 매도 그리고 수익률

그림 7-5와 같이 래리 윌리엄스의 변동성 돌파 전략의 백테스팅에 필요한 데이터는 모두 준비가 됐습니다. 이번 절에서는 각 거래일별로 매매 조건을 확인하고 그때의 수익률을 계산해 보겠습니다. 변동성 돌파전략에서 매수는 각 거래의 고가(high)가 목표가(target) 이상이면 수행된 것으로 생각하면 됩니다.

파일 홈 삽입 페이지 레이아웃 수식 데이터 검토 보기 어떤 작업을 원하시나요?

H3 759000

	A	B	C	D	E	F	G	H
1		open	high	low	close	volume	range	target
2	2013-12-27 00:00:00	737000	755000	737000	755000	3.78	9000	
3	2013-12-28 00:00:00	750000	750000	750000	750000	12	0	759000
4	2013-12-29 00:00:00	750000	750000	728000	739000	19.058	11000	750000
5	2013-12-30 00:00:00	740000	772000	740000	768000	9.488973	16000	751000
6	2013-12-31 00:00:00	768000	800000	763000	768000	18.65035	18500	784000
7	2014-01-01 00:00:00	768000	795000	765000	777000	65.38033	15000	786500

그림 7-5 변동성 돌파 전략 매수 조건

특정 거래일에 매수가 진행됐을 때의 수익률을 계산하기에 앞서 먼저 numpy 모듈의 where( ) 함수에 대해 배워보겠습니다. DataFrame 객체에 그림 7-6과 같이 0, 1, 2번 암호 화폐가 있고 빗썸과 코빗에서의 현재가가 있다고 가정해 봅시다. '최저가' 컬럼에 각 암호 화폐에 대해서 가격을 비교한 후 코빗이 싸면 '코빗'이라고 적고 빗썸이 싸면 '빗썸'이라고 적는 것을 생각해봅시다.

	A	B	C	D
1		빗썸	코빗	최저가
2	0	100	90	코빗
3	1	100	110	빗썸
4	2	100	120	빗썸
5				

그림 7-6 numpy.where( ) 사용 예

numpy 모듈의 where( ) 함수를 사용하면 Pandas DataFrame에서 각 행 단위로 if 문을 적용할 수 있습니다. where( ) 함수에서 첫 번째 위치에는 조건식이 들어가고, 두 번째는 조건이 참일 때의 값을 셋 번째에는 조건이 거짓 일 때의 값을 적어주면 됩니다.

> numpy.where(조건, 조건이 참 일 때의 값, 조건이 거짓일 때의 값)

그림 7-6에 대한 파이썬 코드는 ch07/07_06.py에 구현되어 있습니다.

```
# ch07/07_06.py
1: import numpy as np
2: from pandas import DataFrame
3:
4: data = {'빗썸': [100, 100, 100],
5:         '코빗': [90, 110, 120]}
6:
7: df = DataFrame(data)
8: df['최저가'] = np.where(df['빗썸'] < df['코빗'], '빗썸', '코빗')
9: df.to_excel("거래소.xlsx")
```

> 라인 1: numpy 모듈을 np라는 이름으로 임포트합니다.
>
> 라인 8: numpy 모듈의 where 함수를 사용해서 각 행에 대해서 '빗썸' 거래소의 가격이 더 작으면 '최저가' 컬럼에 '빗썸'을 기록하고 그렇지 않으면 '코빗'을 기록합니다.

np.where( ) 함수를 배워봤으니 이를 사용해서 각 거래일을 기준으로 고가(high)가 목표가(target) 비교해봅시다. 고가가 목표가 보다 크면 매수 조건에 해당하고 그때의 수익률은 '매도가/매수가'입니다. 예를 들어, 10,000원에 매수했고 12,000원에 매도했다면 수익률은 1.2가 됩니다. 매수 조건을 만족하지 못한 경우의 수익률은 1이 됩니다.

```
# ch07/07_07.py
01: import pybithumb
02: import numpy as np
03:
04: df = pybithumb.get_ohlcv("BTC")
05: df['range'] = (df['high'] - df['low']) * 0.5
06: df['target'] = df['open'] + df['range'].shift(1)
07:
08: df['ror'] = np.where(df['high'] > df['target'],
09:                      df['close'] / df['target'],
10:                      1)
11:
12: df.to_excel("trade.xlsx")
```

> 라인 8~10: numpy 모듈의 where( ) 함수를 사용해서 고가와 목표가를 비교합니다. 고가가 목표가보다 큰 경우 매수 조건에 해당합니다. 매수가 된 경우 해당 거래일의 매도가는 당일 종가이고 매수가는 목표가 이므로 수익률을 df['close']/df['target']이 됩니다. 매수 조건을 만족하지 않은 경우 매매가 이뤄지지 않으므로 수익률은 1입니다.

기간수익률(HPR: Holding Period Return)을 계산하기 앞서 간단한 예를 살펴보겠습니다. 우리가 흔히 말하는 수익률은 보통 퍼센트(%)를 단위로 사용합니다. 100원에서 사서 120원에 팔았다면 (120-100)/100 * 100 = 20%의 수익이 났다고 표현합니다. 백테스팅을 할 때는 수익률을 퍼센트(%)로 계산하는 것보다 몇 배(ratio)로 표현하는 것이 더 좋습니다.

표 7-1과 같이 여러분이 3번의 매매를 진행했다고 가정해봅시다. 첫 번째 매매에서는 100원에 사서 120원에 팔았습니다. 수익률을 20%라고 해도 좋지만 몇 배(ratio)로 표현하기로 했으므로 1.2배가 수익률이 됩니다. 두 번째 매매는 홀드(hold) 조건입니다. 실제로 사고팔지를 않았습니다. 세 번째 매매는 120원에서 사서 140원에 매도를 했습니다. 세 번째 매매 자체만으로 약 1.1666배의 수익이 났습니다. 그렇다면 1~3회차 동안의 기간수익률은 어떻게 될까요? 원금 100원이 140원이 됐으므로 기간 수익률을 1.4배입니다. 기간수익률은 이렇게 원금과 최종 금액을 가지고도 계산할 수 있지만 각 거래에 대한 수익률 값인 1.2, 1, 1.1666을 모두 곱해도 같은 값(1.4)이 나옵니다. 여러분은 앞으로 백테

스팅을 할 때 각 거래일에 대해 수익률을 계산한 후 기간수익률은 모든 거래의 수익률을 단순히 곱하면 된다는 점을 기억하시면 됩니다.

표 7-1 누적 수익률 계산

	매수가	매도가	수익률(배)
1회차	100	120	1.2
2회차	120	120	1
3회차	120	140	1.1666
			1.4

Series 객체에서 모든 값을 곱해주는 메서드로 cumprod( )가 있습니다. 'ror' 컬럼의 값을 모두 곱해서 누적 수익률을 계산합니다.

```
# ch07/07_08.py
# 중간 코드 생략
12: ror = df['ror'].cumprod()[-2]
13: print(ror)
```

> 라인 12: 'ror' 컬럼에 대해 cumprod( )를 호출하면 Series 객체가 리턴됩니다. 리턴되는 Series 객체에서 끝에서 2번째 값을 ror 변수가 바인딩합니다.

Ch07/07_08.py를 실행하면 빗썸 거래소에서 2013-12-27일부터 2018-10-13일까지 투자했을 때 약 23배의 누적 수익률을 얻을 수 있음을 확인할 수 있습니다. 만약 2018년도만 투자했을 때의 누적 수익률은 어떻게 계산할 수 있을까요? DataFrame 객체에서 '2018'년도 데이터만 얻어온 후 이를 사용해서 백테스팅하면 됩니다. DataFrame 객체에서 2018년도 데이터만 얻어오려면 ch07/07_09.py의 라인 5처럼 하면 됩니다. 실행해보면 2018년도 10월 중순까지 약 1.21배의 수익률이 나오는 것을 확인할 수 있습니다.

```
# ch07/07_09.py
01: import pybithumb
02: import numpy as np
03:
04: df = pybithumb.get_ohlcv("BTC")
05: df = df['2018']
# 나머지 코드 생략
```

7.2.4. 수수료 및 슬리피지

빗썸 거래소에서 가상화폐를 매매하면 사고팔 때 각각 0.15%의 수수료가 적용됩니다. 여기에 시장가 주문을 넣을 때 거래량 부족으로 인해 여러분이 생각하는 가격대보다 조금 더 비싸게 매수되거나 조금 더 싸게 매도될 수 있는데 이때 발생하는 비용을 슬리피지라고 합니다. 이번 절에서는 수수료 및 슬리피지를 고려해서 백테스팅 해보도록 하겠습니다.

표 7-2는 빗썸의 실제 수수료를 기반으로 계산해본 수수료 및 수익률의 예입니다. 투자 원금은 1천만 원이고 690만 원에서 매수해서 720만 원에 매도하는 경우에 대한 수익률을 계산해보겠습니다. 단순히 매도가를 매수가로 나눠서 수익률을 계산하면 1.043478261가 나옵니다.

이번에는 빗썸에서 실제 거래 시 발생하는 수수료를 살펴보겠습니다. 원금 1천만 원으로 690만 원짜리 가상화폐를 매수하면 매수 가능 수량은 1.449275362입니다. 물론 빗썸은 소수점 이하 4자리까지만 주문할 수 있지만 여기에서는 계산을 쉽게 하기 위해 이를 고려하지 않았습니다. 매수하는 경우 수수료가 매수체결 수량에 부과되기 때문에 매수체결 수량에서 수수료(0.15%)를 제외한 수량이 입금됩니다. 즉, 1.447101449개가 입금됩니다.

매도체결 수량은 매수 시 수수료를 제외한 1.447101449개가 모두 시장가 매도됐다고 가정합니다. (슬리피지 발생하지 않은 경우) 거래 금액은 매도체결 수량에 매도 체결가를 곱해주면 됩니다. 여기에 매도 수수료(0.15%)를 제외한 금액이 최종으로 입금됩니다. 투자원금 대비 수수료를 고려한 최종 입금액은 10,403,501원입니다. 수수료를 고려한 후 수익률을 다시 계산해보면 1.043478261배가 됩니다. 수수료를 고려하지 않은 경우와 수수료를 고려한 경우의 차이는 0.003128 정도 발생합니다.

표 7-2 실제 수수료 계산

항목	금액
투자원금	10,000,000
매수체결가	6,900,000
매도체결가	7,200,000
매수체결수량	1.449275362
매수체결수량(수수료 제외)	1.447101449
매도체결 수량	1.447101449
거래금액	10,419,130.43
거래금액(수수료 제외)	10,403,501.74
체결가 기준 수익률(배)	1.0434782
실제 수익률(배)	1.0403501
수익률 차이	0.003128

엑셀 등을 사용해서 표 7-2를 만들어본 후 매수체결가와 매도체결가를 변경해보면 금액 차이에 따라 수익률의 차이가 조금씩 다른 것을 확인할 수 있습니다. 본 도서에는 백테스팅을 할 때 0.0032를 빼주도록 하겠습니다. 수수료를 고려한 백테스팅 코드는 다음과 같습니다.

```
# ch07/07_10.py
01: import pybithumb
02: import numpy as np
03:
04: df = pybithumb.get_ohlcv("BTC")
05: df['range'] = (df['high'] - df['low']) * 0.5
06: df['target'] = df['open'] + df['range'].shift(1)
07:
08: fee = 0.0032
09: df['ror'] = np.where(df['high'] > df['target'],
10:                      df['close'] / df['target'] - fee,
11:                      1)
12:
13: ror = df['ror'].cumprod()[-2]
14: print(ror)
```

라인 8: 수수료로 0.0032를 사용합니다.

라인 10: 수익률에서 수수료를 빼줍니다.

수수료를 고려하기 전과 비교해보면 투자수익률이 큰 차이가 나는 것을 확인할 수 있습니다.

7.2.5. 가장 좋은 k 값 구하기

이번 절에서는 레인지를 구할 때 전날의 고가에서 저가를 뺀 후 곱해주는 k 값에 대해 알아봅시다. 앞의 예제에서는 0.5 정도의 값을 사용했습니다. 이미 여러분은 백테스팅을 해봤기 때문에 백테스팅 코드를 활용하면 비록 과거 데이터이지만 가장 좋은 k 값을 찾아볼 수 있습니다. 여기서 가장 좋은 k 값이란 k 값을 변경해봤을 때 가장 기간수익률이 높은 것을 의미합니다.

```
# ch07/07_11.py
01: import pybithumb
02: import numpy as np
03:
```

```
04:
05: def get_ror(k=0.5):
06:     df = pybithumb.get_ohlcv("BTC")
07:     df['range'] = (df['high'] - df['low']) * k
08:     df['target'] = df['open'] + df['range'].shift(1)
09:
10:     fee = 0.0032
11:     df['ror'] = np.where(df['high'] > df['target'],
12:                          df['close'] / df['target'] - fee,
13:                          1)
14:
15:     ror = df['ror'].cumprod()[-2]
16:     return ror
17:
18:
19: for k in np.arange(0.1, 1.0, 0.1):
20:     ror = get_ror(k)
21:     print("%.1f %f" % (k, ror))
```

> 라인 5: ror(rate of returns)를 계산하는 코드를 함수로 만들어줍니다. 이때 함수는 k 값을 함수의 인자(parameter)로 입력받습니다.
>
> 라인 19: 0.1부터 1.0까지(미 포함) 0.1씩 증가한 값으로 for loop을 만들기 위해 numpy 모듈의 arange( ) 함수를 사용하면 됩니다. 참고로 파이썬의 range( ) 함수는 정숫값만 사용 가능합니다.
>
> 라인 20: get_ror( ) 함수를 호출하여 입력된 k 값에 따른 수익률을 계산합니다.
>
> 라인 21: k 값과 수익률을 화면에 출력해줍니다.

위 코드를 실행하는 시점에 따라 결괏값은 다르겠지만 필자가 2018년 12월에 실행한 데이터에 의하면 비트코인에 대해서는 k 값이 0.8일 때 가장 높은 수익률이 나오는 것을 확인할 수 있습니다. 참고로 수수료(fee)를 고려하지 않는 경우에는 0.5일 때가 가장 높은 기간수익률이 나왔습니다.

```
0.1 0.035725
0.2 0.186642
0.3 0.448452
0.4 1.758057
0.5 2.941430
```

0.6 3.710939
0.7 3.902490
0.8 4.083144
0.9 2.771567

7.2.6. MDD(Maximum Draw Down) 계산하기

MDD(Maximum Draw Down)은 투자 기간 중에 포트폴리오의 전 고점에서 저점까지의 최대 누적 손실을 의미합니다. MDD를 계산하는 수식은 다음과 같습니다. max는 전고점 low는 저점을 의미합니다.

$$MDD = (max - low) / max * 100 \qquad (7\text{-}1)$$

여러분이 비트코인에 100만 원을 투자했다고 가정합시다. 투자 기간 동안 자산이 200만 원이 됐다가 50만 원으로 줄었다가 다시 300만 원이 됐다고 할 때 MDD는 얼마일까요? 이 경우의 MDD는 (200-50)/200 * 100 = 75%입니다. MDD를 파이썬으로 구현해보기에 앞서 표 7-3의 일별 데이터를 이용해서 날짜별로 낙폭(Drawdown)을 계산해보겠습니다. 낙폭 중 가장 큰 값이 바로 MDD입니다.

표 7-3 일별 MDD 계산

일자	가격	전고점	낙폭(Drawdown)
2018-01-01	100	100	0%
2018-01-02	120	120	0%
2018-01-03	100	120	16.6%
2018-01-04	90	120	25%
2018-01-05	130	130	0%

1) 2018-01-01을 기준으로 고가를 구하면 100이 되고 현재가는 100이 됩니다. 수식 7-1에서 max = 100, low=현재가(100)를 넣고 계산하면 낙폭은 0%입니다.

2) 2018-01-02를 기준으로 고가는 120이고(최근 2일 중 고가) 현재가도 120입니다. 수식 7-1에서 max = 120, low=현재가(120)를 넣고 계산하면 낙폭은 0%입니다.

3) 2018-01-03을 기준으로 고가는 120이고(최근 3일 중 고가) 현재가는 100입니다. 수식 7-1에서 max = 120, low=현재가(100)를 넣고 계산하면 낙폭은 16.6%입니다.

4) 2018-01-04를 기준으로 고가는 120이고(최근 4일 중 고가) 현재가는 90입니다. 수식 7-1에서 max = 120, low=현재가(90)를 넣고 계산하면 낙폭은 25%입니다.

5) 2018-01-05를 기준으로 고가는 130이고(최근 5일 중 고가) 현재가도 130입니다. 수식 7-1에서 max = 130, low=현재가(130)를 넣고 계산하면 낙폭은 0%입니다.

6) 2018-01-01~2018-01-05일의 낙폭 중 최댓값인 25%가 MDD입니다.

앞서 설명해 드린 방식으로 MDD를 구하기 위해서는 거래일별로 기간수익률이 필요합니다. 수익률 컬럼에 대해 cumprod( ) 메서드를 호출하면 거래일마다 기간수익률을 얻을 수 있습니다.

```
# ch07/ch07_12.py
# 코드 생략
13: df['hpr'] = df['ror'].cumprod()
14: df.to_excel("btc.xlsx")
```

Ch07/07_12.py 코드를 실행한 후 저장된 엑셀 파일('btc.xlsx')을 열어봅시다. 그림 7-8처럼 2013-12-31일 당일의 수익률은 약 0.97배이고 2013-12-27~2013-12-31일까지의 기간수익률은 약 0.99배임을 알 수 있습니다.

	A	I	J
1		ror	hpr
2	2013-12-27 00:00:00	1	1
3	2013-12-28 00:00:00	1	1
4	2013-12-29 00:00:00	1	1
5	2013-12-30 00:00:00	1.019436	1.019436
6	2013-12-31 00:00:00	0.976392	0.995369
7	2014-01-01 00:00:00	0.984721	0.980161
8	2014-01-02 00:00:00	1	0.980161
9	2014-01-03 00:00:00	1.058544	1.037544

그림 7-7 각 거래일에 대한 기간수익률

이번에는 각 거래일에 대한 기간수익률을 사용해서 거래일마다 낙폭을 구하고 낙폭 중 최댓값을 찾아 MDD를 구해보겠습니다.

```
# ch07/07_13.py
01: import pybithumb
```

```
02: import numpy as np
03:
04: df = pybithumb.get_ohlcv("BTC")
05: df['range'] = (df['high'] - df['low']) * 0.5
06: df['target'] = df['open'] + df['range'].shift(1)
07:
08: fee = 0.0032
09: df['ror'] = np.where(df['high'] > df['target'],
10:                      df['close'] / df['target'] - fee,
11:                      1)
12:
13: df['hpr'] = df['ror'].cumprod()
14: df['dd'] = (df['hpr'].cummax() - df['hpr']) / df['hpr'].cummax() * 100
15: print("MDD(%): ", df['dd'].max())
16: df.to_excel("dd.xlsx")
```

> 라인 14: 'hpr' 컬럼의 값을 기준으로 거래일마다 전고점 값을 얻어옵니다. 전고점 값을 얻기 위해 cummax() 메서드를 사용합니다. 수식 7-1을 사용하여 낙폭을 저장합니다.
>
> 라인 15: 'dd' 컬럼에서 max() 메서드를 호출하여 최대 낙폭을 구합니다.

위 코드를 실행해보면 빗썸 거래소에서 변동성 돌파 전략으로 비트코인을 거래했을 때 MDD가 약 56% 임을 알 수 있습니다.

7.3. 변동성 돌파+상승장 전략 백테스팅

7.3.1. 변동성 돌파+상승장 전략 백테스팅

이번 절에서는 '변동성 돌파+상승장 전략'에 대해 백테스팅 해보겠습니다. 5일 이동평균을 사용해서 상승장/하락장을 판단한 후 상승장이면서 변동성 돌파 전략의 조건을 만족할 때 매수하면 됩니다.

```
# ch07/07_14.py
01: import pybithumb
02: import numpy as np
03:
04: df = pybithumb.get_ohlcv("BTC")
05:
06: df['ma5'] = df['close'].rolling(window=5).mean().shift(1)
07: df['range'] = (df['high'] - df['low']) * 0.5
08: df['target'] = df['open'] + df['range'].shift(1)
09: df['bull'] = df['open'] > df['ma5']
10:
11: fee = 0.0032
12: df['ror'] = np.where((df['high'] > df['target']) & df['bull'],
13:                      df['close'] / df['target'] - fee,
14:                      1)
15:
16: df['hpr'] = df['ror'].cumprod()
17: df['dd'] = (df['hpr'].cummax() - df['hpr']) / df['hpr'].cummax() * 100
18: print("MDD: ", df['dd'].max())
19: print("HPR: ", df['hpr'][-2])
20: df.to_excel("larry_ma.xlsx")
```

라인 6: 'close' 컬럼을 사용해서 각 거래일에 대해 5일 이동평균을 계산합니다. shift(1)을 호출해서 계산된 5일 이동평균 값을 한 행 밑으로 내려 저장합니다.

라인 9: 거래일의 시가가 전일 종가까지 계산된 5일 이동평균보다 크면 'bull' 컬럼에 True를 저장하고 그렇지 않으면 False를 저장합니다.

라인 12: 매수 조건에 '상승장' 여부를 저장하고 있는 'bull' 컬럼을 추가로 확인합니다. 조건을 추가할 때 and가 아니라 '&'를 사용해야 합니다.

Ch07/07_14.py 코드를 실행해보면 변동성 돌파+상승장 투자 전략의 MDD는 약 34% 기간수익률은 약 11.3배임을 알 수 있습니다.

> MDD: 34.94015907021321
> HPR: 11.338429297435548

7.3.2. 2018년도 기간수익률이 높은 코인찾기

이번 절에서는 빗썸에서 거래되는 모든 코인에 대해 '변동성 돌파+상승장 전략'의 기간수익률이 높은 코인 5개를 찾아보겠습니다.

```
# ch07/07_15.py
01: import pybithumb
02: import numpy as np
03:
04:
05: def get_hpr(ticker):
06:     try:
07:         df = pybithumb.get_ohlcv(ticker)
08:         df = df['2018']
09:
10:         df['ma5'] = df['close'].rolling(window=5).mean().shift(1)
11:         df['range'] = (df['high'] - df['low']) * 0.5
12:         df['target'] = df['open'] + df['range'].shift(1)
13:         df['bull'] = df['open'] > df['ma5']
14:
15:         fee = 0.0032
16:         df['ror'] = np.where((df['high'] > df['target']) & df['bull'],
17:                              df['close'] / df['target'] - fee,
18:                              1)
19:
20:         df['hpr'] = df['ror'].cumprod()
21:         df['dd'] = (df['hpr'].cummax() - df['hpr']) / df['hpr'].cummax() * 100
22:         return df['hpr'][-2]
23:     except:
24:         return 1
```

```
25:
26:
27: tickers = pybithumb.get_tickers()
28:
29: hprs = []
30: for ticker in tickers:
31:     hpr = get_hpr(ticker)
32:     hprs.append((ticker, hpr))
33:
34: sorted_hprs = sorted(hprs, key=lambda x:x[1], reverse=True)
35: print(sorted_hprs[:5])
```

라인 5~24: 기존의 백테스팅 코드를 함수로 만들어줍니다. 2018년도에 대해서만 백테스팅하며 예외처리를 위해 try ~ except 구문을 사용합니다.

라인 27: 빗썸 거래소에서 거래되는 모든 코인의 티커 목록을 얻어옵니다.

라인 29: for 루프를 실행하기 전에 리스트를 만들어줍니다.

라인 32: 리스트에 코인의 티커와 코인의 기간수익률을 저장합니다.

라인 34: 기간수익률을 기준으로 오름차순 정렬합니다.

라인 35: 기간수익률이 높은 5개의 코인 정보를 화면에 출력합니다.

파이썬을 이용한 **비트코인 자동매매**

8

가상화폐 거래소

08 가상화폐 거래소

이번 장에서는 국내 거래소인 업비트(Upbit)와 코빗(Korbit) 그리고 해외 거래소 바이낸스(Binance)의 API에 대해 공부해 보겠습니다. 가상화폐 거래소의 API는 사용법이 대체로 비슷하기 때문에 빗썸의 API를 사용해봤다면 그다지 어렵지 않을 겁니다.

8.1. 업비트(Upbit)

업비트는 두나무 주식회사에서 운영 중인 가상화폐 거래소입니다. 카카오 계정만 있으면 쉽게 가입할 수 있고 UI가 편리해서 많은 사람이 사용하고 있습니다. 회원 가입 방법에 대해서는 본문에서 다루지 않으니 공식 홈페이지의 가이드 문서를 참고하시기 바랍니다.

8.1.1. API 사용신청

API를 사용하면 계좌에 접근해서 매수/매도/조회 등을 할 수 있기 때문에 로그인 이외에도 추가적인 보안 체크를 요구합니다. 업비트에 회원가입 후 로그인을 진행하면 그림 8-1과 같이 인증번호를 요구하는 창이 팝업됩니다. 회원 가입 시 입력한 전화번호로 인증 번호가 전송되며, 이를 입력해야 이차 보안이 정상적으로 수행됩니다.

그림 8-1 로그인 추가 인증 과정

업비트 홈페이지의 오른쪽 아래 있는 'Open API' 메뉴로 들어가면 그림 8-2의 API 설명을 확인할 수 있습니다. 혹은 웹브라우저에 API 페이지의 주소를 직접 입력해도 됩니다. 'Open API 사용하기' 버튼을 눌러 다음 과정을 진행합니다.

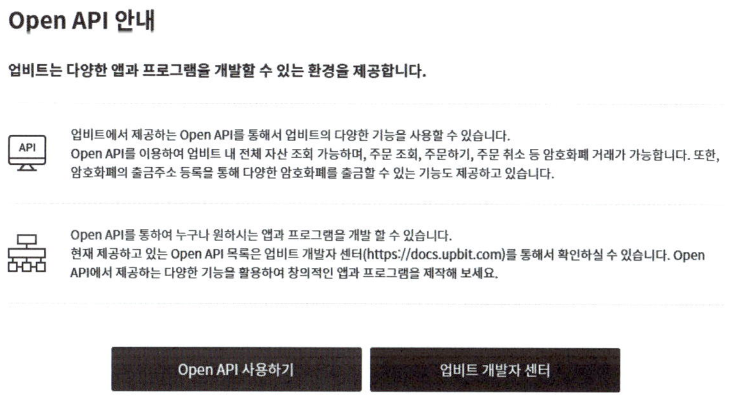

그림 8-2 Open API 안내

그림 8-3에서는 업비트가 제공하는 서비스 정의와 면책사항, 사용자의 의무와 책임 등의 정보가 포함된 이용약관 페이지를 볼 수 있습니다. 주의 깊게 읽어보고 이상이 없다면 약관 동의에 체크한 후 'Open API Key 발급받기' 버튼을 클릭하세요.

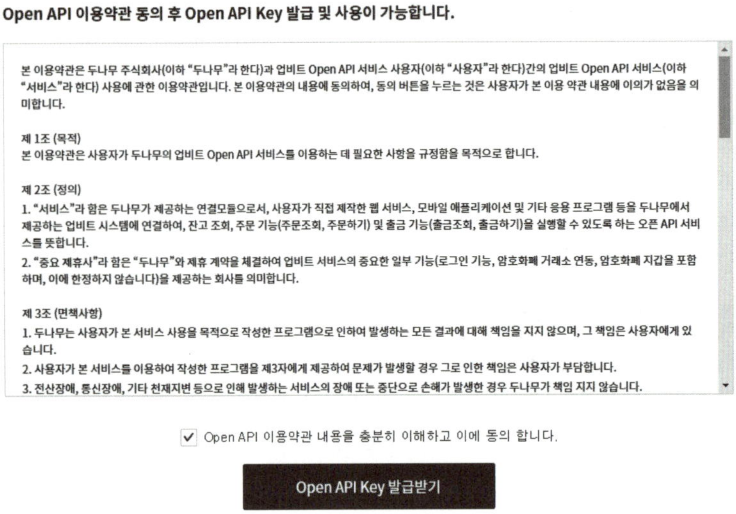

그림 8-3의 Open API 이용약관에 동의한 후 'Open API Key 발급받기' 버튼을 클릭합니다.

그림 8-3 API 발급

그림 8-4의 관리 페이지에서는 Open API로 수행할 작업을 선택합니다. 계좌 조회, 주문 조회, 주문하기를 선택하고 'Open API Key 발급하기' 버튼을 클릭합니다. Open API Key가 유출됐을 때를 고려해서 입/출금 기능은 선택하지 않았습니다.

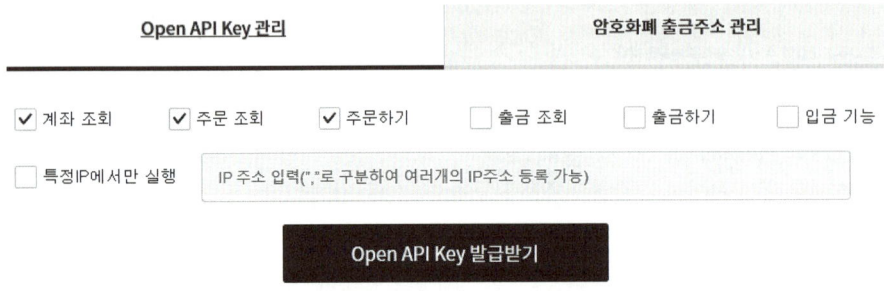

그림 8-4 Open API Key 관리

업비트에서 Open API Key를 발급받을 때 개인 계정의 보안 상태에 따라 '카카오페이 간편 인증' 등의 추가 과정이 필요할 수도 있습니다. 업비트의 안내에 따라 추가 인증을 수행해 주세요. 참고로 레벨 3의 '입출금 계좌인증'을 하지 않고도 카카오페이 인증을 수행하면 레벨 4 인증을 완료할 수 있습니다. 보안 인증을 정상적으로 끝마쳤다면 그림 8-5와 같이 Access Key와 Secret Key를 얻을 수 있습니다.

300 파이썬을 이용한 비트코인 자동매매

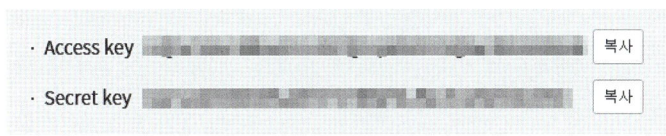

그림 8-5 Access Key와 Secret Key

현재 진행하고 있는 API Key발급 과정이 끝나면 Secret Key는 다시는 홈페이지에서 확인할 수 없습니다. 따라서 Key 값이 포함된 화면을 캡처하거나 엑셀, 메모장 등에 저장해 두세요. Key가 유출되면 타인이 내 계좌의 가상화폐를 매수/매도할 수 있기 때문에 항상 보안에 유의해야 합니다.

8.1.2. pyupbit 설치하기

빗썸처럼 업비트도 개발자 가이드(https://docs.upbit.com/docs)를 참고해서 여러분이 직접 API 호출 기능을 구현할 수 있습니다. 하지만 기존에 개발된 모듈을 사용하는 것이 개발 속도도 높일 수 있고 편하겠죠? 업비트 API를 파이썬에서 쉽게 사용하기 위해 저자들이 개발한 pyupbit모듈을 설치해 보겠습니다. 아나콘다 명령 프롬프트를 실행한 후 (시작 → Anaconda3 → Anaconda Prompt 메뉴 클릭) 다음과 같이 입력합니다.

```
pip install pyupbit
```

기존에 pyupbit 모듈을 설치한 경우에는 다음과 같이 "-U" 옵션을 사용해서 최신 버전으로 업데이트합니다.

```
pip install -U pyupbit
```

pyupbit 모듈이 잘 설치됐는지 확인하기 위해 모듈을 import 해봅시다. 다음 코드가 에러 없이 실행된다면 정상적으로 모듈이 설치된 겁니다.

```
import pyupbit
print(pyupbit.Upbit)
```

8.1.3. 티커 조회

거래소에서 가상화폐를 사고팔기 위해서는 가상화폐들의 티커가 필요합니다. 같은 가상화폐라도 거래소마다 티커가 다를 수 있기 때문에 거래소별로 티커를 얻어와야 합니다. pyupbit 모듈의 get_tickers() 함수는 업비트에서 사용할 수 있는 티커를 얻어옵니다.

```
# ch08/08_01.py
1: import pyupbit
2:
3: tickers = pyupbit.get_tickers()
4: print(tickers)
```

get_tickers() 함수는 업비트에서 거래되는 모든 가상화폐의 문자열 티커를 리스트로 반환합니다. 다음은 티커 리스트를 출력한 결과입니다. 지면 관계상 일부만 표기했습니다. 빗썸과 비교하면 가상화폐 이름 앞에 KRW, BTC 등의 접두사가 붙어있는 것을 확인할 수 있습니다.

> ['KRW-BTC', 'KRW-DASH', 'KRW-ETH', 'BTC-NEO', 'BTC-ETH', 'BTC-LTC']

업비트는 그림 8-6과 같이 원화 시장뿐만 아니라 해외 거래소와 제휴를 통해 BTC, ETH, USDT 시장을 지원합니다. 해외 거래소의 거래량을 확보함으로써 가상화폐의 유동성과 안정성을 제공하는 겁니다.

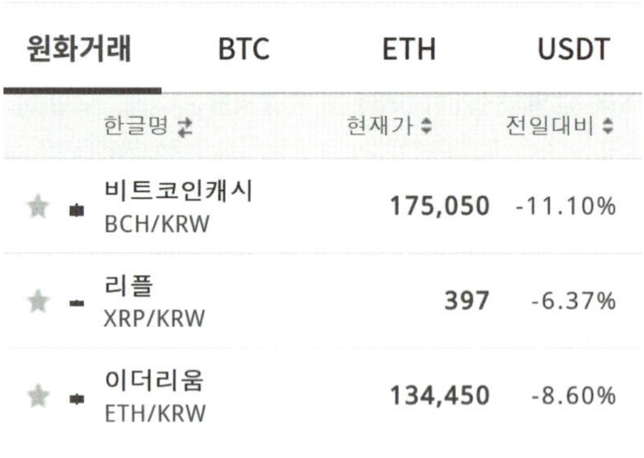

원화 시장과 BTC 시장의 차이를 예로 살펴보겠습니다. 원화 시장에서는 1000원으로 비트코인 0.0002개를 사고, 팔아서 다시 1000원을 되돌려 받을 수 있습니다. BTC 시장에서

원화거래	BTC	ETH	USDT
한글명		현재가	전일대비
비트코인캐시 BCH/KRW		175,050	-11.10%
리플 XRP/KRW		397	-6.37%
이더리움 ETH/KRW		134,450	-8.60%

그림 8-6 업비트 거래 시장 종류

는 0.0002개의 비트코인으로 2.5개의 리플을 사고, 다시 리플을 팔아 0.0002개의 비트코인을 받게 됩니다. 각각 시장의 이름은 거래하는 기준 통화를 가리키는 겁니다.

pyupbit 모듈은 시장별로 티커를 얻어올 수도 있습니다. 하나의 예로 원화 시장에서 주문 가능한 티커 목록을 얻어와 보겠습니다.

```
tickers = pyupbit.get_tickers(fiat="KRW")
print(tickers)
```

get_tickers( ) 함수에 파라미터를 전달하지 않으면 모든 시장의 티커를 반환했습니다. 하지만 기준 통화(fiat) 값을 입력하면 특정 시장의 티커만을 가져옵니다. fiat 파라미터에는 KRW/BTC/ETH/USDT를 사용할 수 있습니다.

8.1.4. 현재가 조회

가상화폐의 현재가는 get_current_price( ) 함수 통해 얻어올 수 있습니다. 함수의 입력으로 가상화폐의 티커를 넣어주면 됩니다. 예를 들어 원화 시장에서 비트코인은 "KRW-BTC", 리플은 "KRW-XRP"를 사용합니다.

```
# ch08/08_02.py
1: import pyupbit
2:
3: price = pyupbit.get_current_price("KRW-XRP")
4: print(price)
```

API를 호출한 시점에서 원화 시장의 리플 현재가는 464원임을 알 수 있습니다. KRW 시장에서 조회했기 때문에 단위는 '원'입니다.

```
464.0
```

이번에는 BTC 시장에서의 리플 현재가를 조회해 보겠습니다. KRW 접두사 대신 BTC를 사용하면 되겠죠?

```
price = pyupbit.get_current_price("BTC-XRP")
print(price)
```

리플의 가격이 KRW 시장에서는 464원, BTC 시장에서는 소수점 8자리의 값이 반환됐습니다. 반환되는 값의 단위가 중요한데 BTC 시장에서는 단위가 원이 아니라 'BTC'입니다. 리플 하나의 가격이 비트코인 0.00010113 개와 같다는 의미입니다. 조회하는 시점에서의 비트코인 가격이 4,576,000원이니 원화로 환산해보면 약 462원으로 비슷한 가격대를 형성한 것을 알 수 있습니다.

```
0.00010113
```

여러 가상화폐의 현재가를 한 번에 조회할 때는 다음과 같이 티커를 리스트로 넘겨주면 됩니다.

```
price = pyupbit.get_current_price(["BTC-XRP", "KRW-XRP"])
print(price)
```

여러 가상화폐의 현재가를 한 번에 조회했기 때문에 결괏값이 딕셔너리로 리턴됩니다. 티커를 key로 해서 현재가가 value로 저장된 것을 확인할 수 있습니다

```
{'BTC-XRP': 0.00010113, 'KRW-XRP': 462.0}
```

8.1.5. 과거 데이터 조회

시가(open), 고가(high), 저가(low), 종가(close), 거래량(volume)은 기술적 분석에 사용되는 대표적인 지표입니다. 다음 코드는 원화 시장에서 비트코인의 OHLCV를 출력합니다. 함수의 인자로 조회하려는 가상화폐의 티커를 넣어주면 됩니다.

```
# ch08/08_03.py
1: import pyupbit
2:
3: df = pyupbit.get_ohlcv("KRW-BTC")
4: print(df)
```

get_ohlcv( ) 함수는 가상화폐의 티커를 입력받아 OHLCV 데이터를 판다스 DataFrame으로 반환합니다. 다음은 DataFrame에 바인딩 된 값을 출력한 결과입니다. 오전 09:00:00를 기준으로 일일 단위의 가격정보가 저장되는 것을 알 수 있습니다. 총 120개의 값이 조회되지만, 일부 값만 표시했습니다.

```
2018-12-19  4092000.0  4400000.0  ...  4124000.0  12333.943290
2018-12-20  4127000.0  4637000.0  ...  4552000.0  16481.712455
2018-12-21  4552000.0  4733000.0  ...  4333000.0  16822.181918
2018-12-22  4333000.0  4494000.0  ...  4464000.0   7007.242166
2018-12-23  4465000.0  4549000.0  ...  4526000.0   2578.761740
```

get_ohlcv( ) 함수의 interval 옵션으로 월/주/일/분봉 중 하나를 선택할 수 있습니다. interval을 입력하지 않은 경우에는 내부적으로 일봉이 선택됩니다. 다음 코드는 원화 시장에서 비트코인의 분봉을 가져옵니다.

```
df = pyupbit.get_ohlcv("KRW-BTC", interval="minute")
print(df)
```

count 옵션은 가져오려는 데이터의 개수를 지정하는 데 사용합니다. 만약 최근 5일간의 데이터만 조회하고자 하는 경우 다음과 같이 코딩합니다.

```
df = pyupbit.get_ohlcv("KRW-BTC", count=5)
print(df)
```

8.1.6. 호가 조회

매수호가(bid)와 매도호가(ask) 조회는 get_orderbook( ) 함수를 사용하면 됩니다. get_orderbook( ) 함수를 통해 여러분은 10호가 데이터를 얻을 수 있습니다.

```
# ch08/08_04.py
1: import pyupbit
2:
3: orderbook = pyupbit.get_orderbook("KRW-BTC")
4: print(orderbook)
```

get_orderbook( ) 함수의 리턴되는 값은 리스트 객체인데 리스트 안에 딕셔너리 객체가 있습니다. 10호가 정보는 다음과 같이 얻을 수 있습니다.

```
# ch08/08_05.py
```

```
1: import pyupbit
2: 
3: orderbook = pyupbit.get_orderbook("KRW-BTC")
4: bids_asks = orderbook[0]['orderbook_units']
5: 
6: for bid_ask in bids_asks:
7:     print(bid_ask)
```

> 라인 4: 리스트 객체의 0번은 딕셔너리 객체이므로 다시 'orderbook_units'라는 key 값을 사용해서 10호가 정보가 담긴 리스트 객체를 얻어옵니다. 10호가 정보가 담긴 리스트 객체를 bids_asks 라는 변수가 바인딩합니다.
>
> 라인 6: 10호가 리스트에서 하나씩 순회하면서 데이터를 bid_ask라는 변수가 바인딩합니다.
>
> 라인 7: bid_ask 변수가 바인딩하는 값을 출력합니다.

출력값을 살펴보면 리스트 안의 10 호가는 각각이 파이썬 딕셔너리 객체임을 알 수 있습니다. 리스트는 순서가 있는 자료구조였지요? 리스트의 앞에서부터 1호가, 2호가, 3 호가의 데이터입니다. ask_price는 매도 호가이고 bid_price는 매수 호가입니다. ask_size와 bid_size는 매도 호가 수량과 매수 호가 수량입니다.

```
{'ask_price': 4527000.0, 'bid_price': 4526000.0, 'ask_size': 0.16874869, 'bid_size': 0.7792947}
{'ask_price': 4529000.0, 'bid_price': 4525000.0, 'ask_size': 0.39102868, 'bid_size': 7.31493821}
{'ask_price': 4530000.0, 'bid_price': 4524000.0, 'ask_size': 1.0003, 'bid_size': 0.40184096}
{'ask_price': 4531000.0, 'bid_price': 4523000.0, 'ask_size': 0.051, 'bid_size': 0.06310365}
... 생략 ...
```

8.1.7. 잔고 조회

이번에는 잔고 조회를 해보겠습니다. 잔고 조회와 매매 API는 기존과 조금 다른 방식으로 API를 사용합니다. 먼저 앞서 API 사용 신청 시에 발급받았던 access key와 secret key 값을 사용해서 Upbit 클래스의 인스턴스를 생성해야 합니다. 앞서 붕어빵 틀 클래스를 사용해서 붕어빵 객체를 만들었던 것이 생각나지요?

Upbit 클래스의 인스턴스를 생성했다면 해당 인스턴스를 통해 Upbit 클래스에 정의된 메서드를 호출할 수 있습니다. 그중 잔고 조회는 get_balances()입니다. access_key와 secret_key는 8.1.1 API 사용신청에서 발급받은 값으로 수정해야 코드가 정상 동작합니다.

```
# ch08/08_06.py
1: import pyupbit
2:
3: access_key = "t88RbbxB8NHNyqBUegeVqowGQOGEefeee3W2dGNU"
4: secret_key = "VCLoAhrxbvyrukYChbxfxD6O1ESegeckIgbqeiQf"
5:
6: upbit = pyupbit.Upbit(access_key, secret_key)
7: print(upbit.get_balances())
```

잔고 조회 메서드의 리턴 값은 튜플입니다. 튜플 객체의 0번에는 잔고 데이터 (파이썬 리스트 객체)가 1번에는 호출 제한 데이터 (파이썬 딕셔너리 객체)가 있습니다. 잔고 데이터를 살펴보면 원화로 약 100만 원이 있는 것을 확인할 수 있습니다. 튜플의 1번에 있는 호출 제한 데이터는 업비트 API를 호출할 때 초당/분당 호출이 가능한 요청 수를 의미합니다. 예를 들어, 아래의 값은 'default' 그룹에 대해서 1분간 1799개, 1초에 29개의 API 호출이 가능함을 의미합니다. 참고로 API마다 그룹이 있는데 그룹 단위로 호출 제한을 판단하므로 과도한 호출을 하는 경우에는 초당/분당 호출 가능 수를 확인하는 것이 필요합니다.

> {'currency': 'KRW', 'balance': '999106.81706142', 'locked': '0.0', 'avg_krw_buy_price': '0', 'modified': False}

8.1.8. 매수/매도

이번에는 업비트 주문 API에 대해 알아봅시다. 주문 API 역시 Upbit 클래스의 인스턴스를 통해 호출할 수 있습니다. 지정가 매수를 위해서는 buy_limit_order() 메서드를 사용하면 되고 지정가 매도를 위해서는 sell_limit_order() 메서드를 사용하면 됩니다. 먼저 지정가 매수부터 테스트해봅시다. 실제로 매수가 되는 것을 막기 위해서 현재 리플의 시세보다 낮은 금액으로 매수 주문을 넣어보겠습니다.

```
# ch08/08_07.py
1: import pyupbit
2:
```

```
3: access_key = "t88RbbxB8NHNyqBUegeVqowGQOGEefeee3W2dGNU"
4: secret_key = "VCLoAhrxbvyrukYChbxfxD601ESegeckIgbqeiQf"
5:
6: upbit = pyupbit.Upbit(access_key, secret_key)
7: ret = upbit.buy_limit_order("KRW-XRP", 100, 20)
8: print(ret)
```

리턴 값은 튜플 객체인데 0번에는 주문 정보가 있고 1번에는 호출 제한 데이터가 있습니다. 주문에서 중요한 것은 여러분이 주문 API를 호출하면 해당 주문 건에 대한 'uuid' 값이 리턴되는데 이 값을 통해 미체결된 주문을 취소할 수 있다는 점입니다.

{'uuid': 'cc52be46-1000-4126-aee7-9bfafb867682', 'side': 'bid', 'ord_type': 'limit', 'price': '100.0', 'state': 'wait', 'market': 'KRW-BTC', 'created_at': '2018-08-26T20:21:30+09:00', 'volume': '20.0', 'remaining_volume': '20.0', 'reserved_fee': '1.0', 'remaining_fee': '1.0', 'paid_fee': '0.0', 'locked': '2001.0', 'executed_volume': '0.0', 'trades_count': 0}

buy_limit_order( ) 함수가 정상적으로 동작했는지 확인하는 가장 쉬운 방법은 그림 8-7과 같이 업비트 웹 페이지에서 투자내역 → 미체결 내역을 확인하는 겁니다. 리플에 대해 주문 가격 100원으로 20개가 정상적으로 주문된 것을 확인할 수 있습니다.

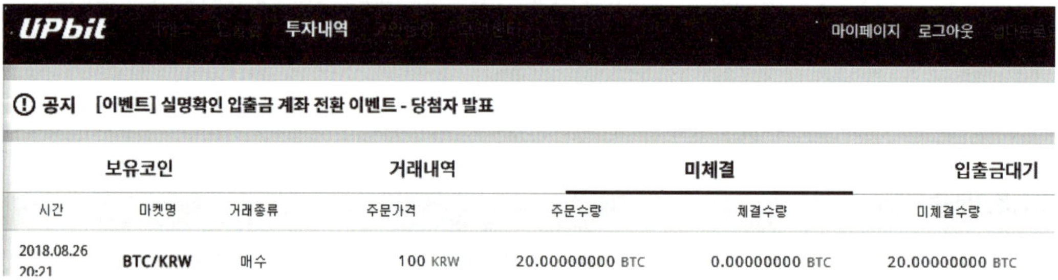

그림 8-7 매수 주문 미체결 내역

이번에는 지정가 매도 API 사용에 대해 알아봅시다. 지정가 매도는 sell_limit_order( ) 메서드를 사용하면 됩니다. 메서드의 인자는 매수와 동일합니다. 티커, 매도 주문 가격, 매도 수량순으로 입력해 주면 됩니다. 매도 API를 테스트하는 경우 실제로 매도가 체결되는 것을 막기 위해 현재 시세보다 높은 금액으로 매도 주문을 넣어줍시다.

```
# ch08/08_08.py
1: import pyupbit
2:
3: access_key = "t88RbbxB8NHNyqBUegeVqowGQOGEefeee3W2dGNU"
4: secret_key = "VCLoAhrxbvyrukYChbxfxD601ESegeckIgbqeiQf"
5:
6: upbit = pyupbit.Upbit(access_key, secret_key)
7: ret = upbit.sell_limit_order("KRW-XRP", 1000, 20)
8: print(ret)
```

sell_limit_order( ) 메서드 역시 튜플 객체를 리턴해주는데 0번에는 주문 정보가 1번에는 호출 제한 데이터가 있습니다.

{'uuid': '1ab8ac28-e880-4a04-b868-a82d755b0945', 'side': 'ask', 'ord_type': 'limit', 'price': '1000.0', 'avg_price': '0.0', 'state': 'wait', 'market': 'KRW-XRP', 'created_at': '201807-21T05:38:48+09:00', 'volume': '20.0', 'remaining_volume': '20.0', 'reserved_fee': '0.0', 'remaining_fee': '0.0', 'paid_fee': '0.0', 'locked': '20.0', 'executed_volume': '0.0', 'trades_ count': 0}

만일 여러분이 보유하고 있지 않은 가상화폐에 대해 매도 주문을 넣는 경우 다음과 같이 에러 메시지가 저장된 튜플 객체가 리턴됩니다.

{'error': {'message': '주문가능한 금액(XRP)이 부족합니다.', 'name': 'insufficient_funds_ask'}}

8.1.9. 주문 취소

이번에는 주문 취소에 대해 알아봅시다. 앞서 주문 메서드를 호출하면 uuid 값이 리턴됨을 확인했습니다. 이 값을 갖고 있다가 cancel_order( ) 메서드의 인자로 사용하면 해당 uuid를 갖는 주문 취소할 수 있습니다.

```
# ch08/08_09.py
1: import pyupbit
```

```
2:
3: access_key = "t88RbbxB8NHNyqBUegeVqowGQOGEefeee3W2dGNU"
4: secret_key = "VCLoAhrxbvyrukYChbxfxD601ESegeckIgbqeiQf"
5:
6: upbit = pyupbit.Upbit(access_key, secret_key)
7: ret = upbit.cancel_order('cc52be46-1000-4126-aee7-9bfafb867682')
8: print(ret)
```

cancel_order() 메서드 역시 튜플 객체를 리턴하는데 0번은 주문 취소에 대한 정보이고 1번은 호출 제한 데이터입니다.

> {'uuid': 'cc52be46-1000-4126-aee7-9bfafb867682', 'side': 'bid', 'ord_type': 'limit', 'price': '100.0', 'state': 'wait', 'market': 'KRW-BTC', 'created_at': '2018-08-26T20:21:30+09:00', 'volume': '20.0', 'remaining_volume': '20.0', 'reserved_fee': '1.0', 'remaining_fee': '1.0', 'paid_fee': '0.0', 'locked': '2001.0', 'executed_volume': '0.0', 'trades_count': 0}

8.2. 코빗(Korbit)

코빗은 2013년부터 운영을 시작한 대한민국 최초의 가상화폐 거래소입니다. 2017년 9월 넥슨에 인수되었으며 비교적 오랜 기간의 운영을 통해 사용자의 신뢰를 얻고 있습니다.

8.2.1. API 사용 신청

코빗 API 또한 업비트와 동일하게 회원 가입 후 API 사용 신청을 해야 합니다. 코빗에 로그인 후 오른쪽 위의 "마이코빗" 버튼을 클릭합니다. 이어서 그림 8-8과 같이 본인의 이름을 클릭하고 API 메뉴를 선택합니다. 또는 API 신청 URL(https://account.korbit.co.kr/settings/api)로 직접 접속해도 됩니다.

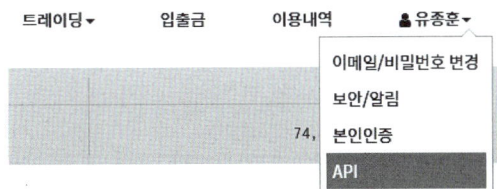

그림 8-8 코빗 API 메뉴

그림 8-9의 사용자 약관에서는 코빗의 API 서비스와 관련된 정책과 사용자 제한 사항 등을 확인할 수 있습니다. 내용을 숙지 후에 이용약관 동의 버튼에 체크하고 'API Key 발급' 버튼을 클릭합니다.

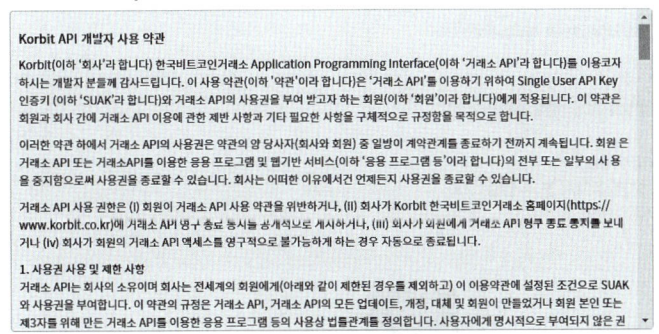

그림 8-9 API 사용 약관

다음으로 각자 계정에 설정한 인증 수단으로 추가 인증을 수행해야 합니다. 기본적으로 회원 가입 시 등록한 전화번호로 "전화인증"을 수행합니다. Google OTP 나 전화인증 중 편한 방법으로 추가 인증을 진행하면 됩니다.

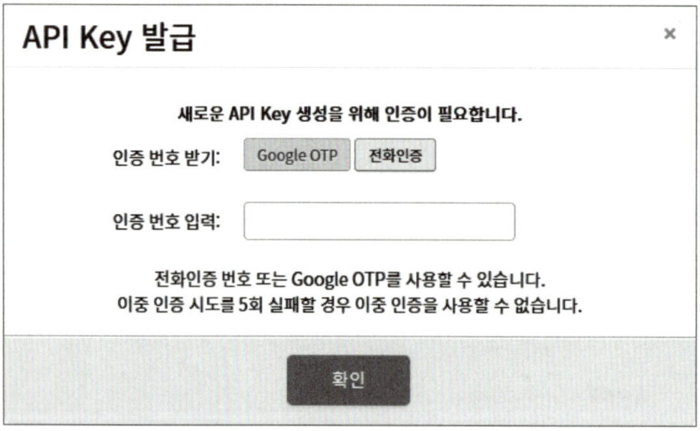

그림 8-10 API Key 인증창

인증이 완료되면 그림 8-11과 같이 API Key와 Secret Key를 확인할 수 있습니다. Secret Key는 웹페이지에서 다시 확인할 수 없기 때문에 별도로 그 값을 저장해 놓아야 합니다. 파일로 저장하는 경우 인증키가 유출되지 않도록 보안에 유의하세요.

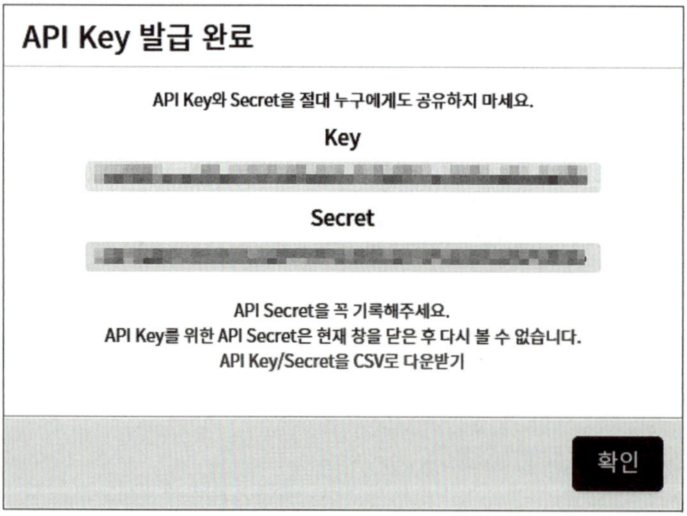

그림 8-11 리Secret Key와 API Key

8.2.2. pykorbit 설치하기

파이썬에서 Korbit API를 사용하기 위해 pykorbit모듈을 설치하겠습니다. pykorbit모듈은 저자가 github(https://github.com/sharebook-kr/pykorbit)에서 개발하고 있습니다. 아나콘다 명령 프롬프트를 실행한 후 (시작 → Anaconda3 → Anaconda Prompt 메뉴 클릭) 다음과 같이 입력합니다.

```
pip install pykorbit
```

기존에 pykorbit 모듈을 설치한 경우에는 '-U' 명령을 사용해서 최신 버전으로 업데이트하세요.

```
pip install -U pykorbit
```

다음과 같이 import 할 때 아무런 에러 메시지가 발생하지 않는다면 정상적으로 모듈이 설치된 겁니다.

```
import pykorbit
```

8.2.3. 티커 조회

코빗에서 가상화폐를 사고팔기 위해서는 가상화폐의 티커가 필요합니다. pykorbit 모듈의 get_tickers() 함수는 모든 가상화폐의 티커를 리스트로 반환합니다.

```
# ch08/08_10.py
1: import pykorbit
2:
3: tickers = pykorbit.get_tickers()
4: print(tickers)
```

업비트는 네 개의 시장이 있어서 KRW_XRP, BTC_XRP와 같은 형태의 티커를 사용했지만, 코빗은 원화 시장만 지원하므로 시장 이름이 없는 BTC, XRP 형태의 티커를 사용합니다. 코드를 실행한 결과는 다음과 같습니다.

```
['BTC', 'ETH', 'ETC', 'XRP', 'BCH', 'BTG', 'LTC', 'ZIL']
```

8.2.4. 현재가 조회

가상화폐의 현재가 즉, 최종 체결 가격는 get_current_price() 함수로 얻어올 수 있습니다. get_current_price() 함수의 파라미터로 가상화폐의 티커를 넣어주면 됩니다.

```
# ch08/08_11.py
1: import pykorbit
2:
3: price = pykorbit.get_current_price("BTC")
4: print(price)
```

get_current_price() 함수는 float 타입의 값을 리턴합니다.

```
7517500.0
```

8.2.5. 과거 데이터 조회

코빗은 과거 데이터를 제공하는 API를 지원하지 않습니다. 그래서 pykorbit 모듈은 cryptocompare.com의 서비스를 사용해서 우회적으로 코빗 데이터를 가져옵니다. 참고로 cryptocompare.com 사이트는 전 세계의 가상화폐 거래 데이터를 백업해서 API로 제공합니다. 여러분들은 cryptocompare에 API를 분석할 필요 없이 pykorbit의 get_ohlc() 함수를 호출하면 모든 거래일의 데이터를 한 번에 얻어옵니다. 가장 먼저 일 단위로 시가, 고가, 저가, 종가 데이터를 얻어와 보겠습니다.

```
# ch08/08_12.py
1: import pykorbit
2:
3: df = pykorbit.get_ohlc("BTC")
4: print(df)
```

최근 5일간의 데이터만을 조회하고자 하는 경우 period 옵션을 사용합니다.

```
df = pykorbit.get_ohlc("BTC", period=5)
print(df)
```

get_ohlc( ) 함수의 리턴 값은 Pandas DataFrame 객체입니다. 가상화폐 시장은 24시간 거래가 되는데 코빗의 일봉 기준은 오전 09:00:00입니다. 예를 들어, 아래에서 2018년 8월 26일의 데이터는 2018-08-26 09:00:00부터 2018-08-27 08:59:59까지의 가격 데이터로 시가, 고가, 저가, 종가를 계산하는 겁니다.

	open	high	low	close
2018-08-22 09:00:00	7384500	7777000	7200000	7300000
2018-08-23 09:00:00	7300000	7414000	7280000	7394000
2018-08-24 09:00:00	7394000	7590000	7376000	7551000
2018-08-25 09:00:00	7551000	7666000	7504500	7603500
2018-08-26 09:00:00	7603500	7629000	7450000	7560000

8.2.6. 호가 조회

매수호가(bid)와 매도호가(ask) 조회는 get_orderbook( ) 함수를 사용하면 됩니다. get_orderbook( ) 함수를 통해 여러분은 30호가 데이터를 얻을 수 있습니다.

```
# ch08/08_13.py
1: import pykorbit
2:
3: orderbook = pykorbit.get_orderbook("BTC")
4: print(orderbook)
```

get_orderbook( ) 함수의 리턴 값은 딕셔너리 객체입니다. 복잡해 보이지만 'timestamp', 'bids', 'asks'라는 세 개의 key에 각각 API 호출시간, 매수호가(bids), 매수호가(asks)가 저장돼 있습니다. 호가 정보는 딕셔너리 안에 가상화폐의 가격과 수량이 리스트로 저장돼 있습니다. 다음은 get_orderbook( ) 함수의 리턴 값 중에서 일부만을 표시했습니다.

```
{'timestamp': 1535336612756, 'bids': [['7521000', '0.8', '1'], ['7520000', '1.35859999',
'1'], ['7518000', '4', '1'], ['7517500', '0.02', '1'], ['7516000', '0.67674221', '1'], ['7514000',
'0.007', '1'], ['7511000', '1.08553375', '1'], ['7507500', '0.007', '1'], 'asks': [['7536000',
'0.5961', '1'], ['7537000', '0.5', '1'], ['7543000', '0.5', '1'], ['7544500', '1.6031', '1'],
['7546500', '1', '1'], ['7550000', '1.35', '1'], ['7556000', '0.98446', '1'], ['7560000', '1.41', '1']]}
```

리턴된 딕셔너리 객체에서 'asks'라는 key 값을 통해 매도호가 데이터를 얻어올 수 있습니다. key 값에 대응되는 value는 리스트 타입인데 여기에 30개의 호가 정보가 순서대로 저장되어 있습니다. 리스트의 0번부터 순서대로 1호가, 2호가, 3호가 순으로 증가합니다.

```
# ch08/08_14.py
1: import pykorbit
2:
3: orderbook = pykorbit.get_orderbook("BTC")
4: asks = orderbook['asks']
5: for ask in asks:
6:     print(ask[0], ask[1])
```

라인 4: 딕셔너리 객체에서 'asks' key를 통해 매도호가 목록을 얻어옵니다. 매도호가 목록은 리스트 객체입니다.

라인 5: for 문을 사용해서 매도호가 리스트에서 매도호가를 하나씩 바인딩합니다.

라인 6: ask 변수가 바인딩하는 리스트에서 0번은 매도호가, 1번은 매도호가 수량입니다.

출력된 값은 다음과 같습니다.

```
7527000 0.0437
7537500 0.5997
7538000 2.1
7544500 0.6
7550000 1.78832748
7553000 0.5
 ... 생략 ...
```

8.2.7. 잔고 조회

이번에는 잔고 조회를 해보겠습니다. 잔고 조회와 매매는 기존과 조금 다른 방식으로 API를 사용합니다. 먼저 앞서 API 사용 신청 시에 발급받았던 key와 secret 값을 사용해서 Korbit 클래스의 인스턴스를 생성해야 합니다.

Korbit 클래스의 인스턴스를 생성했다면 해당 인스턴스를 통해 Korbit 클래스에 정의된 메서드를 호출할 수 있습니다. 그중 잔고 조회는 get_balances()입니다. 다음 코드에서 email, password, key, secret 변수에는 여러분들의 계정 정보와 key 값을 입력해야 합니다.

```
# ch08/08_15.py
01: import pykorbit
02:
03: email = "ceo_jo@gmail.com"
04: password = "mypassword"
05: key = "TVMtMRtcap22CRnFeegege84cNDuTJVmvv9FaGWJTRriY7b8cWKIez7eGGkzan0"
06: secret = "MEasLLFhahGAyUucm7refegEEgpvBfTUe3A2DiMA48o4egegEEv9pBmLUq4e3pM"
07:
08: korbit = pykorbit.Korbit(email, password, key, secret)
09: balance = korbit.get_balances()
10: print(balance)
```

잔고 조회 메서드의 리턴 값은 가상화폐의 티커를 key로 하는 딕셔너리 객체입니다. 기본적으로 가상화폐마다 주문 가능 수량('available'), 사용 중인 수량('trade_in_use') 인출 중인 수량('withdraw_in_use')이 저장돼 있습니다. 또한 보유 중인 원화의 주문 가능 원화, 사용 중인 원화, 인출 중인 원화 정보가 'krw' key로 저장된 것을 알 수 있습니다.

> {''btc': {'available': '0', 'trade_in_use': '0', 'withdrawal_in_use': '0', 'avg_price': '4615000.227540125297141499', 'avg_price_updated_at': 1530370860043}, 'krw': {'available': '0', 'trade_in_use': '0', 'withdrawal_in_use': '0'},, .. 생략 ... }

주문 가능한 원화 잔고를 얻기 위해서는 먼저 'krw' key를 통해 value에 접근합니다. value 역시 딕셔너리 객체인데 다시 'available'이라는 key를 통해 사용 가능한 잔고를 조회할 수 있습니다.

```
korbit = pykorbit.Korbit(email, password, key, secret)
balance = korbit.get_balances()
print(balance['krw']['available'])
```

8.2.8. 매수/매도

이번에는 코빗 주문 API에 대해 알아봅시다. 주문 API 역시 Korbit 클래스의 인스턴스를 통해 호출할 수 있습니다. 코빗은 지정가 매매와 시장가 매매를 지원합니다. 시장가는 주문은 주문 즉시 체결되기 때문에 편리하지만, 수수료가 더 높습니다.

- 지정가 매매: buy_limit_order( ), sell_limit_order( )
- 시장가 매매: buy_market_order( ), sell_market_order( )

지정가 매수를 위해서는 buy_limit_order( ) 메세드를 사용하고 지정가 매도를 위해서는 sell_limit_order( ) 메서드를 사용합니다. 먼저 지정가 매수부터 테스트해봅시다. 실제로 매수가 되는 것을 막기 위해서 현재 리플의 시세보다 낮은 금액으로 매수 주문을 넣어 보겠습니다.

```
# ch08/08_16.py
# 코드 생략
08: korbit = pykorbit.Korbit(email, password, key, secret)
09: order = korbit.buy_limit_order("XRP", 100, 10)
10: print(order)
```

리턴 값은 튜플 객체인데 0번에는 주문 번호가 있고 1번에는 성공 여부 2번에는 주문한 가상화폐의 티커가 있습니다.

```
(12886793, 'success', 'xrp_krw')
```

buy_limit_order( ) 함수의 호출 결과는 그림 8-12과 같이 코빗 웹 페이지에서 트레이딩 → 리플 내역을 확인하는 겁니다. 리플에 대해 주문 가격 100원으로 10개가 정상적으로 주문된 것을 확인할 수 있습니다.

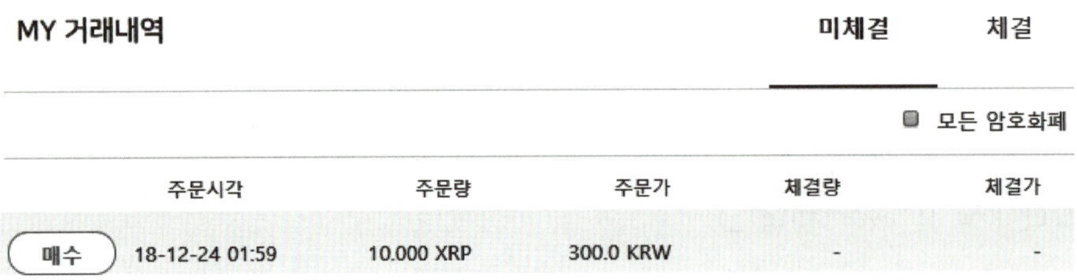

MY 거래내역				미체결	체결
					☐ 모든 암호화폐
	주문시각	주문량	주문가	체결량	체결가
매수	18-12-24 01:59	10.000 XRP	300.0 KRW	-	-

그림 8-12 리플 미체결 내역

이번에는 지정가 매도 API 사용에 대해 알아봅시다. 지정가 매도는 sell_limit_order( ) 메서드를 사용하면 됩니다. 메서드의 인자는 매수와 동일합니다. 티커, 매도 주문 가격, 매도 수량순으로 입력해주면 됩니다. 매도 API를 테스트하는 경우 실제로 매도가 체결되는 것을 막기 위해 현재 시세보다 높은 금액으로 매도 주문을 넣어줍시다.

```
# ch08/08_17.py
# 코드 생략
08: korbit = pykorbit.Korbit(email, password, key, secret)
09: order = korbit.sell_limit_order("XRP", 100, 10)
10: print(order)
```

sell_limit_order( ) 메서드 역시 튜플 객체를 리턴해주는데 0번에는 주문 번호, 1번에는 주문 결과, 2번에는 티커가 있습니다. 만일 여러분이 보유하고 있지 않은 가상화폐에 대해 매도 주문을 넣는 경우 다음과 같이 에러 메시지가 담고 있는 튜플 객체가 리턴됩니다.

```
(None, 'not_enough_xrp', 'xrp_krw')
```

이번에는 시장가 매매를 위한 pykorbit 메서드에 대해 알아봅시다. 시장가 매수 메서드는 buy_market_order( )입니다. 메서드의 첫 번째 인자는 티커이고 두 번째 인자는 구매하려는 코인의 가격(원화)입니다. 예를 들어, 리플을 1900원어치 사려면 buy_market_order("XRP", 1900)을 입력합니다. 코빗은 다른 거래소와 달리 매수에 사용할 원화를 입력하면 구매 수량이 자동으로 결정됩니다.

```
# ch08/08_18.py
# 코드 생략
08: korbit = pykorbit.Korbit(email, password, key, secret)
09: order = korbit.buy_market_order("XRP", 1900)
10: print(order)
```

시장가 매도는 sell_market_order( ) 메서드를 사용합니다. 메서드의 첫 번째 인자로 티커를 두 번째 인자로 매도 수량을 입력하면 됩니다.

```
# ch08/08_19.py
# 코드 생략
08: korbit = pykorbit.Korbit(email, password, key, secret)
09: order = korbit.sell_market_order("XRP", 20)
10: print(order)
```

8.2.9. 주문 취소

이번에는 매수/매도 주문 취소에 대해 알아봅시다. 앞서 주문 메서드를 호출하면 주문 번호가 리턴됨을 확인했습니다. 이 값을 갖고 있다가 cancel_order( ) 메서드의 인자로 사용하면 해당 주문 번호 건의 주문을 취소할 수 있습니다.

```
# ch08/08_20.py
# 코드 생략
08: korbit = pykorbit.Korbit(email, password, key, secret)
09: order = korbit.cancel_order("XRP", "12886793")
10: print(order)
```

cancel_order( ) 메서드는 리스트 객체를 리턴하는데 리스트 객체에는 딕셔너리 객체가 들어 있습니다. 딕셔너리 객체의 'orderId' 키(key)는 주문 취소를 요청한 주문 번호이고 'status' 키(key)는 주문 취소의 결과입니다. 마지막으로 'currencyPair' 키(key)는 티커입니다.

[{'orderId': '12886793', 'status': 'success', 'currencyPair': 'xrp_krw'}]

8.3. 바이낸스(Binance)

바이낸스는 거래량 기준으로 상위 5위에 들어가는 대형 거래소로 비트코인뿐만 아니라 이더리움, 라이트코인 등등의 여러 알트코인(Alternative coin)을 지원합니다. 거래소를 이용하기 위해서는 회원 가입이 필요하므로 계정이 없는 분들은 웹페이지를 참고해서 직접 진행해 보기 바랍니다.

8.3.1. API 사용 신청

바이낸스는 SMS 혹은 구글 인증을 등록해야 API 서비스를 이용할 수 있습니다. 로그인 후 그림 8-13의 대시보드에서 SMS 혹은 구글 인증을 수행해 주세요.

그림 8-13 추가 인증 메뉴

다음으로 대시보드 왼쪽에 있는 "API Setting" 메뉴를 클릭해서 API Key를 발급받습니다.

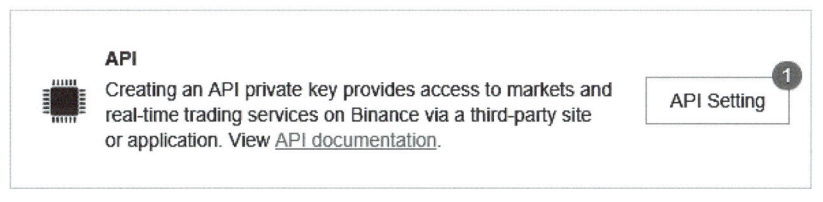

그림 8-14 API 설정 메뉴

여러 개의 API 키를 등록할 수 있기 때문에, 각각을 구분하기 위한 API 이름을 입력해야 합니다. 구분할 수 있는 이름을 자유롭게 입력하고 Create 버튼을 누르면 OTP 혹은 SMS 추가 인증이 실행됩니다. 인증이 정상적으로 끝나면 가입 시 등록한 이메일로 인증 요청 메일이 전송됩니다.

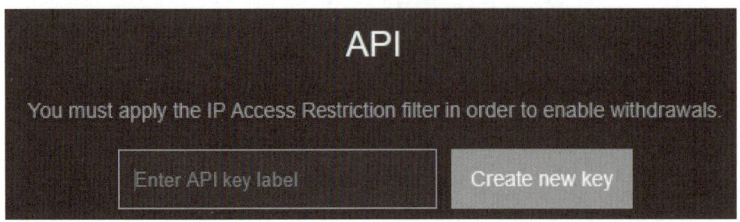

그림 8-15 API 이름 입력창

메일에서 인증 링크를 클릭하면 바이낸스 웹페이지로 이동하고 API Key와 Secret Key를 확인할 수 있습니다. 두 키를 사용해서 파이썬으로 바이낸스 API 서비스를 이용합니다. 다만 Secret Key는 인증을 완료한 당시에만 보이기 때문에 안전한 곳에 키를 보관해야 합니다.

8.3.2. ccxt 설치하기

바이낸스가 지원하는 API는 공식 문서(링크)를 참조해서 이를 직접 구현할 수 있습니다. 하지만 기존에 개발된 파이썬 모듈을 사용하면 개발 시간을 크게 줄일 수 있습니다. CCXT (CryptoCurrency eXchange Trading Library) 모듈은 자바스크립트, 파이썬, PHP와 같이 다양한 언어에서 범용적으로 사용할 수 있는 가상화폐 거래소 모듈입니다. 바이낸스 뿐만 아니라 비트파이넥스 (Bitfinex), 비트렉스 (bittrex), 크라켄 (kraken) 등등 125개 거래소의 API를 지원합니다.

Anaconda Prompt에서 pip 명령을 사용해서 cctx 모듈을 설치해봅시다. 다음과 같이 Anaconda Prompt를 실행한 후 (시작 → Anaconda3 → Anaconda Prompt 메뉴 클릭) pip install ccxt를 입력하여 모듈을 설치합니다.

```
pip install ccxt
```

설치가 완료되었으면, ccxt가 제공하는 API를 사용해 보겠습니다. 모듈을 import에서 에러가 없다면 정상적으로 모듈이 설치된 것입니다.

```
import ccxt
```

8.3.3. 티커 조회

바이낸스에서 가상화폐를 사고팔기 위해서는 거래소가 어떤 가상화폐를 지원하는지 티커 (ticker)를 얻어와야 합니다. cctx 모듈에서 티커는 fetch_tickers( ) 메서드를 사용합니다.

```
# ch08/08_21.py
1: import ccxt
2:
3: binance = ccxt.binance()
4: markets = binance.fetch_tickers()
5: print(markets.keys())
```

라인 3: cctx 모듈에서 binance 객체를 생성합니다.

라인 4: binance 객체의 fetch_tickers( ) 메서드는 티커와 거래 가격 정보를 딕셔너리로 반환합니다.

라인 5: 딕셔너리의 키값을 출력합니다.

fetch_tickers( ) 메서드로 얻은 티커는 가상화폐 이름과 거래되는 시장의 이름으로 구성되어 있습니다. 예를 들어 'ETH/BTC'는 비트코인 (BTC) 시장에서 거래되는 이더리움 (ETH)을, 'ETH/USDT'는 테더 (USDT) 시장에서 거래되는 이더리움을 의미합니다. 실생활에서의 예를 들어보면, 라면을 미국 시장에서도 팔고, 한국 시장에서도 판매합니다. 미국 시장에서는 달러로 결제하고 한국 시장에서는 원화로 거래하는 차이만 있을 뿐 라면을 구매하는 것은 동일합니다. 가상화폐 시장에서도 거래되는 시장, 결제하는 기축 통화 (단위)만 다를 뿐 구매 후에는 같은 가상화폐입니다.

```
dict_keys(['ETH/BTC', 'LTC/BTC', 'QTUM/ETH', 'EOS/ETH', 'ETH/USDT', ......])
```

8.3.4. 현재가 조회

fetch_ticker( ) 메서드는 특정 가상 화폐의 최근 24시간 가격 정보를 조회합니다. 앞서 티커 조회에서 사용한 fetch_tickers( )는 영어 단어(복수)에서 알 수 있듯이 전체 가상화폐들을 조회하고 fetch_ticker( )는 하나의 가상화폐 가격 정보를 조회합니다. 결괏값은 딕셔너리 객체입니다.

```
# ch08/08_22.py
1: import ccxt
2:
```

```
3: binance = ccxt.binance()
4: ticker = binance.fetch_ticker('ETH/BTC')
5: print(ticker['open'], ticker['high'], ticker['low'], ticker['close'])
```

fetch_ticker() 딕셔너리의 open, high, low, close에는 float 타입으로 이더리움 가격정보가 저장되어 있습니다. API를 호출한 시점에서의 종가('close')는 최근 거래된 가격인 현재가입니다. BTC 시장이므로 0.034146개의 비트코인으로 이더리움 하나가 거래됐다는 의미입니다.

```
0.034542 0.035344 0.033409 0.034146
```

API를 호출한 시점의 원화 시장에서는 비트코인 427.5만 원, 이더리움은 14.6만 원에 거래되고 있습니다. 바이낸스의 이더리움 현재가(0.034146)를 원화로 평가해보면 0.034146 x 427.5(비트코인 현재가) = 14.59만 원입니다. 원화 시장의 이더리움 가격과 비슷함을 확인할 수 있습니다.

8.3.5. 과거 데이터 조회

일자별로 가격 변화를 조회하기 위해서는 fetch_ohlcv() 메서드를 사용합니다. 티커와 함께 전달되는 파라미터에 따라서 월봉(1M), 일봉(1d), 분봉(1m)을 조회할 수 있습니다.

```
# ch08/08_23.py
1: import ccxt
2:
3: binance = ccxt.binance()
4: ohlcvs = binance.fetch_ohlcv('ETH/BTC')
5: print(ohlcvs)
```

출력 결과를 살펴보면 가격 정보(일자, 시가, 고가, 저가, 종가, 거래량)가 리스트로 저장되어 있습니다. 일자는 타임스탬프(timestamp)로 1970년 1월 1일부터 경과된 초를 의미합니다.

```
[
 [1545826500000, 0.034002, 0.034024, 0.033996, 0.034024, 142.466],
  [1545826560000, 0.034024, 0.034047, 0.034003, 0.034037, 212.116],
 [1545826620000, 0.034049, 0.03407, 0.034036, 0.034057, 81.895],
 [1545826680000, 0.03407, 0.0341, 0.03405, 0.034089, 77.013],
```

```
    [1545826740000, 0.034095, 0.034095, 0.034055, 0.034082, 166.078],
]
```

datetime 모듈을 사용하면 타임스탬프를 읽기 좋은 문자열로 변환할 수 있습니다.

```
# ch08/08_24.py
1: import ccxt
2: from datetime import datetime
3:
4: binance = ccxt.binance()
5: ohlcvs = binance.fetch_ohlcv('ETH/BTC')
6:
7: for ohlc in ohlcvs:
8:     print(datetime.fromtimestamp(ohlc[0]/1000).strftime('%Y-%m-%d %H:%M:%S'))
```

라인 2: 타임스탬프를 문자열로 변환하기 위해 datetime 모듈을 import 합니다.

라인 7: ohlcvs에 저장된 가격 정보를 하나씩 ohlc 변수에 바인딩합니다.

라인 8: 타임스탬프에 해당하는 ohlc[0]을 문자열로 변환합니다. 문자열 포맷은 '%Y-%m-%d %H:%M:%S'로 지정합니다

타임스탬프값이 사람이 읽기 좋은 문자열로 변환된 것을 확인할 수 있습니다.

```
2018-12-26 21:42:00
2018-12-26 21:43:00
2018-12-26 21:44:00
2018-12-26 21:45:00
2018-12-26 21:46:00
```

8.3.6. 호가조회

매수호가(bid)와 매도호가(ask) 조회는 fetch_order_book() 메서드를 사용합니다. fetch_order_book() 메서드를 통해 여러분은 100호가 데이터를 얻을 수 있습니다. 딕셔너리의 'asks' 키값에는 매도호가가, 'bids' 키값에는 매수호가가 저장됩니다.

```
# ch08/08_25.py
1: import ccxt
2:
3: binance = ccxt.binance()
4: orderbook = binance.fetch_order_book('ETH/BTC')
5: print(orderbook['bids'])
6: print(orderbook['asks'])
```

for 문을 사용해서 orderbook['ask']에 저장된 매도호가를 하나씩 출력해봅시다. orderbook['ask']에는 (매도 가격, 매도 수량)이 리스트로 저장되어 있기 때문에, 0, 1 인덱스로 그 값을 출력할 수 있습니다.

```
# ch08/08_26.py
1: import ccxt
2:
3: binance = ccxt.binance()
4: orderbook = binance.fetch_order_book('ETH/BTC')
5: for ask in orderbook['asks']:
6:     print(ask[0], ask[1])
```

호가 별 매도 가격과 수량이 출력됩니다. 최우선 매도 호가가 0번 인덱스에 저장돼 있습니다.

```
0.041111 0.18
0.041113 5.522
0.041134 0.478
0.041142 3.649
0.04115 0.145
```

8.3.7. 잔고 조회

이번에는 잔고를 조회해 보겠습니다. 잔고 조회와 매매 API는 기존과 조금 다른 방식으로 사용합니다. 앞서 API 사용 신청에서 발급받은 API key와 Secret key를 사용해서 binance클래스의 인스턴스를 생성해야 합니다.

```
binance = ccxt.binance({
    'apiKey': 'YOUR API KEY',
    'secret': 'YOUR SECRET KEY',
})
```

public API와 동일하게 binance 클래스의 인스턴스를 통해 메서드를 호출할 수 있습니다. 그 중 잔고 조회는 fetch_balance()로 리턴 값은 딕셔너리 객체입니다. binance 객체를 사용해서 메서드를 호출하는 것에 주의하세요.

```
balance = binance.fetch_balance()
print(balance.keys())
```

잔고 조회 메서드의 딕셔너리 안에는 거래 수수료 정보가 포함된 'info'와 가상화폐 이름들이 키값으로 저장되어 있습니다. 이때 잔고 조회에 저장된 티커에는 시장 정보가 포함되어 있지 않습니다. 미국에서 달러로 사던 한국에서 원화로 사던 구매 후에는 라면을 갖고 있는 것처럼 가상화폐 또한 구매 후에는 보유 중인 가상화폐일 뿐입니다.

> dict_keys(['info', 'BTC', 'LTC', 'ETH', 'NEO', 'BNB', ...])

가상화폐 이름의 키 값 안에는 보유 중인 코인('free'), 거래 진행 중인 코인('used'), 전체 코인('total')의 개수가 딕셔너리로 저장되어 있습니다. 딕셔너리 안에 딕셔너리가 저장되어 있는 겁니다. 아래는 비트코인의 잔고를 화면에 출력하는 예제 코드입니다.

```
balance = binance.fetch_balance()
print(balance['BTC']['free'], balance['BTC']['used'], balance['BTC']['total'])
```

8.3.8. 매수/매도

바이낸스의 지정가 매매와 시장가 매매 API에 대해 알아봅시다. 주문 API는 binance 클래스의 인스턴스를 통해 호출할 수 있습니다. 바이낸스는 지정가 매매와 시장가 매매를 지원하며, 수수료는 기본 0.1%로 동일합니다.

- 지정가 매매: create_limit_buy_order( ), create_limit_sell_order( )
- 시장가 매매: create_market_buy_order( ), create_market_sell_order( )

지정가 매수를 테스트해 보겠습니다. 실제로 매수가 되는 것을 막기 위해서 리플(XRP)의 시세보다 낮은 금액으로 BNB 시장에 매수 주문을 넣어보겠습니다. create_limit_buy_order( ) 메서드에 티커, 주문 수량, 주문 가격을 차례로 전달합니다.

```
order = binance.create_limit_buy_order('XRP/BNB', 50, 0.03)
print(order)
```

메서드의 리턴 값은 딕셔너리입니다. 딕셔너리에 포함된 많은 데이터 중에서 주문 번호 ('orderId')가 가장 중요합니다. 주문이 정상적으로 실행됐다는 것을 의미하며, 주문 조회 및 취소와 같이 발행된 주문을 컨트롤하는 데 사용합니다.

```
{'info': {'symbol': 'XRPBNB', 'orderId': 2312440, 'clientOrderId':
'Pwt2z5PXjqsblNbFXNh6tp', 'transactTime': 1535465088497, 'price': '0.03000000',
'origQty': '50.00000000', 'executedQty': '0.00000000', 'cummulativeQuoteQty':
'0.00000000', 'status': 'NEW', 'timeInForce': 'GTC', 'type': 'LIMIT', 'side': 'BUY'}, 'id':
'2312440', 'timestamp': 1535465088497, 'datetime': '2018-08-28T14:04:48.497Z',
'lastTradeTimestamp': None, 'symbol': 'XRP/BNB', 'type': 'limit', 'side': 'buy', 'price': 0.03,
'amount': 50.0, 'cost': 0.0, 'filled': 0.0, 'remaining': 50.0, 'status': 'open', 'fee': None,
'trades': None}
```

시장가 매수 주문은 티커와 주문 수량만 API로 전달하는 것이 지정가 매수와 다른 점입니다. 아래 주문은 BNB 시장에서 리플을 시장가로 매수합니다. 주문을 실행하는 즉시 주문이 체결되기 때문에 실행에 주의해야 합니다.

```
order = binance.create_limit_buy_order('XRP/BNB', 50)
print(order)
```

매도 API는 매수 API와 사용 방법이 비슷하기 때문에 상세한 설명은 생략하겠습니다. 매수 주문을 실행한 결과는 fetch_order( ) 메서드로 확인할 수 있습니다. 주문 번호와 티커를 사용해서 주문 체결 여부를 조회해 보겠습니다. 다음 코드는 파라미터를 여러분의 주문 번호('orderId')로 변경해야 정상 동작합니다.

```
resp = binance.fetch_order(2312440, "XRP/BNB")
print(resp)
```

반환 값은 딕셔너리로 주문 수량('amount'), 체결 수량('filled'), 잔량('remaining'), 상태 정보 ('status')를 포함합니다. 50 개의 리플을 주문한 결과 체결량은 0이며, 주문은 유효한 상태('open')인 것을 알 수 있습니다. 전량 체결되거나, 주문이 취소되면 상태 값은 closed로 표시됩니다.

> {'info': {'symbol': 'XRPBNB', 'orderId': 2314311, 'clientOrderId': 'ydDNWWUVkfhx7BJbWqq4Hs', 'price': '0.03000000', 'origQty': '50.00000000', 'executedQty': '0.00000000', 'cummulativeQuoteQty': '0.00000000', 'status': 'NEW', 'timeInForce': 'GTC', 'type': 'LIMIT', 'side': 'BUY', 'stopPrice': '0.00000000', 'icebergQty': '0.00000000', 'time': 1535468885343, 'updateTime': 1535468885343, 'isWorking': True}, 'id': '2314311', 'timestamp': 1535468885343, 'datetime': '2018-08-28T15:08:05.343Z', 'lastTradeTimestamp': None, 'symbol': 'XRP/BNB', 'type': 'limit', 'side': 'buy', 'price': 0.03, 'amount': 50.0, 'cost': 0.0, 'filled': 0.0, 'remaining': 50.0, 'status': 'open', 'fee': None, 'trades': None}

그림 8-16과 같이 바이낸스 홈페이지에서 주문을 확인해보면 API의 결과와 동일한 것을 확인할 수 있습니다.

Open Orders (1)

Date	Pair	Type	Side	Price	Amount	Filled%
08-29 00:08:05	XRP/BNB	Limit	Buy	0.03000	50.0	0.00%

그림 8-16 바이낸스 주문 조회

8.3.9. 주문 취소

cancel_order( ) 메서드를 사용하면 발행된 주문을 취소할 수 있습니다. 주문 조회 API와 동일하게 주문 번호('orderId')와 티커를 입력해야 합니다.

```
resp = binance.cancel_order(2312440, 'XRP/BNB')
print(resp)
```

에러 없이 cancel_order( ) 메서드가 실행됐다면 주문 취소가 정상적으로 발행된 것입니다.

{'info': {'symbol': 'XRPBNB', 'origClientOrderId': 'Pwt3z5PXjasblNbFXNh6tp', 'orderId': 2312440, 'clientOrderId': 'bjiudQadGA43bv7AUfFGMn'}, 'id': '2312440', 'timestamp': None, 'datetime': None, 'lastTradeTimestamp': None, 'symbol': 'XRP/BNB', 'type': None, 'side': None, 'price': None, 'amount': None, 'cost': None, 'filled': None, 'remaining': None, 'status': None, 'fee': None, 'trades': None}

파이썬을 이용한 **비트코인 자동매매**

09

웹소켓을 이용한 실시간 시세 처리

09. 웹소켓을 이용한 실시간 시세 처리

지금까지 여러분은 REST(representational state transfer) API를 이용하여 시세 및 주문처리를 했습니다. 하지만 REST API의 요청(request)-응답(reply) 방식은 실시간 데이터를 효과적으로 처리하는데 부족합니다. 이번 장에서는 웹소켓(websocket)을 이용한 구독(subscribe) 방식으로 가상화폐 거래소의 실시간 데이터를 처리하는 방법에 대해 소개합니다.

9.1. 웹소켓 소개

가상화폐 거래소에서 거래가 체결되면 가상화폐의 가격이 변합니다. 이때 사용자(여러분)는 가상화폐가 언제 체결될지 알 수 없습니다. 따라서 REST API와 같은 요청(request)-응답(response) 방식으로는 체결 시점의 데이터를 지연 없이 얻기란 사실상 불가능합니다. 최선의 방법은 0.1초와 같이 정해진 시간마다 주기적으로 시세를 요청함으로써 가장 최근의 체결가를 얻는 것입니다. 물론, 이 경우에도 최대 0.1초의 지연이 발생하게 됩니다. 그림 9-1은 주기적으로 가격을 조회하는 경우에 체결 시점에 따른 지연 시간을 나타냅니다.

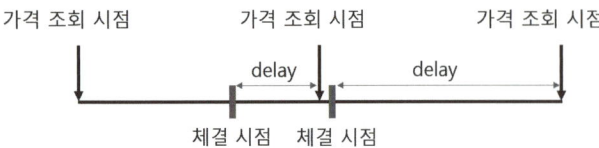

그림 9-1 REST API를 사용하는 경우의 지연(delay) 시간

요청-응답 방식으로도 기본적인 자동매매 프로그램을 개발 할 수 있습니다. 그러나 재정거래 (arbitrage) 프로그램의 경우에는 되도록 지연이 없이 체결 시점의 현재가를 얻는 것이 매우 중요합니다. 앞서 이야기한 것처럼 사용자는 거래소에서 가상화폐가 체결되는 시점을 알 수 없으므로 가상화폐가 체결될 때 서버가 여러분에게 알려줘야 합니다.

신문이나 우유 배달을 생각해봅시다. 보통 한번 구독을 신청하면 구독을 해지하기 전까지 매일 적당한 시점에 신문이나 우유를 여러분에게 배달해줍니다. 이와 유사하게 가상화폐 거래소 역시 구독 신청을 한 번 해 두면 가상화폐의 가격이 변동될 때마다 여러분에게 알려줍니다. 이때 사용하고 있는 기술이 바로 웹소켓(websocket)입니다.

웹소켓은 컴퓨터 세상의 규약(프로토콜)으로 클라이언트(여러분 PC)와 서버(거래소 PC) 사이에서 실시간 양방향 통신을 위한 기술입니다. 가상 화폐 거래소에서는 실시간 데이터를 전송하는데 웹소켓을 사용하고 있습니다. 다만, 일반인이 웹소켓의 세부 내용을 이해하는 것은 어렵기 때문에 여러분은 단지 거래소 서버로부터 실시간으로 데이터를 받는데 웹소켓 기술이 사용된다고만 이해하시면 좋을 것 같습니다.

9.2. asyncio 기초

9.2.1. 동기 호출과 비동기 호출 방식

파이썬에서 어떻게 웹소켓 기술을 사용할 수 있을까요? 정답은 웹소켓을 위한 모듈을 사용하는 겁니다. 파이썬에서 웹소켓을 사용하기 위한 여러 모듈이 존재하지만, 이 책에서는 websockets (https://github.com/aaugustin/websockets)이라는 파이썬 모듈을 사용하겠습니다. 그런데 이 모듈은 파이썬의 비동기(asynchronous) 처리를 위한 asyncio라는 표준 모듈을 기반으로 개발되었습니다. 그래서 websockets 모듈을 사용하려면 먼저 asyncio 모듈부터 공부해야 합니다.

파이썬에서 함수의 정의는 def라는 키워드를 사용했습니다. 다음 코드와 같이 sync_func1, sync_func2 함수를 정의한 후 이를 순차석으로 호출하면 sync_func1의 호출이 끝난 후 sync_func2가 호출됩니다. 이러한 전통적인 함수 호출 방식을 동기(synchronous) 호출 방식이라고 합니다.

```
# ch09/09_01.py
1: def sync_func1():
2:     print("Hello")
```

```
3:
4: def sync_func2():
5:     print("Bye")
6:
7:
8: sync_func1()
9: sync_func2()
```

동기 호출 방식은 그림 9-2와 같이 동작합니다.

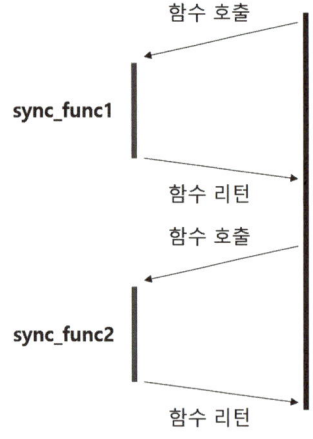

그림 9-2 동기 함수 호출 방식

동기 호출 방식에 대해 간단한 비유를 들어보겠습니다. 여러분이 친구와 같이 커피숍을 간 후 먼저 여러분이 아메리카노를 주문했습니다. 카페 점원이 여러분에게 아메리카노를 만들어 준 후 다시 주문을 받습니다. 이번에는 여러분의 친구가 카페 라테를 주문합니다. 점원이 다시 카페 라테를 만든 후 이를 여러분의 친구에게 전달합니다. 이처럼 어떤 요청(작업)에 대해서 완전히 끝낸 후 다음 요청을 처리하는 방식을 동기 호출 방식이라고 부릅니다.

이번에는 비동기(asynchronous) 방식의 일 처리에 대해서 생각해봅시다. 아메리카노를 만들려면 먼저 커피콩을 그라인더로 분쇄해야 합니다. 그런데 커피콩을 분쇄하는 데 약 1분이 걸린다고 해봅시다. 점원은 분쇄기의 버튼을 눌러 놓고 그사이에 카페 라테의 주문을 받고 카페 라테를 만들기 시작합니다. 커피콩의 분쇄가 끝나면 다시 아메리카노를 만들고 여러분에게 전달합니다. 그다음 이어서 카페 라테를 제조하고 여러분의 친구에게 전달합니다. 이처럼 비동기 방식에서는 커피콩이 분쇄될 때까지 아무 일도 안 하는 것이 아니라, 그 시간에 다른 주문을 받고 다른 커피를 제조합니다. 이러한 비동기 일 처리 방식에서는 고객의 대기 시간이 줄어든다는 장점이 있습니다.

이제 컴퓨터 세상으로 다시 돌아와 보겠습니다. 커피를 만드는 점원의 역할은 CPU가 담당합니다. CPU가 먼저 요청받은 어떤 함수를 처리하는데 필요한 데이터를 웹이나 파일로부터 읽는데 대기 시간이 소요되는 경우 아무 일도 실행하지 않은 채로 데이터를 기다리기보다는 다른 함수를 처리하는 것이 전체 시스템의 성능을 향상할 겁니다. 어떤 작업(함수)을 완전히 끝낸 후 다른 작업을 처리하는 것이 아니라 특정 함수가 파일이나 서버로부터 데이터 요청으로 대기가 필요한 경우 적당한 방식(스케줄링)을 기반으로 요청받은 다른 작업을 먼저 처리하고 있다가 데이터가 준비될 때 다시 기존에 요청받은 함수를 처리하는 방식을 비동기처리라고 합니다.

그림 9-3는 동기 방식과 비동기 방식의 차이를 나타냅니다. 처리해야 할 작업 task A와 task B가 있습니다. task A는 작업 중간에 클라우드 서버로부터 데이터를 받은 후 나머지 부분을 처리할 수 있습니다. 이와 달리 task B는 데이터가 이미 준비된 상태로 연속하여 동작할 수 있습니다. 동기 모델의 요청 받은 태스크를 순서대로 처리하므로 서버로부터 데이터가 올 때까지 기다린 후 task A-2 부분의 수행이 가능합니다. 따라서 서버로부터 데이터가 응답하는 시간이 길면 길수록 전체 태스크를 처리하는 시간도 길어집니다.

이와 달리 비동기 모델은 task A에서 데이터 요청을 하는 경우 데이터가 올 때까지 기다리지 않고 task A가 끝나지 않은 상태에서 다른 task B를 수행하게 됩니다. task A의 요청 데이터가 준비되면 이어서 task A의 남은 부분을 처리하게 됩니다. 그림에서 볼 수 있듯이 비동기 방식의 전체 태스크 처리 시간이 더 짧은 것을 알 수 있습니다.

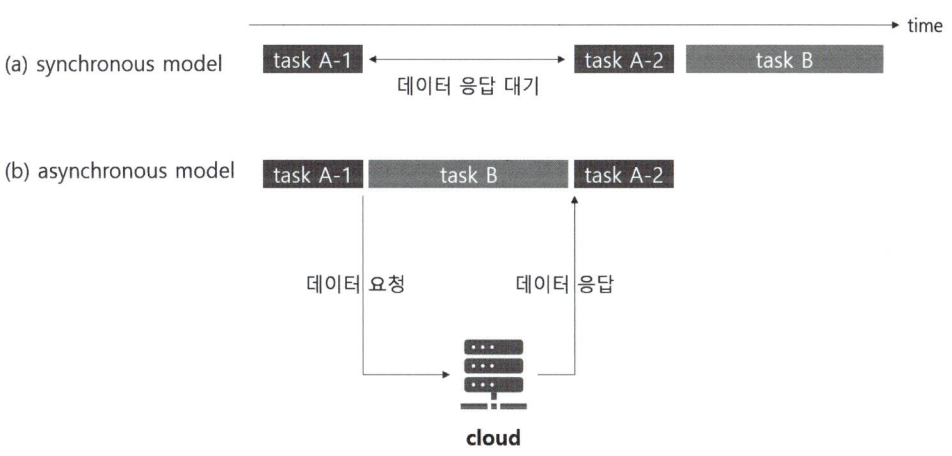

그림 9-3 동기 방식과 비동기 방식 비교

비동기처리 방식이 항상 동기처리 방식에 비해서 좋은 것만은 아닙니다. 비동기처리 방식이 동기처리 방식보다 좋아지려면 수행할 작업이 단순 연산 중심이 아니라 중간마다 쉴 수 있는 형태의 작업이어야 합니다. 대표적으로 데이터 등을 인터넷에 다운로드 받고 이를 처리하는 함수들은 먼저 데이터를 다운로드 받는 데 시간이 소요되는데 이런 작업은 비동기처리 방식을 사용하는 것이 좋습니다. 이와 달리 이미 데이터는 준비되어 있고 단순히 데이터에 대한 단순 연산으로 구성된 경우라면 비동기처리 방식으로 이를 처리한다고 해도 얻을 수 있는 이점이 없습니다. 또한, 비동기 방식으로 태스크들을 잘 처리하려면 스케줄러가 필요하다는 점도 고려해야 합니다.

9.2.2. 코루틴

동기와 비동기 방식을 이해했으니 이제 파이썬에서 비동기 방식으로 호출될 수 있는 함수를 정의하는 법을 배워봅시다. 파이썬에서 어떤 함수가 비동기 방식으로 처리되도록 설정하려면 async라는 키워드를 붙여주면 됩니다. 파이썬에서는 async 키워드가 있는 함수를 코루틴(coroutine)이라고 부릅니다.

코루틴 함수는 정의하는 방법도 다르지만, 호출 역시 일반 함수와 다른 방식으로 호출해야 합니다. 다음과 같이 코루틴을 일반 함수처럼 호출하면 "async_func1 was never awaited" 에러가 발생합니다.

```
# ch09/09_02.py
1: import asyncio
2:
3: async def async_func1():
4:     print("Hello")
5:
6: async_func1()
7: #asyncio.run(async_func1())
```

> 라인 3~4: async_func1이라는 코루틴을 정의합니다.
> 라인 6: 코루틴을 호출합니다.

여러 코루틴를 잘 처리하기 위해서는 스케줄러가 필요한데 이를 이벤트 루프라고 부릅니다. 코루틴을 처리하기 전에 먼저 이벤트 루프를 만들고 코루틴의 처리가 끝난 후에는 이벤트 루프를 닫아주면 됩니다. 이러한 역할을 간단히 처리해주는 것이 asyncio모듈의 run 함수입니다.

이번에는 코루틴을 asyncio의 run 함수를 통해서 실행(호출)해 봅시다. 위 코드에서 6번 라인을 주석으로 처리하고 7번 라인의 주석을 해제한 후 코드를 다시 실행하면 됩니다. 이제 정상적으로 코루틴이 호출됨을 확인할 수 있습니다. 코루틴의 실행에는 항상 이벤트 루프가 필요하다는 점을 기억하시기 바랍니다.

asyncio를 사용하는 경우 보통 asyncio.run과 같은 고수준의 함수를 사용하여 코루틴을 실행합니다. 하지만 때에 따라 이벤트 루프 동작 등을 세부적으로 제어할 필요가 있을 수 있습니다. 이럴 때는 다음과 같이 프로그래머가 직접 이벤트 루프를 얻고 이벤트 루프를 통해 코루틴을 처리한 후 이벤트 루프를 닫을 수 있습니다.

```python
#ch09/09_03.py
1: import asyncio
2:
3: async def async_func1():
4:     print("Hello")
5:
6: loop = asyncio.get_event_loop()
7: loop.run_until_complete(async_func1())
8: loop.close()
```

라인 6: 이벤트 루프를 가져옵니다.

라인 7: 코루틴 객체가 완료될 때까지 실행합니다.

라인 8: 이벤트 루프를 닫습니다.

이번에는 앞서 예로 설명했던 커피 예시를 asyncio를 사용해서 구현해봅시다. 아메리카노를 만드는 코루틴과 커피 라테를 만드는 코루틴을 각각 정의합니다. 그런 다음 코드를 실행해보면 스레드를 사용하지 않았음에도 아메리카노를 만드는 코루틴과 커피 라테를 만드는 코루틴이 동시에 수행되는 것을 볼 수 있습니다.

```python
#ch09/09_04..py
01: import asyncio
02:
03: async def make_americano():
04:     print("Americano Start")
05:     await asyncio.sleep(3)
06:     print("Americano End")
07:
08: async def make_latte():
09:     print("Latte Start")
10:     await asyncio.sleep(5)
11:     print("Latte End")
12:
```

```
13: async def main():
14:     coro1 = make_americano()
15:     coro2 = make_latte()
16:     await asyncio.gather(
17:         coro1,
18:         coro2
19:     )
20: 
21: print("Main Start")
22: asyncio.run(main())
23: print("Main End")
```

> 라인 5: 3초를 기다리기 위하여 asyncio.sleep 함수를 호출합니다. asyncio.sleep 함수는 time.sleep과 비슷하게 정해진 시간(secs) 동안 대기합니다. time.sleep 함수가 CPU를 점유하면서 기다리는 것과 달리 asyncio.sleep 함수는 CPU가 다른 코루틴을 처리할 수 있도록 CPU 점유를 해제한 상태로 기다립니다. 즉, 어떤 코루틴이 asyncio.sleep 함수를 실행하는 순간 이벤트 루프는 다른 코루틴을 실행시킵니다. asyncio.sleep 함수 역시 코루틴인데 코루틴 내에서 다른 코루틴을 호출할 때 await 구문을 사용합니다.
>
> 라인 10: asyncio.sleep를 통해 5초 동안 대기합니다.
>
> 라인 14: 아메리카노를 만드는 코루틴 객체를 생성합니다.
>
> 라인 15: 커피 라테를 만드는 코루틴 객체를 생성합니다.
>
> 라인 16: 아메리카노를 만드는 코루틴과 커피 라테를 만드는 코루틴을 동시에 실행합니다.
>
> 라인 22: 이벤트 루프를 생성하여 main 코루틴을 처리하고 이벤트 루프를 닫습니다.

실행 결과는 살펴보면 'Americano Start'와 'Latte Start'가 거의 동시에 화면에 출력됨을 확인할 수 있습니다. 이는 아메리카노를 만드는 코루틴이 sleep 함수를 호출한 순간 이벤트 루프가 커피 라테를 만드는 코루틴을 실행시키기 때문입니다.

```
Main Start
Americano Start
Latte Start
Americano End
Latte End
Main End
```

이번에는 코루틴에서 값을 리턴하도록 변경해봅시다. 코루틴 역시 함수처럼 리턴 값을 return 키워드와 함께 적어주면 됩니다. asyncio.gather를 통해 여러 코루틴을 동시에 실행하는 경우 모든 코루틴이 실행이 종료될 때 각 코루틴의 리턴값이 파이썬 리스트에 담겨서 전달됩니다.

```
#ch09/09_05.py
01: import asyncio
02:
03: async def make_americano():
04:     print("Americano Start")
05:     await asyncio.sleep(3)
06:     print("Americano End")
07:     return "Americano"
08:
09: async def make_latte():
10:     print("Latte Start")
11:     await asyncio.sleep(5)
12:     print("Latte End")
13:     return "Latte"
14:
15: async def main():
16:     coro1 = make_americano()
17:     coro2 = make_latte()
18:     result = await asyncio.gather(
19:         coro1,
20:         coro2
21:     )
22:     print(result)
23:
24: print("Main Start")
25: asyncio.run(main())
26: print("Main End")
```

라인 7: "Americano"라는 문자열을 리턴합니다.

라인 13: "Latte"라는 문자열을 리턴합니다.

라인 18~21: asyncio.gather 함수가 리턴하는 값을 result 변수로 바인딩합니다.

9.3. 프로세스와 스레드 기초

웹소켓을 사용하여 실시간으로 데이터를 받으면서 이를 동시에 처리하려면 프로세스와 스레드에 대해서 알아야 합니다. 이번 절에서는 프로세스와 스레드에 대해 간단히 공부해봅시다.

9.3.1. 프로세스와 스레드

여러분이 사용하는 PC에는 윈도우, macOS, 리눅스와 같은 운영체제가 설치되어 있습니다. 하나의 프로그램은 메모리에 로드된 다음 운영체제에 의해 실행될 수 있습니다. 이때, 실행 중인 프로그램을 프로세스(process)라고 부릅니다. 그림 9-4는 Ctrl + Shift + ESC를 누르면 실행되는 윈도우 작업 관리자입니다. 좌측에는 현재 PC에 실행되고 있는 프로그램 (앱)이 표시되는데 하나하나를 프로세스라고 부르는 겁니다.

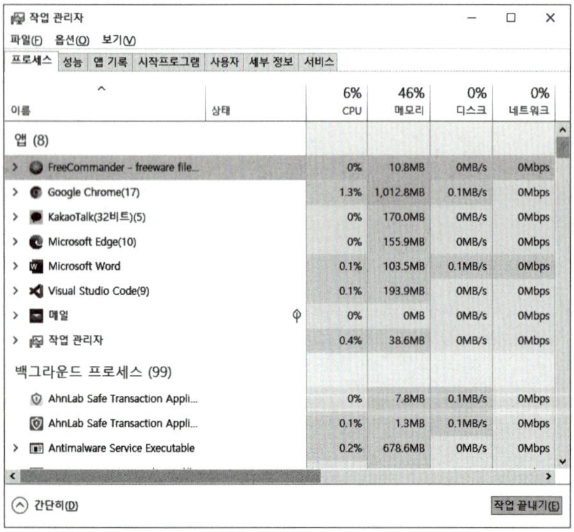

그림 9-4 작업관리자에서의 프로세스

프로세스의 실행 단위를 스레드라고 합니다. 프로세스는 최소 하나의 스레드로 구성되는 데 이를 단일 스레드라고 합니다. 프로세스가 경우에 따라 여러 스레드를 가질 수 있는데 이를 다중 스레드라고 부릅니다. 그림 9-5는 프로세스가 단일 스레드와 다중 스레드로 구성된 경우를 나타냅니다. 프로세스는 실행될 때 운영체제로부터 독립된 자원을 할당받습니다. 따라서 한 프로세스가 다른 프로세스의 데이터에 직접 접근할 수 없습니다. 프로세스가 다른 프로세스에 있는 자원에 접근하려면 프로세스 간 통신을 사용해야 합니다. 이와 달리 한 프로세스 내에 있는 스레드는 스레드 간에 프로세스의 자원을 공유합니다.

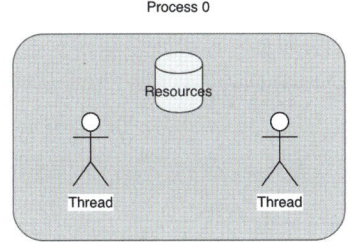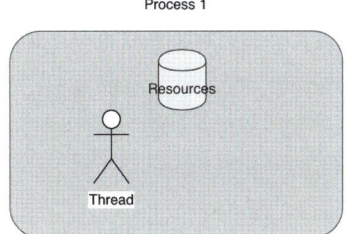

그림 9-5 프로세스와 스레드의 관계

9.3.2. 스레드 스케줄링

앞서 프로세스의 실행 단위를 스레드라고 부른다고 했습니다. 그리고 프로세스는 최소 하나 이상의 스레드를 가지며 때에 따라 여러 스레드를 가질 수 있음을 배웠습니다.

여러분이 윈도우를 사용할 때를 생각해봅시다. 메신저도 사용하고 게임도 하고 문서 작성도 하고 인터넷도 사용할 겁니다. 예전에는 CPU가 한 개였는데 어떻게 동시에 여러 프로그램을 실행할 수 있을까요? 그 비밀은 운영체제의 스케줄링에 있습니다. 운영체제는 여러 프로그램을 아주 짧은 시간마다 실행 시켜 줌으로써 마치 동시에 실행되는 것처럼 보이게 합니다. 운영체제의

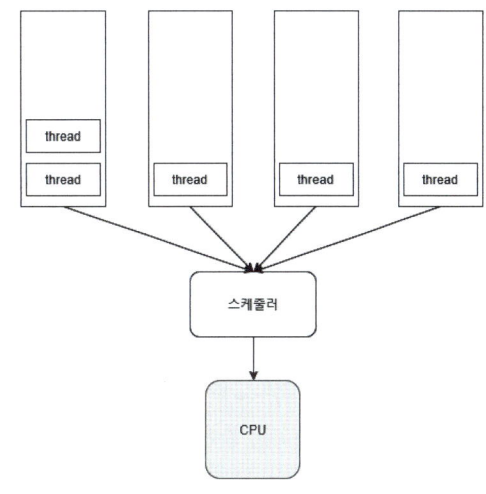

그림 9-6 스레드와 스케줄링

스케줄링 기법은 다양한데 스케줄링의 기본 단위로 앞서 설명한 스레드를 사용합니다. 여러분이 개발한 프로그램이 여러 개의 스레드를 사용하는 경우 운영체제에 의해서 스케줄링 되는 스레드의 수가 다른 프로세스보다 많기 때문에 더 빨리 수행될 수 있습니다.

9.3.3. multiprocessing 모듈

파이썬 코드를 작성한 후 이를 실행시키면 파이썬 인터프리터가 코드를 해석한 후 실행해줍니다. 프로세스 관점에서 이야기해보면 이를 메인 프로세스(main process)라고 부를 수 있습니다.

multiprocessing 모듈의 current_process 함수를 호출하면 현재 실행되는 프로세스에 대한 정보를 담고 있는 객체를 얻을 수 있습니다. 해당 객체의 name과 pid 속성에 접근하면 프로세스의 이름과 PID(process ID)를 얻을 수 있습니다. 여기서 PID란 운영체제가 각 프로세스에 부여한 고유 번호로써 프로세스의 우선순위를 조정하거나 종료하는 등 다양한 용도로 사용되는 값입니다.

```
#ch09/09_06.py
1: import multiprocessing as mp
2:
3:
4: if __name__ == "__main__":
5:     proc = mp.current_process()
6:     print(proc.name)
7:     print(proc.pid)
```

라인 5: 프로세스에 대한 정보를 담고 있는 객체를 얻습니다.

라인 6: 객체의 name 속성(변수)를 출력합니다.

라인 7: 객체의 pid 속성(변수)를 출력합니다.

부모 프로세스(parent proecess)가 운영체제에 요청하여 자식 프로세스(child process)를 새로 만들어낼 수 있는데 이를 프로세스 스포닝(spawning)이라고 부릅니다. 파이썬의 multiprocessing 모듈을 이용하면 이러한 프로세스 스포닝을 수행할 수 있습니다. 보통 부모 프로세스가 처리할 작업이 많은 경우 프로세스 스포닝을 통해 자식 프로세스를 새로 만들고, 일부 작업을 자식 프로세스에 위임하여 처리할 수 있습니다. 물론 앞서 배운 스레드를 사용할 수도 있지만 파이썬은 전역 인터프리터 록 문제가 있어서 스레드보다는 프로세스를 사용하는 것이 더 성능이 좋습니다.

multiprocessing 모듈을 이용한 프로세스스포닝은 Process 클래스의 인스턴스를 생성한 후 start() 메소드를 호출하면 됩니다. Process 클래스의 인스턴스를 생성할 때 생성될 자식 프로세스의 이름과 위험하고 자 하는 일(함수)을 전달합니다. 다음 코드는 'MainProcess'라는 이름의 부모 프로세스가 'SubProcess'라는 이름의 자식 프로세스를 스포닝합니다.

```
#ch09/09_07.py
01: import multiprocessing as mp
02: import time
03:
04: def worker():
05:     proc = mp.current_process()
```

```
06:        print(proc.name)
07:        print(proc.pid)
08:        time.sleep(5)
09:        print("SubProcess End")
10:
11:
12: if __name__ == "__main__":
13:        # main process
14:        proc = mp.current_process()
15:        print(proc.name)
16:        print(proc.pid)
17:
18:        # process spawning
19:        p = mp.Process(name="SubProcess", target=worker)
20:        p.start()
21:
22:        print("MainProcess End")
```

라인 14:~16: 메인 프로세스가 실행되면서 프로세스의 name, pid 속성을 출력합니다.

라인 19: 자식 프로세스가 스포닝되고 자식은 worker 함수를 수행합니다.

라인 22: 메인 프로세스가 실행하는 코드 영역입니다.

화면에 출력되는 값을 살펴봅시다. 서브 프로세스는 5초 동안 대기하기 때문에 'SubProcess End' 가 가장 마지막에 출력되는 것을 확인할 수 있습니다.

```
MainProcess
65560
MainProcess End
SubProcess
65562
SubProcess End
```

Process 클래스의 객체를 생성한 후 start 메소드를 호출하는 순간 그림 9-7과 같이 자식 프로세스가 스포닝되고 target으로 지정된 함수를 처리한다고 이해하면 되겠습니다.

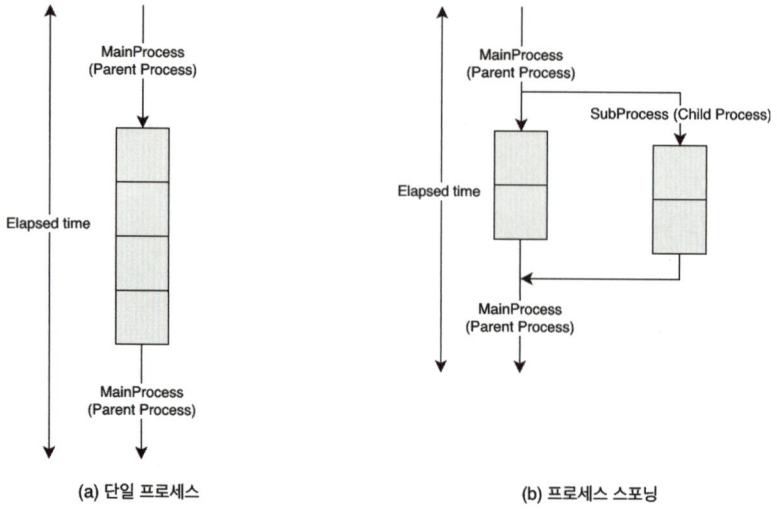

그림 9-7 단일 프로세스와 프로세스 스포닝

9.4. 빗썸 파이썬 웹소켓

이번 절에서는 빗썸 websockets 모듈을 사용하여 빗썸 거래소로부터 실시간 데이터를 수신해보겠습니다.

9.4.1 websockets 모듈 설치

이번 절에서는 websockets 모듈을 사용해보겠습니다. websockets 모듈은 표준 모듈이 아니므로 pip 명령을 통해 여러분이 직접 여러분의 파이썬 개발 환경에 설치해야 합니다. 아나콘다 프롬프트를 연 후 그림 9-8과 같이 pip 명령을 입력하여 설치합니다.

```
■ Anaconda Prompt (Anaconda3)

(base) C:\Users\hyunh>pip install websockets
Collecting websockets
  Downloading websockets-8.1-cp38-cp38-win_amd64.whl (66 kB)
     |████████████████████████████████| 66 kB 371 kB/s
Installing collected packages: websockets
Successfully installed websockets-8.1

(base) C:\Users\hyunh>
```

그림 9-8 websockets 모듈 설치

9.4.2. 웹소켓 클라이언트

websockets 모듈을 사용하면 웹소켓 기반으로 서버와 클라이언트 프로그램을 개발할 수 있습니다. 여러분은 지금 각 거래소의 웹소켓 서버로부터 실시간 데이터를 전송받는 클라이언트 파트에 해당하는 프로그램을 개발하고자 합니다. 먼저 빗썸 거래소의 웹소켓 서버에 접근한 후 메시지를 하나 받아온 후 이를 출력하는 프로그램을 만들어봅시다.

```
#ch09/09_08.py
01: import websockets
02: import asyncio
03:
04: async def bithumb_ws_client():
05:     uri = "wss://pubwss.bithumb.com/pub/ws"
06:
07:     async with websockets.connect(uri) as websocket:
08:         greeting = await websocket.recv()
09:         print(greeting)
10:
11: async def main():
12:     await bithumb_ws_client()
13:
14: asyncio.run(main())
```

라인 05: 빗썸 거래소의 웹소켓 서버 주소입니다.

라인 07: 빗썸 웹소켓 서버에 연결합니다.

라인 08: 서버로부터 데이터를 받습니다.

라인 09: 서버로부터 받은 데이터를 출력합니다.

with 키워드를 처음 사용하니 관련 문법을 살펴보겠습니다. 파일 연산 및 네트워크 연산에서는 1) 자원을 얻고 2) 작업을 완료한 뒤에 3) 자원을 반환하는 형태로 코드를 사용합니다. 다음과 같이 open 함수로 자원(파일 또는 소켓)을 얻은 뒤에 파일에 데이터를 쓰는 작업을 끝마치고 close 함수로 자원을 반환합니다.

```
f = open('path/to/open', 'w')
f.write("hello world")
f.close()
```

with를 사용하면 위 코드를 간단히 표현할 수 있습니다. with가 시작될 때 file을 open하고 with가 끝날 때 close를 알아서 호출해줘서 코드의 가독성이 높아집니다. with를 사용하기 위해서는 클래스 안에 __enter__, __exit__ 라는 이름의 특수 메서드를 구현해야 합니다. 이렇게 with를 사용할 수 있는 객체를 컨텍스트 매니저라고 부릅니다.

```
with open('path/to/open', 'w') as f
    f.write("hello world")
```

async with는 비동기 호출에서 사용할 수 있는 문법입니다. 자원을 얻어오고 반환하는 것을 똑똑하게 처리해줍니다.

9.4.3. 빗썸 거래소 웹소켓 구독하기

빗썸 거래소의 웹소켓은 한 번 구독 요청을 하면 계속해서 실시간 데이터를 여러분에게 전송해줍니다. 이는 마치 신문이나 우유 등을 처음에 구독 신청을 하면 배급소가 매일 아침 신문이나 우유가 준비되면 여러분에게 알아서 배달해주는 것과 유사합니다. 다음 코드는 빗썸 거래소에 비트코인의 현재가에 대해서 구독 신청하여 계속해서 비트코인의 현재가를 서버로부터 전달받고 이를 출력하는 프로그램입니다.

```
#ch09/09_09.py
01: import websockets
02: import asyncio
03: import json
04:
05: async def bithumb_ws_client():
06:     uri = "wss://pubwss.bithumb.com/pub/ws"
07:
08:     async with websockets.connect(uri, ping_interval=None) as websocket:
09:         greeting = await websocket.recv()
10:         print(greeting)
11:
12:         subscribe_fmt = {
13:             "type":"ticker",
14:             "symbols": ["BTC_KRW"],
15:             "tickTypes": ["1H"]
16:         }
17:         subscribe_data = json.dumps(subscribe_fmt)
```

```
18:            await websocket.send(subscribe_data)
19:
20:            while True:
21:                data = await websocket.recv()
22:                data = json.loads(data)
23:                print(data)
24:
25:
26: async def main():
27:     await bithumb_ws_client()
28:
29: asyncio.run(main())
```

> 라인 8: 웹소켓 서버에 연결합니다. ping_interval 옵션은 웹소켓 클라이언트에서 웹소켓 서버로 해당 주기(interval)마다 Ping frame을 보내는 기능입니다. 빗썸에서는 이 값을 None으로 설정해야 합니다. 이는 클라이언트가 서버로 Ping frame 데이터를 보내지 않는다는 뜻입니다.
>
> 라인 12~16: 구독 요청 형식을 파이썬의 딕셔너리로 표현해줍니다. type에는 현재가 (ticker), 체결내역(transaction), 호가 (orderbookdepth) 중 하나를 입력할 수 있습니다. symbols은 구독할 코인의 티커를 지정합니다. tickTypes에는 데이터의 기준점을 설정합니다. 30M, 1H, 12H, 24H, MID를 사용할 수 있습니다. 더욱 자세한 내용은 빗썸 API 문서를 참조하세요.
>
> 라인 17: json 모듈을 사용해서 파이썬 딕셔너리를 JSON 타입으로 변환합니다.
>
> 라인 18: 구독 요청을 서버에 전송합니다.
>
> 라인 20: 반복적으로 데이터를 받기 위해 while 문으로 무한 루프를 생성합니다.
>
> 라인 21: 빗썸 서버로부터 데이터를 받습니다.
>
> 라인 22: 전달받은 JSON 타입의 데이터를 파이썬 딕셔너리 타입으로 변환합니다.
>
> 라인 23: 딕셔너리를 화면에 출력합니다.

프로그램이 실행되면 서버로부터 이벤트(체결)가 발생할 때마다 계속해서 데이터가 전송됨을 확인할 수 있습니다.

9.4.4. 실시간 데이터 출력

웹소켓을 사용하면 서버로부터 실시간 데이터를 전달받을 수 있습니다. 이번 절에서는 거래소에서 실시간으로 전달받은 데이터를 GUI 화면을 통해 출력해보겠습니다. GUI 프로그램은 이벤트 처리를 위하여 자신의 이벤트 루프를 가집니다. 마찬가지로 앞서 살펴본 코루틴도 이벤트 루프를 가집니다. 따라서 각각을 서로 다른 프로세스로 생성해줘야 합니다. 파이썬에서는 multiprocessing 모듈을 사용하면 여러 프로세스를 생성할 수 있었습니다. 서로 다른 프로세스간의 데이터 전송을 위하여 큐(queue)를 사용합니다.

하나의 프로세스는 여러 개의 스레드를 가질 수 있습니다. PyQt를 이용한 GUI 프로그램(프로세스)은 큐로부터 데이터를 가져오는 역할을 하는 'Dummy-1'이라는 이름의 스레드와 가져온 데이터를 GUI 화면에 출력하는 역할을 담당하는 'Main Thread'로 구성됩니다.

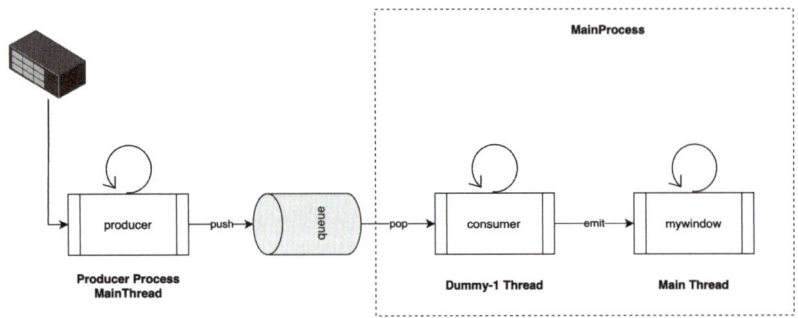

그림 9-9 멀티 프로세스와 큐를 이용한 프로그램 구조

다음 코드는 그림 9-9의 프로그램을 구현한 겁니다. 이 프로그램은 크게 ProducerProcess와 GUI를 담당하는 MainProcess의 두 프로세스로 구성됩니다.

```
#ch09/09_10.py
01: import multiprocessing as mp
02: import websockets
03: import asyncio
04: import json
05: import sys
06: import datetime
07: from PyQt5.QtWidgets import *
08: from PyQt5.QtCore import *
09:
10:
11: async def bithumb_ws_client(q):
12:     uri = "wss://pubwss.bithumb.com/pub/ws"
13:
14:     async with websockets.connect(uri, ping_interval=None) as websocket:
15:         subscribe_fmt = {
16:             "type":"ticker",
```

```
17:            "symbols": ["BTC_KRW"],
18:            "tickTypes": ["1H"]
19:        }
20:        subscribe_data = json.dumps(subscribe_fmt)
21:        await websocket.send(subscribe_data)
22:
23:        while True:
24:            data = await websocket.recv()
25:            data = json.loads(data)
26:            q.put(data)
27:
28: async def main(q):
29:     await bithumb_ws_client(q)
30:
31: def producer(q):
32:     asyncio.run(main(q))
33:
34: class Consumer(QThread):
35:     poped = pyqtSignal(dict)
36:
37:     def __init__(self, q):
38:         super().__init__()
39:         self.q = q
40:
41:     def run(self):
42:         while True:
43:             if not self.q.empty():
44:                 data = q.get()
45:                 self.poped.emit(data)
46:
47:
48: class MyWindow(QMainWindow):
49:     def __init__(self, q):
50:         super().__init__()
51:         self.setGeometry(200, 200, 400, 200)
52:         self.setWindowTitle("Bithumb Websocket with PyQt")
53:
54:         # thread for data consumer
55:         self.consumer = Consumer(q)
56:         self.consumer.poped.connect(self.print_data)
57:         self.consumer.start()
58:
```

```
59:          # widget
60:          self.label = QLabel("Bitcoin: ", self)
61:          self.label.move(10, 10)
62:
63:          # QLineEdit
64:          self.line_edit = QLineEdit(" ", self)
65:          self.line_edit.resize(150, 30)
66:          self.line_edit.move(100, 10)
67:
68:      @pyqtSlot(dict)
69:      def print_data(self, data):
70:          content = data.get('content')
71:          if content is not None:
72:              current_price = int(content.get('closePrice'))
73:              self.line_edit.setText(format(current_price, ",d"))
74:
75:          now = datetime.datetime.now()
76:          self.statusBar().showMessage(str(now))
77:
78:
79: if __name__ == "__main__":
80:     q = mp.Queue()
81:     p = mp.Process(name="Producer", target=producer, args=(q,), daemon=True)
82:     p.start()
83:
84:     # Main process
85:     app = QApplication(sys.argv)
86:     mywindow = MyWindow(q)
87:     mywindow.show()
88:     app.exec_()
```

라인 11~26: 웹소켓으로 데이터를 받기 위한 코루틴입니다. 데이터를 받으면 이를 큐에 저장합니다.

라인 34~45: PyQt의 QThread 클래스를 사용해서 생성되는 스레드입니다. 이 스레드는 시작되면 큐에 데이터 있으면 이를 뺀 후 시그널을 통해 UI를 담당하는 스레드에 알려줍니다.

라인 48~76: UI를 구성하는 클래스입니다.

라인 80: 큐를 생성합니다.

라인 81~82: 프로세스 스포닝을 통해 서브 프로세스를 생성합니다. 서브 프로세스는 producer라는 함수의 실행하는데 이때 생성된 큐를 함수 인자로 전달합니다.

라인 85~88: 메인 프로세스에 의해 실행되는 부분으로 GUI 프로세스를 실행합니다.

9.4.5. pybithumb모듈을 이용한 실시간 데이터 출력

지금까지 웹소켓을 이용한 실시간 데이터 전송에 대해 배워봤습니다. pybithumb 모듈을 사용하면 웹소켓을 보다 쉽게 이용할 수 있습니다. pybithumb 모듈이 서버로부터 데이터를 받은 후 내부에서 생성한 큐에 데이터를 저장까지 해줍니다. 따라서 PyQt를 이용한 GUI 프로그램에서 큐로부터 데이터를 계속 빼가는 스레드를 통해 데이터를 뽑은 후 이를 위젯에 출력해 주는 부분만 구현해주면 됩니다.

```
#ch09/09_11py
01: from pybithumb import WebSocketManager
02: import sys
03: from PyQt5.QtWidgets import *
04: from PyQt5.QtCore import *
05: from PyQt5.QtGui import QIcon
06: import time
07:
08:
09: class Worker(QThread):
10:     recv = pyqtSignal(str)
11:     def run(self):
12:         # create websocket for Bithumb
13:         wm = WebSocketManager("ticker", ["BTC_KRW"])
14:         while True:
15:             data = wm.get()
16:             self.recv.emit(data['content']['closePrice'])
17:
18:
19: class MyWindow(QMainWindow):
20:     def __init__(self):
21:         super().__init__()
22:
23:         label = QLabel("BTC", self)
24:         label.move(20, 20)
25:
26:         self.price = QLabel("-", self)
27:         self.price.move(80, 20)
28:         self.price.resize(100, 20)
29:
30:         button = QPushButton("Start", self)
31:         button.move(20, 50)
32:         button.clicked.connect(self.click_btn)
33:
```

```
34:         self.th = Worker()
35:         self.th.recv.connect(self.receive_msg)
36:
37:     @pyqtSlot(str)
38:     def receive_msg(self, msg):
39:         print(msg)
40:         self.price.setText(msg)
41:
42:     def click_btn(self):
43:         self.th.start()
44:
45:
46: if __name__ == '__main__':
47:     app = QApplication(sys.argv)
48:     mywindow = MyWindow()
49:     mywindow.show()
50:     app.exec_()
```

pybithumb 모듈을 사용하면 asyncio를 통해 데이터를 받는 부분을 직접 코딩할 필요가 없기 때문에 조금 더 편리하게 사용할 수 있습니다.

9.5. 코빗 파이썬 웹소켓

이번 절에서는 코빗 거래소의 웹소켓을 사용해보겠습니다. 기본적인 방식은 앞서 설명한 빗썸과 유사합니다.

9.5.1. 웹소켓 연결

코빗 거래소의 API 문서를 참고하여 웹소켓에 연결합니다.

```
#ch09/09_12.py
01: # korbit websocket connection
02: import websockets
03: import asyncio
04:
```

```
05: async def korbit_ws_client():
06:     uri = "wss://ws.korbit.co.kr/v1/user/push"
07:
08:     async with websockets.connect(uri) as websocket:
09:         greeting = await websocket.recv()
10:         print(greeting)
11:
12: async def main():
13:     await korbit_ws_client()
14:
15: asyncio.run(main())
```

> 라인 06: 코빗 웹소켓 주소입니다.

코빗 웹소켓에 연결되면 다음과 같은 딕셔너리 데이터를 받을 수 있습니다.

> {"timestamp":1613116811268,"key":0,"event":"korbit:connected","data":{}}

9.5.2. 채널 구독 요청

코빗 거래소의 푸쉬 서버에 웹소켓으로 연결된 상태에서 구독 요청을 하면 원하는 데이터를 수신할 수 있습니다. 코빗에서 실시간 구독 요청에 사용되는 데이터 포맷은 다음과 같습니다.

표 9-1 코빗 실시간 데이터 요청 포맷

필드명	예제 값	설명
accessToken	null	
Timestamp		UTC 현재시간 타임스탬프 숫자
event	"korbit:subscribe"	
data	channels	요청 데이터

```
#ch09/09_13.py
01: # Korbit Websocket Subscribe Example
02: import websockets
03: import asyncio
04: import json
```

```
05: import datetime
06: import pprint
07:
08: async def korbit_ws_client():
09:     uri = "wss://ws.korbit.co.kr/v1/user/push"
10:
11:     async with websockets.connect(uri) as websocket:
12:         now = datetime.datetime.now()
13:         timestamp = int(now.timestamp() * 1000)
14:
15:         subscribe_fmt = {
16:             "accessToken": None,
17:             "timestamp": timestamp,
18:             "event": "korbit:subscribe",
19:             "data": {
20:                 "channels": ["ticker:btc_krw"]
21:             }
22:         }
23:         subscribe_data = json.dumps(subscribe_fmt)
24:         await websocket.send(subscribe_data)
25:
26:         while True:
27:             data = await websocket.recv()
28:             data = json.loads(data)
29:             pprint.pprint(data)
30:
31:
32: async def main():
33:     await korbit_ws_client()
34:
35: asyncio.run(main())
36:
```

라인 12: 현재 시간을 얻어옵니다.

라인 13; 현재 시간을 타임스탬프 값으로 변경합니다.

라인 15~22: 구독을 위한 포맷에 맞춰 입력 값을 준비합니다.

"ticker:btc_krw"는 비트코인에 대한 시장 현항 상세 정보를 요청합니다. "ticker" 대신 "orderbook"을 사용하는 경우 호가 정보를 얻어올 수 있으며 "transaction"은 체결내역을 얻을 수 있습니다.

9.5.3 실시간 데이터 출력

다음 코드는 코빗 서버로부터 실시간 데이터를 받고 이를 PyQt를 이용한 GUI에 출력하는 예제입니다. 기본적으로 앞서 구현한 빗썸과 유사합니다.

```
#ch09/09_14.py
001: import multiprocessing as mp
002: import websockets
003: import asyncio
004: import json
005: import datetime
006: import sys
007: from PyQt5.QtWidgets import *
008: from PyQt5.QtCore import *
009: import threading
010:
011: async def korbit_ws_client(q):
012:     uri = "wss://ws.korbit.co.kr/v1/user/push"
013:
014:     async with websockets.connect(uri) as websocket:
015:         now = datetime.datetime.now()
016:         timestamp = int(now.timestamp() * 1000)
017:
018:         subscribe_fmt = {
019:             "accessToken": None,
020:             "timestamp": timestamp,
021:             "event": "korbit:subscribe",
022:             "data": {
023:                 "channels": ["ticker:btc_krw"]
024:             }
025:         }
026:         subscribe_data = json.dumps(subscribe_fmt)
027:         await websocket.send(subscribe_data)
028:
029:         while True:
030:             data = await websocket.recv()
031:             data = json.loads(data)
032:             q.put(data)
033:
034: async def main(q):
035:     await korbit_ws_client(q)
036:
```

```
037: def producer(q):
038:     proc = mp.current_process()
039:     print("producer's Process: ", proc.name)
040:     print("producer's Thread : ", threading.currentThread().getName())
041:     asyncio.run(main(q))
042:
043: class Consumer(QThread):
044:     poped = pyqtSignal(dict)
045:
046:     def __init__(self, q):
047:         super().__init__()
048:         self.q = q
049:
050:     def run(self):
051:         proc = mp.current_process()
052:         print("consumer's Process: ", proc.name)
053:         print("consumer's Thread : ", threading.currentThread().getName())
054:
055:         while True:
056:             if not self.q.empty():
057:                 data = q.get()
058:                 self.poped.emit(data)
059:
060:
061: class MyWindow(QMainWindow):
062:     def __init__(self, q):
063:         super().__init__()
064:         self.setGeometry(200, 200, 400, 200)
065:         self.setWindowTitle("Korbit Websocket")
066:
067:         # thread for data consumer
068:         proc = mp.current_process()
069:         print("windows's Process: ", proc.name)
070:         print("windows's Thread : ", threading.currentThread().getName())
071:
072:         self.consumer = Consumer(q)
073:         self.consumer.poped.connect(self.print_data)
074:         self.consumer.start()
075:
076:         # widget
077:         self.label = QLabel("Bitcoin: ", self)
078:         self.label.move(10, 10)
```

```
079:
080:         # QLineEdit
081:         self.line_edit = QLineEdit(" ", self)
082:         self.line_edit.resize(150, 30)
083:         self.line_edit.move(100, 10)
084:
085:     @pyqtSlot(dict)
086:     def print_data(self, data):
087:         timestamp = data.get('timestamp')
088:         data_dict = data.get('data')
089:         last = data_dict.get('last')
090:
091:         if last is not None:
092:             current_price = int(last)
093:             self.line_edit.setText(format(current_price, ",d"))
094:
095:         now = datetime.datetime.fromtimestamp(int(timestamp)/1000)
096:         self.statusBar().showMessage(str(now))
097:
098:
099: if __name__ == "__main__":
100:     q = mp.Queue()
101:     p = mp.Process(name="Producer", target=producer, args=(q,), daemon=True)
102:     p.start()
103:
104:     # Main process
105:     app = QApplication(sys.argv)
106:     mywindow = MyWindow(q)
107:     mywindow.show()
108:     app.exec_()
```

9.6. 업비트 파이썬 웹소켓

이번 절에서는 업비트 거래소의 웹소켓을 사용해보겠습니다. 웹소켓을 이용한 업비트 시세 수신도 기본적으로 빗썸과 유사합니다. 웹소켓 방식을 통해 현재가, 체결, 호가 데이터에 대한 실시간 정보를 받을 수 있습니다. 자세한 정보는 다음 업비트 API 문서를 참고하시기 바랍니다.

이번 절에서는 비트코인의 현재가에 대해서 구독 신청하고 이에 대한 실시간 데이터를 받은 후 이를 화면에 출력하는 간단한 프로그램을 구현해보겠습니다.

9.6.1. 채널 구독 요청

업비트 거래소의 푸쉬 서버에 웹소켓으로 연결된 상태에서 구독 요청을 하면 원하는 데이터를 수신할 수 있습니다.

```
#ch09/09_15.py
01: import websockets
02: import asyncio
03: import json
04:
05: async def upbit_ws_client():
06:     uri = "wss://api.upbit.com/websocket/v1"
07:
08:     async with websockets.connect(uri) as websocket:
09:         subscribe_fmt = [
10:             {"ticket":"test"},
11:             {
12:                 "type": "ticker",
13:                 "codes":["KRW-BTC"],
14:                 "isOnlyRealtime": True
15:             },
16:             {"format":"SIMPLE"}
17:         ]
18:         subscribe_data = json.dumps(subscribe_fmt)
19:         await websocket.send(subscribe_data)
20:
21:         while True:
22:             data = await websocket.recv()
23:             data = json.loads(data)
24:             print(data)
25:
26:
27: async def main():
28:     await upbit_ws_client()
29:
30: asyncio.run(main())
```

라인 9~17: 업비트 개발문서를 참고하여 실시간 구독 신청을 위한 값을 파이썬 리스트 형태로 기술해줍니다. 파이썬 리스트에는 각 항목에 대한 정보가 파이썬 딕셔너리로 표현되어 있습니다.

라인 18: JSON 포맷으로 변환합니다.

라인 19: 구독 신청을 합니다.

라인 21~24: 무한 루프를 통해 실시간 데이터를 전달받고 이를 화면에 출력합니다.

9.6.2. 실시간 데이터 출력

이번 절에서는 업비트 거래소에서 구독 방식을 통해 전달받은 실시간 데이터를 PyQt를 사용한 GUI 프로그램으로 출력해보겠습니다. 기본적인 구조는 앞서 설명한 빗썸, 코빗 프로그램과 동일합니다.

```
#ch09/09_16.py
01: import multiprocessing as mp
02: import websockets
03: import asyncio
04: import json
05: import sys
06: from PyQt5.QtWidgets import *
07: from PyQt5.QtCore import *
08:
09:
10: async def upbit_ws_client(q):
11:     uri = "wss://api.upbit.com/websocket/v1"
12:
13:     async with websockets.connect(uri) as websocket:
14:         subscribe_fmt = [
15:             {"ticket":"test"},
16:             {
17:                 "type": "ticker",
18:                 "codes":["KRW-BTC"],
19:                 "isOnlyRealtime": True
20:             },
21:             {"format":"SIMPLE"}
22:         ]
23:         subscribe_data = json.dumps(subscribe_fmt)
24:         await websocket.send(subscribe_data)
25:
```

```
26:         while True:
27:             data = await websocket.recv()
28:             data = json.loads(data)
29:             q.put(data)
30:
31: async def main(q):
32:     await upbit_ws_client(q)
33:
34: def producer(q):
35:     asyncio.run(main(q))
36:
37: class Consumer(QThread):
38:     poped = pyqtSignal(dict)
39:
40:     def __init__(self, q):
41:         super().__init__()
42:         self.q = q
43:
44:     def run(self):
45:         while True:
46:             if not self.q.empty():
47:                 data = q.get()
48:                 self.poped.emit(data)
49:
50:
51: class MyWindow(QMainWindow):
52:     def __init__(self, q):
53:         super().__init__()
54:         self.setGeometry(200, 200, 400, 200)
55:         self.setWindowTitle("Upbit Websocket")
56:
57:         # thread for data consumer
58:         self.consumer = Consumer(q)
59:         self.consumer.poped.connect(self.print_data)
60:         self.consumer.start()
61:
62:         # widget
63:         self.label = QLabel("Bitcoin: ", self)
64:         self.label.move(10, 10)
65:
66:         # QLineEdit
67:         self.line_edit = QLineEdit(" ", self)
```

```
68:            self.line_edit.resize(150, 30)
69:            self.line_edit.move(100, 10)
70:
71:        @pyqtSlot(dict)
72:        def print_data(self, data):
73:            current_price = int(data.get('tp'))
74:            self.line_edit.setText(format(current_price, ",d"))
75:
76:
77: if __name__ == "__main__":
78:     q = mp.Queue()
79:     p = mp.Process(name="Producer", target=producer, args=(q,), daemon=True)
80:     p.start()
81:
82:     # Main process
83:     app = QApplication(sys.argv)
84:     mywindow = MyWindow(q)
85:     mywindow.show()
86:     app.exec_()
```

9.6.3. pyupbit 모듈을 이용한 실시간 데이터 출력

pyupbit 모듈을 사용하면 웹소켓을 보다 쉽게 이용할 수 있습니다. pyupbit 모듈에서 데이터를 받은 후 내부에서 생성한 큐에 데이터를 저장까지 해줍니다. PyQt를 이용한 GUI 프로그램에서 큐로부터 데이터를 계속 빼가는 스레드를 통해 데이터를 뽑은 후 이를 위젯에 출력해 주기만 하면 됩니다.

```
#ch09/09_17.py
01: from pyupbit import WebSocketManager
02: import sys
03: from PyQt5.QtWidgets import *
04: from PyQt5.QtCore import *
05:
06:
07: class Worker(QThread):
08:     recv = pyqtSignal(dict)
09:
10:     def run(self):
11:         # create websocket for Bithumb
12:         wm = WebSocketManager("ticker", ["KRW-BTC"])
```

```python
13:            while True:
14:                data = wm.get()
15:                print(data)
16:                self.recv.emit(data)
17:
18:
19: class MyWindow(QMainWindow):
20:     def __init__(self):
21:         super().__init__()
22:
23:         label = QLabel("BTC", self)
24:         label.move(20, 20)
25:
26:         self.price = QLabel("", self)
27:         self.price.move(80, 20)
28:         self.price.resize(100, 20)
29:
30:         button = QPushButton("Start", self)
31:         button.move(20, 50)
32:         button.clicked.connect(self.click_btn)
33:
34:         self.th = Worker()
35:         self.th.recv.connect(self.receive_msg)
36:
37:     @pyqtSlot(dict)
38:     def receive_msg(self, data):
39:         print(data)
40:         close_price = data.get("trade_price")
41:         self.price.setText(str(close_price))
42:
43:     def click_btn(self):
44:         self.th.start()
45:
46:
47: if __name__ == '__main__':
48:     app = QApplication(sys.argv)
49:     mywindow = MyWindow()
50:     mywindow.show()
51:     app.exec_()
```

파이썬을 이용한 **비트코인 자동매매**

10

나만의
HTS 만들기

10 나만의 HTS 만들기

　콘솔 기반 프로그콘솔 기반 프로그램은 데이터의 시각화나 유저 인터페이스보다는 알고리즘에 집중하여 프로그램을 개발하므로 개발 속도가 빠르고 상대적으로 코드가 간단합니다. 개발자 입장에서는 편리하지만, 프로그램 사용자 입장에서는 프로그램을 제어하기 불편한 단점이 있습니다.

　이에 반해 PyQt5 등을 기반으로 한 GUI 프로그램은 유저 인터페이스를 구성하는데 시간이 많이 소요되지만 한 번 개발해놓으면 증권사의 HTS(Home Trading System)처럼 익숙하게 사용할 수 있습니다. 이번 장에서는 3장에서 배운 PyQt를 사용해서 변동성 돌파전략을 GUI 버전으로 업그레이드해 보겠습니다.

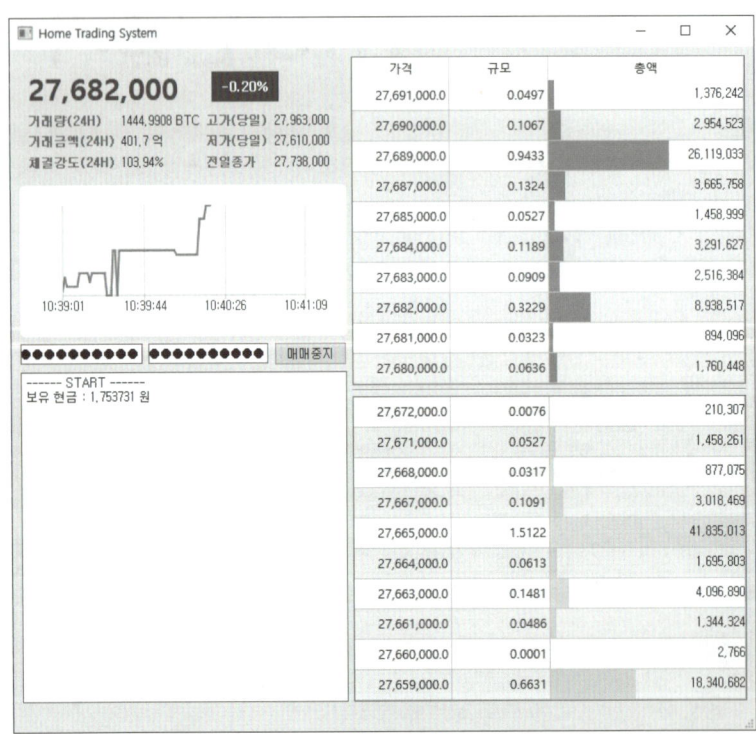

그림 10-1　GUI 기반의 자동매매 프로그램

그림 10-1은 이번 장에서 만들어 볼 GUI 기반 자동매매 프로그램입니다. 좌측 상단에서는 웹소켓을 통해 얻어온 실시간 데이터를 출력하며 이를 차트로 그려줍니다. 좌측 아래에는 로그인 및 제어 패널과 자동 매매로 주문된 내역을 보여주는 상태창이 있습니다.

이번 장에서 개발할 자동매매 GUI 프로그램은 빗썸 API를 사용합니다. 다른 API를 사용하여 개발하는 경우 각 거래소의 API의 호출 제한이 다른 부분을 고려하여 구현하기 바랍니다. 예를 들어, 빗썸 API는 초당 135번 API 호출이 가능하며 한도를 초과할 경우 API 사용에 제한이 됩니다. 업비트는 초당 8회, 분당 200회의 주문 API를 호출할 수 있으며, 주문 외의 조회는 초당 30회, 분당 900회 사용할 수 있습니다. 업비트가 빗썸보다 요청 한도가 적기 때문에 다른 거래소의 API로 수정할 때 이런 부분에 주의해야 합니다.

자동매매 GUI 프로그램은 파이썬 코드와 3.6절에서 배운 Qt 디자이너를 함께 사용해서 위젯을 만듭니다. Qt 디자이너를 사용하면 위젯을 배치하는 단순하고 반복적인 일들을 빠르게 처리할 수 있습니다. 최대한 Qt 디자이너를 활용하지만, Qt 디자이너를 사용할 수 없는 경우에는 파이썬 코드로 직접 위젯을 생성합니다. 예를 들어, 버튼을 클릭하면 새로운 창이 생성되거나, 창이 움직이는 등의 동적인 위젯은 코드로만 해결할 수 있습니다. 반면 고정적으로 표현되는 메뉴 버튼은 디자이너 툴을 사용해서 더 쉽게 만들 수 있습니다.

다양한 서드 파티(3rd party) 모듈을 사용하여 PyQt에 차트를 그릴 수 있습니다. 본 도서에서는 Qt company가 제공하는 PyQt-Chart를 사용합니다. 코드를 입력하다 ModuleNotFoundError가 발생한다면 아나콘다 프롬프트에서 다음 명령으로 PyQtChart 모듈을 설치하세요.

```
pip install PyQtChart
```

차트에 사용되는 이미지와 UI 파일은 resource 폴더에 구분해서 저장합니다. 이는 파이썬 코드와 GUI를 표현하는 자원들을 구분해서 정리하기 위함입니다. 제공해드린 소스 코드에서 아이콘과 이미지를 변경하고 싶다면 resource 폴더 안의 사진 파일만을 바꾸면 되겠죠? 전체 소스 코드는 GitHub에서 다운로드받을 수 있습니다.

https://github.com/sharebook-kr/book-cryptocurrency

10.1. 실시간 현재가 차트

10.1.1. UI 레이아웃 설정

Qt 디자이너를 사용해서 실시간 차트의 레이아웃을 정의해 봅시다. 현재 단계에서는 실시간 차트가 독립된 형태로 동작하지만, 이후 과정에서 Main window에 통합할 예정이므로 Widget으로 생성해야 합니다. 그림 10-2와 같이 템플릿 폼 항목에서 'Widget'을 선택한 후 생성 버튼을 클릭합니다.

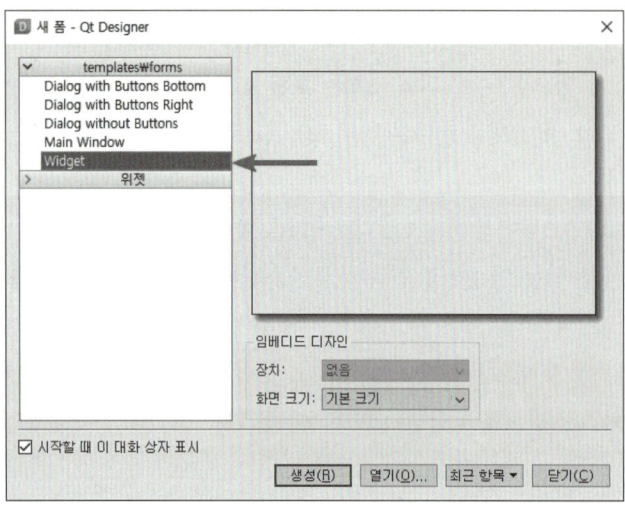

그림 10-2 빈 위젯 만들기

현재가를 라인(line) 차트로 표현하기 위해 그림 10-3과 같이 Widget 항목을 좌측 패널에서 '드래그&드롭'합니다. 레이아웃을 지정하지 않았기 때문에 드롭한 위치에 Widget이 그대로 놓여 있습니다.

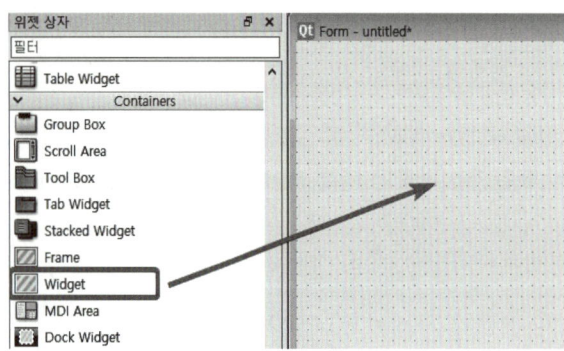

그림 10-3 차트가 그려질 Widget 추가

Qt 디자이너 오른쪽 상단의 "객체 탐색기"를 통해 위젯에 생성된 모든 클래스 객체를 확인할 수 있습니다. Form은 그림 10-2에서 생성한 기본 객체이며, 바로 아래있는 QWidget은 그림 10-3에서 추가 차트가 그려질 공간입니다. 최상위 위젯 Form에서 마우스 우측 키를 누르고 "배치" 안의 "수직으로 배치"를 선택합니다.

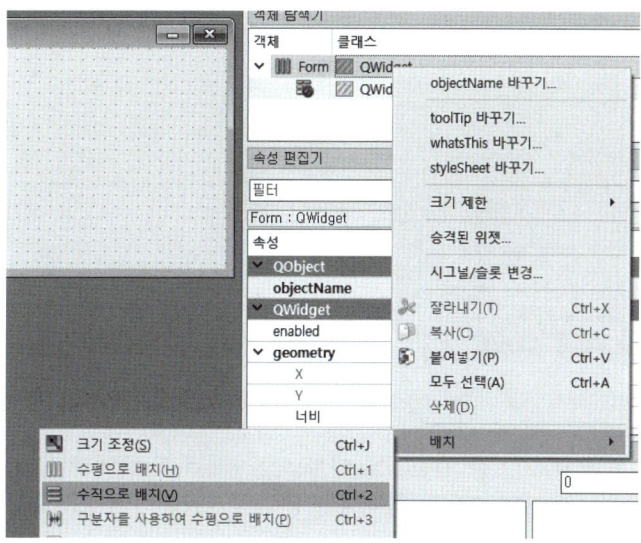

그림 10-4 Widget 레이아웃

레이아웃을 적용하니 그림 10-5와 같이 최상위 위젯에 가득 찬 QWidget을 확인할 수 있습니다. 차트가 그려지면 보기 좋도록 가로 방향으로 길게 크기를 조정해 주세요.

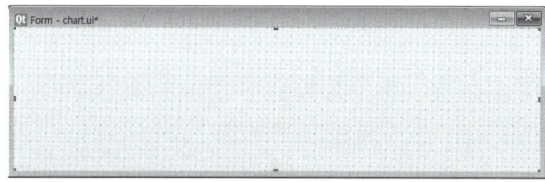

그림 10-5 레이아웃이 적용된 폼

파이썬 코드에서 차트 위젯에 접근할 수 있도록 Qt 디자이너에서 이름을 지정해줍니다. 그림 10-6과 같이 라인 차트를 그릴 위젯의 objectName속성 값을 priceView 로 변경합니다. 이때 최상위 위젯이 아니라 그 안에 위치하는 위젯을 선택한 후 경 objectName 항목의 값을 변경해야 합니다.

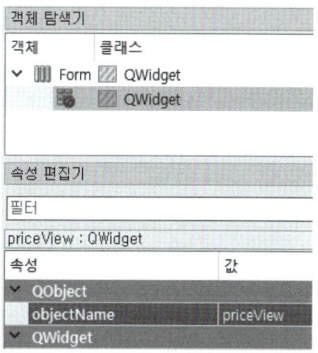

그림 10-6 Widget에 이름 부여

10. 나만의 HTS 만들기   367

QWidget은 PyQt5의 기본 위젯인데, 이를 차트 위젯으로 업그레이드해 봅시다. 앞서 설치한 QtChart 모듈에 있는 QChartView 클래스는 차트를 그리는데 사용합니다. QChartView 클래스와 QWidget 클래스를 연결해서 위젯에 차트가 그려질 수 있도록 설정합니다. 그림 10-7과 같이 디자이너 툴의 객체 탐색기에서 QWidget을 선택하고 "승격 (promote to)" 메뉴를 클릭하세요.

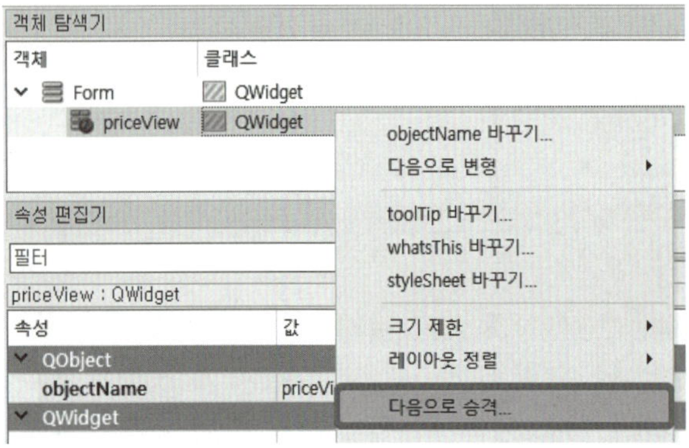

그림 10-7 QWidget 승격하기

팝업되는 그림 10-8의 창에서 "승격된 클래스 이름"에 QChartView를, "헤더 파일"에 PyQt5.QtChart라고 입력합니다. 자동으로 입력된 헤더 파일의 문자열을 지우고 대소문자를 구분에서 정확하게 입력해야 합니다. 입력을 끝마쳤다면 오른쪽의 "추가" 버튼을 누르고 아래의 "승격" 버튼을 눌러 Widget의 승격을 실행합니다. 이는 pyqt5 패키지 안에 QtChart 모듈에 정의된 QChatView 클래스를 가져다 쓰겠다는 뜻입니다. 파이썬 코드에서 from PyQt5.QtChart import QChartView 라고 쓰는 것과 의미가 같습니다.

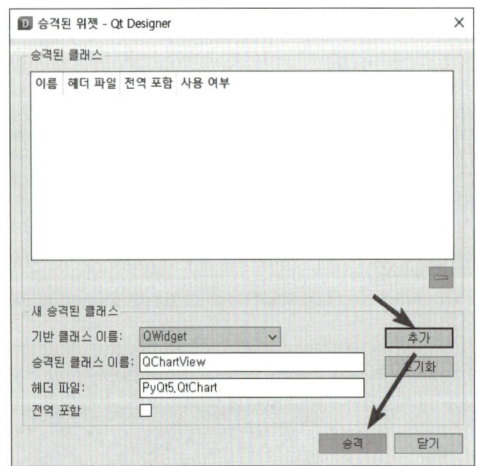

그림 10-8 승격할 클래스 지정

다음으로 마진(margin) 설정을 해보겠습니다. QWidget에 차트를 꽉 채워서 그리기 위해 여백을 최소화하는 과정입니다. 그림 10-9와 같이 최상위 QWidget을 선택하고 왼쪽, 위쪽, 오른쪽, 아래 마진을 0으로 변경합니다. 지금까지 Qt 디자이너에서 작업한 내용을 resource 폴더 안에 chart.ui라는 이름으로 저장합니다.

10.1.2. 파이썬에서 기능 연결

이번에는 resource 폴더의 chart.ui 파일을 읽어오는 파이썬 코드를 작성해 봅시다. 3장에서 설명했던 PyQt 기본 소스 코드와 큰 차이 없습니다.

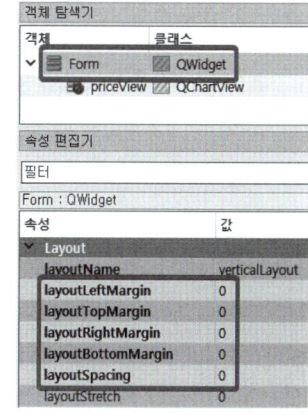

그림 10-9 마진 최소화 설정

```
# ch10/chart_0.py
01: import sys
02: from PyQt5 import uic
03: from PyQt5.QtWidgets import QWidget
04:
05: class ChartWidget(QWidget):
06:     def __init__(self, parent=None, ticker="BTC"):
07:         super().__init__(parent)
08:         uic.loadUi("resource/chart.ui", self)
09:         self.ticker = ticker
10:
11: if __name__ == "__main__":
12:     from PyQt5.QtWidgets import QApplication
13:     app = QApplication(sys.argv)
14:     cw = ChartWidget()
15:     cw.show()
16:     exit(app.exec_())
17:
```

라인 01~03: 필요한 모듈과 패키지를 import 합니다.

라인 05: 추후 메인 GUI에 추가할 목적이므로 QWidget 클래스를 상속하는 ChartWidget클래스를 정의합니다.

라인 06: 파라미터 parent는 위젯이 그려질 위치를 지정하는데 사용합니다. 입력하지 않으면 None 입력되고, 이는 새로운 창에 그리라는 의미입니다. 10.4장에서 위젯을 통합할 때 그려질 위치를 지정하는데 사용합니다. 티커는 조회할 코인의 종류를 지정합니다.

라인 08: chart.ui 파일을 읽어와서 디자인을 적용합니다.

라인 14~17: 이벤트 루프 사이에서 위젯을 생성합니다

코드를 실행해서, 윈도우의 크기를 변경해 보고 차트 위젯의 크기가 어떻게 변하는지 확인해 보세요. 그림 10-10을 참고하면 ChartWidget 객체가 흰색 배경으로 채워져서 메인 위젯과 구분되는 것을 알 수 있습니다. 레이아웃을 적용했기 때문에 윈도우의 크기가 변경되더라도 자동으로 화면에 꽉 차게 그려집니다.

그림 10-10 차트 위젯이 포함된 GUI

여러분은 앞서 Qt 디자이너에서 ChartWidget 객체의 이름을 priceView로 설정했습니다. 이번에는 priceView변수로 QWidget 객체에 접근해서 간단한 라인 차트를 그려보겠습니다.

```
# ch10/chart_widget_1.py
01: import sys
02: from PyQt5 import uic
03: from PyQt5.QtWidgets import QWidget
04: # ----------------- 추 가 -------------------
05: from PyQt5.QtChart import QLineSeries, QChart
06: # -----------------------------------------
07:
08: class ChartWidget(QWidget):
09:     def __init__(self, parent=None, ticker="BTC"):
10:         super().__init__(parent)
11:         uic.loadUi("resource/chart.ui", self)
12:         self.ticker = ticker
13:         # ----------------- 추 가 -------------------
14:         self.viewLimit = 128
15:
16:         self.priceData = QLineSeries()
17:         self.priceData.append(0, 10)
```

```
18:          self.priceData.append(1, 20)
19:          self.priceData.append(2, 10)
20:
21:          self.priceChart = QChart()
22:          self.priceChart.addSeries(self.priceData)
23:
24:          self.priceView.setChart(self.priceChart)
25:          # ----------------------------------------
```

> 라인 5. 사용할 QLineSeries, QChart 클래스를 선언합니다. QLineSeries는 차트에 표현될 데이터를 관리하며 QChart는 데이터가 그려질 공간을 의미합니다. 예를 들어 QChart가 도화지라면 QLineSeries는 도화지에 그려질 선입니다.
>
> 라인 14: 라인 차트로 그릴 데이터의 수를 미리 정의합니다.
>
> 라인 16~19: QLineSeries 객체의 append메서드로 출력할 데이터의 좌표를 x, y 순서대로 입력합니다. (0, 10), (1, 20), (2,10) 세 개의 포인트를 추가합니다.
>
> 라인 21~22: 데이터를 차트 객체로 전달해서 시각화합니다. QChart를 사용해 차트의 타이틀을 입력하거나 범례를 추가하는 등의 일을 할 수 있습니다.
>
> 라인 20: 차트를 ui에서 그려놨던 priceView로 출력합니다.

코드를 실행하면 그림 10-11과 같이 라인 차트가 그려집니다. (1, 20) 포인트 근처에 보이는 조그마한 ■표시는 범례입니다. 옵션을 지정하지 않아서 파란색 ■만 출력됐습니다. 제거하고 싶다면 도화지에 범례를 제거해야 하므로 self.priceChart를 수정해야 할 것임을 유추해볼 수 있습니다. 또한 차트의 선을 자세히 보면, 계단 모양의 아티팩트가 포함돼 있습니다.

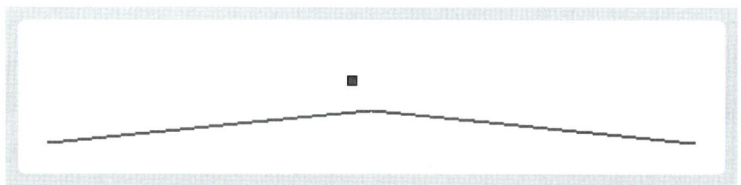

그림 10-11 QtChar로 표현한 라인차트

범례를 제거하고 아티팩트를 제거하기 위한 anti-aliasing을 차트에 적용합니다.

```
# ch10/chart_widget_2.py
05: # ----------------- 추 가 ------------------
```

```
06: from PyQt5.QtGui import QPainter
07: # ------------------------------------------
08:
09: class ChartWidget(QWidget):
10:     def __init__(self, parent=None, ticker="BTC"):
            # 생략
23:
24:         self.priceView.setChart(self.priceChart)
25:         # ---------------- 추 가 ------------------
26:         self.priceChart.legend().hide()
27:         self.priceView.setRenderHints(QPainter.Antialiasing)
28:         # ------------------------------------------
```

> 라인 06: Antialiasing을 제거하는데 사용하는 모듈을 import 합니다.
>
> 라인 26: 차트의 범례를 숨깁니다.
>
> 라인 27: 차트에 anti-aliasing을 적용합니다.

변경한 코드를 실행하면 그림 10-12와 같이 깨끗한 선이 그려진 것을 확인할 수 있습니다.

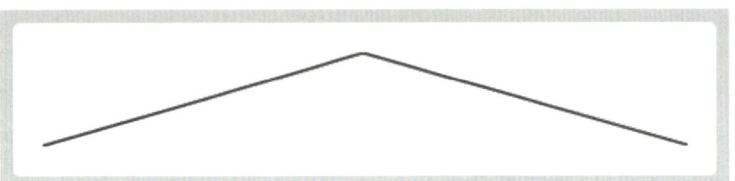

그림 10-12 Anti-aliasing이 적용된 차트

차트는 X축과 Y축을 명확히 기술해 줘야 올바른 데이터를 출력합니다. 위 코드는 옵션을 지정하지 않아 기본적으로 생성된 정수형 데이터를 X, Y축에 저장했습니다. 그래서 append 메서드로 X와 Y의 위치를 정숫값으로 입력했던 겁니다. 하지만 가격 차트는 시간대별로 값이 저장되므로 X축을 날짜 객체로 저장하는 것이 시각적인 측면뿐만 아니라 관리 측면에서도 좋습니다. 데이터를 append 하는 코드를 제거하고 X축의 단위를 시간으로 변경해 봅시다.

```
# ch10/chart_widget_3.py
05: # ---------------- 추 가 ------------------
06: from PyQt5.QtChart import QLineSeries, QChart, QValueAxis, QDateTimeAxis
07: from PyQt5.QtCore import Qt, QDateTime
```

```
08: # ----------------------------------------
09:
10: class ChartWidget(QWidget):
11:     def __init__(self, parent=None, ticker="BTC"):
12:         super().__init__(parent)
13:         uic.loadUi("resource/chart.ui", self)
14:         self.ticker = ticker
15:         self.viewLimit = 128
16:
17:         self.priceData = QLineSeries()
18:         self.priceChart = QChart()
19:         self.priceChart.addSeries(self.priceData)
20:         self.priceChart.legend().hide()
21:
22:         # ---------------- 추 가 -----------------
23:         axisX = QDateTimeAxis()
24:         axisX.setFormat("hh:mm:ss")
25:         axisX.setTickCount(4)
26:         dt = QDateTime.currentDateTime()
27:         axisX.setRange(dt, dt.addSecs(self.viewLimit))
28:
29:         axisY = QValueAxis()
30:         axisY.setVisible(False)
31:
32:         self.priceChart.addAxis(axisX, Qt.AlignBottom)
33:         self.priceChart.addAxis(axisY, Qt.AlignRight)
34:         self.priceData.attachAxis(axisX)
35:         self.priceData.attachAxis(axisY)
36:         self.priceChart.layout().setContentsMargins(0, 0, 0, 0)
37:         # ----------------------------------------
38:
39:         self.priceView.setChart(self.priceChart)
40:         self.priceView.setRenderHints(QPainter.Antialiasing)
```

라인 23: PyChart에서 날짜 축을 관리하는 QDateTimeAxis 객체를 생성합니다.

라인 24: 날짜는 "시:분:초" 형태로 차트에 표시합니다.

라인 25: 차트에 표시할 날짜의 개수를 4로 지정합니다.

라인 26: 현재 시간 정보를 QDateTime 객체로 얻어옵니다.

라인 27: X축에 출력될 값의 범위를 현재 시간부터 viewLimit(120)초 이후까지 설정합니다. addSecs

메서드는 지정된 초 이후의 시간을 QDateTime으로 반환합니다.

라인 29~30: 정수를 저장하는 축을 생성하고 축의 레이블을 차트에 표시하지 않습니다.

라인 32~35: 생성한 X, Y축을 차트와 데이터에 연결합니다.

라인 36: 차트 객체 안에 여백을 최소화해서 차트를 크게 그립니다. 왼쪽/위쪽/오른쪽/아래쪽 여백을 0으로 설정하라는 의미입니다.

코드를 실행하면 그림 10-13과 같이 X 축에 지정한 TickCount 만큼의 시간 정보가 "시:분:초" 형태로 출력됩니다.

그림 10-13 시간축 축 레이블 추가

차트에 그릴 데이터를 입력받는 appendData 메서드를 추가합시다. 데이터는 QLineSeries에 viewLimit(120)개까지 저장합니다. 만약 120개의 데이터가 저장돼 있다면 오래된 데이터를 하나 제거하고 새로운 데이터를 추가합니다. 이와 같은 로직이 없다면 저장되는 데이터의 개수가 무한히 증가하고, 시간이 지나면 메모리가 부족해서 프로그램이 강제 종료됩니다.

```
# ch10/chart_widget_4.py
38:     def appendData(self, currPirce):
39:         if len(self.priceData) == self.viewLimit :
40:             self.priceData.remove(0)
41:         dt = QDateTime.currentDateTime()
42:         self.priceData.append(dt.toMSecsSinceEpoch(), currPirce)
43:         self.__updateAxis()
```

라인 39~40: 정해진 데이터 개수만큼 저장돼 있다면 오래된 0번 인덱스의 데이터를 삭제합니다. QLineSeries 객체의 remove 메서드는 인덱스를 입력 받아 데이터를 제거합니다.

라인 41~42: 현재 시간 정보를 얻어와서 시간과 현재가 (currPrice)를 함께 저장합니다. append 메서드는 millisecond (ms)를 입력받기 때문에 MSecsSinceEpoch( ) 메서드로 QDateTime 객체를 millisecond로 변환합니다.

> 라인 43: 차트의 축정보를 업데이트하는 __updateAxis() 메서드를 호출합니다. 실시간으로 추가되는 데이터의 위치를 지정합니다.

이어서 ChartWidget클래스에 __updateAxis 메서드를 추가합니다. 데이터가 실시간으로 입력되니 데이터의 X, Y 축 정보를 조절해서 어느 구간을 출력할지 결정합니다.

```
# ch10/chart_widget_4.py
45:     def __updateAxis(self):
46:         pvs = self.priceData.pointsVector()
47:         dtStart = QDateTime.fromMSecsSinceEpoch(int(pvs[0].x()))
48:         if len(self.priceData) == self.viewLimit :
49:             dtLast = QDateTime.fromMSecsSinceEpoch(int(pvs[-1].x()))
50:         else:
51:             dtLast = dtStart.addSecs(self.viewLimit)
52:
53:         ax = self.priceChart.axisX()
54:         ax.setRange(dtStart, dtLast)
55:
56:         ay = self.priceChart.axisY()
57:         dataY = [v.y() for v in pvs]
58:         ay.setRange(min(dataY), max(dataY))
```

> 라인 46: pointsVector 메서드를 사용해서 QLineSeries 객체에 저장된 데이터를 리스트로 얻어 옵니다. pvs에 저장된 리스트 안에는 QPointF 객체로 위치 정보가 저장돼 있습니다.
>
> 라인 47: 가장 오래된 0번 인덱스의 객체를 하나 선택해서 x 좌표에 저장된 값을 가져옵니다. QDateTime 객체를 priceData에 append 할 때 ms 로 변환해서 넣었죠? 꺼내 온 x 좌표 데이터가 ms라서 fromMSecsSinceEpoch 메서드를 사용해서 QDateTime 객체로 변환합니다.
>
> 라인 48~49: QLineSeries에 viewLimit(120)만큼 데이터가 꽉 차 있다면 마지막 데이터는 119 번 인덱스에 저장돼 있습니다. 음수 인덱스 -1로 최근 시간 정보가 들어 있는 마지막 객체를 선택합니다.
>
> 라인 51: 데이터의 개수가 viewLimit 보다 작다면 시작 위치 0번을 기준으로 viewLimit 초 이후까지 출력합니다. 이는 항상 viewLimit 개의 데이터를 출력하는데 사용합니다.
>
> 라인 53~54: 앞서 얻어온 위치 정보를 보여줄 수 있도록 X 축의 범위를 설정합니다.
>
> 라인 56~58: QPointF 객체에서 y 좌표를 가져와서 최솟값, 최댓값으로 Y축에 표시될 범위를 지정합니다.

그려지는 방법을 정의했으니 데이터를 얻어와서 차트와 연결해 줍시다. 빗썸 API를 사용해서 1초에 한 번씩 현재가를 조회하는 QThread를 추가합니다.

```
# ch10/chart_widget_5.py
08: import time
09: import pybithumb
10: from PyQt5.QtCore import QThread, pyqtSignal
11:
12: class PriceWorker(QThread):
13:     dataSent = pyqtSignal(float)
14:
15:     def __init__(self, ticker):
16:         super().__init__()
17:         self.ticker = ticker
18:         self.alive = True
19:
20:     def run(self):
21:         while self.alive:
22:             data = pybithumb.get_current_price(self.ticker)
23:             time.sleep(1)
24:             self.dataSent.emit(data)
25:
26:     def close(self):
27:         self.alive = False
```

라인 12: QThread를 상속받은 PriceWorker 클래스를 정의합니다.

라인 13: 메인 스레드에 데이터를 전달하기 위한 dataSent 시그널을 정의합니다.

라인 18: QThread를 안전하게 종료하기 위해 인스턴스 변수를 사용합니다. alive의 초깃값은 True입니다.

라인 21~24: 반복해서 현재가를 조회하고 시그널을 메인 스레드에 알립니다. while 문의 조건 자리에 alive 변수를 입력해서 alive가 False가 되면 반복문을 탈출해서 스레드가 종료됩니다.

라인 26: 메인 스레드에서 close 메서드가 호출되면 alive 변수가 False로 변경되며, 이는 PriceWorker 스레드의 종료를 의미합니다.

메인 위젯에서 PriceWorker 객체를 생성하고 dataSent 이벤트를 연결할 슬롯을 지정합니다.

```python
# ch10/chart_app_5.py
class ChartWidget(QWidget):
    def __init__(self, parent=None, ticker="BTC"):
        super().__init__(parent)
        # 생략
        self.pw = PriceWorker(ticker)
        self.pw.dataSent.connect(self.appendData)
        self.pw.start()
```

PriceWorker 스레드의 올바른 종료를 위해 closeEvent 메서드를 정의합니다. closeEvent는 부모 QWidget에 정의된 메서드로 UI의 종료 버튼을 누르면 실행됩니다. 자식 클래스에서 closeEvent를 재정의해서 종료되기 전 스레드를 종료합니다. 이처럼 부모 클래스의 메서드를 자식 클래스에서 재정의하는 것을 메서드 오버라이딩(overriding)이라고 합니다.

```python
# ch10/chart_app_6.py
def closeEvent(self, event):
    self.pw.close()
```

코드를 실행하면 그림 10-14과 같이 1초에 한 번씩 업데이트하는 가격 차트가 출력됩니다. 조금 더 빠른 주기로 가격을 업데이트하고 싶다면 PriceWorker의 sleep 주기를 짧게 설정하면 되겠죠?

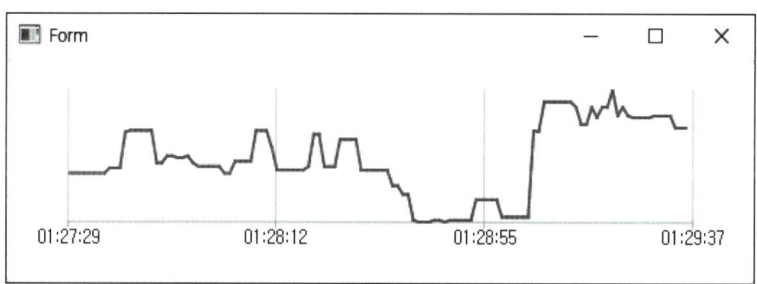

그림 10-14 실시간 가격 차트

지금까지 작성한 소스 코드를 chart.py 파일에 저장합니다.

10.2. 실시간 호가창

시장 참여자들의 심리 상태를 파악할 수있는 호가창을 그려봅시다. 빗썸의 거래 페이지에는 가상화폐 별로 그림 10-15와 같은 호가창을 제공합니다. 매번 웹페이지에 들어가서 확인하는 것보다 내가 직접 만든 프로그램에서 바로 데이터를 볼 수 있다면 편리하겠죠? 호가창은 정해진 위치에 규칙적으로 출력되는 데이터로, QTableWidget을 응용해서 만듭니다. 특히 거래 수량은 Progressive Bar로 추가해서 가독성을 높여야 합니다.

가격 (KRW)		수량(BTC)
55,338,000	+1.79%	0.0084
55,334,000	+1.79%	0.0034
55,333,000	+1.78%	0.2265
55,330,000	+1.78%	0.4708
55,329,000	+1.78%	0.0060
55,327,000	+1.77%	0.0010
55,324,000	+1.77%	0.1846
55,323,000	+1.77%	0.0479
55,321,000	+1.76%	0.0001
55,313,000	+1.75%	0.0123
55,308,000	+1.74%	0.3988
55,297,000	+1.72%	0.0006
55,265,000	+1.66%	0.1190
55,264,000	+1.66%	0.5000
55,263,000	+1.66%	0.0035
55,262,000	+1.65%	0.0300
55,259,000	+1.65%	0.0066
55,236,000	+1.61%	0.0590
55,235,000	+1.60%	0.1000
55,232,000	+1.60%	0.0016

*소수점 4자리 미만의 잔량은 0으로 표기됩니다.

그림 10-15 빗썸 웹페이지의 호가창

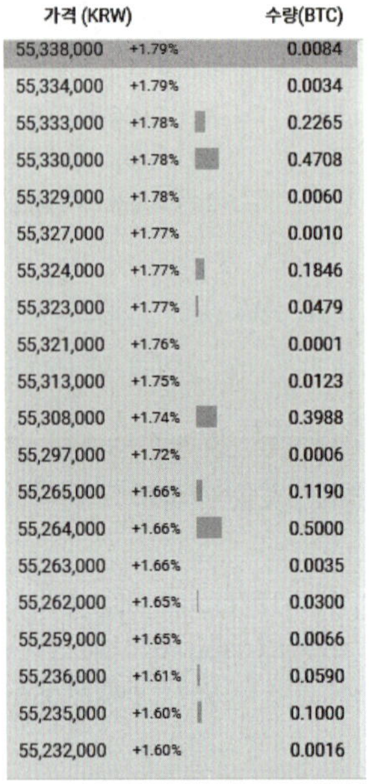

10.2.1. UI 레이아웃 설정

매도 호가와 매수 호가를 구분하기 위해 두 개의 Table Widget을 추가합니다. 레이아웃을 지정하지 않았기 때문에 그림 10-16과 같이 드래그한 위치에 위젯이 배치됩니다.

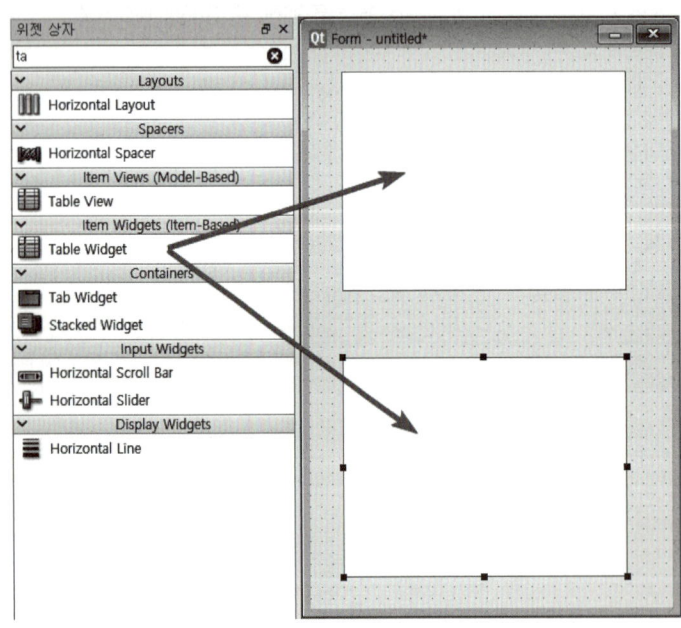

그림 10-16 테이블 위젯 추가

그림 10-17과 같이 수직으로 배치하면 두 개의 QTableWidget 객체가 위, 아래로 분리되고 화면 크기에 따라 Table 크기가 확장됩니다.

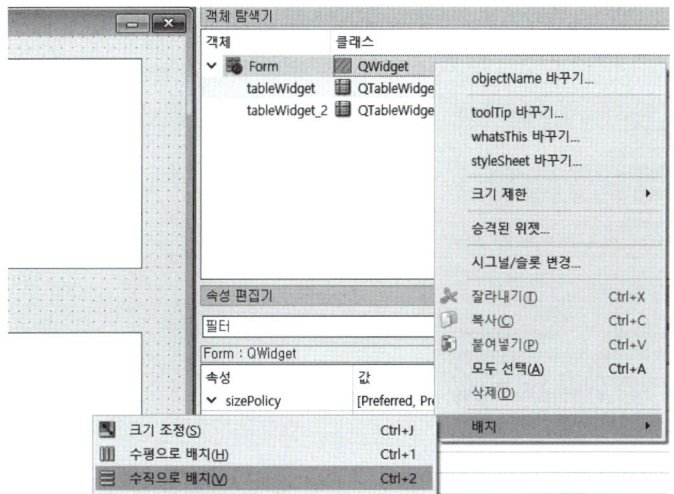

그림 10-17 테이블 위젯의 레이아웃

호가창을 최대한 크게 표현하기 위해 최상위 위젯의 여백을 0으로 설정합니다. 이때 객체 탐색기에서 최상위 위젯인 QWidget을 선택하고 여백을 조정하는 것에 주의하세요.

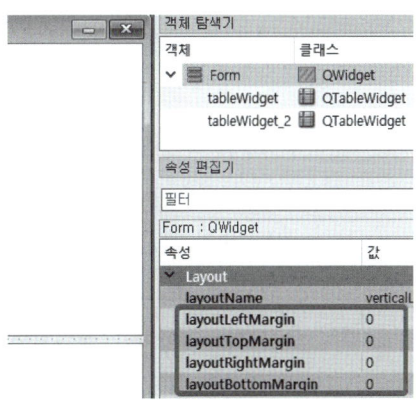

그림 10-18 위젯의 마진 설정

오른쪽 상단에 위치한 객체 탐색기에서는 선택된 위젯을 확인할 수 있습니다. 컨트롤 키를 누르고 두 테이블 위젯을 차례로 클릭하면 그림 10-19와 같이 두 QTableWidget이 선택됩니다. 이렇게 여러 위젯을 선택하고 속성을 편집하면 선택된 위젯들의 속성을 일괄 변경할 수 있습니다. 두 개의

10. 나만의 HTS 만들기   379

QTableWidget은 호가창을 출력하는 용도로 사용할 것이므로 테이블에 입력하는 기능을 모두 꺼야 합니다. 테이블의 QAbstractItemView 속성에서 Click, Edit, KeyPressed 옵션을 체크 해제합니다. 그리고 alternatingRowColors 옵션을 체크해서 테이블의 짝수 행과 홀수 행을 구분할 수 있도록 합니다. 아직 테이블의 행을 아직 생성하지 않았으므로 디자이너 툴에서의 차이점은 보이지 않습니다.

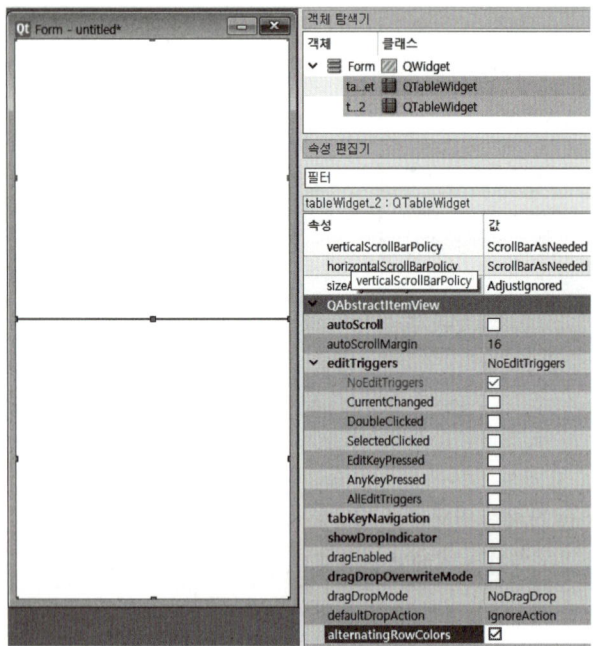

그림 10-19 테이블 수정 금지 옵션

데이터가 입력될 행과 열을 생성해 봅시다. 그림 10-20의 QTableWidget 속성에서 행 10개, 열 3개로 테이블을 정의합니다. 왼쪽과 위쪽 첫 번째는 헤더라고 불리는데, 1부터 시작하는 정숫값이 자동으로 추가돼 있습니다. 왼쪽에 배치되는 verticalHeader는 사용하지 않을 예정이므로 Header 속성에서 verticalHeaderVisible 옵션을 해제합니다. horizontalHeaderStretchLastSection 옵션은 위젯의 크기가 수평 방향으로 커질 때 마지막 칼럼의 크기만을 확장하는 옵션입니다. 또한 위쪽 테이블에서 한 번만 정보를 표시하는 것이 좋아 보이니 아래 위치한 QTableWidget의 horizontalHeaderVisible 옵션을 해제하세요.

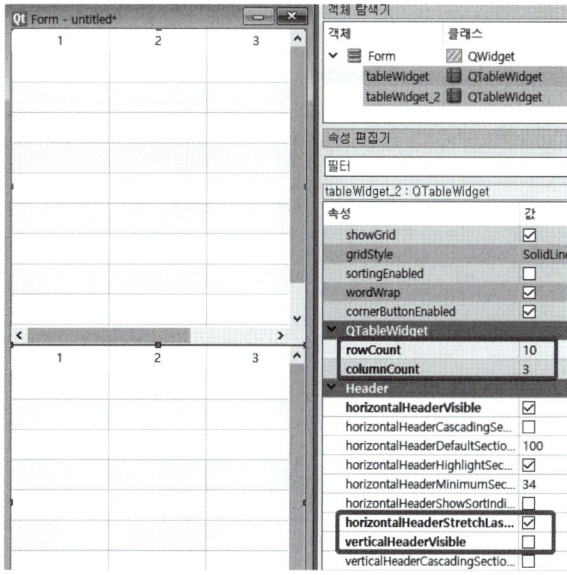

그림 10-20 호가창 10개 생성

 1, 2, 3의 기본 이름이 입력된 위쪽 테이블을 더블 클릭해서 첫 행에 들어갈 열의 이름(헤더)을 지정합니다. 테이블을 더블 클릭하면 그림 10-21의 표 위젯 편집기가 팝업됩니다. 첫 번째 열은 가격, 두 번째는 규모, 세 번째는 총액을 표시합니다.

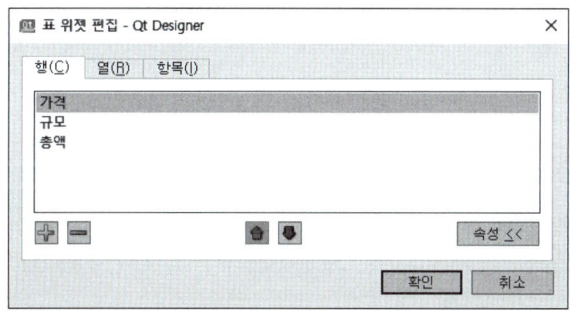

그림 10-21 테이블 헤더 편집

 가격/규모/총액의 헤디를 입력하고 닌 뒤에는 데이블의 columnCount가 6으로 늘어나 있을 겁니다. 기존의 1/2/3 세 개에 추가로 입력한 내용까지 더해진 결과입니다. 위쪽 테이블만을 선택한 뒤 다시 그림 10-20의 columnCount 설정을 3으로 변경해 주세요.
 행이 10개로 늘어나면서 최상위 위젯 안의 QTableWidget이 화면에 잘리고 스크롤 바가 생겨났습니다. 그림 10-22와 같이 ScrollBarPolicy를 Off로 변경해 주세요. 항상 스크롤 바를 표시하지 않도록 지정하는 옵션입니다.

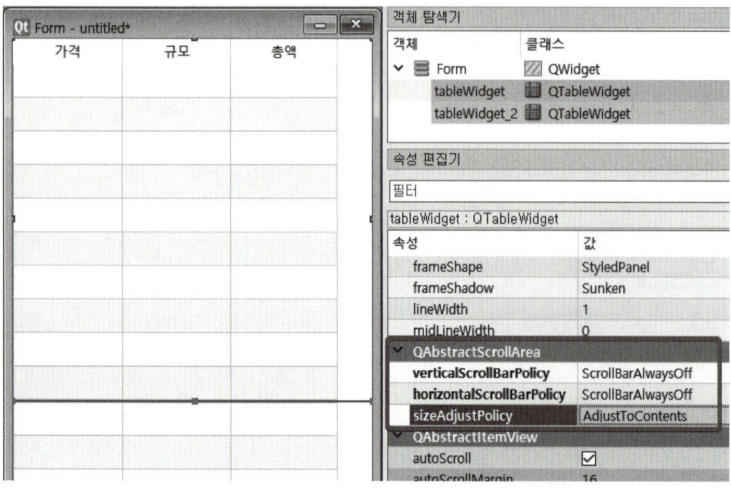

그림 10-22 스크롤바 제거

스크롤바를 제거하긴 했지만 여전히 테이블이 잘려 일부만 출력됩니다. 두 테이블에 대해 그림 10-23과 같이 sizePolicy를 Minimum으로 지정해서 테이블의 크기 이하로 전체 위젯의 크기가 줄어들지 않도록 제한합니다. 또한 최소의 크기를 메인 위젯이 알 수 있도록 QWidget의 최소 너비를 400으로 지정합니다. 이제 Ctrl+R을 눌러서 위젯의 크기를 줄였다 늘려보세요. 두 개의 테이블 데이터가 잘리지 않을 때까지만 축소되죠?

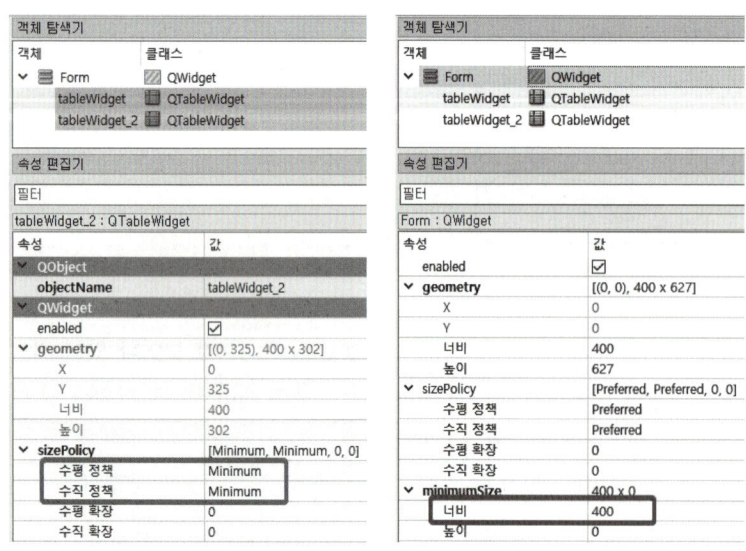

그림 10-23 위젯의 최소 크기 제한 설정

매수/매도 호가창을 구분하기 위해 가운데 Horizontal Line을 추가합니다. 앞서 최상위 위젯을 Vertical Layout으로 설정했기 때문에 두 QTableWidget 사이에 Horizontal Line이 위치합니다.

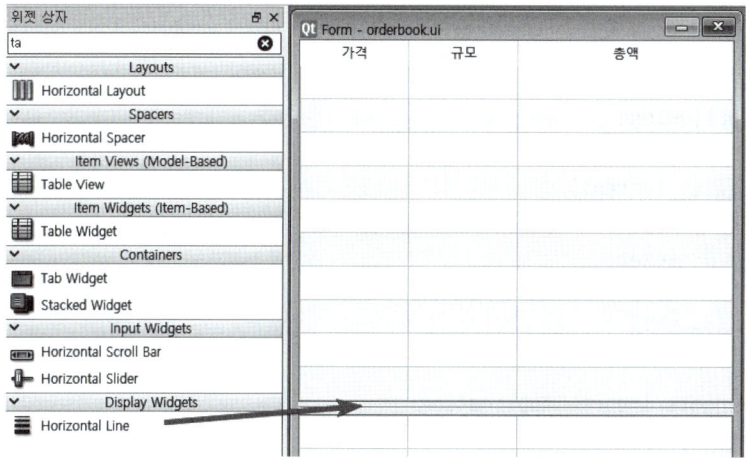

그림 10-24 호가창 구분을 위한 Horizontal Line 추가

마지막으로 파이썬에서 테이블에 접근하기 위한 이름을 설정합니다. 호가창의 상단에는 매도 매물이 표현되니 tableAsks, 하단에는 매수 매물을 의미하는 tableBids로 지정합니다. 지금까지 수정한 내용을 resource 폴더에 orderbook.ui로 저장합니다.

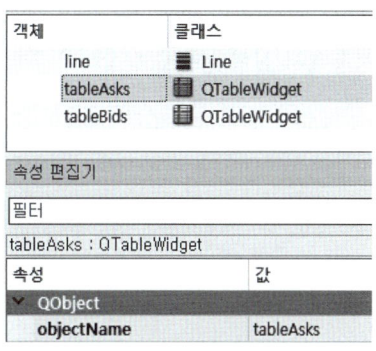

그림 10-25 테이블 이름 설정

10.2.2. 파이썬에서 기능 연결

디자이너에서 작성한 UI 파일을 읽어오는 파이썬 코드를 작성합니다. 실시간 현재가와 비슷한 구조로, 라인 08의 UI 경로만 다르기 때문에 자세한 설명은 생략합니다.

```
# ch10/orderbook_0.py
01: import sys
02: from PyQt5 import uic
03: from PyQt5.QtWidgets import QWidget
04:
05: class OrderbookWidget(QWidget):
06:     def __init__(self, parent=None, ticker="BTC"):
07:         super().__init__(parent)
08:         uic.loadUi("resource/orderbook.ui", self)
09:         self.ticker = ticker
10:
11: if __name__ == "__main__":
12:     import sys
13:     from PyQt5.QtWidgets import QApplication
14:     app = QApplication(sys.argv)
15:     ow = OrderbookWidget("BTC")
16:     ow.show()
17:     exit(app.exec_())
```

테이블에 표현될 데이터를 정의해 봅시다. 디자이너에서 만든 QTableWidget에 데이터가 저장될 공간인 QTableWidgetItem을 생성하는 겁니다. 5장 상승장 알리미에서 QTableWidget 써본 것 기억하시죠? 추가로 거래 대금을 표현하기 위한 QProgressBar까지 생성자에서 미리 만듭니다. 데이터가 변경될 때마다 객체를 새로 생성하기보다는 한 번 만들어 놓고 재사용해서 실행 성능을 향상하기 위함입니다.

```
# ch10/orderbook_1.py
01: import sys
02: from PyQt5 import uic
03: from PyQt5.QtWidgets import QWidget
04: # ----------------- 추 가 ------------------
05: from PyQt5.QtWidgets import QTableWidgetItem, QProgressBar
06: from PyQt5.QtCore import Qt
07: # -----------------------------------------
08:
09: class OrderbookWidget(QWidget):
10:     def __init__(self, parent=None, ticker="BTC"):
```

```
11:            super().__init__(parent)
12:            uic.loadUi("resource/orderbook.ui", self)
13:
14:            # ----------------- 추 가 ------------------
15:            for i in range(self.tableBids.rowCount()):
16:                # 매도호가
17:                item_0 = QTableWidgetItem(str(""))
18:                item_0.setTextAlignment(Qt.AlignRight | Qt.AlignVCenter)
19:                self.tableAsks.setItem(i, 0, item_0)
20:
21:                item_1 = QTableWidgetItem(str(""))
22:                item_1.setTextAlignment(Qt.AlignRight | Qt.AlignVCenter)
23:                self.tableAsks.setItem(i, 1, item_1)
24:
25:                item_2 = QProgressBar(self.tableAsks)
26:                item_2.setAlignment(Qt.AlignRight | Qt.AlignVCenter)
27:                item_2.setStyleSheet("""
28:                QProgressBar {background-color : rgba(0, 0, 0, 0%);border : 1}
29:                QProgressBar::Chunk {background-color : rgba(255, 0, 0, 50%);border : 1}
30:                """)
31:                self.tableAsks.setCellWidget(i, 2, item_2)
32:
33:                # 매수호가
34:                item_0 = QTableWidgetItem(str(""))
35:                item_0.setTextAlignment(Qt.AlignRight | Qt.AlignVCenter)
36:                self.tableBids.setItem(i, 0, item_0)
37:
38:                item_1 = QTableWidgetItem(str(""))
39:                item_1.setTextAlignment(Qt.AlignRight | Qt.AlignVCenter)
40:                self.tableBids.setItem(i, 1, item_1)
41:
42:                item_2 = QProgressBar(self.tableBids)
43:                item_2.setAlignment(Qt.AlignRight | Qt.AlignVCenter)
44:                item_2.setStyleSheet("""
45:                QProgressBar {background-color : rgba(0, 0, 0, 0%);border : 1}
46:                QProgressBar::Chunk {background-color : rgba(0, 255, 0, 40%);border : 1}
47:                """)
48:                self.tableBids.setCellWidget(i, 2, item_2)
49:            # -------------------------------------------
```

라인 05~06: 테이블에 표현될 데이터를 정의하기 위한 모듈을 import 합니다.

라인 17~19: 매도 호가 테이블의 1열에 저장될 문자열 객체를 생성하고 오른쪽 정렬합니다.

라인 21~22: 매도 호가 테이블의 2열에 저장될 문자열 객체를 생성하고 오른쪽 정렬합니다.

라인 25: 3열에 저장될 호가 잔량을 시각화 하기위한 QProgressBar 객체를 생성합니다.

라인 26: QProgressBar에 출력될 텍스트는 가운데 정렬합니다.

라인 27~30: CSS로 셀의 배경 색상을 흰색, ProgressBar의 게이지를 투명도가 부여된 빨강으로 지정합니다.

라인 31: 객체를 테이블의 3열에 저장합니다.

라인 34~48: 매수 호가 테이블을 표현하기 위한 객체를 미리 생성합니다. 46라인에서 색상을 투명도가 부여된 파랑으로 만드는 것 이외의 코드는 매도 호가와 같습니다.

QTableWidget에 빈 데이터를 추가했기 때문에 코드를 실행해도 UI 상의 변화는 없습니다. 우선은 데이터를 얻어오는 OrderbookWorker스레드를 정의합니다.

```python
# ch10/orderbook_2.py
08: class OrderbookWorker(QThread):
09:     dataSent = pyqtSignal(dict)
10:
11:     def __init__(self, ticker):
12:         super().__init__()
13:         self.ticker = ticker
14:         self.alive = True
15:
16:     def run(self):
17:         while self.alive:
18:             data = pybithumb.get_orderbook(self.ticker, limit=10)
19:             time.sleep(0.05)
20:             self.dataSent.emit(data)
21:
22:     def close(self):
23:         self.alive = False
```

라인 09: 딕셔너리를 전달하는 dataSent 시그널을 정의합니다.

라인 18: 공개 API를 사용해서 orderbook을 매수/매도 각각 10개씩 얻어 옵니다.

라인 19: 초당 20번의 요청을 수행합니다.

라인 20: API로 조회한 호가 정보는 딕셔너리로 반환되는데, 이를 그대로 슬롯으로 전달합니다.

OrderbookWidget 의 생성자에서 OrderbookWorker를 생성하고 dataSent 시그널을 연결할 슬롯을 정의합니다.

```
# ch10/orderbook_2.py
61: import time
62: import pybithumb
63: from PyQt5.QtCore import Qt, QThread, pyqtSignal
64:
65: class OrderbookWidget(QWidget):
66:     def __init__(self, parent=None, ticker="BTC"):
67:         # 생략
68:         self.ow = OrderbookWorker(self.ticker)
69:         self.ow.dataSent.connect(self.updateData)
70:         self.ow.start()
71:
72:     def updateData(self, data):
73:         print(data)
74:
75:     def closeEvent(self, event):
76:         self.ow.close()
```

라인 68~70: 데이터를 얻어오는 QThread를 실행합니다.

라인 72~73: QThread에서 시그널이 전송되면 updateData가 실행됩니다.

라인 75~76: QThread의 종료를 처리하기 위해 QWidget의 메서드를 오버라이딩합니다. 메인 위젯이 종료될 때 closeEvent 메서드가 실행됩니다.

코드를 실행하면 1초에 20번 조회된 orderbook 결과가 화면에 출력됩니다.

{'timestamp': '1614623140433', 'payment_currency': 'KRW', 'order currency': 'BTC', 'bids': [{'price': 54569000.0, 'quantity': 0.1253}, {'price': 54564000.0, 'quantity': 1.0}, {'price': 54562000.0, 'quantity': 0.0192}, {'price': 54556000.0, 'quantity': 0.0375}, {'price': 54550000.0, 'quantity': 0.001}, {'price': 54549000.0, 'quantity': 0.5}, {'price': 54545000.0, 'quantity': 0.6}, {'price': 54540000.0, 'quantity': 0.0152}, {'price': 54539000.0, 'quantity': 0.0007}, {'price': 54536000.0, 'quantity': 0.059}], 'asks': [{'price':

> 54613000.0, 'quantity': 0.5084}, {'price': 54628000.0, 'quantity': 0.1822}, {'price': 54629000.0, 'quantity': 0.0108}, {'price':
> 54633000.0, 'quantity': 0.5}, {'price': 54642000.0, 'quantity': 0.4091}, {'price': 54646000.0, 'quantity': 0.0173}, {'price': 54647000.0, 'quantity': 0.059}, {'price': 54650000.0, 'quantity': 0.0253}, {'price': 54653000.0, 'quantity': 0.0168}, {'price': 54665000.0, 'quantity': 0.061}]}

얻어온 orderbook 데이터를 콘솔이 아닌 GUI 창에 연결해 봅시다. updateData 메서드를 수정하면 되겠죠?

```
# ch10/orderbook_3.py
75:         tradingBidValues = [ ]
76:         for v in data['bids']:
77:             tradingBidValues.append(int(v['price'] * v['quantity']))
78:         tradingAskValues = [ ]
79:         for v in data['asks'][::-1]:
80:             tradingAskValues.append(int(v['price'] * v['quantity']))
81:         maxtradingValue = max(tradingBidValues + tradingAskValues)
82:
83:         for i, v in enumerate(data['asks'][::-1]):
84:             item_0 = self.tableAsks.item(i, 0)
85:             item_0.setText(f"{v['price']:,}")
86:             item_1 = self.tableAsks.item(i, 1)
87:             item_1.setText(f"{v['quantity']:,}")
88:             item_2 = self.tableAsks.cellWidget(i, 2)
89:             item_2.setRange(0, maxtradingValue)
90:             item_2.setFormat(f"{tradingAskValues[i]:,}")
91:             item_2.setValue(tradingAskValues[i])
92:
93:         for i, v in enumerate(data['bids']):
94:             item_0 = self.tableBids.item(i, 0)
95:             item_0.setText(f"{v['price']:,}")
96:             item_1 = self.tableBids.item(i, 1)
97:             item_1.setText(f"{v['quantity']:,}")
98:             item_2 = self.tableBids.cellWidget(i, 2)
99:             item_2.setRange(0, maxtradingValue)
100:            item_2.setFormat(f"{tradingBidValues[i]:,}")
101:            item_2.setValue(tradingBidValues[i])
```

라인 76~79: 가격과 수량을 곱한 총액을 리스트에 추가한 뒤에 전체 데이터의 최댓값을 계산해 maxTradingValue 변수에 저장합니다.

라인 82~85: 호가와 수량을 차례로 출력합니다.

라인 86~89: 총액의 최댓가를 100%로 설정하고 현재가를 QProgressBar에 출력합니다.

코드를 실행하면 50ms 주기로 그림 10-26과 같이 실시간 호가창이 출력됩니다. QProgressive Bar를 부드럽게 변경하고 싶다면 Animation 기능을 추가해야 합니다. 코드 자체는 어렵지 않으니 orderbook_4.py를 참고해서 부드럽게 게이지가 올라가도록 업그레이드해 보세요.

가격	규모	총액
27,596,000.0	0.0308	849,956
27,595,000.0	0.0005	13,797
27,594,000.0	0.3984	10,993,449
27,593,000.0	1.3304	36,709,727
27,592,000.0	0.0492	1,357,526
27,591,000.0	0.0536	1,478,877
27,590,000.0	0.0035	96,565
27,589,000.0	0.0685	1,889,846
27,588,000.0	0.0001	2,758
27,586,000.0	0.0976	2,692,393
27,580,000.0	2.4949	68,809,342
27,578,000.0	0.0614	1,693,289
27,577,000.0	0.2024	5,581,584
27,576,000.0	0.0307	846,583
27,573,000.0	1.0877	29,991,152
27,571,000.0	0.921	25,392,891
27,570,000.0	0.4579	12,624,303
27,569,000.0	0.0292	805,014
27,568,000.0	1.8075	49,829,160
27,567,000.0	0.0001	2,756

그림 10-26 PyQt로 표현한 매수/매도 호가창

10.3. 실시간 개요창

빗썸 웹페이지에서는 비트코인의 전반적인 가격 정보를 그림 10-27과 같이 요약해서 보여줍니다. 비트코인의 현재가는 약 5,400만 원이며 자정을 기준으로 5.17% 상승했습니다. 거래량은 24시간 동안 약 15,000개의 비트코인이 거래됐고, 거래금액은 약 7,800억 원입니다. 빗썸 거래소에서 고가/저가/종가/체결 강도는 자정을 기준으로 계산된 값입니다. 이처럼 24시간 거래되는 비트코인의 특성상 측정 기준이 다를 수 있는데, 어떻게 정보를 얻어오는지 실습해 보겠습니다.

54,070,000 +5.17%

거래량(24H)	14,963.8166BTC	고가(당일)	54,298,000
거래금액(24H)	7,830.4 억	저가(당일)	49,440,000
체결강도	93.28%	전일종가	51,403,000

그림 10-27 빗썸 웹페이지에서 제공하는 실시간 현재가 정보

10.3.1. UI 레이아웃 설정

가격과 수익률은 나란히 위치하므로 Horizontal Layout을 사용하고 나머지 정보는 Grid Layout을 사용하면 좋을 것 같습니다. Qt 디자이너에서 두 개의 레이아웃을 그림 10-28과 같이 배치합니다.

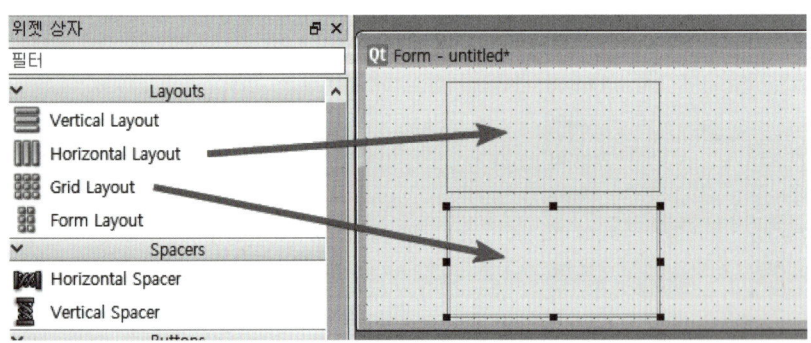

그림 10-28 실시간 가격 정보와 통계 정보의 배치

두 개의 레이아웃은 위, 아래로 구분되어야 하므로 그림 10-29와 같이 수직으로 배치합니다. 이때

최상위 위젯을 선택하고 배치하는 것을 주의하세요.

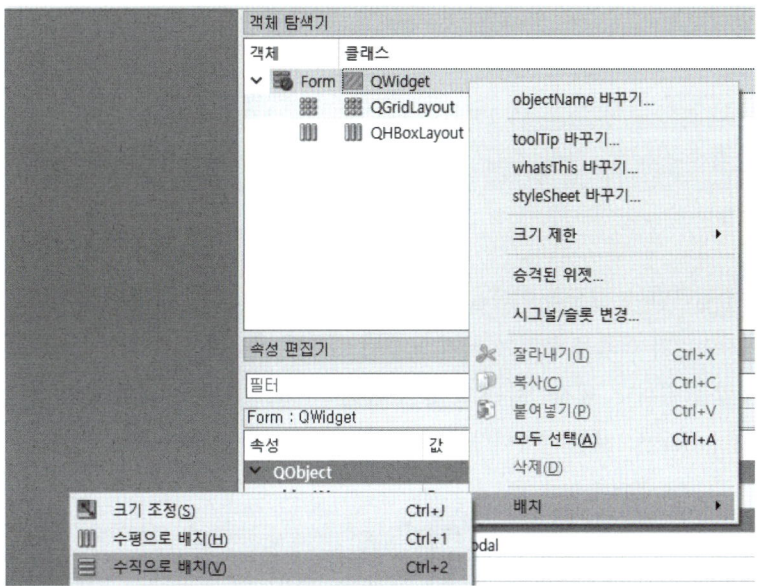

그림 10-29 실시간 현재가 메인 위젯의 배치

데이터를 입력할 Label을 그림 10-30과 같이 추가합니다. 레이아웃을 적용했기 때문에 메인 위젯의 변경되면 이에 맞춰 Label 또한 자동으로 조절됩니다.

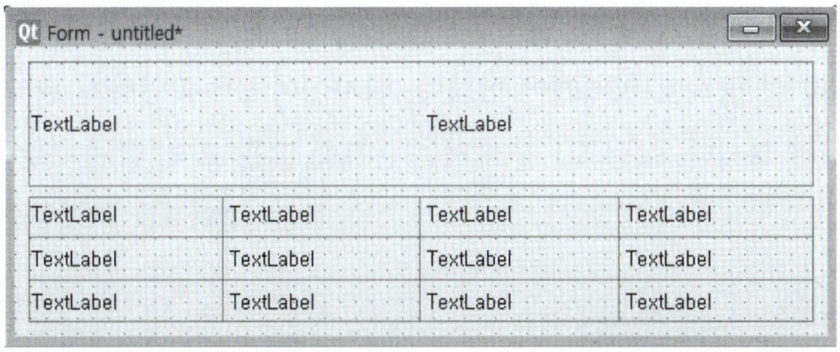

그림 10-30 추가된 텍스트 라벨

가격 정보와 상승률은 왼쪽에 정렬된 채로 출력됩니다. 두 Label을 왼쪽에 우선 배치하기 위해 Horizontal Spacer를 Horizontal Layout의 오른쪽 끝에 추가합니다. 그림 10-31과 같이 두 Label이 왼쪽으로 밀려나 최소화됩니다.

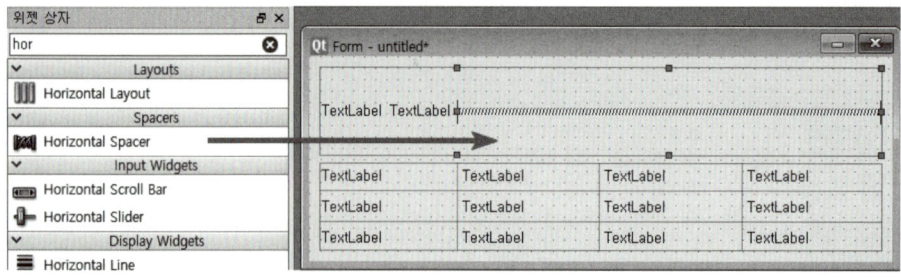

그림 10-31 Horizontal Spacer의 역할

파이썬 코드에서 각 Label에 접근할 수 있도록 이름을 붙여 줍시다. 그림 10-32에 표시된 순서대로 이름을 변경해 주세요. Qt 디자이너가 이름을 붙이는 룰이 표시된 이름과 비슷해서 라벨을 순서대로 추가했다면 수정 사항이 많지 않을 겁니다. 디자이너는 첫 번째 위젯에 label이라는 이름을 붙이고 두 번째 위젯에는 label_2, 다음은 label_3으로 부여합니다.

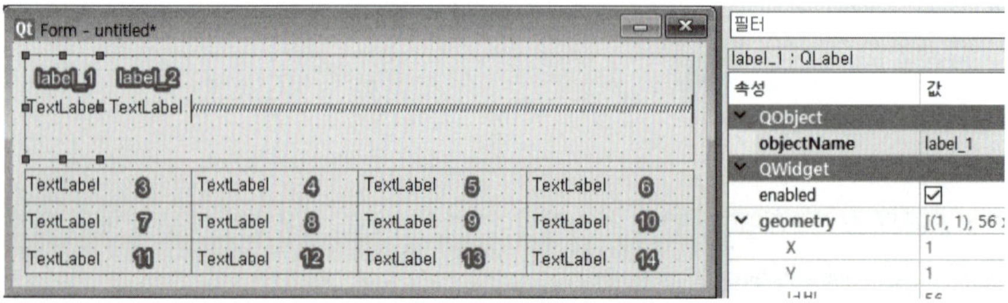

그림 10-32 Label에 이름 부여하기

실시간 현재가는 다른 통계 정보에 비해 큰 글씨로 입력돼야 합니다. 디자이너에서 확인하기 위해 적당한 값을 입력하고 폰트와 크기를 조정해 봅시다. 그림 10-33에서는 폰트를 맑은 고딕, 굵게, 크기 18로 변경했습니다.

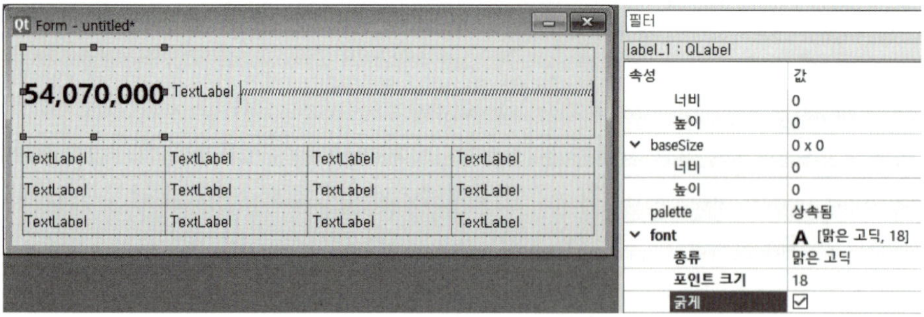

그림 10-33 현재가 폰트 및 크기 변경

폰트의 색상은 styleSheet에서 변경합니다. styleSheet에는 CSS(cascading style sheets)라는 HTML 문서를 꾸미는 언어로 입력해야 합니다. CSS에 대한 설명은 관련 도서를 구매해서 참고해 보세요. 하지만 CSS 설정 방법이 직관적이라서 이해하기는 어렵지 않습니다. 그림 10-34는 font의 색상(color)을 빨강(red) 변경하라는 뜻입니다. 파랑으로 변경하고 싶다면 blue라고 넣어주면 됩니다.

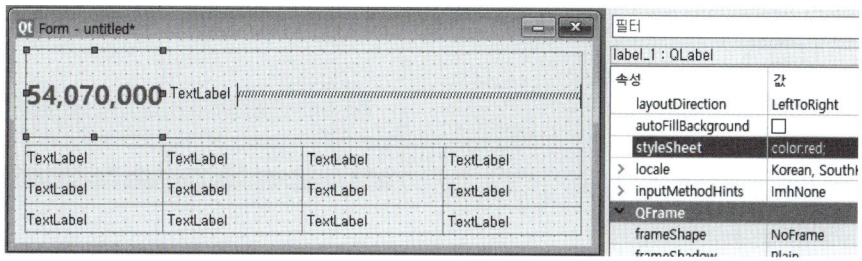

그림 10-34 현재가 폰트 색상 변경

현재가와 등락률의 위치가 너무 가까워서 가독성이 떨어집니다. 그림 10-35와 같이 현재가의 minimumSize를 180으로 설정해서 현재가가 출력될 Label의 크기를 확장합니다.

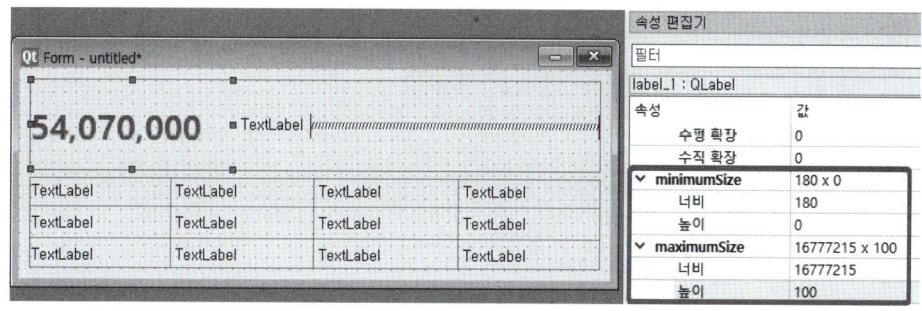

그림 10-35 현재가 Label의 크기 조정

UI에 나머지 데이터도 입력하고 스타일을 지정해 봅시다. 그림 10-36은 거래량, 고가, 거래금액, 저가, 체결강도, 전일종가 항목은 굵은 글씨를 사용했고 style 옵션을 color:gray로 지정했습니다.

그림 10-36 현재가 관련 통계 정보의 입력

등락률은 CSS를 사용해서 배경은 빨간색, 글씨는 흰색으로 설정합니다. CSS에서는 콜론 (:) 을 기준으로 여러 속성을 사용할 수 있습니다. 그림 10-37을 참고하면 background-color는 배경색을 의미합니다.

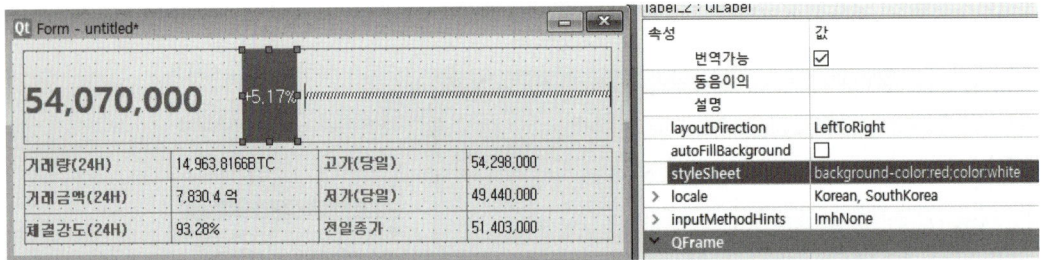

그림 10-37 등락률 스타일 지정

등락률의 크기도 조정해 봅시다. 그림 10-38과 같이 minimumSize와 maximumSize 옵션을 수정해서 최소/최대 크기를 설정합니다. 최소 크기와 최대 크기를 같게 설정하면 메인 위젯의 크기를 변경해도 등락률 Label은 60x30으로 크기를 고정할 수 있습니다. Ctrl + R을 눌러서 UI를 키우고 줄여가며 확인해 보세요. font 설정에서 굵게 표시하고 alignment에서 수평 가운데 정렬까지 적용한다면 더욱 웹페이지와 비슷해 질 겁니다.

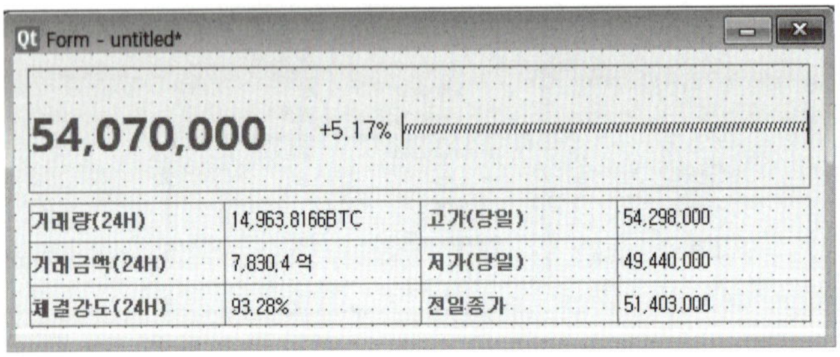

그림 10-38 최소/최대 크기 설정

지금까지 작성한 UI 파일을 resource 폴더 안에 overview.ui라는 이름으로 저장합니다.

10.3.2. 파이썬에서 기능 연결

파이썬에서 UI 파일을 읽어 보겠습니다. 다음 코드를 실행하면 Qt 디자이너에서 정의한 데이터가 그대로 출력됩니다.

```
# ch10/overview_0.py
01: import sys
02: from PyQt5 import uic
03: from PyQt5.QtWidgets import QWidget
04:
05: class OverviewWidget(QWidget):
06:     def __init__(self, parent=None, ticker="BTC"):
07:         super().__init__(parent)
08:         uic.loadUi("resource/overview.ui", self)
09:
10: if __name__ == "__main__":
11:     import sys
12:     from PyQt5.QtWidgets import QApplication
13:     app = QApplication(sys.argv)
14:     ob = OverviewWidget()
15:     ob.show()
16:     exit(app.exec_())
```

가상화폐 거래소 API를 사용해서 실제 데이터로 변경해 봅시다. 데이터를 얻어오는 OverView Worker를 정의합니다.

```
# ch10/overview_1.py
05: from pybithumb import WebSocketManager
06:
07: class OverViewWorker(QThread):
08:     dataSent = pyqtSignal(int, float, float, int, float, int, float, int)
09:
10:     def __init__(self, ticker):
11:         super().__init__()
12:         self.ticker = ticker
13:         self.alive = True
14:
15:     def run(self):
16:         wm = WebSocketManager("ticker", [f"{self.ticker}_KRW"], ["24H"])
```

```
17:        while self.alive:
18:            data = wm.get()
19:            self.dataSent.emit(int  (data['content']['closePrice'    ]),
20:                               float(data['content']['chgRate'       ]),
21:                               float(data['content']['volume'        ]),
22:                               int  (data['content']['highPrice'     ]),
23:                               float(data['content']['value'         ]),
24:                               int  (data['content']['lowPrice'      ]),
25:                               float(data['content']['volumePower'   ]),
26:                               int  (data['content']['prevClosePrice']))
```

라인 05: pybithumb 웹소켓을 사용하기 위해 import 합니다.

라인 08: OverViewworker의 웹소켓에서 메인 스레드로 데이터를 전송하기 위한 시그널을 정의합니다.

라인 16: 24 시간 (24H)을 기준으로 비트코인의 가격 정보 (ticker)를 요청하는 웹 소켓을 정의합니다.

라인 18: 웹 서버가 보내온 정보를 얻어옵니다.

라인 19: 전송된 데이터에서 필요한 값들을 인덱싱합니다.

다음으로 메인 스레드에서 OverviewWorker의 생성하고 신호를 연결해야 합니다.

```
# ch10/overview_1.py
29: class OverviewWidget(QWidget):
30:     def __init__(self, parent=None, ticker="BTC"):
31:         super().__init__(parent)
32:         uic.loadUi("resource/overview.ui", self)
33:         self.ticker = ticker
34:
35:         self.ovw = OverViewWorker(ticker)
36:         self.ovw.dataSent.connect(self.fillData)
37:         self.ovw.start()
38:
39:     def fillData(self, currPrice, chgRate, volume, highPrice, value, lowPrice, volumePower, prevClosePrice):
40:         self.label_1.setText(f"{currPrice:,}")
41:         self.label_2.setText(f"{chgRate:+.2f}%")
42:         self.label_4.setText(f"{volume:.4f} {self.ticker}")
43:         self.label_6.setText(f"{highPrice:,}")
44:         self.label_8.setText(f"{value/100000000:,.1f} 억")
45:         self.label_10.setText(f"{lowPrice:,}")
```

```
46:         self.label_12.setText(f"{volumePower:.2f}%")
47:         self.label_14.setText(f"{prevClosePrice:,}")
48:
49: if __name__ == "__main__":
50:     import sys
51:     from PyQt5.QtWidgets import QApplication
52:     app = QApplication(sys.argv)
53:     ob = OverviewWidget("BTC")
54:     ob.show()
55:     exit(app.exec_())
```

> 라인 35~37: OverviewWorker를 생성하고 시그널에 연결할 슬롯을 정의합니다.
>
> 라인 40~47: 슬롯으로 전달된 데이터를 Label에 출력합니다. 문자열 포매팅을 위해 f-string을 사용했습니다. 이는 파이썬 3.6 이상의 버전에서 동작합니다.

잊지 말고 QThread의 종료를 처리해야 합니다. 실시간 현재가와 호가창에서 설명한 것과 같이 close 이벤트를 overriding 해 주세요. 구현된 결과는 overview_2.py에 정리돼 있으니 참고하시면 됩니다.

코드를 실행하면 그림 10-39과 같이 실시간으로 출력되는 현재가 정보가 출력됩니다. 하지만 상승폭과 체결강도가 빗썸 웹페이지의 약간의 차이가 납니다. 빗썸 웹페이지는 현재가와 등락률을 사정(MID)을 기준으로 데이터를 표시하기 때문입니다.

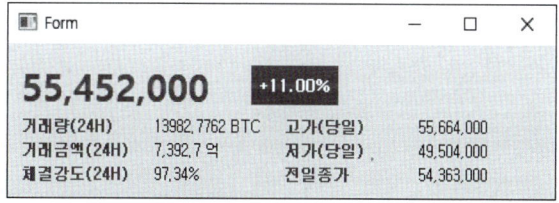

그림 10-39 실시간 현재가 실행창

완전히 동일한 형태로 출력하고 싶다면 웹 소켓의 ticktype 파라미터를 수정해서 ["24H", "MID"]를 모두 구독하고, 각각 별도의 시그널로 처리해야 합니다.

```
# ch10/overview_3.py
07: class OverViewWorker(QThread):
08:     # ----------------- 수 정 ------------------
09:     data24Sent = pyqtSignal(int, float, int, float, int, int)
```

```
10:        dataMidSent = pyqtSignal(int, float, float)
11:        # ----------------------------------------
12:
13:    def __init__(self, ticker):
14:        super().__init__()
15:        self.ticker = ticker
16:        self.alive = True
17:
18:    def run(self):
19:        # ---------------- 수 정 -----------------
20:        wm = WebSocketManager("ticker", [f"{self.ticker}_KRW"], ["24H", "MID"])
21:        while self.alive:
22:            data = wm.get()
23:
24:            if data['content']['tickType'] == "MID":
25:                self.dataMidSent.emit(int  (data['content']['closePrice'  ]),
26:                                      float(data['content']['chgRate'     ]),
27:                                      float(data['content']['volumePower' ]))
28:            else:
29:                self.data24Sent.emit(int  (data['content']['closePrice'    ]),
30:                                     float(data['content']['volume'        ]),
31:                                     int  (data['content']['highPrice'     ]),
32:                                     float(data['content']['value'         ]),
33:                                     int  (data['content']['lowPrice'      ]),
34:                                     int  (data['content']['prevClosePrice']))
35:        # ----------------------------------------
```

> 라인 09: 24H 이벤트를 처리하기 위한 시그널을 정의합니다.
>
> 라인 10: MID 이벤트를 처리하기 위한 시그널을 정의합니다.
>
> 라인 20: 24H와 MID 이벤트를 모두 구독합니다.
>
> 라인 24~27: 웹 서버가 전송한 데이터가 MID일 경우를 처리합니다. 현재가는 최신 정보를 표현하라기 위해 MID와 24H 양쪽에 추가했습니다.
>
> 라인 28~34: 웹 서버가 전송한 데이터가 24H일 경우를 처리합니다.

코드가 길어 수정량이 많아 보이지만 데이터를 포매팅하는 코드입니다. 두 개의 시그널에 연결될 슬롯을 각각 정의합니다. 이때 현재 가격 정보는 두 개의 시그널에서 모두 전송되는데, 최근에 전송된 값으로 Label을 업데이트합니다.

```
# ch10/overview_3.py
43: class OverviewWidget(QWidget):
44:     def __init__(self, ticker):
45:         super().__init__()
46:         uic.loadUi("resource/overview.ui", self)
47:
48:         self.ticker = ticker
49:         self.ovw = OverViewWorker(ticker)
50:         # ----------------- 수 정 -----------------
51:         self.ovw.data24Sent.connect(self.fill24Data)
52:         self.ovw.dataMidSent.connect(self.fillMidData)
53:         # -----------------------------------------
54:         self.ovw.start()
55:
56:     def closeEvent(self, event):
57:         self.ovw.close()
58:
59:     # ----------------- 수 정 -----------------
60:     def fill24Data(self, currPrice, volume, highPrice, value, lowPrice, prevClosePrice):
61:         self.label_1.setText(f"{currPrice:,}")
62:         self.label_4.setText(f"{volume:.4f} {self.ticker}")
63:         self.label_6.setText(f"{highPrice:,}")
64:         self.label_8.setText(f"{value/100000000:,.1f} 억")
65:         self.label_10.setText(f"{lowPrice:,}")
66:         self.label_14.setText(f"{prevClosePrice:,}")
67:
68:     def fillMidData(self, currPrice, chgRate, volumePower):
69:         self.label_1.setText(f"{currPrice:,}")
70:         self.label_2.setText(f"{chgRate:+.2f}%")
71:         self.label_12.setText(f"{volumePower:.2f}%")
72:     # -----------------------------------------
```

라인 51~52: 두 개의 시그널을 슬롯과 연결합니다.

라인 60~68: 슬롯에서 처리할 데이터들을 각각 구분합니다.

현재가와 등락률은 디자이너에서 기분 좋게 상승으로 정의해 놓기 때문에 가격 변화에 상관없이 항상 빨간색으로 표시됩니다. 가격에 따라 빨강, 파랑으로 변하기 위해서는 파이썬 코드에서 처리해야 합니다.

```
# ch10/overview_4.py
53:     def fill24Data(self, currPrice, volume, highPrice, value, lowPrice, prevClosePrice):
54:         self.label_1.setText(f"{currPrice:,}")
55:         self.label_4.setText(f"{volume:,.4f} {self.ticker}")
56:         self.label_6.setText(f"{highPrice:,}")
57:         self.label_8.setText(f"{value/100000000:,.1f} 억")
58:         self.label_10.setText(f"{lowPrice:,}")
59:         self.label_14.setText(f"{prevClosePrice:,}")
60:         # ---------------- 추 가 ------------------
61:         self.__updateStyle()
62:         # ----------------------------------------
63:
64:     def fillMidData(self, currPrice, chgRate, volumePower):
65:         self.label_1.setText(f"{currPrice:,}")
66:         self.label_2.setText(f"{chgRate:+.2f}%")
67:         self.label_12.setText(f"{volumePower:.2f}%")
68:         # ---------------- 추 가 ------------------
69:         self.__updateStyle()
70:         # ----------------------------------------
71:
72:     # ---------------- 추 가 ------------------
73:     def __updateStyle(self):
74:         if '-' in self.label_2.text():
75:             self.label_1.setStyleSheet("color:blue;")
76:             self.label_2.setStyleSheet("background-color:blue;color:white")
77:         else:
78:             self.label_1.setStyleSheet("color:red;")
79:             self.label_2.setStyleSheet("background-color:red;color:white")
80:     # ----------------------------------------
```

라인 61 : 데이터를 채운 후에 스타일을 업데이트하는 __updateStyle( ) 메서드를 호출합니다.

라인 69: 데이터를 채운 후에 스타일을 업데이트하는 __updateStyle( ) 메서드를 호출합니다.

라인 74~79: label_2에는 등락률이 표시되는데 마이너스 ('-') 기호가 존재한다면 파란색으로, 그 렇지 않다면 빨간색으로 스타일을 지정합니다. setStyleSheet 메서드는 디자이너의 styleSheet을 수정한 것과 같은 기능을 담당합니다.

코드를 실행하면 현재 등락률에 따라 그림 10-40과 같이 색상이 동적으로 변경됩니다. 지금까지 수정한 최종 코드를 overview.py 파일로 저장합니다.

그림 10-40 하락장에서의 출력

10.4. 통합 화면

이번 절에서는 직접 제작한 세 개의 위젯 (OverviewWidget, ChartWidget, OrderbookWidget)을 사용하여 최종 결과물을 만들어 보겠습니다. 메인 윈도우는 위젯 중에서도 최상위 위젯을 의미합니다. 디자이너에서 그림 10-41과 같이 Main Window를 생성해 주세요.

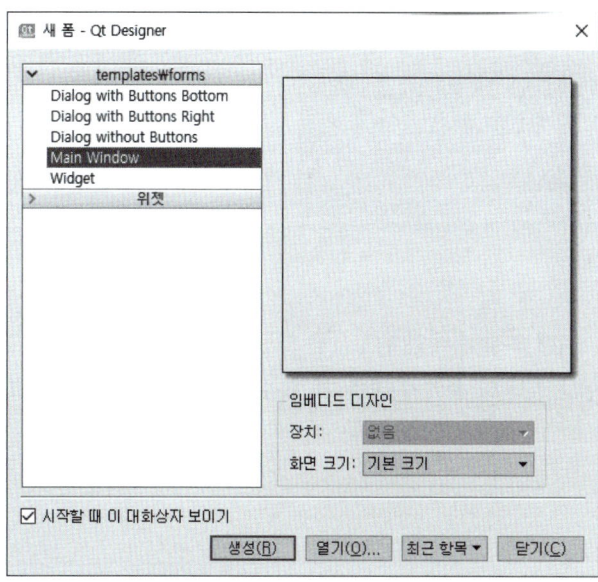

그림 10-41 메인 위젯의 생성

메인 윈도우의 왼쪽에는 OverviewWidget과 ChartWidget이 위치하며 두 위젯은 세로 방향으로 배치돼야 합니다. 디자이너에서 그림 10-42와 같이 Vertical Layout과 Widget을 좌우로 나란히 배치합니다.

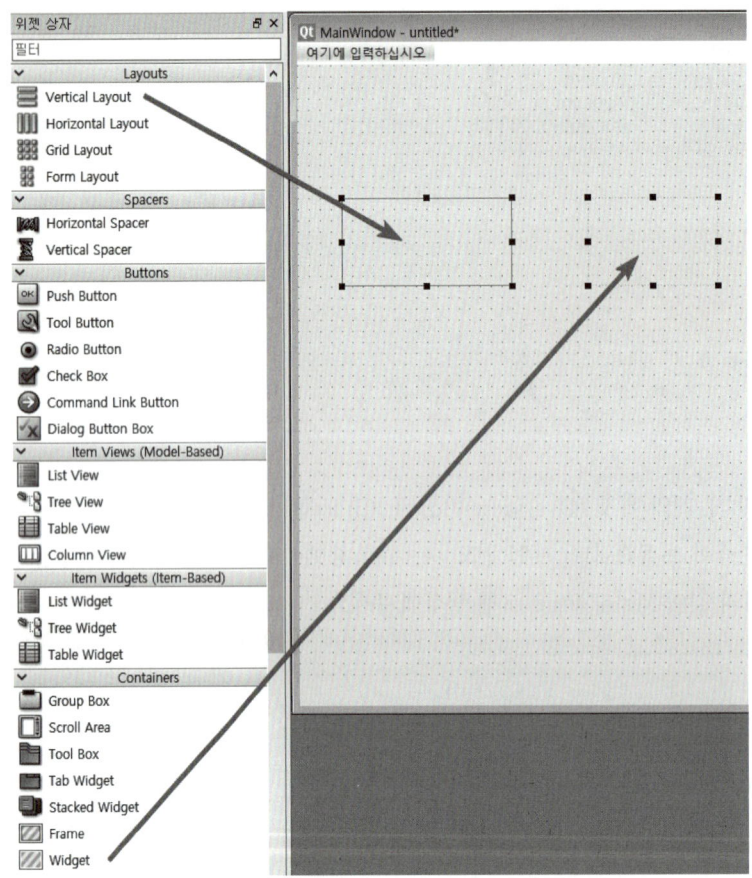

그림 10-42 실시간 가격이 포함될 레이아웃과 호가창의 배치

레이아웃과 위젯을 같은 크기로 배치하기 위해 최상위 메인 윈도우를 그림 10-43과 같이 격자형으로 배치합니다. 레이아웃 설정을 했으니 메인 윈도우의 크기가 변경되더라도 자동으로 나머지 위젯의 크기가 확장됩니다.

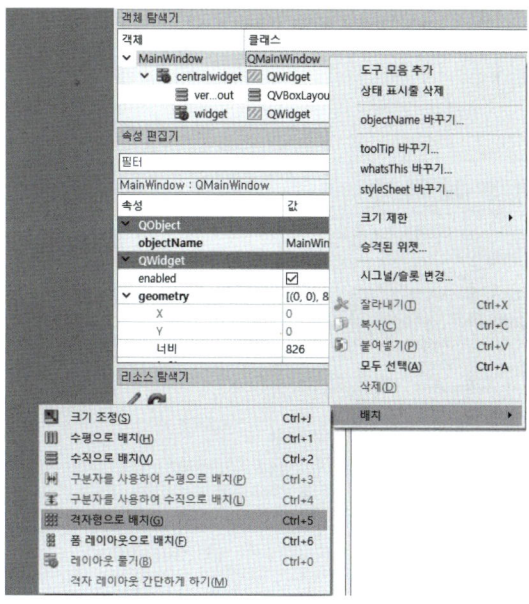

그림 10-43 Vertical Layout과 QWidget의 레이아웃 설정

지금까지 작업한 내용은 그림 10-44와 같습니다. 메인 윈도우를 호가창과 현재가 위젯이 들어갈 정도의 적당한 크기로 확장해 주세요. 세부 설정은 뒤에서 하니 부담 없이 크기를 조정해 주세요.

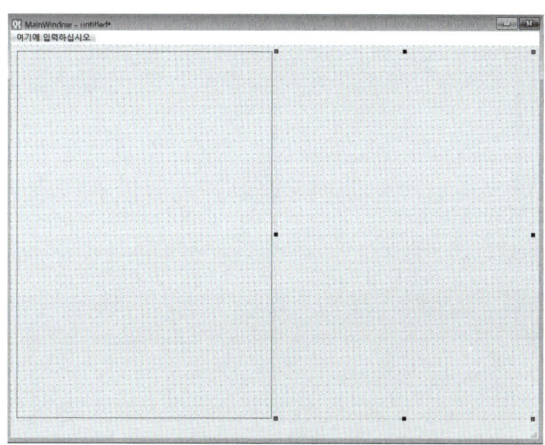

그림 10-44 호가창과 나머지 위젯의 분리

왼쪽 Vertical Layout에 실시간 현재가 (OverviewWidget)이 포함될 위젯을 추가합니다. Vertical Layout 안에 추가되는 첫 번째 위젯이니 레이아웃을 꽉 채우겠죠? 생각보다 레이아웃안에 정확히 위젯을 추가하기란 쉽지 않습니다. 잘못된 위치에 추가했다면 Ctrl + Z를 눌러 되돌린 후 다시 작업해 주

10. 나만의 HTS 만들기   403

세요. 혹은 그림 10-45와 같이 위젯을 객체 탐색기 안의 Vertical Layout (QVBoxLayout)으로 '드래그&드롭'하면 쉽게 원하는 위치에 삽입할 수 있습니다.

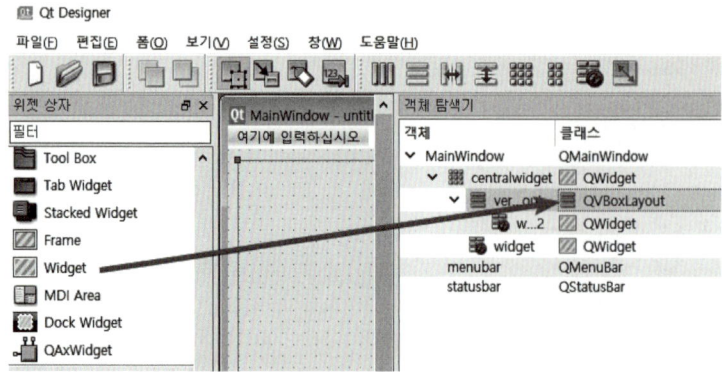

그림 10-45 객체 탐색기를 사용한 위젯의 추가

이어서 차트를 그릴 위젯까지 Vertical Layout에 추가하면 그림 10-46과 같이 두 개의 위젯이 5:5 비율로 채워집니다.

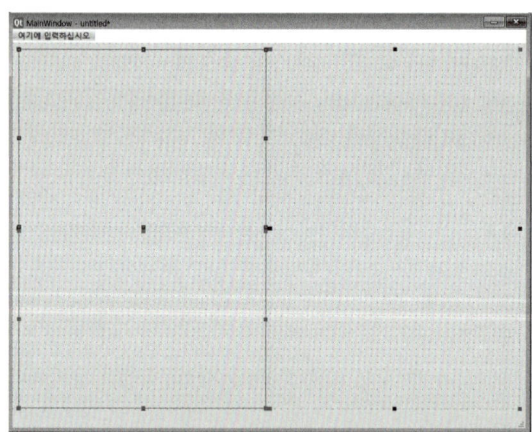

그림 10-46 세 개의 위젯이 배치된 상태

앞서 우리가 만들었던 차트/호가창/가격정보 위젯을 추가한 세 개의 위젯에 연결해 봅시다. 마우스 오른쪽 키를 눌러 승격 (Promote To) 메뉴로 진입해 주세요. "승격된 클래스 이름" 항목에 구현한 클래스 이름을 입력하고 "헤더 파일"에는 클래스가 정의된 파일 (모듈) 이름을 입력합니다. 그림 10-47은 chart.py 안에 있는 ChartWidget 클래스를 지정하는 예제입니다. 같은 방식으로 OrderbookWidget과 OverviewWidget을 추가해 주세요.

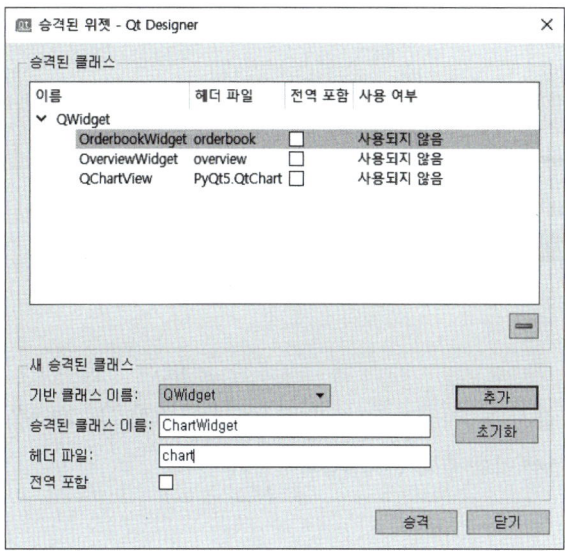

그림 10-47 사용자 정의 모듈로 승격셔너리 인덱싱 에러

세 개의 위젯을 그림 10-48과 같이 각각 승격해 줍니다. 위치에 맞는 클래스를 연결해 줘야 합니다. 오른쪽 끝 위젯에는 OrderbookWidget, 왼쪽 위에는 OverviewWidget, 왼쪽 아래는 ChartWidget 입니다.

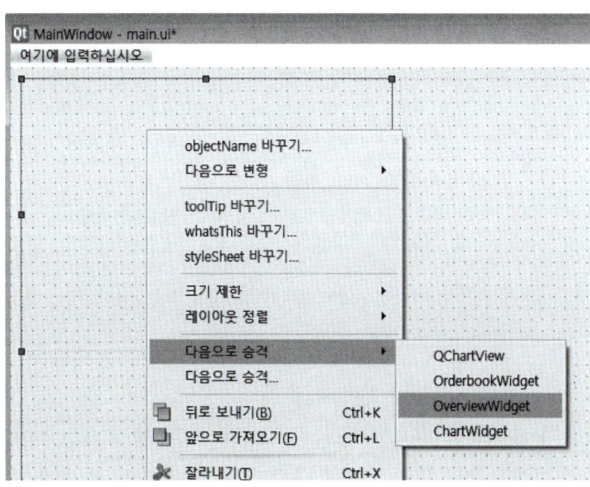

그림 10-48 위젯 승격하기

객체 탐색기를 참고하면 그림 10-49과 같이 QWidget이 지정한 사용자 정의 위젯으로 승격된 것을 확인할 수 있습니다.

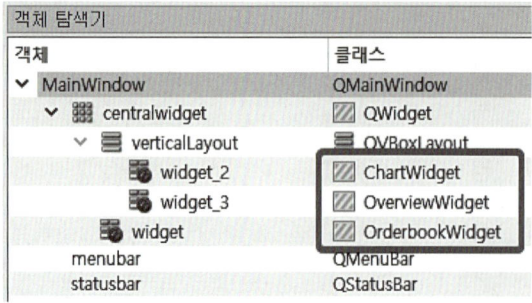

그림 10-49 객체탐색기에서의 승격된 위젯

제대로 설정하고 있는지 중간 점검을 해 봅시다. 지금까지 디자이너에서 작업한 UI 파일을 resource 폴더의 main.ui에 저장하고, 파이썬에서 이를 출력해 보겠습니다.

```
# ch10/main_0.py
01: import sys
02: from PyQt5 import uic
03: from PyQt5.QtWidgets import QApplication, QMainWindow
04:
05: form_class = uic.loadUiType("resource/main.ui")[0]
06:
07: class MainWindow(QMainWindow, form_class):
08:     def __init__(self):
09:         super().__init__()
10:         self.setupUi(self)
11:
12: if __name__ == "__main__":
13:     app = QApplication(sys.argv)
14:     mw = MainWindow()
15:     mw.show()
16:     exit(app.exec_())
```

코드를 실행하면 그림 10-50과 같이 출력됩니다. 신기하죠? 각각의 Widget을 따로 만들어서 모듈로 정리하고 정리한 모듈을 하나로 합쳐서 출력한 겁니다. 프로그램의 규모가 커짐에 따라 목적에 맞는 코드를 나눠서 정리하는 것이 당연히 유지 보수에 좋습니다.

그림 10-50 구현된 클래스를 종합한 중간 결과

차트 위젯 아래쪽 공간이 남아 차트 위젯이 설계 의도와 달리 세로로 길게 출력됐습니다. 이 위치에 버튼과 텍스트 메시지를 출력할 위젯을 넣어 봅시다. 그림 10-51과 같이 차트 위젯 위치 아래에 Horizontal Layout을 추가합니다. 주의할 점은 그림과 같이 Vertical Layout 끝에 Horizontal Layout을 넣어줘야 한다는 사실입니다. 드래그한 채로 인내심을 갖고 마우스를 조금씩 움직여가며 시도해 보세요. 잘못 넣었을 경우에는 Ctrl + Z로 되돌릴 수 있습니다.

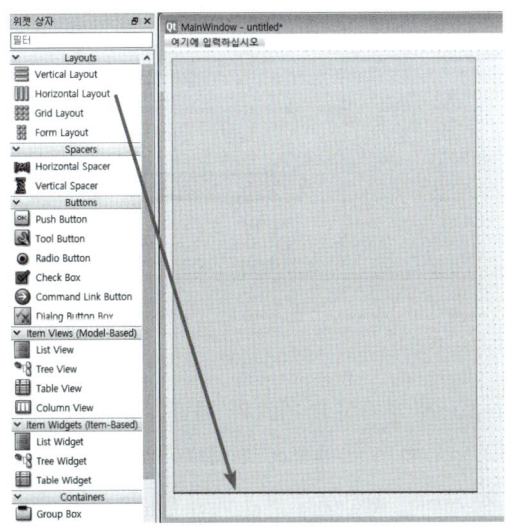

그림 10-51 Horizontal Layout의 추가

정상적으로 진행했다면 그림 10-52 과 같이 왼쪽 아래에 Horizontal Layout이 추가돼야 합니다.

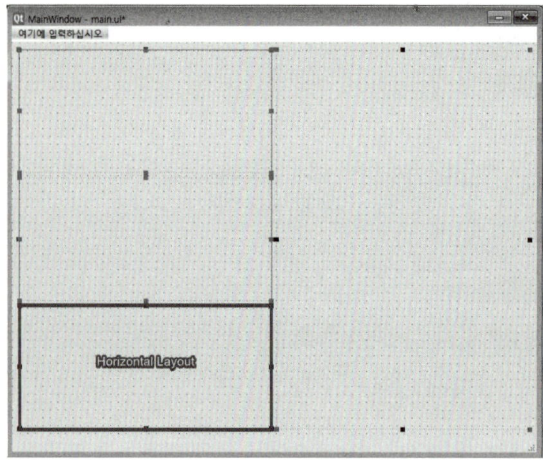

그림 10-52 추가된 Horizontal Layout

api key와 secret key를 입력할 두 개의 LineEdit과 시작 버튼을 Horizontal Layout에 추가해 주세요. Horizontal Layout이라는 이름에서 알 수 있다싶이 가로 방향으로 위젯이 추가됩니다. LineEdit으로 인해 오른쪽 호가창의 위치가 줄어들 경우, 그림 10-53과 같이 두 LineEdit의 크기 정책을 Expanding에서 Preferred로 변경해주세요. Preferred는 Expanding 옵션과 유사한데 화면이 커질 경우 Expanding 정책을 가진 위젯에 우선 양보합니다. 추가된 모든 위젯이 Preferred로 선택되어 균일하게 영역을 나눠 확장됩니다.

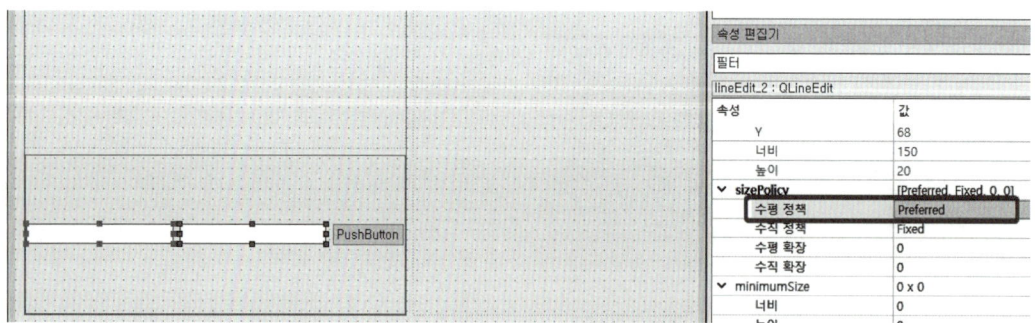

그림 10-53 LineEdit의 수평 정책 설정

로그 메시지가 출력될 TextEdit을 Vertical Layout에 추가하고 가로와 세로의 sizePolicy를 Preferred로 변경해 주세요. 그림 10-54와 같이 LineEdit 아래쪽에 추가해야 합니다. 또한 OverviewWidget과 ChartWidget의 maximumSize의 높이를 제한해서 전체 메인 윈도우에서 차지

하는 비율을 고정하는 것이 보기 좋습니다. 제공해 드린 코드에서는 OverviewWidget의 높이에 120, ChartWidget에 150을 적용했지만 원하는 경우 자유롭게 크기를 조정해도 됩니다. 디자이너 툴에서 직접 제작한 위젯의 구조를 알 수 없어서 메인 윈도우에 의도한 대로 렌더링이 안되는 것 같지만 코드를 실행하면 반영된 결과를 확인할 수 있습니다.

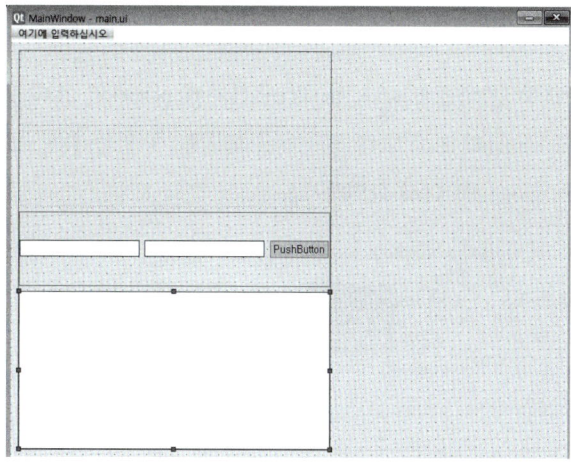

그림 10-54 Overview, Chart, TextEdit 위젯의 크기 설정

API 키를 입력할 두 개의 LineEdit에 apiKey, secKey라는 이름을 부여합니다. 버튼 또한 이름을 지정하고 버튼에 출력될 문자열을 "매매시작"으로 초기화합니다. 그림 10-55의 객체 탐색기에서 수정된 위젯의 이름을 확인할 수 있습니다.

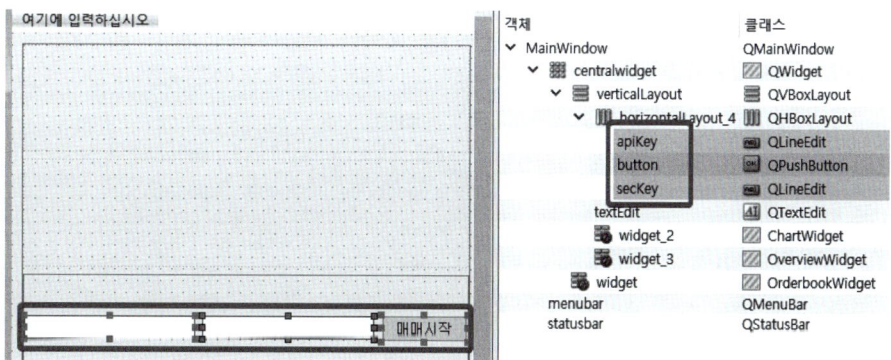

그림 10-55 이름을 부여한 위젯

비밀번호와 같이 LineEdit에 입력된 텍스트를 가리려면 그림 10-56와 같이 echoMode를 Password로 변경합니다.

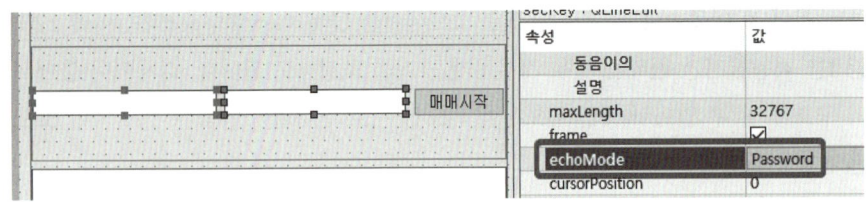

그림 10-56 비밀번호 입력 모드

파이썬 코드는 변경사항 없지만 UI 파일을 업데이트했으므로 main_0.py 코드를 실행해서 결과를 확인해 봅시다. 그림 10-57과 같이 overview와 chart의 크기가 줄어든 것을 확인할 수 있습니다. 크기가 줄어들지 않으신 분들은 두 위젯의 maximumSize를 다시 확인하세요.

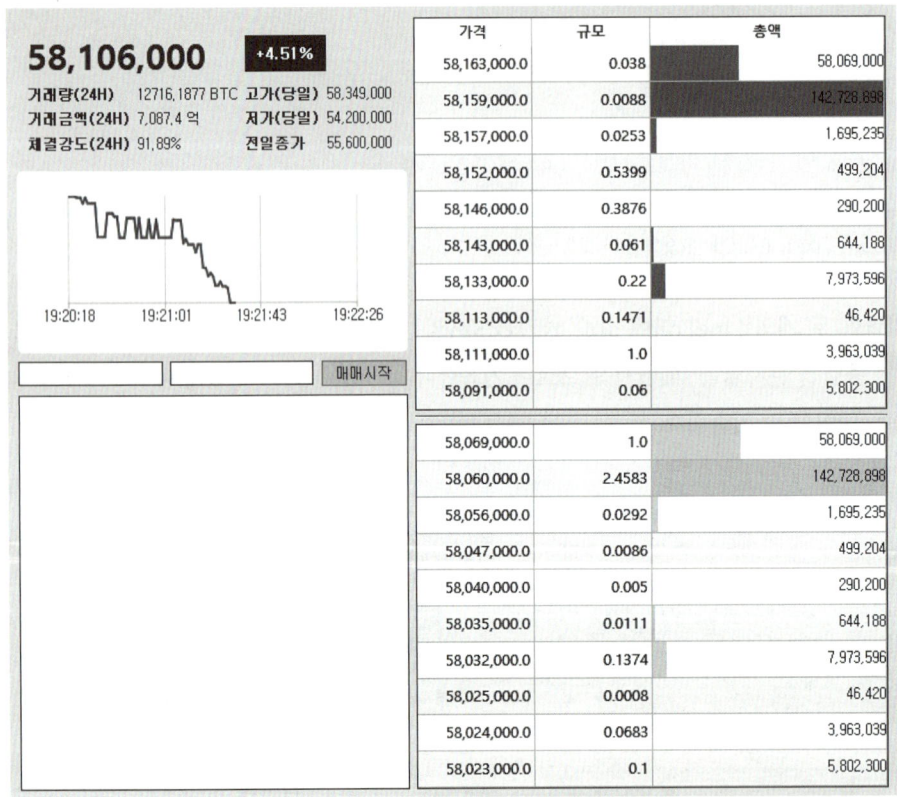

그림 10-57 사이즈가 조절된 위젯 화면

이번에는 버튼 이벤트를 연결해서 매매 알고리즘을 시작하는 이벤트를 정의해 봅시다. "매매시작" 버튼을 클릭하면 "매매중단"으로 변경되고 다시 클릭하면 "매매시작"으로 토글돼야 합니다. 코드를 실행해 보면 버튼을 클릭할 때마다 이름이 변경됩니다.

```
# ch10/main_1.py
01: class MainWindow(QMainWindow, form_class):
02:     def __init__(self):
03:         super().__init__()
04:         self.setupUi(self)
05:         self.setWindowTitle("Home Trading System")
06:
07:         self.ticker = "BTC"
08:         self.button.clicked.connect(self.clickBtn)
09:
10:     def clickBtn(self):
11:         if self.button.text() == "매매시작":
12:             text = "매매중지"
13:         else:
14:             text = "매매시작"
15:         self.button.setText(text)
```

API key와 Secret key를 입력하고 매매시작 버튼을 눌렀을 때의 로그인 처리를 추가해 보겠습니다.

```
# ch10/main_2.py
19:     def clickBtn(self):
20:         if self.button.text() == "매매시작":
21:             apiKey = self.apiKey.text()
22:             secKey = self.secKey.text()
23:             if len(apiKey) != 32 or len(secKey) != 32:
24:                 self.textEdit.append("KEY가 올바르지 않습니다.")
25:                 return
26:             else:
27:                 self.b = Bithumb(apiKey, secKey)
28:                 balance = self.b.get_balance(self.ticker)
29:                 if balance == None:
30:                     self.textEdit.append("KEY가 올바르지 않습니다.")
31:                     return
32:
33:             self.button.setText("매매중지")
34:             self.textEdit.append("------ START ------")
35:             self.textEdit.append(f"보유 현금 : {self.balance[2]} 원")
36:         else:
37:             self.textEdit.append("------ END ------")
38:             self.button.setText("매매시작")
```

라인 21~25: GUI에 입력한 API 킷값의 유효성 검사를 수행합니다. 킷값은 반드시 32글자여야 유효합니다.

라인 27~31: 입력한 킷값으로 잔고를 조회합니다. 만약 잔고 조회에 실패했다면 API 키가 잘못된 것이므로 에러 메시지를 출력합니다.

라인 33~35: 성공적으로 잔고를 조회했다면 보유 중인 원화를 출력합니다.

코드를 실행해서 api key와 secret key를 입력한 뒤 매매시작 버튼을 클릭하면 그림 10-58과 같이 Text Edit에 보유한 비트코인의 수량 정보가 출력됩니다.

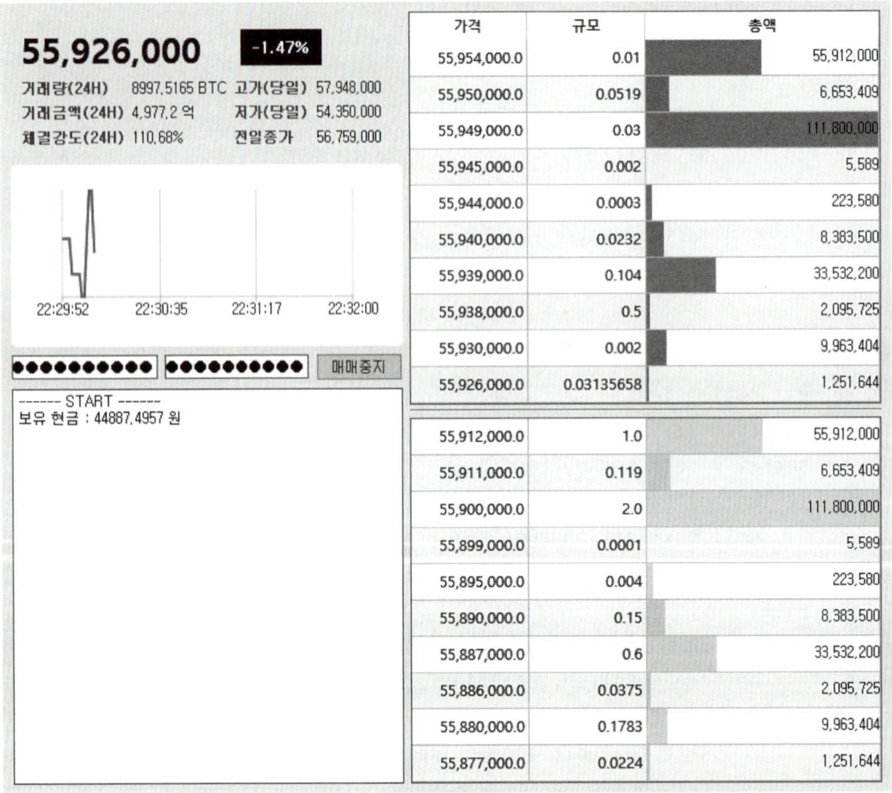

그림 10-58 잔고 조회 기능 추가 화면

로그인 API 키를 입력하거나 복사해서 붙여넣는 방식은 불편할 수밖에 없습니다. 메인 윈도우가 시작될 때 파일에서 읽어와서 자동으로 입력되는 기능을 추가해 봅시다. 다음은 bithumb.txt 파일을 읽어 LineEdit에 두 개의 API 키를 입력합니다. API 키는 텍스트 파일 안에 한 줄에 하나씩 저장돼 있어야 합니다. 초기화자 안에 코드를 입력했기 때문에 프로그램이 시작될 때 암호를 로딩합니다.

```
# ch10/main_3.py
10: class MainWindow(QMainWindow, form_class):
11:     def __init__(self):
12:         super().__init__()
13:         self.setupUi(self)
14:         self.ticker = "BTC"
15:         self.button.clicked.connect(self.clickBtn)
16:
17:         # ----------------- 추 가 ------------------
18:         with open("bithumb.txt") as f:
19:             lines = f.readlines()
20:             apikey = lines[0].strip()
21:             seckey = lines[1].strip()
22:             self.apiKey.setText(apikey)
23:             self.secKey.setText(seckey)
24:         # -----------------------------------------
```

변동성 돌파 전략을 GUI와 연결해 봅시다. 6장에서 작성한 변동성 돌파 전략을 모듈로 정리합니다. 코드 06_20.py에서 정리해 놓은 코드를 수정해서 사용하며, 수정된 부분을 위주로 설명합니다. 수정된 코드는 volatility.py 이름으로 저장해 주세요. 변동성 돌파전략이 기억나지 않으시는 분은 6장을 복습해 주세요.

```
# ch10/volatility.py
01: import time
02: import pybithumb
03:
04: def get_target_price(ticker):
05:     df = pybithumb.get_ohlcv(ticker)
06:     yesterday = df.iloc[-2]
07:
08:     today_open = yesterday['close']
09:     yesterday_high = yesterday['high']
10:     yesterday_low = yesterday['low']
11:     target = today_open + (yesterday_high - yesterday_low) * 0.5
12:     return target
13:
```

```
14: def buy_crypto_currency(bithumb, ticker):
15:     krw = bithumb.get_balance(ticker)[2]
16:     orderbook = pybithumb.get_orderbook(ticker)
17:     sell_price = orderbook['asks'][0]['price']
18:     unit = krw/float(sell_price) * 0.7
19:     return bithumb.buy_market_order(ticker, unit)
20:
21: def sell_crypto_currency(bithumb, ticker):
22:     unit = bithumb.get_balance(ticker)[0]
23:     return bithumb.sell_market_order(ticker, unit)
24:
25: def get_yesterday_ma5(ticker):
26:     df = pybithumb.get_ohlcv(ticker)
27:     close = df['close']
28:     ma = close.rolling(5).mean()
29:     return ma[-2]
```

라인 14, 19: 기존에는 전역 변수로 사용하던 것을 API 키로 로그인한 Bithumb 객체를 입력받도록 수정합니다.

라인 18: 빗썸의 시장가 API는 수수료 이외에도 30%의 여유가 존재해야 주문이 가능합니다. 보유 현금의 100%를 채워서 주문하면 "주문량이 사용 가능 KRW을 초과하였습니다" 에러 메시지를 반환합니다.

라인 19, 21: 시장가로 주문을 실행한 결과를 반환합니다. 시장가 주문이 실패하면 None을 반환합니다.

변동성 돌파 전략을 실행하는 Work 스레드를 추가해 보겠습니다. VolatilityWorker는 코인의 가격을 비교해서 특정 조건을 만족하면 매수하고 다음 날 정해진 시간에 매도합니다. 매수/매도 결과를 메인 스레드로 전달하려면 시그널을 정의해야 되겠죠?

```
# ch10/main_4.py
06: import pybithumb
07: import datetime
08: import time
09: from PyQt5.QtCore import QThread, pyqtSignal
10:
11: class VolatilityWorker(QThread):
12:     tradingSent = pyqtSignal(str, str, str)
13:
```

```
14:    def __init__(self, ticker, bithumb):
15:        super().__init__()
16:        self.ticker = ticker
17:        self.bithumb = bithumb
18:        self.alive = True
19:
20:    def run(self):
21:        while self.alive:
22:            self.tradingSent.emit("2021/03/04 12:11:41", "매수", "0.001")
23:            time.sleep(1)
24:
25:    def close(self):
26:        self.alive = False
```

> 라인 12: tradingSent 시그널은 세 개의 문자열 (날짜/주문타입/주문량)을 전송합니다.
>
> 라인 22~23: 1초에 한 번씩 날짜, 매수, 수량의 고정된 값을 전송합니다. VolatilityWorker의 동작을 확인하기 위한 테스트 코드입니다.

VolatilityWorker는 사용자가 로그인 버튼을 클릭하고, API 잔고 테스트까지 성공한 다음 실행합니다.

```
# ch10/main_4.py
45:    def clickBtn(self):
          # 생략
58:
59:        self.button.setText("매매중지")
60:        self.textEdit.append("------ START ------")
61:        self.textEdit.append(f"보유 현금 : {self.balance[2]} 원")
62:        # ----------------- 추 가 ------------------
63:        self.vw = VolatilityWorker(self.ticker, self.bithumb)
64:        self.vw.tradingSent.connect(self.receiveTradingSignal)
65:        self.vw.start()
66:        # ----------------------------------------
67:    else:
68:        self.vw.close()
69:        self.textEdit.append("------- END -------")
70:        self.button.setText("매매시작")
71:
```

```
72:        # ----------------- 추 가 ------------------
73:        def receiveTradingSignal(self, time, type, amount):
74:            self.textEdit.append(f"[{time}] {type} : {amount}")
75:        # ------------------------------------------
```

> 라인 63~65: VolatilityWorker 객체를 생성하고 시그널을 발생하면 연결될 슬롯을 정의합니다.
>
> 라인 68: 매매중단 버튼을 누르면 VolatilityWorker를 종료합니다.
>
> 라인 72~74: 시그널과 연결된 슬롯으로 문자열을 포매팅해서 출력합니다.

코드를 실행하면 그림 10-59와 같이 1초에 한 번씩 문자열이 Text Edit에 출력됩니다.

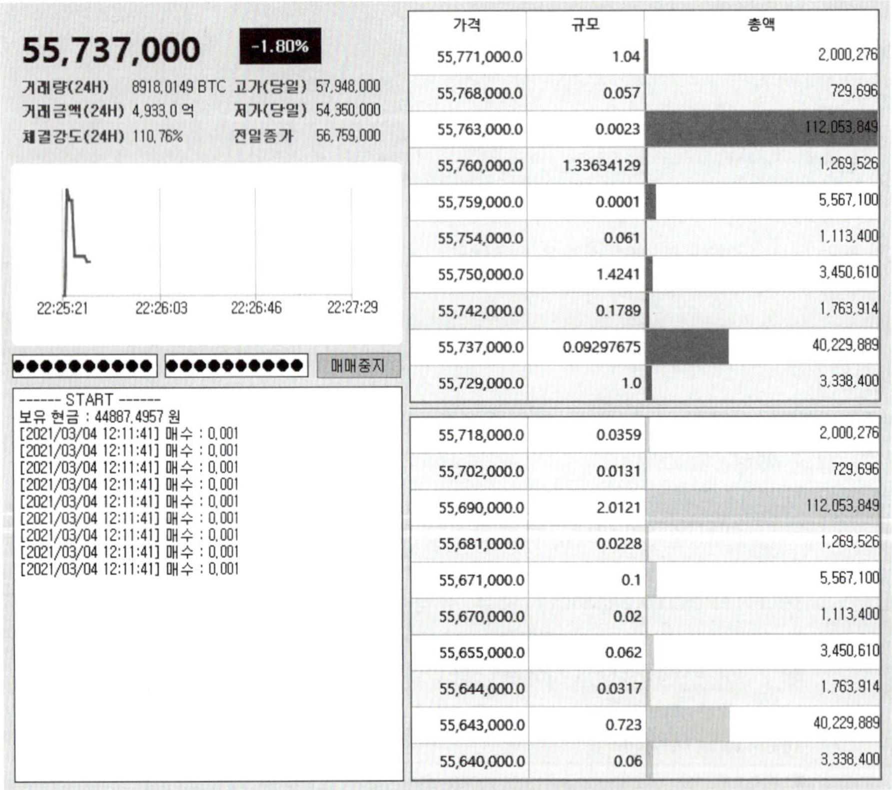

그림 10-59 고정된 값이 출력되는 Work 스레드면

1초에 한 번씩 고정된 문자열을 전송하던 VolatilityWorker에서 변동성 돌파 전략을 수행하도록 수정해 봅시다. 전체적인 구조는 6장과 크게 다르지 않습니다.

```
# ch10/main_5.py
20:     def run(self):
21:         now = datetime.datetime.now()
22:         mid = datetime.datetime(now.year, now.month, now.day) + datetime.timedelta(1)
23:         ma5 = get_yesterday_ma5(self.ticker)
24:         target_price = get_target_price(self.ticker)
25:         wait_flag = False
26:
27:         while self.alive:
28:             try:
29:                 now = datetime.datetime.now()
30:                 if mid < now < mid + datetime.delta(seconds=10):
31:                     target_price = get_target_price(self.ticker)
32:                     mid = datetime.datetime(now.year, now.month, now.day) + datetime.timedelta(1)
33:                     ma5 = get_yesterday_ma5(self.ticker)
34:                     desc = sell_crypto_currency(self.bithumb, self.ticker)
35:
36:                     result = self.bithumb.get_order_completed(desc)
37:                     timestamp = result['data']['order_date']
38:                     dt = datetime.datetime.fromtimestamp( int(int(timestamp)/1000000) )
39:                     tstring = dt.strftime("%Y/%m/%d %H:%M:%S")
40:                     self.tradingSent.emit(tstring, "매도", result['data']['order_qty'])
41:                     wait_flag = False
42:
43:                 if wait_flag == False:
44:                     current_price = pybithumb.get_current_price(self.ticker)
45:                     if (current_price > target_price) and (current_price > ma5):
46:                         desc = buy_crypto_currency(self.bithumb, self.ticker)
47:                         result = self.bithumb.get_order_completed(desc)
48:                         timestamp = result['data']['order_date']
49:                         dt = datetime.datetime.fromtimestamp( int(int(timestamp)/1000000))
50:                         tstring = dt.strftime("%Y/%m/%d %H:%M:%S")
51:                         self.tradingSent.emit(tstring, "매수", result['data']
```

```
['order_qty'])
52:                         wait_flag = True
53:             except:
54:                 pass
55:             time.sleep(1)
```

> 라인 21~25: 변동성 돌파 전략의 초기 진입 가격을 결정합니다. wait_flag는 반복된 매수 시도를 방지하기 위해 사용합니다. wait_flag가 False일 경우 매수를 시도하고, 매수한 이후에는 값이 True가 되어 더는 매수 시도를 하지 않습니다.
>
> 라인 30~41: 자정 부근에 매도를 시도합니다. 34라인에서 sell_crypto_currency 함수로 Bithumb 객체를 전달하는 것이 수정됐습니다. 시장가 매도를 수행한 뒤에 36라인에서 get_order_completed 메서드로 주문의 체결 여부를 다시 한번 조회합니다. 체결됐다면 정상적인 값이 전달되어 40라인에서 시그널을 발생합니다. 만약 주문 체결이 완료되지 않았다면 result에는 None 값이 들어있어 KeyError를 일으켜서 54라인의 except 구문으로 이동합니다. 이후 다시 매도를 시도합니다.
>
> 라인 44~52: 변동성 돌파전략의 조건을 만족하면 매수를 시도합니다. 매수 또한 매도와 동일하게 주문의 정상 처리 여부를 확인한 뒤 매수를 확정 짓습니다. 주문이 성공적으로 처리되면 wait_flag 값을 변경하여 반복적인 매수 시도를 막습니다.

마지막으로 프로그램이 종료될 때 각 서브 위젯들의 정상 종료를 위해 이벤트 처리까지 해줘야 합니다.

```
# ch10/main_6.py
def closeEvent(self, event):
    self.vw.close()
    self.widget.closeEvent(event)
    self.widget_2.closeEvent(event)
    self.widget_3.closeEvent(event)
```

코드를 실행하면 그림 10-60과 같이 동작하는 것을 확인할 수 있습니다.

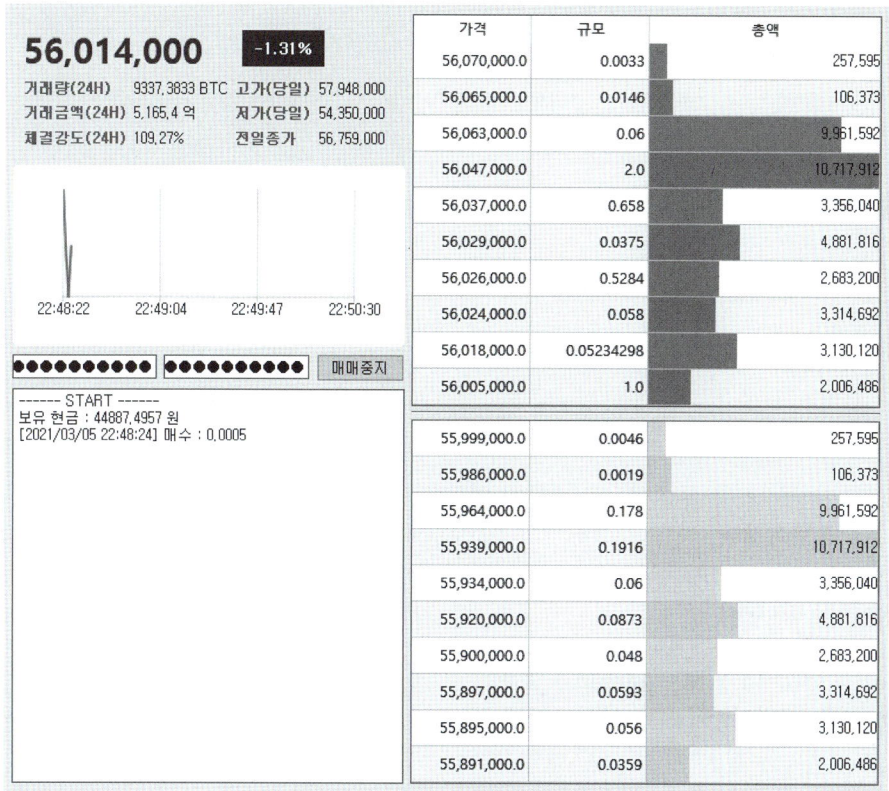

그림 10-60 거래 성공 메세지가 출력된 나만의 HTS

　파이썬 기본 문법을 배워서 알고리즘을 개발하고, GUI 인터페이스로 연결하는 방법을 배웠습니다. 물론 아쉬운 점도 많이 남아 있습니다. 현재 구현한 알고리즘은 구현의 편의를 위해 시장가로 매수/매도를 체결하는데, 이는 슬리피지(slippage)가 발생해서 의도치 않은 손실이 누적될 수 있습니다. 이동평균선과 조합해서 상승장을 판별한 뒤, 상승장에서만 변동성 돌파 전략을 적용하는 등의 추가적인 알고리즘을 개발해야 합니다. 또한 비트코인만을 조회하는 프로그램이라 다른 코인으로의 확장도 필요해 보입니다. 여러분들에게 물고기 잡는 법을 소개해 드렸으니 이러한 응용을 직접 해보실 것을 추천해 드리면서 마무리 짓겠습니다.

연습문제 풀이

1장 연습문제 풀이

1.1.6절 연습문제 풀이

1
```
print("Hello World")
```

2
print( ) 함수

1.1.11절 연습문제 풀이

1
```
1: bitcoin = 9744000
2: ripple = 711
3: total = bitcoin * 10 + ripple * 430
4: print("총 평가 금액", total)
```

2
```
1: currency1 = "etc_krw"
2: currency2 = "eth_krw"
3: currency3 = "btc_krw"
4: print(currency1[:3])
5: print(currency2[:3])
6: print(currency3[:3])
```

1.3.21절 연습문제 풀이

1
```
ripple = [800, 900, 950, 970, 980]
```

2
```
ripple = {'02/21': 800, '02/22': 900, '02/23': 950, '02/24': 970, '02/25': 980}
```

3
```
ma5 = sum(ripple.values())/5
```

2장 연습문제 풀이

2.1.6절 연습문제 풀이

1
```
1: num1 = 10
2: num2 = 30
3:
4: if num1 > num2:
5:     print(num1)
6: else:
7:     print(num2)
```

2
```
01: score = 84
02:
03: if score >= 90:
04:     print("A")
05: elif score >= 80:
06:     print("B")
07: elif score >= 70:
08:     print("C")
09: elif score >= 60:
10:     print("D")
11: elif score >= 50:
12:     print("E")
13: else:
14:     print("F")
```

2.2.6절 연습문제 풀이

1
```
1: for num in range(10, 21):
2:     print(num)
```

2
```
1: for year in range(2002, 2051, 4):
2:     print(year)
```

연습문제 풀이

3
```
1: portfolio = ["BTC_KRW", "BCH_KRW", "XRP_KRW", "DASH_KRW", "LTC_KRW"]
2:
3: for ticker in portfolio:
4:     print(ticker[:-4])
```

2.3.3절 연습문제 풀이

1
```
1: def mygop(a, b):
2:     rval = a * b
3:     return rval
```

2
```
1: def convert_ticker(ticker):
2:     rval = ticker.upper()
3:     return rval
```

3
```
1: def pickup_even(numbers):
2:     even = []
3:     for number in numbers:
4:         if number % 2 == 0:
5:             even.append(number)
6:     return even
```

2.4.6절 연습문제 풀이

1
```
1: import datetime
2:
3: now = datetime.datetime.now()
4: print(now + datetime.timedelta(hours=5, minutes=30))
```

2
```
1: import datetime
2:
3: now = datetime.datetime.now()
4: print(now - datetime.timedelta(days=3))
```

3장 연습문제 풀이

3.1.6절 연습문제 풀이

1
```
1: class Book:
2:     def __init__(self, title, author, translator, publisher, ISB10):
3:         self.title = title
4:         self.author = author
5:         self.translator = translator
6:         self.publisher = publisher
7:         self.ISB10 = ISB10
```

4장 연습문제 풀이

4.1.6절 연습문제 풀이

1
```
ul li
ul .an_item
#sharebook li
#sharebook .an_item
```

2
```
ol .special
.special
#pystock .special
```

4.4.6절 연습문제 풀이

1
```
1: from pandas import DataFrame
2:
3: raw_data = {"open" : [737, 750, 770],
4:             "high" : [755, 780, 770],
5:             "low"  : [700, 710, 750],
6:             "close": [750, 770, 730]}
7: date_list = ["2018-01-01", "2018-01-02", "2018-01-03"]
8:
9: df = DataFrame(raw_data, index=date_list)
```

2
```
df['volatility'] = df['high'] - df['low']
```

● 5장 연습문제 풀이

5.1.8절 연습문제 풀이
1
```
1: import pybithumb
2:
3: all = pybithumb.get_current_price("ALL")
4: for ticker, data in all.items():
5:     print(ticker, prices['24H_fluctate_rate'])
```